应用经济学
高峰建设项目文库

The Transfer of Surplus Rural Labor in China
Characteristics, Mechanisms, and Economic Effects

中国农村剩余劳动力转移
特征、机理与经济效应

贾晓佳　程名望 ○ 著

上海财经大学出版社

图书在版编目(CIP)数据

中国农村剩余劳动力转移：特征、机理与经济效应 / 贾晓佳, 程名望著. -- 上海：上海财经大学出版社, 2024.6. -- (应用经济学·高峰建设项目文库).
ISBN 978-7-5642-4426-2
Ⅰ. F323.6

中国国家版本馆 CIP 数据核字第 2024G15K28 号

本书由上海财经大学"中央高校双一流引导专项资金"和"中央高校基本科研业务费"资助出版

□ 责任编辑　黄　荟
□ 封面设计　桃　夭

中国农村剩余劳动力转移：
特征、机理与经济效应

贾晓佳　程名望　著

上海财经大学出版社出版发行
(上海市中山北一路 369 号　邮编 200083)
网　　址:http://www.sufep.com
电子邮箱:webmaster@sufep.com
全国新华书店经销
苏州市越洋印刷有限公司印刷装订
2024 年 6 月第 1 版　2024 年 6 月第 1 次印刷

710mm×1000mm　1/16　18.25 印张(插页:2)　299 千字
定价:92.00 元

本项研究获得以下基金(课题)资助

中国博士后科学基金面上项目

中国农村劳动力流动及其经济效应研究(2020M681254)

上海市哲学社会科学规划课题(青年课题)

上海市容纳农民工就业:特征、机理与经济效应研究(2023EJB015)

国家社会科学基金重大项目

区域协调发展视角下县域城乡融合发展的理论与政策研究(23ZDA034)

上海市教育创新重大课题

新型城镇化视角下城乡融合发展理论与政策研究(2023SKZD03)

国家社会科学基金重点项目

城乡融合视角下推进以人为核心的新型城镇化研究(22AZD048)

总　序

　　一流学科是建设一流大学的基础,一流大学都具有鲜明的一流学科印记。

　　根据党中央、国务院关于建设世界一流大学和一流学科的重大战略决策部署,上海市持续推进高峰高原学科建设,对接国家一流大学和一流学科建设。

　　为此,2018年,由上海财经大学牵头、复旦大学和上海交通大学协同共建的"上海国际金融与经济研究院",承接了高峰建设学科"应用经济学"学科项目。

　　作为"应用经济学"高峰建设学科的牵头单位,上海财经大学成立于1917年;1996年,成为国家"211工程"重点建设高校;2006年,成为国家"优势学科创新平台"建设高校;2017年,入选国家"双一流"建设高校,在财经专业学科建设方面,积淀深厚。其中,"应用经济学"在教育部第五轮学科评估中,上海财经大学位列前茅。

　　"应用经济学"是上海市启动建设的相关高峰学科中唯一的人文社会学科。"上海国际金融与经济研究院"自2018年实体化运营以来,深耕学术科研,通过同城协同,汇聚优质资源,服务区域经济发展,努力打造国际一流、国内顶尖的高水平学术机构和高端智库,形成易于为国际社会所理解和接受的新概念、新范畴、新表述,强化中国话语的国际传播,贡献中国智慧;同时,在国际学科前沿形成重大原创性成果,推动上海"应用经济学"整体学科水平进入世界一流行列。

　　"归来灞陵上,犹见最高峰。"

　　经过不懈的努力,自2021年"应用经济学"高峰学科建设的第二轮建设周期启动以来,陆续产生一批阶段性的成果:

首先，创新驱动，服务国家重大战略部署、聚焦地方重大需求。"应用经济学"高峰学科建设以国家自然科学基金重大和重点项目、国家社科重大和重点项目、教育部哲学社科研究重大攻关项目为抓手，以高水平研究型智库建设为平台，产出一批支撑国家和区域经济发展的高质量课题成果。

其次，聚焦前沿，打造原创性学术成果，把握国际学术话语权。"应用经济学"高峰学科建设结合中国经济发展的优势领域，以多学科协同为纽带，产出一批高水平的学术论文，在国际上不断提升中国"应用经济学"的影响力和话语权，持续高频次在《经济研究》《中国社会科学》《管理世界》等国内外高质量期刊发表学术论文，获得孙冶方经济科学奖、吴玉章奖、教育部高等学校科学研究优秀成果奖等。

再次，融合发展，突破学界与业界藩篱。在学科建设的同时，初步形成了应用经济学系列数据库（已经有 2 万家企业 10 年数据，将持续更新）、长三角金融数据库等。这些数据库不仅有助于支撑本学科的研究，还可在不断完善的基础上实现校企融合；与上海财经大学新近成立的"滴水湖"高级金融学院、数字经济系，以及"中国式现代化研究院"等形成多维互动，进而为应用经济学的进一步研究提供强大支撑，为学科可持续发展奠定重要基础条件。

最后，以德统智，构建课程思政育人大格局。"应用经济学"高峰学科建设强调全面推进应用经济学类课程思政高质量建设与改革，实现课程思政建设在应用经济学所有专业、所有课程和所有学历层次的全面覆盖。

习近平总书记在党的二十大报告中提出"加快构建中国特色哲学社会科学学科体系、学术体系、话语体系"的重大论断和战略任务。

在二十大报告精神指引下，本次推出的"应用经济学·高峰建设项目文库"即是对相关学术研究进一步学理化、体系化的成果，涉及金融学、宏观经济学、区域经济学、国际贸易、社会保障、财政投资等诸多方面，既是"应用经济学"高峰学科建设的阶段性成果展示与总结，也旨在为进一步推动学科建设、促进学科高质量发展打下坚实基础。

当前，世界百年未有之大变局加速演进，我国经济已由高速增长阶段进入高质量发展阶段;同时,我国发展进入战略机遇与风险挑战并存、不确定因素增多的时期;而上海也正值加快推进"五个中心"和具有全球影响力的科技创新中心建设的关键时期,需要有与上海地位相匹配的"应用经济学"学科作为支撑,需要"应用经济学"学科为国家经济建设提供富有洞察力的学术新知和政策建议。

为此,上海财经大学和"上海国际金融与经济研究院"将与各方携手,在"应用经济学"前沿,继续注重内涵建设、关注特色发展、突出学科带动、聚焦服务战略,全力构建具有世界一流水平的"应用经济学"学科体系,突出围绕"四个面向",为我国努力成为世界主要科学中心和创新高地做出更大贡献!

上海财经大学 校长

前　言

改革开放以来,中国经济迅猛增长,创造了举世瞩目的"增长奇迹",其中生产要素优化配置是其重要原因之一。作为最具能动性的生产要素,劳动力的优化配置,特别是农村剩余劳动力在产业之间和城乡之间的优化配置对中国经济增长的贡献不可忽视。配第—克拉克定理表明,随着经济发展,劳动力会从第一产业转移至第二产业和第三产业。刘易斯的二元经济理论也进一步表明,劳动力从生产率低的农业部门向生产率高的非农部门流动是经济增长的重要机制。就中国事实来看,农业部门劳动力占比从1978年的70.5%降至2015年的28.3%,表明农村剩余劳动力快速向城市和非农部门转移,并在中国独特的户籍制度下,形成数以亿计的庞大的农村剩余劳动力转移群体。十九大报告指出,"把解决好'三农'问题作为全党工作重中之重",表明"三农"问题对中国经济和社会发展具有重要意义。发达国家的历史经验和发展轨迹表明,农村剩余劳动力由农业部门向非农部门转移,是一个国家或地区实现从传统社会向现代社会转变的必由之路。那么,如此大规模的劳动力城乡流动对中国经济增长的贡献如何? 或者说,农村剩余劳动力转移对中国经济增长的贡献到底有多大? 回答该问题,对于认识中国农村剩余劳动力转移和城镇化战略乃至中国经济可持续增长具有重要的意义。

本书共计8章内容:第1章介绍了选题背景及意义;第2章梳理归纳了国内外研究文献;第3章测算了中国农村剩余劳动力转移总量和31省区[①]两两之间劳动力转移量,并在此基础上进行时空特征分析;第4章分析了农村剩余劳动力转移经济效应的内在机制与理论模型;第5章基于宏观视角探析了劳动力转移对中国经济增长的影响;第6章基于中观视角探究了劳动力转移对农业产出的影响;第7章基于微观视角分别分析了劳动力转移对农村、城镇劳动力收入水平的影响;第8章总结全书并提

---

① 指省级行政区,是中国现行的一级行政区,全书同。

出研究展望。

本研究创新性主要有以下三点：

第一，数据方面创新。本书提出了推算省际劳动力转移量及转移方向的方法，测算了1978—2015年包含农村劳动力省际转移量和转移方向信息的关系数据，弥补了现有研究采用属性数据导致信息荷载不完全的缺陷，由此可获得农村剩余劳动力全国整体层面转移量、省外省内转移量、省际转移量，从而可将现有研究从整体层面延伸至地区和省级层面进行探析。

第二，研究视角创新。引入空间经济学（Spatial Economic），从空间关联视角探析劳动力转移的规律和特征。一是发现了以"胡焕庸线"为界的农村劳动力省际转移的"一江春水向东流"和"门前流水尚能西"的空间特征；二是根据省际劳动力转入转出关系数，创新性地归纳出转入块、转出块、桥梁块和双向转出块四大模块，并据此分析四类模块在空间上的分布格局和劳动力在四个模块间的转移关系，创新性地得出省际劳动力"近水楼台先得月"和"门当户对"的梯度性渐次转移特征及其路径；三是创新性地提出"一线、两区、三地"，即以"胡焕庸线"为界，线东农村剩余劳动力转移密集区，线西稀疏区，以转移数量为依据划分为转入地、转出地、平衡地从而进行研究。

第三，研究方法创新。本书将空间计量方法纳入研究，从空间视角探析本书研究内容，从而将现有文献劳动力转移静态、独立不相关的视角延伸至动态、空间关联层面。一是创新性地采用空间互动模型，对源地"推力"和汇地"拉力"进行结构性分解，发现农村劳动力省际转移是源地"推力"和汇地"拉力"共同作用的结果，但汇地"拉力"占主导地位；二是考虑空间影响因素，即承认劳动力流动具有显著的空间相关性，创新性地采用空间通用模型，分整体、两区（"胡焕庸线"东区、西区）、三地（转入地、转出地和平衡地）及31省区四个层面测算农村劳动力转移对经济增长的贡献率及其区域差异，并在此基础上考虑农村转出劳动力与城镇户籍劳动力的异质性，使得测算结果更符合中国实际和精确；三是除宏观层面分析外，还从中观层面和微观层面分别探析了农村剩余劳动力转移对农业产出的影响、对农村居民及城镇居民收入的影响。

经归纳整理，本书将研究结论归纳为以下四点：

（1）中国农村剩余劳动力转移量依时间呈上升趋势，劳动力省际转移具有"复杂网络"特征。①从地理位置上看，转入转出主要集聚在"胡焕庸线"以东地区,线西为稀疏区。劳动力转入地主要集聚在珠三角、长三角和环渤海经济圈的北京。农村劳动力省际转移表现出"近水楼台先得月"的就近转移特征,即珠三角吸纳的劳动力主要来自沿长江和长江以南省区;长三角吸纳的劳动力主要来自沿长江、黄河及两者之间省区。该结果虽然与早期的"孔雀东南飞"现象相一致,但可更精确地表述为"一江春水向东流",且"门前流水尚能西"。②从经济发展水平上看,农村剩余劳动力省际转移具有"门当户对"的梯度性渐次、就近转移特征,即经济欠发达省份的劳动力转入经济中等发达省份,经济中等发达省份的劳动力转入经济发达省份;而经济欠发达省份的劳动力跳跃"阶梯"或"桥梁"直接转入经济发达省份的比例并不大。具体路径是:第一是剩余劳动力"净转入块",主要由北京、天津、上海和广东等发达省区组成。第二是"桥梁块",表现为自身吸纳其他模块劳动力流入,但又向第一模块输出劳动力,主要由山东、河北、江苏、浙江和山西等经济较活跃省区组成。第三是"双向转出块",表现为向第一和第二模块输出劳动力,模块内部成员之间相互转入、转出劳动力,但较少吸收其他模块劳动力转入,主要由黑龙江、吉林、甘肃、广西等东北和西部经济较活跃省区组成。第四是"净转出块",由中部省区和西部省区中的四川省组成,表现为主要向其他模块输出劳动力,较少吸收其他模块劳动力转入。③形成以上农村剩余劳动力转移时空特征的影响因素是十分复杂的,其中经济因素影响最为显著。经济规模对劳动力转移影响力呈倒 U 形,产业结构、对外开放度和受教育程度与劳动力转移正相关,特别是对外开放度和产业结构,对劳动力省际转移量和转移方向具有"指示灯"式的引导性。人口规模和耕地面积与转移量显著负相关,是劳动力转出的重要推力。总结来看,农村劳动力省际转移是源地"推力"和汇地"拉力"综合作用的结果,其中汇地"拉力"对劳动力转移起主要作用。

(2)从宏观视角上看,劳动力是促进中国经济增长的重要生产要素。①劳动力对社会总产出的贡献率总计达 31.46%,表明充分利用中国在劳动力禀赋上的比较优势,依旧是中国经济发展的重要战略。劳动力对农业部门和非农部门的产出贡献率分别为 31.47%和 30.73%,表明农业对劳动力的依赖性更强。在规模经营没有实现的情况下,基于家庭经营的小农经济依旧是中国农业的基本模式,其对劳动力的依赖性较强。②转移劳动力对非农部门的产出贡献率和社会总产出贡献率分别为 11.64%和 10.21%,劳动力转移使自身生产率是原来的 4.488 7 倍,对经济增长的贡献率为 7.93%,其中贡献率主要来源于线东地区(11.74%);转入地农民工对经济增长的贡献率最大(16.11%),平衡地次之,转出地最低。该结论表明,自改革开放以来,中国农村剩余劳动力转移对中国经济增长做出了重要贡献。一方面,市场化的推进促进了城乡劳动力资源的优化配置,农民工在非农产业生产效率的提高,促进了中国经济增长;另一方面,转移劳动力主要从事"脏而重"的工种,且与市民存在"同工不同酬"现象(程名望等,2016),中国经济增长渗透了他们的汗水。③劳动力转移对中国经济增长贡献的机理,实质上是劳动力资源在产业之间和城乡之间的优化配置。一方面,由于产业效率差异带来产出差额从而对经济增长做出贡献,即增长效应;另一方面,由于聚集效应和"干中学"等学习效应导致劳动力素质和技能提升,带来劳动者生产效率提升从而对经济增长做出贡献,即效率效应。转移劳动力选择到非农部门就业的根本原因是非农部门生产率高于农业部门,只要两部门的生产率差异存在,农民工选择到非农部门就业的动力就存在。目前,中国非农部门生产率依旧高于农业部门,所以非农部门对农民工的"吸力"仍然存在。2015 年全国总就业人口为 77 451 万人,第一产业就业人员为 21 919 万人,占比 28.30%。相比发达国家,以美国为例,2015 年农业就业人员占比 1.78%;相比亚洲其他高水平发展国家,以韩国为例,2015 年农业从业人员占比 5.23%。比较可见,我国第一产业就业占比依旧较高,劳动力存在继续转移的空间。

(3)从中观视角上看,伴随着农村剩余劳动力转出增加,农业产出及农业劳动力生产率均呈上升趋势,表明劳动力转移并未对农业产出或农业生产效率有负向影响。①从短期来看,农业生产效率与剩余劳动力转出互为因果,生产效率提升与劳动力转出同时呈上升趋势;从长期来看,剩余劳动力转出是农业生产效率提升之因。在短期,农村劳动力转出使人均产出增加,且机械化作业的实施使农业生产效率得到提升,进一步地,农业生产效率的提升又促进了农村劳动力转出,故两者在短期表现为双向格兰杰因果关系。在长期,农村剩余劳动力向城镇、非农产业转移有助于城镇劳动力提升其生产效率,制造业发展、农业机械生产等均会提升农业部门的生产效率。因此从长期看,农村剩余劳动力转出是农业生产效率提升的格兰杰因。②从全国视角看,1978—2015 年农业劳动力与农业产出的耦合关系为集约型,农业劳动力数量随时间发展而递减,农业产出在增长,表明农业劳动力对农业产出具有正向促进作用,农业劳动力数量减少并未对农业产出造成负面影响。与农业劳动力减少相对应的是农村剩余劳动力转移量增多,农业劳动力转移量对农业产出的作用为"正",说明农村剩余劳动力转移并不影响农业生产效率提升,且未对农业生产造成不良影响。进一步地,分时间段看,随时间发展耦合关系表现出由"增长型"向"集约型"转化的特征;从地区上看,线东地区的生产效率优于线西地区。③从31省区上看,越是发达的省区,农业生产所需农业劳动力投入量越小,属于集约型发展模式,农村剩余劳动力转出潜力越大;越是经济欠发达的省区,农业产出对农业劳动力投入的依赖性越大,属于粗放型生产模式,农村剩余劳动力转出潜力越小。与此对应,促进农村剩余劳动力转移在不同地区应采取不同的针对性政策:东部地区应进一步保持其优势;东北和中部较发达省区应提升农业生产的技术水平,进一步解放农业劳动力;西部欠发达省区则应在提升整体经济水平的基础上,提升农业劳动力生产效率,强化农业生产技术对劳动力投入的替代性,促使农村剩余劳动力转出,从而优化农业劳动力资源配置。

(4)从微观视角上看,中国农村剩余劳动力转移无论是对农村居民还是对城镇居民的收入水平均有正向影响。①农村剩余劳动力转移至非农部门就业是改善农村居民收入水平的有效途径。农村剩余劳动力转移至非农部门就业会使其自身生产效率提升、边际产出增多,进而工资水平上升。工资性收入是农村居民收入的最主要构成部分,工资水平提升,农村居民收入水平便会相应改善。②1978—2015年城镇失业率呈下降趋势,城镇从业人员平均工资呈上升趋势。农村剩余劳动力转移至城镇就业并未对原有城镇劳动力就业产生挤出效应,进一步地,农村剩余劳动力转移至城镇就业并未拉低城镇劳动力平均工资水平。与此相反,农村剩余劳动力由于自身人力资本水平低等因素限制,劳动力转移至城镇后主要在建筑业和服务业中低端产业链上工作,而这些工作都是在为城镇居民生产生活服务,在一定程度上使得城镇居民生活更加舒适。③从城镇已退休劳动力收入视角看,在人口老龄化背景下,农村剩余劳动力转移至城镇并加入养老保险,为社会养老保证金提供了更坚实的保障,也为城镇居民养老保险收益提供了保障。即劳动力转入城镇就业,并未对城镇已退休人员收入产生负向影响。

基于研究结论,本书提出如下政策建议:第一,尊重大国经济和区域发展不平衡的基本事实,消除省际和区域之间、城乡之间的流动壁垒,建立全国统一劳动力市场,进一步促进劳动力资源在省际和城乡之间的优化配置。第二，尊重目前中国农村劳动力"梯度"转移的规律和特征，发挥经济发达的"净转入块"的聚集作用，提升"桥梁块"的中介作用，完善"转出块"劳动力转出的路径。第三，协调好城镇化与乡村振兴的关系。一是继续推进城镇化建设，发挥汇地"拉力"对劳动力转移的关键作用，让愿意转移的劳动力转移出去；二是在乡村振兴战略背景下，乡村要实现产业兴旺，对劳动力的需求增加。对于不愿意转移或者回流的劳动力，增强其素质，以缓解中国农村劳动力禀赋和素质与需求不匹配的深层次问题。

本书撰写得到了国家社会科学基金重点项目（编号：22AZD048）、国家社会科学基金重大项目（编号：23ZDA034）、上海市教育创新重大课题（编号：2023SKZD03）、中国博士后科学基金第68批面上项目（编号：2020M681254）、上海市哲学社会科学规划课题（青年课题）（编号：2023EJB015）的支持，同时获得上海财经大学"中央高校建设世界一流大学（学科）和特色发展引导专项资金"和"中央高校基本科研业务费"的资助，特此表示感谢。

本书写作灵感来源于作者发表在《管理世界》上的文章《农村劳动力转移对中国经济增长的贡献（1978—2015年）：模型与实证》，较高的论文阅读量使作者感受到细致刻画农村劳动力转移时空特征及其经济效应的重要性。因此，将文章内容进行深入研究并拓展成书，以便读者多方面了解农村劳动力流动现状。受限于作者研究水平，本书在框架设计、论证衔接等方面尚存在一定的缺陷，不足之处，敬请读者批评指正。

2024年6月4日

目 录

第1章　引言/001
　1.1　研究背景及研究意义/001
　1.2　基本概念界定/004
　1.3　研究框架、内容及方法/006
　1.4　研究创新点/013

第2章　国内外文献综述/016
　2.1　劳动力转移动因、机制文献梳理/016
　2.2　劳动力转移经济效应研究文献梳理/039
　2.3　农村剩余劳动力转移量测算方法梳理/044
　2.4　文献评述/051
　2.5　本章小结/053

第3章　农村剩余劳动力转移量测算及其特征分析/054
　3.1　中国农村剩余劳动力转移量测算/054
　3.2　中国农村剩余劳动力转移特征分析/057
　3.3　中国农村剩余劳动力转移存在的问题及其成因/104
　3.4　本章小结/113

第4章　劳动力转移经济效应：内在机制与理论模型/115
　4.1　内在机制/118
　4.2　理论模型推导/126
　4.3　本章小结/133

第 5 章　农村剩余劳动力转移对经济增长贡献率实证分析/134
  5.1　贡献率实证模型构建/135
  5.2　农村剩余劳动力转移对经济增长贡献实证分析/139
  5.3　农村剩余劳动力转移对经济增长贡献率未来趋势分析/166
  5.4　本章小结/171

第 6 章　农村剩余劳动力转移对农业产出影响/173
  6.1　农村剩余劳动力转移与农业产出/174
  6.2　劳动力转移、农业劳动力对农业产出影响实证模型构建/178
  6.3　劳动力转移、农业劳动力对农业产出影响实证分析/180
  6.4　本章小结/189

第 7 章　农村剩余劳动力转移收入效应分析/191
  7.1　农村剩余劳动力转移对农村劳动力收入的影响/192
  7.2　农村剩余劳动力转移对城镇劳动力收入的影响/200
  7.3　农村剩余劳动力转移对城乡收入差距的影响/210
  7.4　本章小结/220

第 8 章　主要结论、政策建议与研究展望/222
  8.1　主要结论/222
  8.2　政策建议/225
  8.3　研究展望/227

附录/228

参考文献/256

后记/277

第1章 引　言

1.1　研究背景及研究意义

1.1.1　研究背景

自1978年改革开放以来,中国经济迅猛增长,创造了举世瞩目的"增长奇迹":1978—2015年,国内生产总值(GDP)由3 678.70亿元上升为685 505.10亿元,增长185.34倍,人均GDP由385元增至49 992元,增长128.85倍[①],成为世界上经济增长速度最快的国家之一,堪称世界经济发展史上的奇迹。按照汇率法计算,2010年中国成为仅次于美国的世界第二大经济体;根据国际货币基金组织结论,按购买力平价法计算,中国在2014年已成为世界第一大经济体。中国经济高速发展,生产要素优化配置是其重要原因之一(盖庆恩等,2015)。作为最具能动性的生产要素,劳动力的优化配置,特别是农村劳动力在城乡间的优化配置对中国经济增长的贡献不可忽视(程名望等,2016)。配第—克拉克定理表明,随着经济发展,劳动力会从第一产业转移至第二、三产业。刘易斯的二元经济理论也进一步表明,劳动力从生产率低的农业部门向生产率高的非农部门流动是经济增长的重要机制(Lewis,1954)。就中国事实来看,农业部门劳动力占比从1978年的70.5%降至2015年的28.3%(国家统计局,2016),表明农村劳动力快速向城市转移,并在现行二元户籍制度下形成独特的农村劳动力转移群体。纵观世界发展史,农村劳动力由农业部门向非农部门转移、从农村向城市流动,是大多数发达国家曾经历的事实,也是当下发展中国家经济增长和经济转型的重要特征之一,是传统社会向现代社会转变的标志,更是实现城镇化、工业化、现代化的必经之路。

---

① 数据来源:《中国统计年鉴》(2016)。

由此中国也必须让农业劳动力向城镇非农产业转移,从而推进农业社会向城镇转移、向工业社会转变(程名望,2007)。

1978—2015年间,农村剩余劳动力转移数量呈上升趋势,由1978年的2 182.2万人增至2015年的27 727万人,增长11.71倍。根据《中国统计年鉴》公布的数据,2015年中国总就业人口为77 451万人,其中第一产业就业人员为21 919万人,占比28.30%。同时期,以美国为例,2015年农业就业人员占比1.78%。进一步查看亚洲其他高水平发展国家,以韩国为例,2015年农业从业人员占比5.23%。对比以上三国农业劳动力占比可知,越是经济水平发达的国家,农业劳动力占比越低,即现阶段中国第一产业从业人员占比仍较高,中国农村剩余劳动力在现阶段乃至以后一段时间将依然存在。从中国农业劳动力省际转移方向及其成因上看,农业劳动力资源禀赋与市场需求地区不匹配是农业劳动力省际转移的重要原因。因此,将农业剩余劳动转移至非农部门就业,不仅是匹配市场需求、劳动力资源合理优化配置的过程,更是增加社会总产出、拉动经济增长的重要途径。在此背景下,怎样合理、有序地促进农村劳动力转出?劳动力又应转入何地非农部门就业?对经济增长的贡献如何?进一步地,农村劳动力转移是否影响农业产出水平?对两部门劳动力就业及收入水平有何影响?本书拟尝试对此做探析。

1.1.2 研究意义

(1)现实意义

发达国家的历史经验表明,工业化与现代化过程伴随着农业部门劳动力向非农部门转移。工业化、现代化也是中国经济崛起的必经历程,"三农"问题是其困扰因素之一。"三农"问题的原因之一是贫困(程名望,2005),而造成贫困的一个重要原因是较多的农业劳动力拥有的耕地资源有限、生产率低、农业劳动力冗余。十九大报告指出:"农业农村农民问题是关系国计民生的根本性问题,必须始终把解决好'三农'问题作为全党工作重中之重。"过去的"人口红利"现象是劳动力转出提升自身生产率促进经济发展的较好展现及说明。在当下,如何有序地促进劳动力转移至非农部门就业,提升农业劳动力生产率,有利于我国工业化、现代化的实现,既是促进中国经济崛起的重大课题,更是在中国特有的户籍制度、社会经济体制下解决"三农"问题的有效途径。基于此,现阶段如此大规模的劳动力城乡流动对中国经济增长的贡献如何?或者说,数以亿计的农村转出劳动力对中国经济增长的贡献到底有多大,以及对农业产出和改善自身的收入有何影响?通过严谨的理论推导与实证分析探究回答上述问题,这对于认识中国农村劳动力转移和城镇化战略乃至中国经济可持续增长具有重要的现实意义。

一是研究农村劳动力转移可以帮助政府更好地制定相关政策。随着城市化进程的加快,农村劳动力转移已经成为中国经济发展中的重要组成部分。政府需要根据实际情况,制定相应的政策来引导和规范农村劳动力的转移,促进农民就业和增加收入。通过深入研究农村劳动力转移的规律和特点,政府可以更好地了解农民的就业需求,为其提供更好的就业机会和服务。

二是研究农村劳动力转移可以促进农村经济的发展。农村劳动力转移可以帮助农民脱离单一的农业生产,转而从事非农产业或务工,增加收入。这不仅可以提高农民的生活水平,还可以促进农村经济的多元化发展。通过研究农村劳动力转移的模式和路径,可以为农村经济发展提供有益的启示,推动农村产业结构的升级和转型。

三是研究农村劳动力转移可以促进城乡一体化发展。农村劳动力转移不仅关系到农村经济发展,也涉及城市的发展和建设。通过研究农村劳动力转移的规律和趋势,可以为城市规划和建设提供参考,促进城乡一体化发展。同时,农村劳动力转移也可以缓解城市的劳动力短缺问题,为城市的经济发展提供有力支持。

(2)理论意义

关于中国农村剩余劳动力转移的理论,大多基于发展经济学视角探究劳动力转移动因或影响因素,其中,劳动力转移与社会结构相互影响问题是重点关注内容。纵观发达国家发展史,劳动力转移无不与社会结构变动紧密联系。与发达国家相比,中国的发展历程既存在与其相似之处,又具有自身的特殊性:中国是具有悠久历史的发展中大国,区域经济发展不平衡。因此,探究中国农村剩余劳动力转移问题,既要注重社会结构演变,又要重视劳动力在省际、区域之间的转移情况。遗憾的是,限于省际劳动力转移数据的可得性,现有文献并未探析劳动力转移的省际空间关联关系。综上所述,本书在现有劳动力转移理论的基础上加入空间因素,使现有文献中劳动力转移静态、独立不相关的视角延伸至动态、空间关联层面。把传统的劳动力转移理论与中国特有现实背景相结合,根据中国实情将劳动力转移影响因素从源地"推力"和汇地"拉力"两方面进行结构性分解,对劳动力转移经济效应进行多方面、多视角研究,无疑是对劳动力转移问题在理论层面上的一种有益补充。

中国农村劳动力转移是指农村人口从农村地区转移到城市地区或其他地区从事非农业工作的过程。这一现象在中国已经持续了几十年,对中国的经济和社会发展产生了深远的影响。研究中国农村劳动力转移具有重要的理论意义,主要体现在以下三个方面:

一是研究中国农村劳动力转移可以深化对城乡发展差距的认识。中国的城乡发展差距是一个长期存在的问题,而农村劳动力转移正是其中一个重要的原因。通过研究农村劳动力转移的规律和影响因素,可以更好地理解城乡发展差距的形成机制,为制定相关政策提供理论支持。

二是研究中国农村劳动力转移可以为城市化进程提供理论指导。随着农村劳动力的转移,中国城市化进程加快,城市人口规模不断扩大。研究农村劳动力转移的规律和趋势,可以为城市化进程的规划和管理提供理论指导,促进城市化的健康发展。

三是研究中国农村劳动力转移可以为农村改革提供理论借鉴。农村劳动力转移不仅影响了城市的发展,也对农村的发展产生了深远的影响。通过研究农村劳动力转移的影响机制和路径,可以为农村改革提供借鉴和启示,促进农村经济的转型升级。

1.2 基本概念界定

"农村剩余劳动力转移"是本书研究的重点内容,何谓"农村剩余劳动力","转移"是何形式,在此基础上"农村剩余劳动力转移"概念如何界定?本书首先对这一概念问题进行定义。

1.2.1 "农村剩余劳动力"概念界定

首先,相关基础概念阐释与界定。(1)"农业"概念界定。农业有广义和狭义之分,本书依据《中国统计年鉴》(2016)统计口径,采用广义农业概念。(2)"农村劳动力(乡村劳动力)"概念界定。与中国特有的户籍制度相关联,中国劳动力可划分为两大类:城镇劳动力与乡村劳动力。"农村劳动力"与"乡村劳动力"虽然在名称上有区别,但其在实质上均指户籍地在"乡村"的劳动力①,故本书不区分两者,并统一称为"农村劳动力"。

其次,"剩余"概念界定。何谓"剩余",进一步地,何谓"农村剩余劳动力"? 现有文献对此尚未达成统一概念界定。刘易斯(1954)以"边际劳动生产率"为判定标准,指出所谓的"农村剩余劳动力"是边际生产率为零甚至为负数的劳动力。在实际生产活动中,规模报酬不变生产模式的可复制性使得在生产过程中单一增加劳动力投入生产的边际产出理论上趋近于零而不为零,且不为负。因此,以"边际劳动生产率"为依据进行定义,可能有失概念精度。郭熙保(1995)基于"土地—劳动比率"变动趋势,认为如果"土地—劳动比率"呈缩小趋势,则存在农村剩余劳动力。夏杰长(2000)以收入为依据鉴别剩余,指出当农业劳动力未能被充分利用、农业劳作收入未能满足基本生活需求时,即存在农村劳动力剩余。范茂勇和侯鸿翔(2000)基于生产要素配置比及要素使用效率视角进行判断,认为如果在生产过程中劳动力供给量超过生产资料所需劳动力数量,则农业中存在劳动力剩余。

何景熙(2000)则认为,农业劳动力存在有效工作时长,当劳动力的有效工作时长不能被保证时,即视为存在农村剩余。庄核(2003)从边际产出和机会成本出发,认为当农业边际产品价值小于劳动力机会成本时,则视为存在农村劳动力剩余。以上文献虽然定义农村剩余劳动力的视角不同,但均说明了一个不争事实:中国农村劳动力在参与生产过程中,劳动力资源并未得到充分利用,资源优化配置不尽合理。据此,本书将"农村剩余劳动力"定义为:随着生产发展、生产技术进步,农村劳动力供给量超过农业生产有效需求量的余额,即为"农村剩余劳动力"。

1.2.2 "农村剩余劳动力转移"概念界定

上节定义表明农村劳动力存在剩余,那么合理配置农村剩余劳动力、提升农村剩余劳动力生产效率的一种有效途径为:离开农业生产部门,在非农部门择取合适的工作。从就业产业上看,农村剩余劳动力既可在第二产业择业,也可在第三产业择业。从就业地域上看,这种就业领域的变化可表现为两种形式:一是农村剩余劳动力从本地农业部门转至本地非农部门工作;二是从本地农业部门转至其他地区非农部门就业。无论是

---

① 在百度百科上分别查询"农村劳动力"与"乡村劳动力"概念,结果均显示"农村劳动力"含义。

就业产业转移还是地理上地区间转移,其本质均是部分农业劳动力从农业部门转至非农部门就业,因而本书所述农村剩余劳动力转移并不严格区分两种转移形式,均视为转移。从经济效益视角看,劳动力由低生产效率的农业部门转至高生产效率的非农部门就业,有利于转移劳动力边际产出增加,进而社会总产出增加。故农村剩余劳动力转移至非农部门就业是一件值得被提倡的行为。

关于"农村剩余劳动力转移"概念与"农民工"概念,农民工有"本地"农民工和"外出"农民工之分,结合两者定义,本书对农民工定义描述如下:户籍在农村、在本地或外出从事非农生产活动的劳动者。这一含义与"农村剩余劳动力转移"概念具有相似之处,故本书对两者不做区分,统一视为"农村剩余劳动力转移"。综上所述,本书将农村剩余劳动力转至非农部门就业的情形定义为"农村剩余劳动力转移",转移的本质是农村劳动力资源的合理优化配置,劳动力生产效率提升。

1.2.3 "农村剩余劳动力转移量"概念界定

以上界定了"农村剩余劳动力转移"概念,在其量的测算上,不同学者、不同文献的测算方法不同,详见第2章2.3节"农村剩余劳动力转移量测算方法梳理"。本书对"农村剩余劳动力转移量"测算遵循以下两点原则:一是1978—2007年农村剩余劳动力采用实际农村劳动力转出量进行表征;二是2008—2015年农村剩余劳动力转移量通过借鉴《农民工监测调查报告》公布的农民工量进行测定。在实证分析的数据采用上,本书采用国家统计局统计口径,借鉴伍山林(2016)的测算方法,即"乡村劳动力减去农业劳动力得农村剩余劳动力转移数量"。在地理位置转移上,本书以省区为界,基于人口普查数据,测算农村剩余劳动力省际转移量。

综上所述,鉴于本书研究对象与探析内容,本书使用"农村剩余劳动力转移"这一概念,在正文的表述中,如无特殊说明,将"劳动力转移"或"转移劳动力"作为"农村剩余劳动力转移"概念简称。

1.3 研究框架、内容及方法

1.3.1 研究框架

本书在扎实的文献阅读和梳理的基础上,首先做农村劳动力转移的特征和内在机理分析,以期获知中国农村劳动力转移的内在规律。其次在特征规律的基础上,从宏观、中观、微观三大视角分别探究中国农村劳动力转移的经济效应。最后进行结论归纳总结。本书主要内容安排与技术路线图见图1.1和图1.2。

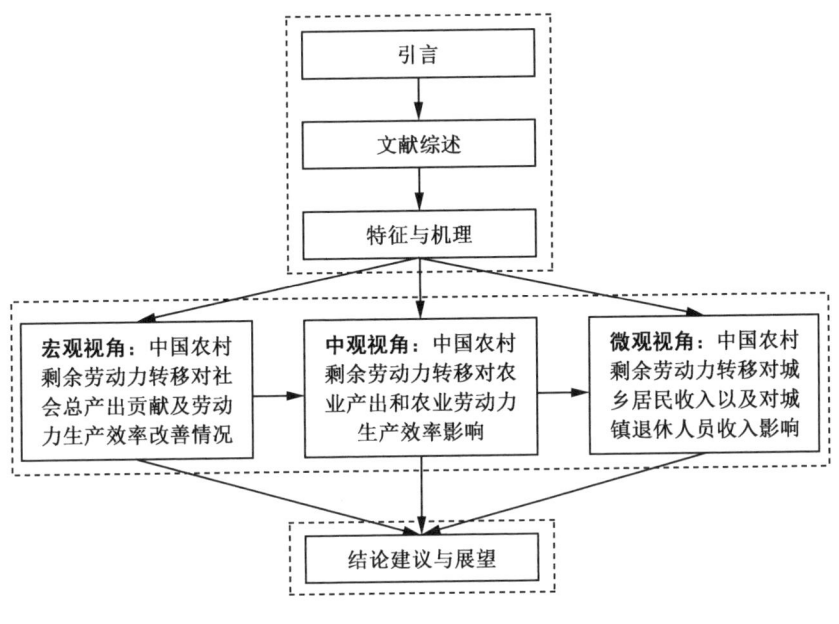

图 1.1　主要内容安排

1.3.2　研究内容

本书研究内容详述如下:

第1章引言。引言为本书的导入部分,首先阐述了本书选题背景与缘由、对选题研究的理论及现实意义;其次对本书研究内容、方法、框架和创新点进行了概括总述。由于引言是全书的研究纲领,故在此处对"农村剩余劳动力转移"概念进行了界定(农村劳动力、农业劳动力、农村剩余劳动力、农业剩余劳动力;迁移、流动、转移)。

第2章国内外文献综述。关于综述的阐释,本书整理归纳出"文献框架逻辑图",以便直观展示现有文献的脉络及联系,继而进行详细阐述。对国外研究文献,本书依据主要流派发展及其模型构建进行梳理归纳,包括刘易斯(W. A. Lewis)两部门结构发展模型、费景汉(J. Fei)和拉尼斯(G. Ranis)模型、乔根森(D. Jorgenson)模型、唐纳德·博格(D. J. Bogue)

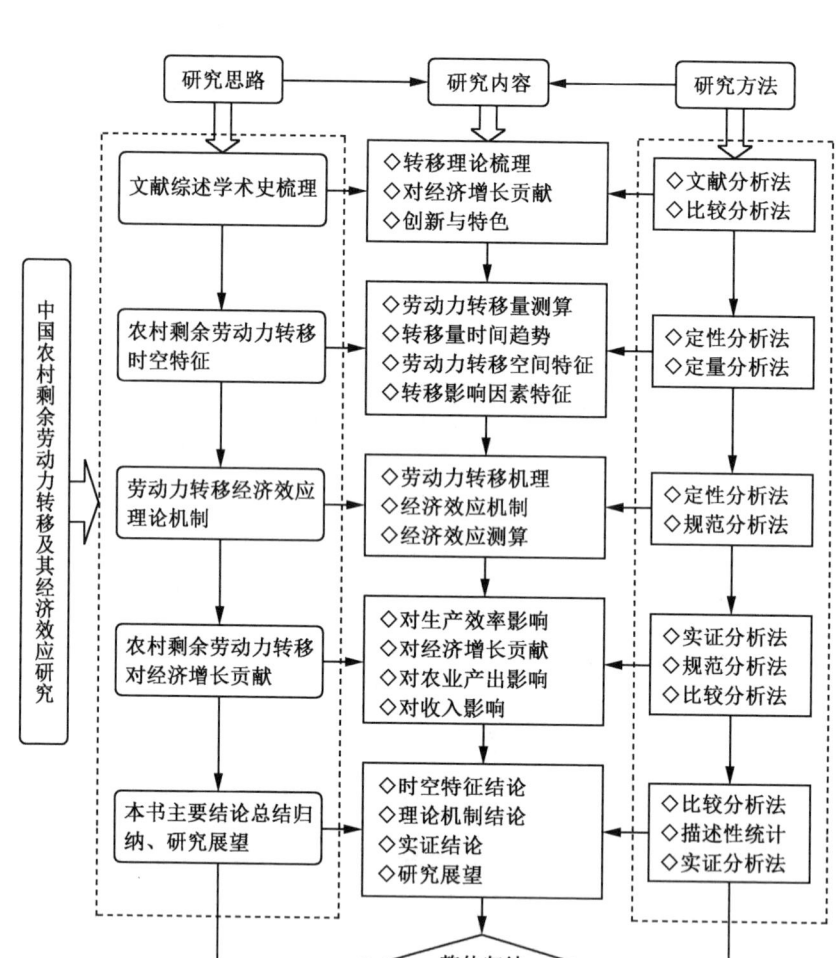

图 1.2 技术路线图

推拉理论、托达罗(M.O.Todaro)模型等。对国内现有文献,本书从农村剩余劳动力数量估算、农村劳动力转移影响因素、转移经济效应研究及转移途径等方面进行归纳梳理,并作简单评述。

第3章农村剩余劳动力转移量测算及其特征分析。对于省际层面劳动力转移量的测算,本书拟尝试提出可行的推算方法,以人口普查数据中乡村人口省际转移比例为依据,参考并设定省际劳动力转移占比,据此推算省际劳动力转移量及转移方向,进而做农村剩余劳动力转移时空特征分析。

第4章劳动力转移经济效应的理论机制分析。关于经济效应的理论机制，本书从三个方面进行分析：一是农村剩余劳动力转移与经济增长的关系；二是劳动力转移对经济增长影响的理论机制分析；三是转移经济效应数理模型推算。理论分析的目的是从机制上探析劳动力转移经济效应，为较全面地了解整个作用机制传导过程做解释，并为下一步的实证分析奠定理论依据。

第5章农村剩余劳动力转移对经济增长贡献率实证分析（宏观视角）。本章在对比普通拟合和空间模型拟合的基础上，拟考虑劳动力转移的空间溢出效应，采用空间模型进行拟合，分别从全国整体，以"胡焕庸线"为界的线东要素禀赋集聚区、线西要素禀赋稀疏区，劳动力转入地、转出地和平衡地，以及31省区四层视角做分析，以便较好地了解劳动力转移对经济增长贡献率程度乃至贡献率主要来自哪些局部地区，是否与惯性认知中的东部地区是经济增长"引擎"相一致。

第6章农村剩余劳动力转移对农业产出影响（中观视角）。农村剩余劳动力转移对农业产出有何影响，进一步地，农村剩余劳动力转移对继续留在农业部门从事生产经营活动的劳动力生产效率有何影响？本章对此做实证分析：一是通过统计性描述探析农业产出及粮食产出量变化趋势；二是通过格兰杰检验观察农村剩余劳动力转移与农业产出的关系；三是通过实证分析方法探析农村剩余劳动力转移与农业劳动力对农业产出的影响。

第7章农村剩余劳动力转移对收入影响（微观视角）。农村剩余劳动力转移涉及农业和非农业两个部门，故本章意在探析农村剩余劳动力转移对农村居民收入的影响及对原有城镇居民收入的影响。

第8章总结全书。根据本书主要探析的内容，本章依据劳动力转移时空特征、三方面经济效应依次进行总结归纳；针对以上结论提出对应的政策建议，阐释如何更好地促进劳动力转移及提升其经济效应。本书最后提出研究展望。

1.3.3 研究方法

在研究方法上，本书将坚持多学科视角、经验分析与理论分析相统一、实证分析与规范分析相结合的基本原则，在以经济学视角来观察分析的同时，密切关注政治学、社会学、管理学等其他学科领域对这一问题的研究思路与研究进展，并将其纳入本书。通过进一步归纳整理，本书将所运用的研究方法概括为以下五点：

（1）文献梳理与理论分析。在科研工作中，对现有研究文献的阅读并归纳总结是进行学术研究的重要一环，也为现有研究奠定了坚实的理论基础和方法支撑。通过对已有文献进行梳理和分析，研究者可以更好地了解研究领域的现状和动态，把握研究热点和趋势，为自己的研究提供理论和实证支持，提高研究的质量和水平。通过文献梳理，一是理清研究现状。帮助研究者了解研究领域的最新进展和研究现状，包括相关理论、方法和技术的应用情况，有助于研究者建立对研究领域的整体认识。二是发现研究热点。帮助研究者发现研究领域的热点问题和前沿议题，把握学术动态，找到自己研究的切入点和方向。三是避免重复研究。避免重复他人已有的研究工作，节省时间和精力，避免资源浪费。四是提高研究质量。为研究提供理论和实证支持，帮助研究者建立研究的理论框架和研究假设，提高研究的科学性和可信度。

通过查阅图书馆、数据库、期刊等途径，收集相关领域的文献资料，包括经典著作、学术论文、研究报告等国内外有关劳动力转移及其对经济发展影响的文献资料，对已收集到的文献资料进行系统梳理和综合分析，包括文献的来源、作者、时间、内容等方面，理清研究领域的发展脉络和研究热点。全面分析劳动力转移的理论机制演进过程、特征、影响因素及其经济效应，为本书研究奠定坚实的理论基础。

（2）比较研究。通过比较分析不同文献之间的异同，可以帮助研究者更全面地了解某一问题或主题，从而为研究工作提供更加深入的思考和分析。首先，文献比较分析可以帮助研究者更好地了解研究领域的发展动态。通过比较分析不同时间段、不同地区或不同学者的研究成果，可以发现研究领域的发展趋势和变化规律，从而为研究者提供更加全面和深入的研究视角。其次，文献比较分析可以帮助研究者更好地理清研究问题的脉络和内在逻辑。通过比较分析不同文献之间的观点、论据和结论，可以帮助研究者更好地理清各种观点之间的联系和差异，从而为研究者提供更加清晰和系统的研究框架。再次，文献比较分析可以帮助研究者更好地发现研究问题的研究空白和创新点。通过比较分析不同文献之间的研究成果，可以帮助研究者更好地发现研究问题的未解之谜和尚未被充分探讨的方面，从而为研究者提供更加有针对性和前瞻性的研究思路。最后，文献比较分析可以帮助研究者更好地提高研究工作的学术质量和水平。通过比较分析不同文献之间的优缺点和局限性，可以帮助研究者更好地把握研究问题的关键和难点，从而为研究者提供更加严谨和深入的研究方法和手段。

本研究依据大量国内外典型数据,对国内外有关劳动力转移的典型案例及数据进行系统的比较分析。一方面,通过对国外典型案例的分析,总结经验,为我国现阶段农村剩余劳动力转移提供可借鉴的启示与对策;另一方面,通过对比分析国内外农业劳动力占总劳动力之比、农业劳动力转移量占农业劳动力之比,对我国农村剩余劳动力未来转移量及其对经济增长的贡献做探析。

(3)描述性统计分析。描述性统计分析是研究中常用的一种统计方法,它通过对数据的整理、汇总和分析,来揭示数据的特征、规律和趋势,为研究者提供重要的参考和依据。对研究内容进行描述性统计分析的重要性不言而喻,它可以帮助研究者更全面地了解研究对象的特征和规律,为研究问题的深入探讨和解决提供了重要的数据支持。首先,描述性统计分析可以帮助研究者对研究对象的特征进行全面的了解。通过对数据的整理和汇总,研究者可以得到研究对象的各种特征指标,如均值、中位数、标准差等,从而了解研究对象的集中趋势、离散程度和分布形态。这些特征指标可以帮助研究者更全面地了解研究对象的特点和规律,为研究问题的分析和解决提供重要的参考。其次,描述性统计分析可以帮助研究者对研究对象的规律进行深入的探讨。通过对数据的分析和比较,研究者可以了解研究对象不同特征之间的关系和影响,揭示出研究对象的规律和趋势。这些规律和趋势可以帮助研究者更深入地认识研究对象的内在机理和发展规律,为研究问题的解决提供重要的理论支持。最后,描述性统计分析可以帮助研究者对研究问题进行科学的解释和预测。通过对数据的分析和解释,研究者可以得出对研究问题的科学解释和预测,为研究问题的深入探讨和解决提供重要的理论依据。这些解释和预测可以帮助研究者更加准确地认识和把握研究问题的本质和规律,为研究问题的解决提供重要的理论指导。由此,对研究内容进行描述性统计分析是非常重要的。它可以帮助研究者更全面地了解研究对象的特征和规律,为研究问题的深入探讨和解决提供重要的数据支持。因此,在做研究时,研究者应当充分重视对研究内容进行描述性统计分析,以提高研究的科学性和准确性。

本书依据《中国统计年鉴》、《新中国农业60年统计资料》、第三至六次人口普查数据、自2009年开始公布的《农民工监测调查报告》等数据,对全国农村剩余劳动力转移量、省际双向转移量及转移方向、转移劳动力个体特征、收入水平、就业情况等方面进行描述性统计分析，以便较全面地了解转移劳动力个体情况。

（4）定性分析与定量分析。在进行研究工作时，定性分析和定量分析都是非常重要的方法。定性分析是通过描述和解释来理解现象的研究方法，而定量分析则是通过数学和统计方法来量化和分析数据。这两种方法在研究中起着不可替代的作用，它们相互补充，共同帮助研究者更全面地理解研究内容。首先，定性分析能够帮助研究者深入理解研究对象的特征和内在关系。通过定性分析，研究者可以通过观察、访谈等方法，深入了解研究对象的特点、行为和态度，从而更好地把握研究内容的本质。定性分析还可以帮助研究者发现新的问题和现象，为后续的定量分析提供更多的研究思路和方向。其次，定量分析能够帮助研究者对研究内容进行量化和统计分析，从而得出客观的结论和规律性的发现。通过定量分析，研究者可以利用数学和统计方法对数据进行处理和分析，得出具有代表性的结论，并且可以进行横向和纵向的比较，验证研究假设和推断。定量分析还可以帮助研究者发现变量之间的关系和影响，为研究提供更加客观和科学的依据。最后，定性分析与定量分析的结合能够使研究结果更加全面和可信。定性分析能够帮助研究者深入理解研究对象的特点和内在关系，而定量分析能够帮助研究者对研究内容进行量化和统计分析，从而得出客观的结论和规律性的发现。两者相互补充，能够使研究结果更加全面和可信，为研究者提供更多的研究视角和方法。因此，在进行研究工作时，研究者应该灵活运用这两种方法，以便更好地理解和解释研究对象，得出更加客观和科学的结论。

定性分析源于传播学，主要是基于主观视角，从质的方面探究事物的属性、特点等。人文学科引入定性分析来探究事物之间的相互关系。定量分析与定性分析相辅相成，在了解事物特征及相互关联的基础上进行定量分析，可以对事物的认知得出更为客观、准确及具有说服力的结果。关于省际农村剩余劳动力转移量时空特征、省际双向转移空间相关性、空间转移路径等特征，本书拟在经验事实的基础上，借用图示、Moran 指数、Gini 系数等方法进行定量分析。

（5）实证分析与规范分析。对研究内容展开实证分析与规范分析是科学研究中至关重要的一环。实证分析是指通过实际的数据和事实来验证研究假设或理论，以确保研究结论的可靠性和科学性。规范分析是指将研究内容与现有的规范、标准进行比较和评估，以确保研究内容符合学术和伦理规范。这两种分析方法的结合,可以有效地提高研究内容的质量和可信度。首先,实证分析可以帮助研究者验证其假设或理论的有效性。在科学研究中,理论的建立往往是基于对实际数据的观察和分析。通过实证分析,研究者可以验证其假设或理论是否符合实际情况,从而提高研究内容的可靠性。此外,实证分析还可以帮助研究者发现研究中可能存在的偏差或误差,从而及时进行修正和调整。其次,规范分析可以帮助研究者确保其研究内容符合学术和伦理规范。在科学研究中,研究者需要遵守一定的学术规范和伦理标准,以确保研究的公正性和合法性。通过规范分析,研究者可以对研究内容进行全面的评估,确保其符合学术规范和伦理标准,从而提高研究内容的可信度和合法性。最后,实证分析与规范分析的结合可以帮助研究者全面评估其研究内容。通过实证分析,研究者可以验证研究假设或理论的有效性,发现可能存在的偏差或误差;通过规范分析,研究者可以确保研究内容符合学术和伦理规范。这样,研究者可以更加全面地了解其研究内容的优势和不足,从而及时修正并改进。

实证分析旨在对事物现象运行特征及规律给出更为严谨的数理分析和解释。本书首先采用图表分析法探析了农村剩余劳动力转移的时空特征,并在此基础上基于空间互动模型测算了劳动力转移影响因素。其次,在特征分析基础上,使用空间通用模型和增长核算方法,分别从宏观、中观和微观三方面建模测算劳动力转移对经济增长、农业产出以及对城乡劳动力收入的影响。最后,基于实证分析结论,本书进一步结合对比、归纳、总结等规范分析法,对现阶段中国农村剩余劳动力转移及其经济效应提出相关启示,在合理优化配置农村剩余劳动力资源的基础上提升其经济效应。

1.4 研究创新点

从现有文献所使用的农村剩余劳动力转移量数据上看,现有研究主要是采用属性数据[①]从全国视角或以单个省区为研究对象,没有考虑省际劳动力转移的关联性或相关性。而实际上,一方面,某一省区劳动力转入量包含着与之对应的转出地信息,同时,一个省区劳动力转出量也包含着与其对应的转入地信息;另一方面,劳动力省际转移量并不单向取决于

---

① 斯科特(Scott)认为,社会科学研究所涉及的数据类型包括属性数据、关系数据和观念数据三类。属性数据用于描述对象特征,适用于一般回归分析;关系数据用于描述联系和交流,适用于社会网络分析方法。

转出地或转入地属性因素,而是两者合力共同作用的结果。因此,基于属性数据的分析"损耗"了部分信息,导致分析结果不精确甚至错误(严善平,2007;肖群鹰和刘慧君,2007)。

从实证方法上看,现有文献测算农村劳动力转移对经济增长的贡献均基于完全竞争和规模收益不变等假设,将研究对象视为均质的和独立的,忽视了劳动力省际转移这一空间因素的影响。而实际上,根据新经济地理学的基本理论,地区之间存在空间相关性,且由相关性引致的溢出效应和外部性对经济增长具有促进作用。Krugman(1991)提出的市场潜能(Market Potential)理论,进一步揭示了地区间溢出效应对经济发展的作用机制:当一个地区经济发展水平较高时,其经济总量规模往往较大,发展速度也较快,因此,该地区对其周边地区产品的需求能力就大,意味着该地区经济发展对其周边地区有着较强的带动作用,即正的外部经济性。基于该理论,国内外学者考虑区域间的空间相关性问题,采用空间计量方法对中国经济增长问题进行了有价值的研究。但学者们关注的重点是区域经济的聚集效应与增长的收敛问题(Brun et al.,2002;林光平等,2005;张晓旭和冯宗宪,2008;余丹林和吕冰洋,2009;潘文卿,2010)。也有一些学者研究了区域间的溢出效应,例如何洁(2000)、陈涛涛和陈娇(2006)、Groenewold et al.(2008)、刘巳洋等(2008)、傅元海等(2010)、潘文卿(2012)等,其研究均表明,基于空间联系的溢出效应是中国经济增长不可忽视的重要影响因素。

从实证分析内容上看,一方面,现有研究主要是从全国层面解释农村劳动力转移对经济增长贡献率,省际农村劳动力转移对经济增长的影响研究较少;另一方面,现有研究均基于完全竞争和规模收益不变等假设,将研究对象视为均质的和独立的,忽视了空间因素的影响。本书在分析劳动力省际转移特征的基础上,基于空间计量视角,采用增长核算方法测算农村劳动力转移对经济增长的贡献及其内在机理。

综上所述,本研究创新性主要有以下三点:第一,数据方面创新。本书提出了推算省际劳动力转移量及转移方向的方法,测算了1978—2015年包含农村劳动力省际转移量和转移方向信息的关系数据,弥补了现有研究采用属性数据导致信息荷载不完全的缺陷,由此可获得农村剩余劳动力全国整体层面转移量、省外省内转移量、省际转移量,从而可将现有研究从整体层面延伸至地区和省级层面进行探析。第二,研究视角创新。引入空间经济学,从空间关联视角探析劳动力转移的规律和特征。一是发现了以"胡焕庸线"为界的农村劳动力省际转移的"一江春水向东流"和"门前流水尚能西"的空间特征；二是根据省际劳动力转入转出关系数，创新性地归纳出转入块、转出块、桥梁块和双向转出块四大模块，并据此分析四类模块在空间上的分布格局和劳动力在四个模块间的转移关系，创新性地得出省际劳动力"近水楼台先得月"和"门当户对"的梯度性渐次转移特征及其路径；三是本书创新性地提出"一线、两区、三地"，即以"胡焕庸线"为界，线东农村剩余劳动力转移密集区，线西稀疏区，以转移数量为依据划分为转入地、转出地、平衡地从而进行研究。第三，研究方法创新。本书将空间计量方法纳入研究，从空间视角探析本书研究内容，从而将现有文献劳动力转移静态、独立不相关的视角延伸至动态、空间关联层面。一是创新性地采用空间互动模型，对源地"推力"和汇地"拉力"进行结构性分解，发现农村劳动力省际转移是源地"推力"和汇地"拉力"共同作用的结果，但汇地"拉力"占主导地位；二是考虑空间影响因素，即承认劳动力流动具有显著的空间相关性，创新性地采用空间通用模型，分整体、两区（"胡焕庸线"东区、西区）、三地（转入地、转出地和平衡地）及31省区四个层面测算农村劳动力转移对经济增长的贡献率及其区域差异，并在此基础上考虑农村转出劳动力与城镇户籍劳动力的异质性，使得测算结果更符合中国实际和精确；三是除宏观层面分析外，还从中观层面及微观层面分别探析了农村剩余劳动力转移对农业产出的影响、对农村居民及城镇居民收入的影响。

第 2 章　国内外文献综述

发达国家历史经验表明,农业劳动力由传统农业部门向现代工业部门转移,或者由农村向城市转移,是一个必然发生的共生现象。对此,国内外学者从不同角度进行了大量研究,并取得了丰硕成果。为探求切合中国实际的农村剩余劳动力转移理论及转移对经济增长的贡献,并为指导实践提供科学的依据和借鉴,在此对国内外农村剩余劳动力转移的经典理论和已有研究成果进行归纳梳理。本章通过细致梳理劳动力转移与经济增长研究领域的理论和经验研究,找出现有研究的不足和缺陷,并在此基础上聚焦问题、提炼中心、确定研究主题和方向,进而展开相关研究。

通过对现有国内外相关研究文献的阅读、归纳、整理,并结合本书拟研究的主要内容,本书将现有文献主要从"劳动力转移动因、机制"和"劳动力转移经济效应"两部分进行阐述,图 2.1 和图 2.2 分别为这两部分学术史框架逻辑图,以便从整体上清晰地展现现有研究文献发展概况。

2.1　劳动力转移动因、机制文献梳理

2.1.1　国外研究:理论梳理

关于劳动力转移现象的探究,有着悠久的历史。早在古典经济学时期,经济学领域便开始研究劳动力转移问题。威廉·配第(William Petty,1690)首次关注劳动力转移问题,并在其著名著作《政治算术》中通过细致的分析指出,促使劳动力农转非的动力源于收入的比较利益。此后,劳动力转移问题便成为众多知名学者关心的热点话题之一,并针对这一社会现象进行了有意义的探索和研究,代表性的研究有亚当·斯密(Adam Smith,1776)的《国富论》、大卫·李嘉图(David Ricardo,1817)的《政

第 2 章 国内外文献综述

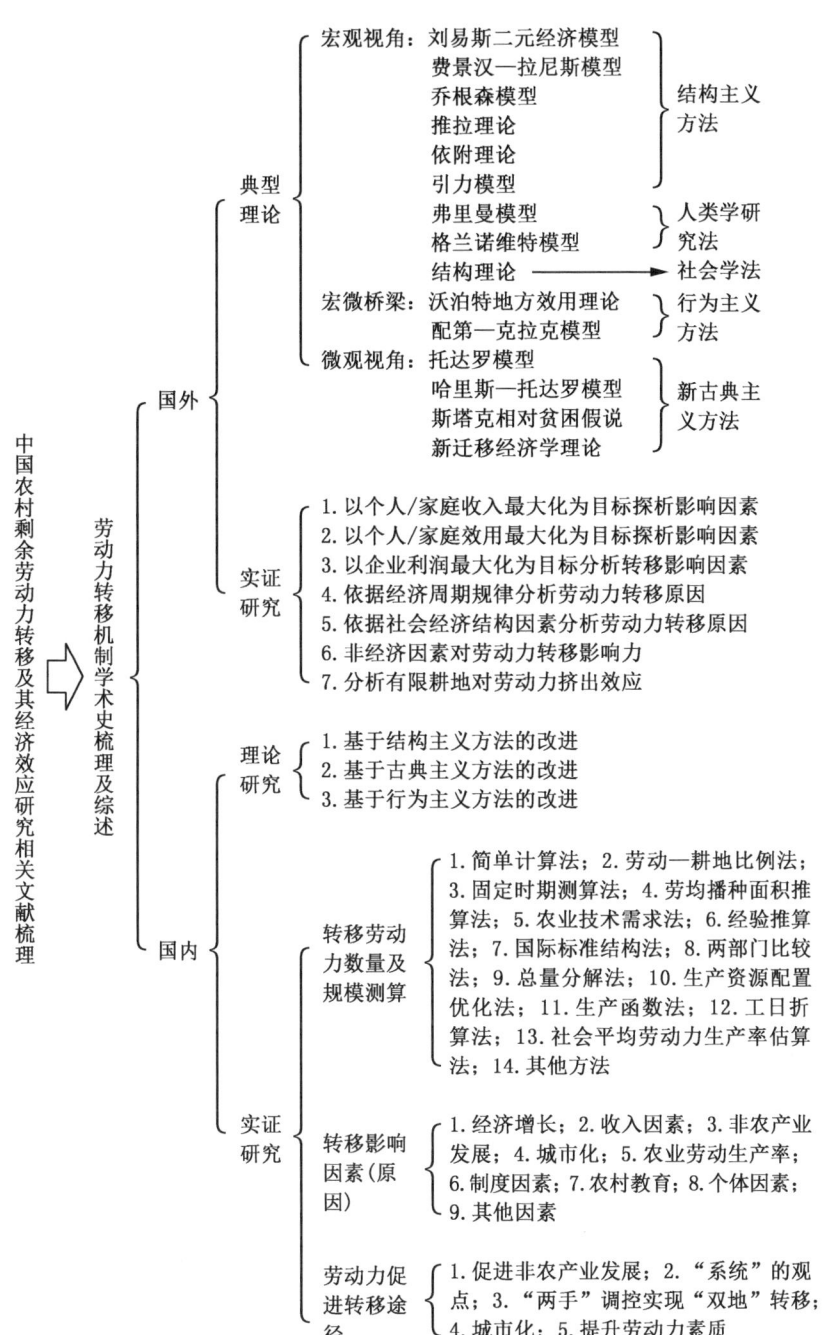

图 2.1 劳动力转移机制文献综述学术史梳理框架

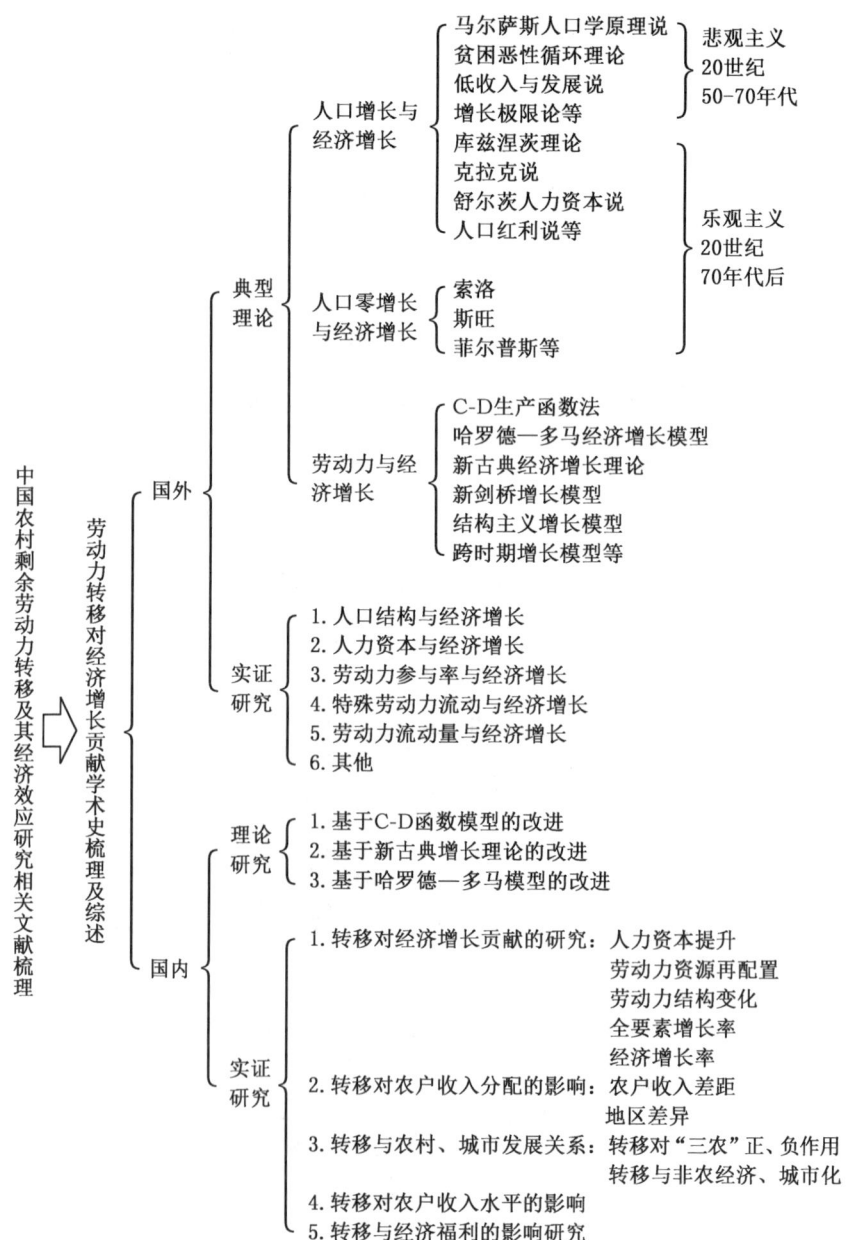

图 2.2 劳动力转移对经济发展影响文献综述学术史梳理框架

治经济学及赋税原理》和李斯特（List,1841）的《政治经济学的国民体系》。以上研究均表明,劳动力转移与工商业或非农产业发展具有较强的关联性,特别是李斯特进一步指出,当农业部门存在富足甚至冗余劳动力时,劳动力边际产出受边际递减规律的影响。为充分实现农业劳动力资源的优化配置,提升劳动力边际产出,克拉克(C. Clark,1940)指出,随着生产力发展,第一产业对经济增长乃至社会发展的促进作用将由第二、三产业接力和替代,与此相对应地,生产要素投入要从第一产业转至第二、三产业,由此劳动力也将表现为由第一产业向第二、三产业转移。在此之后,关于劳动力转移问题的探究开始大量涌现,本书将这些研究经过归纳整理为图2.1和图2.2,以便直观查看其逻辑关系,然后进行详细阐述。

截至目前,国外关于劳动力转移问题的探究已基于多个视角形成经典理论。经整理,可将这些经典理论依其探究视角不同,归纳为宏观和微观两大类。基于宏观视角形成的经典理论有刘易斯(1954)模型、费景汉—拉尼斯(1961)模型、乔根森(1961)模型、推拉模型等。基于微观视角的理论有托达罗模型(Todaro,1969)、哈里斯—托达罗模型(Harris & Todaro,1970)、相对贫困假说(Stark,1991)、新迁移经济学理论(Stark & Taylor,1991)等。此外,还有介于宏观与微观之间的行为主义方法。以上经典理论模型较好地解释了发展中国家劳动力转移的现象及其背后的机制,并进一步提出促进发展中国家劳动力转移的方法,这为发展中国家合理配置农村剩余劳动力提供了理论借鉴。

(1)基于宏观视角的经典理论

结构主义研究方法以社会经济结构为分析出发点,认为社会经济结构及由此引致的经济发展不均衡是劳动力转移的主要原因,只有从结构视角出发,才能对劳动力转移问题进行正确的认知(Lewis,1954;Ranis & Fei,1961)。

1954年,著名发展经济学家刘易斯在《曼彻斯特学派经济和社会研究》上首次阐述了"二元经济结构"[①]。其基本含义可概括为以下四点:①发展中国家并存着农村中以传统生产方式为主的农业部门和城市中以制造业为主的现代化部门,即"二元经济结构";②农业自然资源总量有限、传统农业部门人口过剩,发展中国家农业中存在着边际生产率为零的剩余劳动力;③由于工农业之间的收入水平存在着明显的差距,工业部门

---

① 百度百科释意网址:https://baike.baidu.com/item/%E4%BA%8C%E5%85%83%E7%BB%8F%E6%B5%8E%E7%BB%93%E6%9E%84%E7%90%86%E8%AE%BA/2617257?fr=aladdin。

只要用比传统农业部门稍高的工资就可以吸引农村剩余劳动力向城市转移;④随着劳动力由农业部门不断地向工业部门转移,城市工业部门不断扩大产出,农业部门则随着农业剩余劳动力的不断流出而劳动边际生产率提高,最终两部门的劳动报酬趋同,二元经济结构逐渐消失。刘易斯模型把经济增长过程与劳动力转移过程进行有机结合,认为农业部门与非农部门的结构差异是劳动力转移的原因,这对促进发展中国家劳动力转移乃至经济增长具有重要意义。与此同时,刘易斯模型也因为其成立的假设前提较为"苛刻"而受到不少批评。

针对刘易斯模型中存在的不足,经济学家费景汉和拉尼斯对此进行了修正和拓展,形成拉—费模型(Ranis-Fei Model)。拉—费模型把劳动力转移过程归纳为三步,具体含义如下:①农业部门边际产出为零的劳动力由农业部门转移至非农部门并不影响农业产出。非农部门基于不变工资制度吸引农业剩余劳动力向非农部门转移。当劳动力转移至非农部门后,农业部门由于消费人口减少而出现农产品剩余,这部分农产品恰好可以满足转移至非农部门劳动力的需求。②随着非农部门的生产发展,不断地吸引农业剩余劳动力转移至非农部门,这使得农业劳动力数量减少,因而农业部门劳动力生产率得以提高,但仍低于非农部门工资水平。因此,非农部门对农业部门劳动力的吸力继续存在,直至将农业剩余劳动力吸收完毕。③农业剩余劳动力转移完毕后,农业部门劳动力边际产出水平不断提升,当农业部门边际生产率超过非农部门工资水平时,农业劳动力和非农劳动力都可以依据劳动边际产出获得报酬,即两部门劳动力报酬均由市场原则决定,此时两部门都实现了市场化。

美国经济学家乔根森(1961)放宽了人口外生、农业部门剩余劳动力边际产出为零、工资水平固定等假设,从农业发展和人口增长的角度研究劳动力转移问题。其观点可概括为以下四点:①劳动力由农业部门向非农部门转移的动力在于消费结构的变化。人口增长是一个取决于人均粮食产出的内生变量。人们对粮食的需求是有限的,即对农产品的需求是有限的,对非农产品的需求是无限的。当农产品产出能够满足需求时,农业部门就会失去对劳动力的吸力,此时,劳动力会向工业部门转移,从事非农生产,扩大非农产出,满足人们对于非农产品的需求。②在乔根森之前,农业劳动力向非农部门转移的基础被视为:农业劳动边际生产率为零,或虽不为零但实际收入水平较低。乔根森则不这样认为,提出农业劳动力转移的基础是:农业剩余劳动力出现,这才是农业劳动向非农部门转移的充要条件。因为农业部门劳动边际生产率为零的情况基本不可能存在,即使在经济发展的低均衡情形中,劳动力的增加也会促进农业产出增多。③当人均粮食产出增长率超过人口增长率时,人们的农产品需求便得到了满足,会出现农业剩余。人口增长由农业产出决定,且农业产出会有上限,而经济增长由于不断的技术进步等原因,其产出较农业产出而言没有最大量的概念。由此便会出现经济增长超过人口增长和农业剩余现象。④从工资的视角看,乔根森认为,工资不是一成不变的,无论是非农部门工资还是农业部门工资,都是在上升的。因为随着时间发展,两部门劳动生产率都在提升,所以两部门的工资也是上升的,如果工业部门继续保持对农业劳动力的吸力,需要支付高于原有工资水平的工资。

与之前的模型相比,乔根森模型的进步之处在于,它将劳动力转移的原因深化到人口结构内生和消费结构上,更进一步地完善了结构主义关于农业劳动力转移的探究。不足之处在于,乔根森模型并没有突破结构主义的限制,也没有阐释清楚为什么在城市、非农部门存在失业的情形下,农业部门的劳动力并没有终止其转移的步伐,转移仍在继续。

推拉理论将劳动力转移影响因素从两部门拓展到自然因素、地理位置等领域。劳动力转移推拉理论的起源可以追溯到19世纪。最早对人口迁移进行研究的学者是英国的雷文斯坦(E. Ravenstein)。他于1885年发表了一篇题为《劳动力转移的规律》的论文。在文中,他对劳动力转移现象进行总结,归纳为如下七条:①劳动力转移主要倾向于向就近的工商业发达地区转移;②劳动力转入城镇是一个循序渐进的过程,即劳动力首先转向城镇边缘地带,进而再转入城镇;③各地区的劳动力流动均有一个相似的特征,即由农村转向城市;④大规模的人口转移往往伴有反向流动;⑤长距离的转移一般发生在由农村转向发达的大城市;⑥农村居民的流动率高于城镇居民,即农村居民更倾向于转移;⑦从性别上看,女性流动率高于男性。

在劳动力转移影响因素上,雷文斯坦指出,经济是促使劳动力转移的重要原因,主要目的是改善当前的生产和生活条件,此外,社会地位和气候状况等也是重要影响因素。在此之后,赫伯拉(Herberla)在1938年、米切尔(Mitchell)在1946年就劳动力转移问题分别正式提出推拉理论。劳动力在地区间转移是转出地"推力"和转入地"拉力"共同作用的结果。转入地的就业机会、更高的工资、更好的教育和卫生设施等因素成为劳动力转入的"拉力"。基于以上研究,唐纳德·博格于20世纪50年代末系统地提出了人口转移推拉理论。推拉理论从转出地和转入地的外部因素探析劳动力转移行为,忽略了个人因素,例如,当面对相同的推力与拉力时,并不是所有人都会做出同样的选择,有些人会选择转移,而有些人则会继续留在原地。带着这一疑问,李(E. S. Lee,1966)把劳动力在地区间转移的障碍因素及个人因素纳入推拉理论,并进一步将劳动力转移影响因素归纳为四方面:转出地因素(推力、拉力)、转入地因素(推力、拉力)、中间障碍因素和个人因素。当转出地内部推力大于拉力、转入地内部拉力大于推力时,便会产生劳动力转移。

除以上经典的理论模型外,依附理论和引力模型也是较有影响力的劳动力转移理论。依附理论的观点为:①提出了大城市与卫星城的观点,且两者的关系是大城市剥夺了卫星城地带的剩余价值;②在地理位置上,大城市和卫星城是层层推进的,在发达大城市边缘围绕的卫星城是次发达城市,在次发达城市边缘围绕的卫星城是小城市,以此类推分布;③大城市是核心地带,卫星城是边缘地带,核心地区的发展建立在卫星城缓慢发展的基础上。后来成本收益论(杜书云,2007)、二元市场理论(Piore,1970)、引力模型被引入劳动力转移问题的研究中,见式(2.1)和式(2.2)。Evenett & Keller(1998)在引力模型中加入了经济、受教育水平等影响因素进行考量。

$$M_{ij}=P_iP_j/D_{ij} \qquad (2.1)$$

$$M_{ij}=f(Y_i,Y_j,U_i,U_j,L_i,L_j,D_{ij}) \qquad (2.2)$$

(2)基于微观视角的经典理论

结构主义模型的优点在于从宏观视角探析劳动力转移的影响因素,但缺点在于微观基础较为薄弱。新古典主义方法的理论(模型)可对"薄弱的微观基础"做出补充,这类研究方法基于理性假说,以个体追求利益最大化为动机,探析劳动力转移相关内容。基于微观视角的劳动力转移经典理论作如下详释:

一是托达罗模型(1969)。关于劳动力由农村向城市转移的过程中并不顾及城市失业而继续存在的问题,托达罗模型对此进行了较好的研究,并指出:促进农村剩余劳动力由乡村转移至城市、由第一产业转移至第二、三产业的原动力在于农村居民预期的城乡收入差距,只要村民预期在城镇或非农产业获得的收入高于现有收入,则农业劳动力就有向城镇和第二、三产业转移的动力,用函数表示为:

$$M(t)=f[d(t)], f'>0 \qquad (2.3)$$
$$d(t)=w(t)\pi(t)-r(t) \qquad (2.4)$$

上式表明,对城镇就业收入的良好预期是促进劳动力转移的动因,只有当转入城市的劳动力使得城市工资水平下降或者失业水平上升,且农村劳动力预期城市收入水平与农村收入水平相当时,才会停止劳动力转移。托达罗模型较好地解释了城市失业与劳动力转移并存的现象。但托达罗模型同样存在不足之处:认为农村不存在剩余劳动;对于劳动力短期转移和农村劳动力回流未加考虑;特别是对于制度因素对劳动力转移的影响没有考虑等。

二是哈里斯—托达罗模型(1970)与斯塔克相对贫困假说(1991)。哈里斯—托达罗模型修正了托达罗模型存在的一些缺陷。哈里斯—托达罗模型假定城市工资在一定程度上是由外生决定的,并基于此研究劳动力转移对两部门产出、乡村居民和城镇居民收入等的影响。而相对贫困假说在一定程度上修正了托达罗模型和哈里斯—托达罗模型的不足,即没有考虑人的社会性特征和社会网络对人的行为的重要影响,并进一步提出,城乡收入差距、农村户与户之间收入差距是使得农村剩余劳动力具有转出就业行为的主要推动力。那些收入水平较低、感受到经济地位下降的农户会选择转出。在此假说的基础上,斯塔克等利用国际转移比较分析法进行了一个经验证明:①当农户感觉到自身经济地位在村中有所下降时,便会产生转移动机;②当村民由农村转移至城市时,村民收入差距的参照者不再是村中其他农户,而是城镇居民;③但并不是在所有情况下转移劳动力都会将转入地居民作为收入参照者,当劳动力转入地是一个在文化和地理位置上同原居住地都十分生疏的环境时,转移劳动力不会将自己与当地居民作对照,此时,原居住地农户收入依然是其参照者;④在此情形下,国际移民是不改变原参照者的一种选择。斯塔克等通过以上经验研究较好地验证了相对贫困假说在劳动力转移中的决定性。但斯塔克的研究是基于一种间接经验,能否广泛应用还有待进一步检验。

三是新迁移经济学理论(1991)。该理论注意到了家庭及其策略对劳动力转移的影响力。因为劳动力转移看似是一个人的转移,但决定其能否转移往往受家庭因素的影响。因此,新迁移经济学理论从家庭的视角对新古典主义研究方法进行了拓展,考虑了人的社会性因素,但仍不能较好地解释在相同的社会外部环境影响下,并不是所有家庭、劳动力都会选择转移。

新古典主义研究方法从个体经济利益最大化的视角出发进行探析,劳动力转移会提升劳动力生产效率,使劳动力资源得到合理优化配置,从而使社会总产出增多、经济增长。正是基于这一视角,新古典主义研究方法在探析劳动力转移问题上有其独特的魅力和积极性。但新古典主义研究方法也有其不足之处,如没有考虑到劳动力转移的成本问题、劳动力转移信息中的障碍因素等。对此做出进一步补充研究的是行为主义研究方法。

(3)行为主义研究方法的理论与评述(宏观与微观桥梁)

行为主义研究方法从迁移者的微观迁移决策视角出发来解释劳动力转移区域迁移模式,即宏观表象。在微观方面注重劳动力个体对转移行为的影响,因而行为主义是连接劳动力转移宏微观经典理论的一座桥梁,其涉及的一个重要概念是"地方效用"(Place Utility)。地方效用的满意程度越高,越容易吸引劳动力转入。行为学派虽然结合了微观与宏观的诸多优势,但"地方效用"是一种抽象的主观判断,且难以量化分析。由于信息的不对称、获取难易程度的影响,不同的劳动者对劳动力转出地和转入地的"地方效用"的判断也不相同。并且在现实生活中,并不是所有劳动者都是"理性经济人",以"效用最大化"为追求目标。这些难以客观解决的问题在一定程度上影响了行为学的进一步研究及实践。

在经济学领域之外,社会学(结构理论)和人类学(弗里曼模型等)也对劳动力转移进行了相关研究,对于探析劳动力转移机制又进一步奠定了较好的理论基础。通过对以上经典的劳动力转移模型的阐释和比较可知,劳动力转移的影响因素是由多个方面、多种因素综合作用的结果,很难用一个模型或单一的某方面或某个因素进行解释说明,且各模型关注的影响因素侧重点不同。为便于获悉以上理论的逻辑框架,本书将这些理论的主要内容及贡献纳入表2.1。由于社会学和人类学这两种方法在经济学现有研究中较少涉及,故在经济学经典劳动力转移理论阐述中并没有将这两种方法纳入,但是,劳动力转移在现实中确实存在以个人为节点的社会网,所以本书拟将这一因素纳入劳动力转移影响因素分析中,并将以上两个理论纳入表2.1进行对比阐述。

表 2.1　　国外劳动力转移理论逻辑框架及优缺点对比

分类	主要内容	理论	年份	决定因素	贡献	不足
经济学——结构主义方法	关注社会经济结构刚性及由此而决定的经济发展不平衡结果对劳动力转移的影响	刘易斯二元结构理论	1954	实际城乡收入差距	在理论研究方面开创了劳动力转移研究的结构主义方法,对分析发展中国家劳动力转移和经济增长产生重大影响	无限劳动力供给的假设、不注重农业部门发展,工业部门不存在失业等
		费景汉—拉尼斯模型	1961、1964	技术进步、人口增长、工业资本存量增长等	在刘易斯基础上强调了农业生产率提高	忽视工业部门缺失等(刘易斯模型部分缺陷)
		乔根森模型	1961	消费结构变化(转移是消费需求拉动的结果)	从人口内生、消费结构角度解释转移因素	无法解释失业与转移并存现象(没有超越结构主义框架)
		推拉理论(唐纳德·博格和李)	1966	迁出地、进入地、障碍、个人四种因素合力	完善了迁移制度的解释框架,对推力和拉力有了更进一步的阐释	忽视空间因素影响力
		依附理论(弗兰克和桑托斯)	1985	极化效应	提出了大都市与边缘卫星城地带的观点	对劳动力回流没有作出解释
		引力模型或劳瑞模型	1976	转移量与人口量成正比,与距离成反比	一个新的测算框架	没有考虑空间影响因素
经济学——新古典主义方法	强调个体(个人、家庭)利益最大化对转移决策继而转移行为的决定作用	托达罗模型	1969	预期城乡收入差距	较好地解释了转移与城市失业共存现象	认为不存在剩余劳动力、转移成本考虑过于笼统
		哈里斯—托达罗模型	1970	预期城市工资收入	修正了托达罗模型的一些缺陷	忽略社会特性和社会网
		斯塔克相对贫困假说	1991	相对贫困	用相对贫困解释转移,弥补了托达罗模型和哈里斯—托达罗模型解释力的不足	其研究基于间接经验,能否广泛应用尚待验证
		新迁移经济学理论	1991	家庭福利最大化	从家庭角度扩展了新古典研究方法,考虑了人的社会性	不能较好地解释相同社会环境下转移行为的差异
经济学——行为主义方法	探究性别、年龄、学历和收入水平等个体特征对转移的影响	沃泊特地方效用理论	1965	个人对某个地方的满意度	结合了行为与古典的优势,既考虑了个体特征,也纳入了社会环境因素	"地方效用"是一种主观判断,难以定量

续表

分类	主要内容	理论	年份	决定因素	贡献	不足
社会学研究	研究社会文化传统、意识形态等非经济因素对劳动力转移的影响	结构理论等	—	非经济因素（正、负向作用）	纳入非经济因素影响力，使现有模型得以进一步拓展	没有考虑非经济因素地区差异引致的影响力不同
人类学研究	考虑人类群体的特征和人群间的相互关系对劳动力转移的影响	格兰诺维特模型、弗里曼模型	1974	社会连接	将社会连接（强连接、弱连接）纳入考虑	没有考虑相邻地区间的社会联系

注：(1)研究方法类别划分参考程名望(2007)；(2)刘易斯—费景汉—拉尼斯结构主义模型无法解释转移与城市失业为何能共存,新古典主义为此做出探析；(3)结构主义与新古典方法分别注重宏观和微观视角,行为主义是两者结合的一座桥梁；(4)由于结构主义方法并没有脱离新古典经济学的研究模式,因而很多研究并不严格区分它们。

2.1.2 国外研究：实证分析

从现有文献实证内容上看,虽然不同研究文献基于不同视角和不同实证方法均对劳动力转移问题进行了有意义的研究,但其研究基础并未脱离新古典主义或结构主义研究框架。由此,通过对现有外文文献的归纳整理,本节从微观和宏观两个视角进行分析。

(1)微观层面

Banerjee(1991)和Decressin(1995)基于均衡思想,以劳动者是理性个体并追求高收入为前提条件,研究了劳动力转移的动力因素和障碍条件。Carrington(1996)认为,收入最大化并不是最合适的目标,劳动力转移应考虑实现自身效用最大化,考虑转移所带来的效用和福利变化,特别是实现长期效用最大化,并以此决定是否转移。城镇较好的生活设施和医疗条件等是吸引劳动力转入的吸力。

Spilimbergo(1999)基于城镇劳动力需求的视角对劳动力转移问题进行了细致分析,其结果表明,城镇工人的工资收入越高,乡村居民或农业剩余劳动力越有动力由乡村转移至城镇就业。Zenou & Brueckner(1999)基于扩展后的托达罗模型分析了土地租金与劳动力转移的关系：土地租金越高,农业劳动力可获得的总收入会增多,收入增多会弱化预期的城乡收入差距对劳动力转出的拉力。程名望等(2018)的研究表明,人力资本与劳动力转出度成正比,强调了教育对于劳动力转移的重要影响。Bayer et al.(2012)发现,迁移成本占迁移家庭收入的 2/3,对劳动力迁移决策具有重要影响。

(2)宏观层面

Daveri & Faini(1999)、Obstfeld & Peri(1998)把社会生产分为农业与非农业两部门,基于均衡思想探析了劳动力在两部门之间转移的促进因素和抑制障碍,最终将影响因素归于要素价格、商品价格、劳动力转移成本及社会制度等,并认为非农部门的生产条件、工资水平等在决定农业劳动力转移成功与否中扮演着重要的角色。Hansen & Simmons(1969)认为,发展中国家的工业化过程也是农村剩余劳动力转移至城镇就业和城镇化的过程,且工业化带来的就业岗位增多,劳动力生产技术水平提升,边际产出增多进而收入水平提升,是农村剩余劳动力成功由农村转至城镇就业的决定性因素。Bose(1996)、Majumdar et al.(2004)基于二元经济模型和农民为理性个体的假说,认为耕地效率的提升使得农业生产所需的必要劳动力减少,从而产生更多的农业剩余劳动力,这会促使农业劳动力转出。Majumdar et al.(2004)基于宏观的政府政策,认为劳动力在转移就业的过程中能否获得准确或相关的就业信息从而减少信息不对称,对劳动力能否成功实现转移就业具有重要影响。此外,劳动力转移后在城镇的处境是否舒适是转移劳动力实现城镇化的影响因素。Desmet & Rossihansberg(2009)、Glaeser et al.(2014)指出,交通成本下降和区域规模经济吸引更多的劳动力转入大城市。Herrendorf et al.(2013)强调了产业结构调整对劳动力区际转移的影响。以上内容为国外劳动力转移理论的文献梳理。

2.1.3 国内研究:理论及实证

(1)国内文献研究理论依据

国内文献研究农村剩余劳动力转移的理论依据主要承接的是国外劳动力转移理论。应用最为经典和广泛的理论有二元经济结构理论(强调农业剩余劳动力由农业部门转至非农部门就业)、刘易斯—费景汉—拉尼斯模型(是二元经济结构的进一步优化,但原理相似)和推拉理论(强调城乡之间的生产生活因素不同对农村剩余劳动力转移至城镇就业的影响)等。基于以上经典理论,国内研究或是据此从理论层面探析中国农村剩余劳动力转移机理,或是从实证分析视角通过严谨的实证过程探析劳动力转移。

在上述劳动力转移经典理论应用的基础上,国内研究文献还运用到了人口学、经济学、社会学、地理学、劳动经济学等相关理论。具体如下：

第一,人口学理论。人口学理论主要关注人口数量、结构和分布等方面的规律。在劳动力转移研究中,人口学理论可以帮助我们理解劳动力流动的规律、原因和影响。主要内容涉及以下三方面：①人口数量与结构。人口学理论认为,人口数量和结构对劳动力转移具有重要影响。人口数量的增长和减少会影响劳动力的供给和需求,从而影响劳动力转移的规模和方向。同时,人口结构的变化也会影响劳动力的质量和结构,进而影响劳动力转移的效果。②人口流动与城市化。人口学理论认为,人口流动是劳动力转移的一种表现形式。随着城市化进程的加快,越来越多的人口会向城市转移,从而形成劳动力的城市流动。人口学理论可以帮助我们理解城市化对劳动力转移的影响,以及城市与农村之间劳动力流动的规律和特点。③人口政策与劳动力转移。人口学理论认为,人口政策对劳动力转移具有重要影响。通过制定合理的人口政策,可以引导和调控劳动力流动,促进劳动力的合理配置和有效利用。人口学理论可以帮助我们理解人口政策对劳动力转移的影响机制,以及如何通过人口政策来促进劳动力转移的有序发展。人口学理论为劳动力转移的研究提供了重要的理论支持,通过深入理解人口数量、结构、流动和政策等方面的规律,可以更好地分析劳动力转移现象,为相关政策的制定和实施提供理论指导。

第二,经济学理论。经济学理论主要关注资源配置和经济发展等方面的规律。在劳动力转移研究中,供求关系理论、人力资本理论、城市化理论等经济学理论可以帮助我们理解劳动力转移的经济动因和影响。具体有：①供求关系理论。经济学理论认为,劳动力转移是由于不同地区或行业的劳动力供求关系不平衡而产生的。供求关系理论可以帮助我们理解为什么一些地区或行业需要引进劳动力,而另一些地区或行业需要外流劳动力,从而促进劳动力的合理配置和有效利用。②人力资本理论。人力资本理论认为,劳动力是一种具有投资性质的资本,劳动者通过接受教育、培训和技能提升等方式提高自身的人力资本水平,从而提高劳动力的市场价值和竞争力。劳动力转移可以帮助劳动者更好地利用其人力资本,实现个人和社会的最大化效益。③城市化理论。城市化是劳动力转移的重要表现形式。经济学理论认为,城市化可以促进劳动力的集聚和流动,从而推动经济发展和社会进步。城市化理论可以帮助我们理解城市对劳动力转移的吸力和作用,以及城市与农村之间劳动力流动的规律和特点。④劳动力市场理论。劳动力市场理论主要关注劳动力的供求关系、薪酬水平和就业机会等问题。经济学理论可以帮助我们理解劳动力市场的运行机制,以及劳动力转移对劳动力市场的影响和调节作用。经济学理论为劳动力转移的研究提供了重要的理论支持,通过深入理解劳动力的供求关系、人力资本、城市化和劳动力市场等方面的规律,可以更好地分析劳动力转移现象,为相关政策的制定和实施提供理论指导。

第三,社会学理论。社会学理论主要关注社会关系和社会结构等方面的规律。在劳动力转移研究中,社会学理论可以帮助我们理解劳动力转移对社会的影响、社会政策对劳动力转移的调控作用等问题。具体有:①社会关系理论。社会学理论认为,劳动力转移是由于社会关系和社会结构的变化而产生的。社会关系理论可以帮助我们理解劳动力转移对个体和社会的影响,以及劳动力转移背后的社会关系和互动。②社会流动与社会结构。社会学理论认为,劳动力转移是社会流动的一种表现形式,通过劳动力流动,个体可以改变自身的社会地位和身份。社会学理论可以帮助我们理解劳动力转移对社会结构和社会稳定的影响,以及不同社会群体在劳动力转移中的地位和权利。③社会政策与社会保障。社会学理论认为,劳动力转移需要社会政策和社会保障的支持,以确保劳动力转移的顺利进行和个体权益得到保障。社会学理论可以帮助我们理解社会政策对劳动力转移的调控作用,以及如何通过社会保障机制来保障劳动力转移者的权益和福祉。④社会变迁与文化冲突。社会学理论认为,劳动力转移可能会引发社会变迁和文化冲突,不同地区或群体之间的文化差异和价值观念可能会影响劳动力的流动和融合。社会学理论可以帮助我们理解劳动力转移背后的社会变迁和文化冲突,以及如何通过社会调适来促进不同文化之间的融合与共存。社会学理论为劳动力转移的研究提供了重要的理论支持,通过深入理解社会关系、社会流动、社会政策和文化冲突等方面的规律,可以更好地分析劳动力转移现象,为相关政策的制定和实施提供理论指导。

第四,地理学理论。地理学理论主要关注地理环境和地理空间等方面的规律。在劳动力转移研究中,地理学理论可以帮助我们理解不同地区劳动力转移的特点和规律、地理位置对劳动力转移的影响等问题。主要有:①区位理论。地理学理论认为,劳动力转移是由于不同地区的区位优势和劣势而产生的。区位理论可以帮助我们理解为什么一些地区具有吸引劳动力的优势条件,而另一些地区则需要引进劳动力以弥补劳动力短缺的劣势条件。②区域发展与空间结构。地理学理论认为,劳动力转移对区域发展和空间结构有重要影响。劳动力的流动和集聚可以促进区域经济的发展和空间结构的调整,从而实现区域间的协调发展和资源优化配置。③城市化与乡村发展。地理学理论认为,城市化是劳动力转移的重要表现形式,通过城市化可以促进劳动力的集聚和流动,推动城市和乡村的发展。地理学理论可以帮助我们理解城市化对劳动力转移的影响和作用,以及城市与乡村之间劳动力流动的地理特点。④区域规划与城市规划。地理学理论认为,劳动力转移需要合理的区域规划和城市规划的支持,以确保劳动力流动和就业机会得到有效规划和管理。地理学理论可以帮助我们理解区域规划和城市规划对劳动力转移的引导作用,以及如何通过空间布局和资源配置来促进劳动力转移的有序发展。地理学理论为劳动力转移的研究提供了重要的理论支持,通过深入理解区位优势、区域发展、城市化和规划等方面的规律,可以更好地分析劳动力转移现象,为相关政策的制定和实施提供理论指导。

第五,劳动经济学理论。劳动经济学理论主要关注劳动力市场和劳动力供求等方面的规律。在劳动力转移研究中,劳动经济学理论可以帮助我们理解劳动力市场的运行机制、劳动力流动的效率和公平等问题。主要有:①劳动力市场理论。劳动力市场理论是劳动经济学的核心理论之一,主要研究劳动力的供求关系、薪酬水平、就业机会等问题。在劳动力转移中,劳动力市场理论可以帮助我们理解不同地区或行业之间劳动力的流动和调节机制,以及劳动力市场对劳动力转移的影响。②人力资本理论。人力资本理论认为,劳动者通过接受教育、培训和技能提升等方式来提高自身的人力资本水平,从而提高其市场价值和竞争力。在劳动力转移中,人力资本理论可以帮助我们理解劳动力转移者如何通过提升自身的人力资本来适应新的工作环境和市场需求。③收入差距与劳动力流动。劳动经济学理论研究了收入差距对劳动力流动的影响。较大的收入差距可能会导致劳动力向收入较高的地区或行业流动,从而影响劳动力的分配和利用。劳动经济学理论可以帮助我们理解劳动力转移背后的收入差距和劳动力流动的动态过程。④劳动力市场调节与政策。劳动经济学理论研究了劳动力市场的调节机制和政策措施。通过合理的劳动力市场政策和调节措施,可以促进劳动力的流动和就业机会,实现劳动力资源的有效配置和社会福利的最大化。劳动经济学理论可以帮助我们理解如何通过政策干预来引导和促进劳动力转移的良性发展。劳动经济学理论为劳动力转移的研究提供了重要的理论支持,通过深入理解劳动力市场、人力资本、收入差距和劳动力市场政策等方面的规律,可以更好地分析劳动力转移现象,为相关政策的制定和实施提供理论指导。

综上可知,劳动力转移涉及多个学科领域的理论支持,通过综合运用这些理论,可以更好地理解和掌握劳动力转移现象,为相关政策的制定和实施提供理论支持和指导。

基于上述相关理论,学者展开了系列研究。王亚楠等(2020)以剩余劳动力结构变化为视角,重新梳理刘易斯第一转折点与剩余劳动力之间的逻辑关系。研究表明,刘易斯第一转折点在 2008 年已然到来,但由于劳动力回流和老龄化的影响,农村仍存在大量的剩余劳动力。许恒周等(2020)基于浙江大学 2017 年中国农村家庭调查数据(CRHPS),实证考察了农地确权的收入效应,农地确权能够显著提高农户家庭人均总收入和工资性收入。程名望等(2020)基于省级面板数据,对劳动生产率影响及作用机制进行了实证分析。研究发现,互联网发展通过劳动力就业结构的劳动力转移渠道对劳动生产率的影响效果要大于单纯通过农村人口城镇化的劳动力转移方式。高佳和宋戈(2020)从动态角度研究农村劳动力转移规模对农地转出行为的阶段性影响。结果表明,劳动力转移超过一定临界值才会对农地转出产生影响:当劳动力转移规模小于或等于 0.3 时,劳动力转移规模的扩大不会促进土地转出;当劳动力转移规模大于 0.3 时,劳动力转移规模的增加会显著促进土地转出。栗挺等(2020)基于阿马蒂亚·森的可行能力理论,构建基于行为主体可行能力的农户要素替代制约因素的理论分析模型。分析表明,在劳动力转移条件下,土地规模经营程度不同的农户,粮食生产要素替代的制约因素也不同。沈映春等(2020)以环京津贫困带为研究范围,从微观家庭入手,考察农业劳动力转移对家庭福利水平的影响。结论表明,环京津贫困带农业劳动力转移对家庭福利水平有显著的提升作用。孙延鹏(2020)采用非线性门槛模型系统地分析交通基础设施建设、劳动力流动与城乡收入差距之间的关系。研究结果表明,交通基础设施建设能够有效促进农业劳动力向非农部门流动,进而影响城乡收入差距。张旭和肖周录(2020)认为,伴随着我国农业现代化与农民市民化进程的加快,我国正面临着如何科学引导促进农村劳动力转移的现实问题。农村劳动力转移不仅是我国城镇化进程中重要的推动力量,同时也是农民市民化的重要实现路径。一段时间以来,我国农村劳动力转移路径过于单一,不利于地方政府因地制宜地规划农村劳动力转移路径,开展农民异地安置工作。从分析新常态经济形势下我国农村劳动力转移现状着手,结合我国实际情况,构建了农村劳动力"三层递进转移"模式,并提出了引导激发特色小镇独特优势、深度拓展规模乡镇人口转移空间。廖文梅等(2019)构建以家庭收入为中介变量、以"劳动力转移—中介传导—贫困退出"为传导机制的中介效应理论模型,分析劳动力转移对农户减贫的影响机理。张涛和乔金笛(2019)使用广义奥肯定律模型测算了中国经济增长与失业率和农业劳动力转移之间的关系,进而估算了2013—2018年间农业劳动力转移对中国经济增长的贡献。通过估算得出以下结论:中国农业劳动力向非农产业转移的速度在逐渐减慢,中国农业劳动力向非农产业转移依然具有促进经济增长的效果。何微微和胡小平(2017)将非经济预期因素纳入托达罗模型,基于"经济预期"和"非经济预期"两个维度试图构建一个更加贴近现实的劳动力转移理论框架,并利用四川省、重庆市和贵州省的调研数据,分析影响农村劳动力转移意愿的相关因素。范力军(2017)结合推拉理论模型,构建包含城市因素、农村因素、农村劳动力动态因素的三因素推拉理论模型,并对农村劳动力转移意愿的影响因素进行分析,以期为农村劳动力合理转移提供参考。戴青兰(2017)基于扩充化的推拉理论,将农村劳动力转移的影响因素划分为源自农村的推力、源自城镇的拉力和源自制度的摩擦力三个方面,分析劳动力转移的影响因素。

(2)农村剩余劳动力转移实证研究

基于现有研究文献,本部分将实证研究从中国农村剩余劳动力转移影响因素、转移路径、转移特征和规律,以及农村剩余劳动力产生原因四方面进行文献梳理,详细阐释如下:

①中国农村剩余劳动力转移影响因素研究

基于不同理论,现有文献对农村剩余劳动力转移影响因素进行实证分析,并得出了不同结论。本书依据文献所得主要影响因素进行归纳、整理,将农村剩余劳动力转移影响因素总结为以下三类:

一是集中于研究经济因素对农村劳动力转移决策的影响。主要影响因素可归纳为经济发展水平、产业结构、要素投入、资源禀赋和地理位置等。李树茁(1994)和王桂新(1996)研究了国内生产总值(GDP)水平对农村劳动力转移的影响。朱农(2005)基于宏观视角经济因素,通过建立多个 Logit 计量模型探析城镇和农村 GDP 在劳动力转移中扮演的角色。结果表明,较高的城镇人均 GDP 是劳动力转入的重要吸力,较高的城镇人均 GDP 表征着第二、三产业生产更具活力,以及城镇劳动力较高的工资水平和较好的生活环境,这些都是农业劳动力转入城镇就业的拉力。白云涛和甘小文(2005)通过建立动态博弈模型,将劳动力转移的多个影响因素在博弈策略中进行模拟、对比分析。结论表明,获得较高的收入水平是农业劳动力转出的第一推力。产业结构(段成荣,2001;蒲艳萍和吴永球,2005;徐建国和张勋,2016)、外向型经济(朱农和曾昭俊,2004)等经济因素对农村劳动力省际转移有显著影响。固定资产投资(段成荣,2001)、人口规模(朱农和曾昭俊,2004)、有限耕地(程名望等,2006)等资源禀赋因素对劳动力跨省转出具有推力作用。最后,空间距离对劳动力省际转移起到阻碍作用(段成荣,2001;朱农,2002)。

高国力(1995)把区域经济收入差距视作预期收入差距表征指标来探析劳动力转移影响因素,研究表明,各地经济发展水平不同,对劳动力转移的影响力也不相同,经济越是发达的地区,劳动力转移越具活力。陈吉元(1993)不同于二元经济理论,其首次提出三元经济理论,并基于这一框架探究劳动力转移问题。杜鹰(1997)、李实(1997)、张平(1998)、都阳(2001)等基于农村收入水平与资源禀赋视角阐释劳动力转移,研究表明,城镇较高的收入水平和第二、三产业生产效率,以及低收入的农业生产生活现实,是促进劳动力转移的拉力和推力。蔡昉(1996)从假定较低的农业收入可能是促使农村劳动力转移的原因这一视角出发,对劳动力转移原因进行探析,其结论表明,相对收入差距是农村劳动力转出的重要原因。此外,朱农(2002)、王德等(2003)、范晓非等(2013)也从城乡收入差距视角进行了分析。万远(2019)指出,产业结构和城乡收入差距对皖北地区劳动力转移具有正向影响,第三产业占比增加 1%,转出增加 0.411 万人,城镇收入每高于乡村收入 1 万元,劳动力转出增加 0.883 万人。魏勇强和黄郁鑫(2019)研究表明,农村人均纯收入、第一产业占 GDP 比重以及城镇失业率与农村剩余劳动力转移人数负相关,农村现代化水平与农村剩余劳动力转移人数正相关。孙小宇等(2018)基于 2013 年中国家庭收入调查(CHIP)数据,从外出从业经历和农地流转行为视角研究农村劳动力转移空间特征及其影响因素。结果表明,外出从业经历和农地流转行为对农村劳动力转移空间距离具有显著正向影响。

二是基于农村转移劳动力的个体特征或人口学特征探析劳动力转移的决策因素。刘亦农(2019)基于湖北蕲春和监利两地调查数据,分析发现年龄和劳动力负担对女性劳动力转出具有负向影响,受教育程度对其转出具有正向影响。郭辰星(2019)指出,较低的职业技能、城市归属感对劳动力转出具有负向作用。罗琦等(2019)指出,基于农户收入最大化的目标,家庭资源禀赋是劳动力能否外出务工的重要影响因素。赵耀辉(1997)研究表明,个体年龄对转移决策具有正向影响。Zhao Y. H.(1999)认为,正规教育对劳动力从农业部门转移至非农部门就业具有显著影响。程名望等(2018、2019)的研究进一步证实了该结论。从性别的视角看,男性劳动力转移频率较高,女性较低,女性转移率比男性低7%(赵耀辉,1997)。受教育会增加男性劳动力转出,对女性劳动力则影响不明显(朱农,2002)。史清华等(2005)的研究进一步表明,男性劳动力关于挑战市场经济风险的能力和勇气比女性劳动力高。赵耀辉(1997)、段成荣(2001)、刘万霞(2013)等研究表明,文化教育程度等要素投入对劳动力省际转移具有显著影响。朱农(2002)发现,婚姻状况对转移概率有显著的负面影响。危丽和杨先斌(2005)基于动态博弈研究方法,分别探析了低素质农村劳动力和高素质农村劳动力在我国农村劳动力转移过程中的动因和障碍因素。史清华等(2004)、程名望等(2019)探析了农民工进城务工的障碍因素,并认为各地区经济水平存在差异,农民工进城务工的动因也存在差异。王盼等(2019)基于相关调研数据分析表明,休耕土地面积、受教育水平等因素对劳动力转出具有正向作用。马金利(2019)通过对南疆四地州11县市的少数民族农村劳动力进行问卷调查,从个人特征、家庭特征和就业特征三个维度,利用Logit模型对新疆少数民族地区农村劳动力转移就业影响因素进行实证分析。研究结果表明,性别、学历、汉语能力、务工收入和务工方式对少数民族地区农村劳动力转移就业有显著性影响。彭现美等(2018)以原国家卫生和计划生育委员会2013年组织实施的流动人口动态监测调查数据为基础,基于体面劳动的视角,采用多层模型分析影响农村转移劳动力社会融合的因素。研究结果表明,工作单位性质差异、参加保险、建立居民健康档案等方面对农村转移劳动力的社会融合产生显著影响。高志刚和李梦杰(2017)在了解新疆乌苏市西湖镇农村劳动力基本情况的基础上,基于该镇200户农民的实地访问调查数据构建结构模型,分析影响农村富余劳动力转移的因素。结果表明:社会发展环境、就业发展环境和政策导向环境对乌苏市西湖镇农村富余劳动力转移有正向影响，且社会发展环境影响显著；农村经济发展和个人发展因素对农村富余劳动力转移有负向影响，且农村经济发展的负向影响较大。

三是考察宏观政策、户籍制度的变化对农村劳动力转移决策的影响。蔡昉和都阳（2001）、蔡昉（2003）研究表明，传统的发展战略和户籍制度在较大程度上限制了农村劳动力转出的潜力，而逐渐放宽的户籍制度等宏观政策使得农村剩余劳动力在城乡间流动的自由度增大、便利性增强，但由于中国的制度改革尚在继续，因而无论是预期收入还是人力资本，对劳动力转移的吸力并未能完全施加在农业劳动力身上，制度因素依然对劳动力转移具有障碍性作用。李培林（2003）认为，制度因素特别是户籍制度对农民工进城务工有较大的影响。李晓春和马轶群（2004）基于农村与城市户口分离的事实，探析了农村劳动力向城市转移的经济效应。程名望等（2005）研究表明，在劳动力由农村转移至城镇的过程中，城镇对农村劳动力的拉力是实现劳动力转移的主要原因，因此，要想进一步促进农村劳动力转移，应重视城镇对劳动力转移的拉力。1978－2017年我国劳动力转移相关政策（或促农政策）梳理见本书附录二。

与上述分析影响因素的文献不同，刘春生等（2018）、白建华等（2018）、顿珠罗布等（2017）、孙秀清（2017）、张宽徐（2017）、唐顺合（2016）、叶艺勇（2016）、梁彩兴（2016）、徐宏伟（2015）等以新疆、西藏、山东、四川等在劳动力转移过程中具有特殊性质的单个省（区、市）为研究对象，探究不同地区劳动力转移影响因素。

②中国农村剩余劳动力转移路径研究

由于历史因素的积淀，中国农业人口数目庞大，做好农业、农村劳动力资源优化配置是解决"三农"问题的关键步骤之一。因此，如何促进农村剩余劳动力向非农产业转移，成为当前政府和学术界关注的热点话题之一。关于这一问题，一众学者分别从不同视角探析农村剩余劳动力转移的对策与措施，建议促进市场化水平提升、扩大农业产业化生产、大力发展非农产业特别是第三产业、放宽传统的户籍限制、弱化城乡壁垒、提升劳动力自身素质、振兴乡村企业等（魏一，2000；侯力，2004；李敏，2004；金峰，2006；阮晓莺和魏澄荣，2004；王丽芹，2007；薛国琴，2006；赵俭和陆杰华，2006）。就转移路径和转移目的地来看，现阶段关于农村劳动力转移的途径主要有三种观点：一是主张就地转移，依赖于本地非农产业发展吸纳劳动力就业，使本地农村剩余劳动力转移至本地非农产业部门就业；

二是主张异地转移，鼓励农村剩余劳动力向城镇转移，实现农村剩余劳动力的非农化、城镇化；三是主张把前两者结合起来进行合理综合应用，即"乡镇消化、城市导流，国内移民、国际输出，协调配合、共同吸纳"（刘伯文，2004）。

孙晓琳等（2003）建议提升农村基础设施建设、农村非农产业发展水平，注重培育劳动力转移的外推力。唐环（2011）建议依靠农村自身发展和政府职能作用，合理规制我国农村剩余劳动力转移方式和路径。郭涛和宋德勇（2006）、徐育才（2006）分别从二元经济模型和三元经济模型入手，探析劳动力转移的有效方式。王万山（2007）基于开放经济背景探讨劳动力转移的策略：突破二元经济结构限制、完善促进劳动力转移的制度建设等。余元春和肖亚成（2005）、丁兆庆（2007）提出，与劳动力转移相配合，应注重做好产业转移和地域转移共同推进的转移模式。穆建新（2010）认为，促进农村劳动力资源优化配置，应注重将异地转移与就地转移模式相结合，承接沿海发达地区产业梯度转移，强化非农产业发展对劳动力转移的吸力。许可（2005）认为，每一位农村劳动力都是有转出动机的劳动力，并提出促进农村剩余劳动力转移应遵循三步走战略。由于将农村剩余劳动力转至第三产业和大城市在短期难以实现，走乡村城镇化道路成为劳动力转移的主要渠道，并且在中小城市周围发展小城镇是西部地区农村剩余劳动力转移的必然选择，因而农业内部消化和发展小城镇是目前我国农村剩余劳动力转移的根本措施（赵韩强，2001；刘艳，2002；袁铖，2003；胡爱华，2004；周泽炯，2004；王伟莉等，2004；聂亚珍，2008；徐鼎亚，2009；罗亚苹和姜红星，2005）。

此外，较多学者将劳动力转移视为一个系统性问题进行探析。陈如（2003）构建了促进劳动力转移的"三位一体"力系：促进非农产业发展以便容纳更多的劳动力转入，促进农业产业化发展为更多的农村劳动力转出提供基础，注重发挥市场功能以弱化劳动力转移的中间障碍因素。梅福林和吴勇（2005）以湖南省为研究对象，提出农村剩余劳动力转移应遵循以下复合模式：一是以农业内部转移为主，以向小城镇转移为辅，以向大城市转移为补充；二是以就地转移为主，以异地转移为辅。李芒庆（2005）、王得忠（2007）、钟德友（2010、2011）认为，将我国农村剩余劳动力进行合理优化配置是一项较为艰巨的任务，仅依靠单一的政策措施难以达到理想的结果，故应采用系统化的理念，注重多种措施搭配使用，综合助力劳动力转移。

孙小宇等(2018)指出,外出从业经历和农地流转行为对农村劳动力转移空间距离具有显著正向影响。张士彬和褚楚(2019)为促进农村剩余劳动力转移提出三条建议:一是努力促进农业产业化和城镇工业化,强化剩余劳动力就业概率;二是提升劳动力素质和技能;三是弱化户籍制度和劳动力市场局限性,从而推进农村剩余劳动力转出,做到资源合理配置。

还有一些学者探讨制度对于农村剩余劳动力转移的重要性。现行的户籍管理制度和土地政策已成为进一步促进农村剩余劳动力转移的障碍性因素,政府需要完善现有的制度措施,只有制度创新才是解决当前劳动力转移问题乃至以后进一步促进劳动力转出的重要因素(张丽艳,2004;贺一耕和刘建民,2005;黄立军和张德强,2005;秦元芳和吴昊,2008)。余勃和贾金荣(2010)指出,当前阶段的户籍制度、土地制度等是弱化劳动力转移的障碍因素,建立健全教育制度和劳动力市场制度是促进劳动力转移的支撑力。

③中国农村剩余劳动力转移特征和规律研究

大多数学者认为,中国劳动力跨省转移整体规模呈上升趋势,但增速放缓(刘怀廉,2004;侯力,2004;王检贵和丁守海,2005;章铮,2005;蔡阳,2014)。孙爱军和刘生龙(2014)认为,虽然近年来国内人口流动增速放缓,但人口从中西部地区向东部地区转移的趋势未变,未来很长时间内中国人口迁移的规模仍将不断扩张。劳动力省际转移表现为由中西部地区流向东部地区,且主要集聚在珠三角、长三角、京津冀地区(段成荣和杨舸,2009;蔡阳,2014)。中西部地区,特别是安徽、河南、四川和湖南四省是省际人口迁移的主要转出区(蔡阳,2014)。李军(2019)指出,湖北省劳动力以转出就业为主,从就业岗位上看,转出劳动力主要集聚在第二、三产业,行业分布具有多元化特征。

④中国农村剩余劳动力产生原因研究

农村剩余劳动力是一个相对概念,其产生的背后原因是复杂深刻的,是产业结构、生产条件、经济发展水平等一系列因素综合作用的结果(傅泽田,1988)。孙鑫(1984)、聂德林和陶骏昌(1989)、黄顺祥(1994)、刘晓平和李敏(2001)、李小阳等(2003)、赖小琼(2004)、黎炳成(2005)、林欣和林素絮(2006)、崔越(2009)将我国农村剩余劳动力大量存在的原因归结为耕地资源有限、农业生产技术提升、二元经济结构等。伍瑛(2000)认为,农村剩余劳动力出现的原因有两点:一是农业生产技术进步,农业劳动力生产率提升,由此在农村造成大量劳动力剩余;二是由于二元经济和户籍制度的限制，农村劳动力城镇化、市民化过程受阻。樊天霞（2004）基于农业、农村和农民视角，认为农村耕地资源不足、农业生产边际报酬递减、劳动生产率提升以及农村产业结构调整是剩余劳动力出现的原因。李学英（2004）、庄法兴（2004）分别从不同视角，基于经济、社会、体制和历史原因四方面探讨剩余劳动力产生的原因。张向东（2004）指出，农村人口与耕地的不匹配（即地少人多）只是劳动力转出的一方面原因，其更深刻的原因是在农村现有的生产结构下，农业生产收益较低，即不划算是农村劳动力转出的重要原因。李艳霞（2006）将剩余的原因归于制度。农业机械化与农业劳动力之间存在相互替代关系，农业机械化生产水平越高，农业生产所需劳动力数量就越少，因而在一定程度上，农业机械化生产是农村劳动力剩余的原因（张冬平等，1996；罗芳和鲍宏礼，2010）。

(3)影响因素测算实证方法归纳

关于农村剩余劳动力转移影响因素测算，不同文献使用的方法不同。主要有以下三种：①回归分析法（万远，2019）。这是大部分文献所使用的方法。其测算过程是将农村剩余劳动力转移量作为因变量，将选取的各类劳动力转移影响因素作为自变量，建立一个多元线性回归方程，求出各自变量回归系数，进而判定各影响因素对劳动力转移的影响力度。②灰色关联分析法（温建等，2009）。主要测算原理是将劳动力转移量作为参考数列，将各影响因素作为比较数列，经过无量纲化处理后，将参考数列一一与比较数列求关联系数，最后将关联系数排序得出各影响因素影响力排序。③遗传算法（张永礼，2018）。这一方法通过模拟现象过程进行最优解搜索，可直接对结构现象进行操作模拟，放宽了函数形式设定的局限性。通过模拟搜索得出的最优解来解释各影响因素对劳动力转移的影响力度。

综上所述，现有文献对中国农村剩余劳动力产生的原因、劳动力转移影响因素等方面进行了较丰富的研究，且得出了对理论和实践均具有指导意义的结论，这使得本书对劳动力转移形成机理、时空特征、影响因素的探析具有一定的文献基础。但现有研究仍存在一些不足之处，经整理归纳为以下三点：一是未能基于中国作为发展中大国、经济大国且区域发展不平衡的大背景探析劳动力转移及31省际转移情形的成因。二是现有文献较多地把劳动力转移形象称为"孔雀东南飞"，然而在区域经济协调发展的背景下，无论是从经济层面还是从地理位置层面，劳动力转移又该遵循何种路径，依然是"东南飞"吗？三是限于劳动力省际转移数据的可得性,现有文献依然停留在中国整体层面或单个省区层面,将 31 省区进行联动分析的文献目前还没有。

2.2 劳动力转移经济效应研究文献梳理

2.2.1 国外研究:理论梳理

Thomas Robert Malthus 是最早论述人口与经济之间关系的学者,开拓了研究经济增长的新视角。自 Malthus 之后,人口与经济增长的关系特别是在第二次世界大战后走进众多学者的视野,并成为西方学者热衷探讨的热点话题之一。关于人口与经济增长的关系,不同时期学者持有的观点不同。20 世纪 50-70 年代,相关研究对人口增长对经济增长的影响持悲观态度,认为人口增长会增大资源压力、破坏环境从而阻碍经济增长。但之后随着发达国家人口问题转型,关于人口增长对经济增长的悲观论也有所改变,乐观主义观点逐步形成(库兹涅茨,1966;克拉克,1974)。美国国家科学院(1986)指出,人口增长对经济增长的影响具有促进的一面,也有抑制的作用,但对于发展中国家而言,缓慢的人口增长对经济增长具有促进作用。随着经济不断发展,较多发达国家人口接近零增长,于是,有关人口增长率递减对经济增长影响的研究日渐丰富。关于经济增长源泉和人口变动、要素投入变动对经济增长的作用的研究,具有代表性的学者有 Solow、Swan、Niehans、Phelps、Wander、Rideker、Espenshade 和 Serow 等,他们在此方面进行了有益的研究。

人口增长对经济增长具有促进作用,其中,处于劳动年龄阶段的人口才是拉动经济增长的主要部分。于是,大量研究不再将研究对象设置为总人口,而是转为研究劳动力数量对经济增长的影响。在经济增长领域较为著名的增长核算函数有柯布—道格拉斯生产函数等。进一步地,Bloom & Williamson(1998)基于劳动力人口与非劳动力人口比提出"人口红利"的概念,再次证明劳动力对于经济增长的促进作用。

2.2.2 国外研究:实证分析

国外关于劳动力转移经济效应的研究文献较多。Cai(2006)研究给出了一个具有最优劳动力和资本配置的两部门增长模型,且进一步证明该模型存在唯一的非零均衡,这说明劳动力和资源分配存在一个最优过程。George & Athin(2001)基于劳动力国际流动的视角检验了劳动力与经济增长之间的关系。Diamond(1982)、Krausse(1979)、Lin(1992)、Lin et al.(2004)等均从宏观方面进行解释。此外,Schultz(1961)、Lees(1997)、Bhattacharyya(1999)、Zhao(1999)、Hare(1999)、Johnson(1999)、Bhandari(2004)、Quinn(2006)等分别从不同视角对劳动力转移进行了探析,无论是在理论上还是在实证研究上,对本书研究具有较好的借鉴性。Tsani et al.(2013)以韩国为研究对象,探究了韩国女性劳动力参与率对经济增长的促进作用。结论表明,女性参与劳动对经济增长的拉动贡献不可忽视。Braunerhjelm et al.(2016)基于知识溢出的视角,探析了如何提高知识劳动力流动对创业的影响。结论表明,区域间的劳动力流入和区域内的流动性水平对创业产生了积极的影响;与此相反,区域间的外流对创业具有负面影响。Hilber et al.(2017)研究了税收(主要是土地印花税)对不同类型家庭流动性的影响。结果表明,转移税可能主要扭曲住房市场而不是劳动力市场。

Tohmo et al.(2017)认为,劳动力流动在知识传播和经济增长中发挥着重要的作用。其研究表明,知识部门劳动力转移到私营部门往往具有高收益,但是频繁的跨部门流动会造成收益下降。Valentini et al.(2017)基于2007年后的萧条情况,研究了法国、德国、意大利、西班牙、英国和美国6个国家的就业结构差异和不同发展模式。Lim et al.(2017)对跨境劳动力流动在小型开放经济体中的财政政策进行了研究,结果表明:第一,国际迁移经济对财政紧缩造成的需求冲击更具弹性;第二,汇款与国内产出之间的短期联系取决于冲击的来源;第三,当一个经济体开始接近充分就业时,税收对汇款的均衡影响可以是扩张性的。

2.2.3 国内研究:理论与实证

国内研究更侧重于研究劳动力转移所产生的结果。关于理论背景及其机制,新古典主义和结构主义依然是基础,具体内容如上文所述,此处不再赘述。通过对现有研究文献的归纳整理,本书将经济效应研究从以下三方面进行详细阐述:

(1)农村剩余劳动力转移对经济增长的作用

①农村剩余劳动力转移对经济增长的积极作用。对这一问题展开的系列研究,可归纳为三类:一是直接分离出劳动力配置效应对经济增长的贡献。潘文卿(2001)指出,1979—1999年劳动力由低效益的农业转向高

效益的非农产业对全社会劳动生产率提高的贡献率为19.9%,对经济增长的贡献率约为13.8%。齐明珠(2014)基于1991—2011年数据的实证分析表明,农村劳动力的非农转移使GDP年均增长率提升1.6%。郝大明(2015)实证分析表明,第二、三产业劳动力比重持续上升对经济增长的贡献率为18.5%。伍山林(2016)研究认为,1985—2011年中国农业劳动力流动对经济增长的贡献率为4.56%,贡献率具有递减趋势且与经济增长具有相似的波动特征。贾伟(2012)、杨胜利和高向东(2015)等学者进一步探析了劳动力非农转移对东、中和西部三大地区的影响,认为东部地区劳动力资源配置水平较高,中西部地区较低。二是将劳动力配置效应视为全要素生产率的重要内容,通过测算劳动力配置效应对全要素生产率的影响份额进而测算其对经济增长的贡献(蔡昉和王德文,1999;丁霄泉,2001)。徐建国和张勋(2016)指出,农村劳动力转移可形成农业部门与非农部门联动发展,农业生产率翻一番,劳动力转移率提高7.9%—12.3%;而劳动力转移率每提高1%,可使资本回报率提升0.12%—0.42%。进一步地,非农部门发展将带来农业机械化提升,从而提升农业部门生产率。三是从劳动力资源错配视角研究对经济增长的影响。现有研究表明,将农业剩余劳动力转移至非农部门就业是实现劳动力资源优化配置、提升劳动力生产效率的一种有效途径。张广婷(2010)研究表明,劳动力转移对中国经济增长的贡献达1.72个百分点。岳龙华(2011)的研究与张广婷(2010)的结论具有较好的一致性,他认为劳动力转移对经济增长的贡献能达20个百分点及以上。潘文卿(2000)基于劳动力转移引致的劳动力结构变化从而使劳动力资源在产业间优化配置的视角进行研究,结论表明,劳动力转移的经济增长贡献为13.8个百分点。年艳(2019)指出,劳动力转移就业有利于农业、农村经济增长,从地区上看,这种促进作用在中西部地区表现得更为明显。常进雄等(2019)实证分析表明,农业劳动力转出就业对经济增长具有促进作用,农业劳动力每转出10%,GDP水平较之前提升11.41%。张涛和刘宽斌(2019)基于二元经济结构,认为农业劳动力非农就业每提升1个百分点,会拉动经济增长0.454%—1.975%。

就上述已有文献看,学者们测算农村劳动力转移对经济增长的贡献率主要方法有两种:一是指数分离法(张广婷等,2010;郝大明,2016);二是基于增长核算框架的分解方法(周国富和李静,2013;伍山林,2016)。指数分离法较好地解决了劳动生产率增长率中共变效应的分解问题,对劳动生产率增长率从纯劳动生产率效应、纯劳动力转移效应以及劳动生产率与劳动力转移共变效应三方面进行阐释,在理论及数理推算上可较为准确地衡量劳动力转移效应对经济增长的影响。增长核算方法自 Solow(1957)、Harrod & Denison(1969)和 Jorgenson & Grillches(1967)以来,逐步成熟并被国内外学者广泛采用,用于测量中国经济增长的动力或源泉(Chow,1993;张军,2002;Ying,2003;徐瑛等,2006)。该方法在理论上不存在对数据计算产生偏差问题,且作为经典的经济增长分解方法易于被接受。

②农村剩余劳动力转移对经济增长的消极影响。刘秀梅和田维明(2005)、郭建雄(2009)、郭熙保和黄灿(2010)等研究指出,由于农村劳动力自身人力资本存在差异,农村转出的劳动力大多为自身素质较高者,这样继续留守在农村进行生产的劳动力人力资本有限,因此会对农业产出造成不利影响。谢培秀(2009)基于 DECGE 模型探究了农民工进城对农业生产的影响。结果表明,当农村剩余劳动力转出量新增 547 万人时,农业产出将减少约 191 亿元。王秀芝(2010)以江西省为例,通过一个静态均衡分析模型探究了农村剩余劳动力转移与农业产出的关系。结论表明,劳动力转移量每增加 1%,农业产出减少 0.369%。胡永泰(1998)、陈永伟和胡伟民(2011)、袁志刚和谢栋栋(2011)等研究均表明,中国农业部门就业比重过高、劳动力资源错配,对全要素生产率具有负效应,从而影响了经济增长。进一步地,盖庆恩等(2015)研究指出,劳动力市场扭曲得到改善,全要素生产率可提高 33.12%。

(2)农村剩余劳动力转移对农户、农民收入的影响

马轶群和孔婷婷(2019)研究指出,劳动力转移有利于增加农民收入,且对地区间农民收入差距具有弱化效应。赵耀辉(1997)研究结论显示,每增加一位劳动力外出工作、在本地非农部门工作和在本地农业部门工作,分别使家庭纯劳动收入增加 55%、19% 和 5%。李实(1997)、张平(1998)认为,拉开农户之间收入水平的根本原因不是农业收入,而是农户取得的非农收入。李实(1999)分别测算了有外出务工的农户家庭和无外出务工的农户家庭的收入,结果表明,外出务工不仅使劳动力自身获得较高的收入,而且会对其他家庭成员提升报酬具有积极影响。廖楚晖(2004)研究认为,农业劳动力转出、农业劳动力数量减少有利于人均收入增长。此外,诸多学者的研究也表明,农民收入增加与农村劳动力转移明显相关(钱怡和杨明华,2007;汪承丽,2007;秦华和夏宏祥,2009;关海玲

和金彦平,2009;张鹏和王婷,2010)。郝爱民(2006)对劳动力转移与城乡收入差距两者之间的关联性进行探析,结果表明,劳动力转移会引致收入差距扩大。张庆(2008)认为,农村劳动力无论是就地转移还是外出务工,均是实现劳动力资源优化配置的有效途径,这种配置影响着现阶段的区域经济不均衡发展。严浩坤和徐朝晖(2008)研究表明,劳动力流动可引致地区差距扩大。尹继东和王秀芝(2008)基于江西省的研究表明,农村劳动力外出就业会拉大城乡收入差距。朱长存等(2009)认为,农业剩余劳动力由乡村转移至城镇就业在扩大城乡收入差距过程中扮演着重要的角色。潘爱芹(2009)对农村劳动力转移、农民纯收入和城乡收入差距三者进行实证检验,认为劳动力转移并没有显著改善纯收入水平,且转移就业带来的收入增加不足以弥补城乡收入差距扩大。

(3)农村剩余劳动力转移与农村、城市发展的关系

中国农村剩余劳动力转移涉及城镇和乡村两个层面、农业和非农业两个生产部门,因而做到合理有序地引导农村剩余劳动力向城镇和非农产业部门转移,无论是对城镇还是乡村、是对农业还是非农业,都有着重要影响。首先,农村剩余劳动力转移对农业、农村有着怎样的影响,学者们对此呼声并不相同。李实(1997)、高迎斌(2000)、刘继兵(2005)、张呈琮(2005)等研究表明,劳动力转移对农村、农业发展具有正向促进作用:劳动力转出后,农业资源可以得到更合理的配置,农业劳动生产力提升,并且由于劳动力从事的生产环境由乡村转移至城镇,由农业部门转移至非农部门,转移劳动力个体素质和生产效率均会得到提升,这类劳动力无论是继续在非农部门就业还是再次"回流"至乡村农业就业,均会对生产生活作出相应的贡献。但宁光杰(1995)、李俊锋等(2005)认为,转出劳动力均为青壮年优质劳动力,继续留在农业部门从事生产活动的劳动力生产效率较转出劳动力低,因而劳动力转出会降低农业生产效率,农业产出受影响,进而影响农业、农村可持续发展。其次,农村剩余劳动力转移对城镇生产生活有着怎样的影响,现有研究也是表现出不同的观点。邓一鸣(1989)、龚玉泉等(2002)、陈朔等(2005)研究表明,农村剩余劳动力由乡村转移至城镇就业为城镇生产生活提供了充足劳动力,而且由于自身受教育水平限制,转移劳动力在城镇从事着低技术需求的岗位,这些岗位大多是为城镇居民更好地生产生活服务,使得城镇居民生活更加舒适、便捷,从而有利于城镇劳动力更高效地从事生产活动。与此同时,农村劳动力转移至城镇就业也会对城镇原有的生产生活造成一定的压力:交通阻

塞、城市就业竞争力增加(刘继兵,2005)。

2.3 农村剩余劳动力转移量测算方法梳理

2.3.1 现有测算方法梳理

中国作为世界上人口最多的国家,同时也是一个人口流动大国。随着经济的发展和城市化进程的加快,中国的人口流动现象越发显著。每年数以亿计的人口在城乡之间、省区之间迁徙,形成了庞大的人口流动群体。随着城市化进程的加快和经济结构的转型,大量农村劳动力涌入城市,为城市经济的发展提供了强大的动力。大量农民工进入城市从事制造业、建筑业等劳动密集型行业,为城市经济提供了廉价的劳动力资源。这不仅降低了企业的生产成本,提高了企业的竞争力,也促进了产业结构的升级和转型。农民工在城市工作生活,接触到了新的技术和知识,提升了自身的技能水平和文化素养。这不仅有利于个人的成长和发展,也有利于城市经济的创新和发展。中国农村劳动力转移为经济增长做出了巨大贡献。

农村劳动力转移是中国经济发展中的重要现象,较多学者对中国农村劳动力转移问题展开了一系列有意义的研究。但限于完整劳动力转移数据的可得性,使有研究局限在静态的省级层面或者聚焦于中国整体层面,未能从动态的视角进行较好解读。因此,测算中国农村劳动力转移数量对学术研究具有重要的意义,可以为学术界提供有益的参考和研究方向。具体表现在:一是测算农村劳动力转移数量可以为人口学、经济学、社会学等学科领域提供数据支持。通过分析农村劳动力的转移数量和趋势,可以深入研究人口结构、劳动力市场、社会变迁等方面的问题,为学术研究提供丰富的实证数据和案例。二是测算农村劳动力转移数量可以促进学术界对农村发展和城乡关系的深入探讨。通过研究农村劳动力的转移情况,可以了解农村经济结构的变化、农民生活水平的提升、城乡差距的缩小等问题,为学术界提供新的研究视角和思路。三是测算农村劳动力转移数量可以为政策研究和决策提供参考。学术界的研究成果可以为政府部门提供决策支持,帮助制定更加科学和有效的农村劳动力政策,促进农村劳动力的有序转移和就业,推动农村经济的可持续发展。

由此可知,测算中国农村劳动力转移数量对学术研究具有重要的意义,可以为学术界提供丰富的研究素材和数据支持,促进学术研究的深入发展。同时,学术研究的成果也可以为政策制定和社会实践提供有益的参考,推动中国农村劳动力转移向更加健康、有序的方向发展。

为了能够获得完整的中国农村劳动力转移数据,现有研究为此进行了严谨的测算分析。在劳动力转移数据测算过程中,现有文献主要遵守以下原则:(1)数据来源的可靠性。在收集数据时,确保数据来源可靠、完整和准确。主要是通过政府部门发布的统计数据、调查报告等权威渠道获取数据,避免使用来源不明或质量不高的数据。(2)定义转移劳动力范围。在确定转移劳动力的范围时,需要明确标准和定义,以确保统计的劳动力符合转移条件,即有转移意愿和能力的劳动力。(3)考虑劳动力特征。在测算过程中,需要充分考虑农村剩余劳动力的特征,包括年龄结构、受教育水平、技能特点等,以便更准确地评估他们的转移潜力和需求。(4)综合多种方法。可以结合采用统计数据法、问卷调查法、经济模型法等多种方法,以提高测算结果的科学性和可靠性。一是统计数据法。通过统计农村劳动力的总量和城市化率,计算出农村剩余劳动力的数量。这种方法比较简单直接,但是可能存在统计数据不准确或者不全面的问题。二是问卷调查法。通过对农村家庭进行问卷调查,了解家庭成员的劳动力情况,从而推算出农村剩余劳动力的数量。这种方法可以更加深入地了解劳动力的情况,但是可能存在样本选择偏差等问题。三是经济模型法。通过建立经济模型,考虑各种因素对农村剩余劳动力的影响,进行定量分析和预测。这种方法比较科学和系统,但是需要较多的数据和专业知识。四是地理信息系统(GIS)法。利用 GIS 技术对农村劳动力的空间分布进行分析,从而推算出农村剩余劳动力的数量和分布情况。这种方法可以更加直观地展示劳动力的空间分布特征,但是需要较强的技术支持。

农村剩余劳动力转移量的测算是本书研究的基石,也是本书研究的重要内容,故关于劳动力转移量推算的文献,在此做单独整理分析。由于农村剩余劳动力的"隐性"性质,精确知道其数量难度较大。截至目前,许多学者基于上述原则,使用不同的测算方法对全国或省区农村剩余劳动力数量进行了估算,本书将现有文献测算方法整理归纳为 14 种,并做对比分析,详见表 2.2。

表 2.2 农村剩余劳动力测算方法

测算方法	测算方法步骤、主要应用文献及优缺点
(1)简单测算法	步骤：农业劳动力剩余量＝农业劳动力供应量－农业劳动力需求量＝农业劳动力供应量×(1－农业劳动力需求率) 农业劳动力需求率＝(农业总产值/农业劳动力供应量)/(国民收入值/社会劳动者人数) 源自：管荣开(1986)。 可测算至省(区、市)层面： 农村剩余劳动力数量＝农村劳动力总量×农村剩余劳动率 农村剩余劳动率＝农村从业劳动力占从业劳动力合计比重－农村社会总产值增加值占国内生产总值比重 源自：王玲和胡浩志(2004)。
	应用：管荣开(1986)据此测算了自新中国成立至1982年我国农业劳动力剩余；孙友然等(2007)测算了江苏省2000－2005年劳动剩余量。
	优点：逻辑清晰、简洁直观，可以通过相关统计年鉴获得数据，从而直接计算出农村劳动力剩余量。
(2)劳动—耕地比例法	步骤：a. 将在一定单位土地上能够带来剩余农产品的生产性劳动与该土地面积(农作物播种面积)的比值定义为有效劳动使用率，用 R 表示。 b. 将农业部门实际存在的劳动力与该土地面积的比值定义为实际劳动使用率，用 S 表示。 c. 定义：如果 R 大于 S，则表明不存在农村剩余劳动力；如果 R 小于 S，则表明有剩余劳动力的存在。 d. 将 R 与 S 的比率定义为生产性劳动系数 T，如果用 K 表示剩余劳动率，则必有 $K=1-R/S$。 e. 农业剩余劳动力数量等于剩余劳动率 K 与农业劳动数的乘积。 源自：胡鞍钢(1997)。
	应用：王琳(2002)、邱晖(2011)分别测算了陕西省、黑龙江省农村剩余劳动力数量；王国霞(2007)测算了全国层面的数量。
	优点：比较简单，应用较为广泛。
(3)固定时期测算法	步骤：a. 以1952年作为农业劳动力充分利用的固定期。 b. 根据历史数据估算农业剩余劳动力：$SL_t=L_t-S_t/M_t$，$M_t=\alpha\times(1+\beta)^{(t-1952)}$。 其中，$SL_t$ 为第 t 年农业剩余劳动力；L_t 为第 t 年第一产业从业人员数；S_t 为第 t 年实有耕地面积；M_t 为第 t 年人均耕地面积；α 为假定农业劳动力充分就业时的劳均耕地面积；β 为经营耕地变动率。该方法思路为：假定某一时期农业劳动力实现了充分就业，在技术进步和资源变动的情况下，若农业劳动力占用的人均农业资源不足以让其充分就业，就产生了劳动力剩余。 源自：涂圣伟和何安华(2011)。
	应用：陈先运(2004)、邹永红和黄开元(2009)据此测算了山东和四川农业劳动力剩余人数；周健(2009)以1957年为基期测算了全国农业剩余劳动力；涂圣伟和何安华(2011)据此估算得到2008年我国农业劳动力数量大约为10 158.39万人。
	优点：数据容易获得，推算较为方便。

续表

测算方法	测算方法步骤、主要应用文献及优缺点	
(4)劳均播种面积推算法	步骤：	a. $SPL_t = aAL_t - S_t/M_t$； b. $M_t = \alpha \times (1+r)^{(t-1952)}$。 其中，$SPL_t$为第$t$年农业剩余劳动力；$AL_t$为第$t$年大农业从业人员；$a$为第$t$年种植业从业人员占大农业从业人员比；$S_t$为第$t$年农作物播种总面积；$M_t$为第$t$年劳均播种面积；$\alpha$为假定农业劳动力充分就业时的劳均播种面积；$r$为劳均播种面积年均增长率。该方法基本思想：假设1952年中国不存在农业剩余劳动力，按照当年数据可得到劳均播种面积$\alpha=0.8158$公顷；国家统计局认为，中国农业初期集约化经营水平可以达到农村劳均耕地0.67—1.0公顷，按复种指数150%计算，每个农业劳动力可以耕种播种面积1.0—1.5公顷，据此测得r介于0.3849%—1.1558%之间。 源自：陈扬乐(2001)。
	应用：	陈扬乐(2001)、赵慧卿(2005)测得1997年和2000年全国农业剩余劳动力分别为17 864万人、16 544万人；刘源(2008)估算了河南省劳动力剩余情况。
	优点：	这一方法使劳均播种面积随时间变动，考虑了农业技术进步和资本投入对农业劳动力的替代效应，符合国情，具有较强的合理性与实用性(刘源，2008)。
(5)农业技术需求法	步骤：	a.运用农业技术需求法推算农业劳动力(用工日表示)需求量：$L_i = \sum(M_{it}/Y_{it})Q_{it}$。 其中，$L$为农业劳动工日数；$t$为时间；$M$为每亩(畜)生产工日数；$i$为品种；$Y$为每亩(畜)实物产出量；$Q$为全国实物产出量。 b.农业劳动力总需求量=农业必须劳动力(用工日表示)需求量/每个劳动力每年的劳动日数。 c.结合第五次人口普查和第一次农业普查资料估算中国农村劳动力第二、三产业就业量。 d.农村剩余劳动力=农村实有劳动力－农业必需劳动力－第二、三产业就业劳动力。 源自：谢秀培(2004)。
	应用：	罗斯基和米德(1997)估算了1993年劳动力剩余量接近或超过1亿人；谢秀培(2004)据此测算了1996年、2000年农业劳动力剩余分别约为6 301万人、5 683万人；王凤云(2002)测算了2000年劳动力剩余约有1.2亿人；蔡昉和王美艳(2007)发现2005年中国农村剩余劳动力在2 481万—10 698万人之间，剩余比介于5.1%—22.1%。
	优点：	可通过现有数据推算。
	缺点：	其农业范围包括种植业、畜牧业、园艺业、淡水养殖业和捕捞业等，农业范围较窄，故以此估算的结果比广义农业的估算结果要小。
(6)经验估算法	步骤：	a.根据抽样调查资料和经验估计平均每个农村劳动力可承担的耕地数量； b.农业生产所需劳动力=农村劳动力可承担的耕地数量/农村劳动力耕种地的数量； c.农村剩余劳动力=农村劳动力数量－农业生产所需劳动力。 源自：陈吕帅(2008)。
	应用：	曹揆昕和邓寿安(1992)、陈吕帅(2008)据此方法分别测算了安徽省和成渝经济区农村剩余劳动力数量。
	优点：	测算方便简单。

续表

测算方法	测算方法步骤、主要应用文献及优缺点	
(7)国际标准结构法	步骤：	a.钱纳里(H.Chenery)和赛尔昆(M.Syrquin)根据回归方法得到各部门劳动力份额和各部门产值份额的"国际标准结构"； b.将"国际标准结构"同中国各部门劳动力份额和各部门产值份额相比较； c.中国农业劳动力剩余率=(中国农业部门劳动力份额-国际农业部门劳动力份额)-(中国农业部门产值份额-国际农业部门产值份额)。 其中,中国农业部门劳动力份额、农业部门产值份额均大于后者。 源自：宋林飞(1996)。
	应用：	宋林飞(1996)据此方法得到中国农业劳动力剩余率为16%；何景熙(2000)测得1995年劳动力剩余率为16.4%,剩余总量为1.13亿人；王检贵和丁守海(2005)估算2003年中国农业劳动力剩余率和剩余劳动力人数分别为14%和4 500万人。此外,还有钟钰和蓝海涛(2009)、刘安媛等(2008)、聂华林等(2011)相关文献。
	优缺点：	"国际标准结构"模型为各国测定是否存在农业剩余劳动力及其数量比例提供了参考值,但其忽略了各国的异质性。
(8)两部门比较法	步骤：	a.农村居民总收入=农村居民人均收入×农村劳动力数量；城镇居民总收入=城镇居民人均收入×城镇劳动力数量。 b.全国居民总收入=农村居民总收入+城镇居民总收入。 c.劳动力平均工资=全国居民总收入/劳动力总量。 d.农村必要劳动力数量=农村居民总收入/劳动力平均工资。 e.农村剩余劳动力数量=农村劳动力数量-农村必要劳动力数量。 源自：韩纪江(2002)。 改进方法一： a.农村劳动力最优配置均衡条件：$MR_1=MR_2$ 或 $AP_1=AP_2$。 b.劳动力剩余比例：$R_{1t}=(1-MR_1/MR_2)$；劳动力剩余量：$L_{1t}=L_t \times R_{1t}$。 其中,MR_1、AP_1 为农业劳动力边际收益、平均价格；MR_2、AP_2 为镇集体单位制造业和批发零售业及餐饮业劳动力的边际收益、平均价格；L_t 为农村劳动力数量。 源自：侯风云(2004)。 改进方法二： a.假设农业剩余劳动力边际生产率为零,则 $W_a/(1-P)=W_n$。 b.农村剩余劳动力数量=P×农业劳动力数量。 其中,W_a 为农业劳动生产率；W_n 为非农业劳动生产率；P 为农业剩余劳动力的比例。 源自：国家统计局农调队(2002)。 两部门比较法理论依据：在均衡状态下,农业部门与非农业部门平均工资、边际收益应相等,农村与城镇两地区居民的收入应相等。
	应用：	韩继江(2003)利用该方法估算得出截至2000年全国农业剩余劳动力数量为22 324万人；贺文华和谢恒(2009)估算得到2005年全国农村剩余劳动力数量为2.9亿人,2007年则增加到3.3亿人；侯风云(2004)估算得出1999年全国农业剩余劳动力规模为30 749万人,农业劳动力剩余率为65.57%。此外,还有唐娜(2005)、李继云(2009)、蔡昉(2002)、陈海燕(2011)等研究。
	优点：	测算方法简洁,数据可获得。

续表

测算方法	测算方法步骤、主要应用文献及优缺点	
(9)总量分解法(直接计算法)	步骤：	农业剩余劳动力数量＝农村总劳动力数量－农业资源可容纳有效就业量－乡镇企业就业量－私营企业就业量－个体劳动就业量－流入城市岗位的就业量。 源自：王诚(1996)。
	应用：	侯鸿翔等(2000)据此测算得出中国1996年农村剩余劳动力为1.1567亿人；蔡昉和王美艳(2007)据此估算2004年全国农村剩余劳动力只有不到1.2亿人，剩余比为23.5%。
	优缺点：	虽然这种方法简单易行，但存在的最大问题是，估算所需要的数据量比较大，数据获取困难，而且这种方法对农业资源可容纳有效就业量的推算是建立在假设容纳系数不变的基础上的。实际上，容纳系数是在变化的。这就可能产生较大的误差，从而影响估算结果的准确性(张雅丽和冯颖，2007)。
(10)生产资源配置优化法	步骤：	a.先利用C-D生产函数求出当资源得到优化配置时的农业劳动力数量； b.与农业中实际劳动力数量做比较，超出的人数就是剩余劳动力数量。 源自：聂华林等(2011)。
	应用：	刘建进(1997)据此估算1994年全国农业剩余劳动力数量约为11 210万人，剩余劳动力比例约为24.91%；王红玲(1998)采用与刘建进同样的数据，通过改进的生产要素配置优化模型测得全国剩余劳动力比例为20.32%，剩余劳动力规模为11 730万人；齐晓丽等(2003)在王红玲基础上做改进，计算得出2000年我国包括季节性剩余的农业剩余劳动力数量在1.73亿—3.16亿人之间；王检贵和丁守海(2005)估算得出2003年我国农业剩余劳动力比例为7.1%，规模为3 460万人左右；聂华林等(2011)据此方法估算了西部地区2008年农业剩余劳动力数量。
	优点：	计算方法简洁，所用数据便于获得。
(11)生产函数法	步骤：	a.采用C-D生产函数：$Y=AL^dK^{1-d}$，两边取对数进行拟合。 b.基于剩余劳动力边际产出为零的特征，找出符合劳动力与耕地面积指数之和接近1的模型，计算出农业劳动力实际需求量。 c.农业剩余劳动力＝农业劳动力－农业劳动力实际需求量。 源自：国家统计局农调总队社区处(2002)。
	应用：	国家统计局农调总队社区处(2002)据此估算1999年我国农村剩余劳动力为1.7亿人。
	优缺点：	虽然从农村剩余劳动力的定义来看，生产函数法的思路最接近定义，但是，这种方法所估计出的农村剩余劳动力数量只包括边际劳动生产率为零的那部分劳动力，不包括边际生产率大于零的那部分农业剩余劳动力(糜韩杰，2008)，因此存在低估的可能。

续表

测算方法	测算方法步骤、主要应用文献及优缺点		
(12)工日折算法	步骤：	a.计算出农业产出水平所需要的劳动工日； b.给农业劳动力一个劳动量（一般确定为年均270个工作日）； c.农业劳动力需求数量＝农业产出水平所需要的劳动工日/农业劳动力劳动量； d.农业部门剩余劳动力数量＝农业从业人员总数－农业劳动力需求数量。 源自：王检贵和丁守海(2005)。	
	应用：	马晓河和马建蕾(2007)、钟钰和蓝海涛(2009)分别测得2006年全国农业剩余劳动力数量为11 423.16万人和13 149.98万人；李志强(2008)据此估算了中部地区的农村剩余劳动力数量。此外，还有王检贵和丁守海(2005)等研究。	
	缺点：	工日折算法忽略了农业生产的季节性和阶段性，以及自然条件变化对农业生产的影响，与农业生产实际有较大的偏差。对此，索瑞霞等(2011)做了改进，用作业高峰期需要的劳动力数量作为确定劳动力需求量的依据，但是其计算过程较为复杂，且数据获取也比较困难，难以大范围推广应用。	
(13)社会平均劳动生产率估算法	步骤：	农业剩余劳动力数量＝农业从业人数－农业增加值占国内生产总值的比例×社会劳动者人数 基本思路：每个农业劳动者应达到社会平均劳动生产率这一理想值。当达到此值时，农业劳动力就不存在剩余；反之，当低于此值时，农业劳动力就存在剩余(陈吕帅，2008)。 源自：中国社会科学院农村发展研究中心(2002)。	
	应用：	高双(2010)据此测得2006年我国农业剩余劳动力数量约为23 622万人，农业劳动力剩余率为72.5%；陈吕帅(2008)估算了成渝经济区的农村剩余劳动力数量。	
	优点：	测算过程简洁，数据具有可获得性。	
(14)其他估算法	a.郭金兴(2007)采用随机前沿分析方法，利用省际面板数据估算了我国1996—2015年农业剩余劳动力数量。 b.王胜今和佟新华(2005)采用基于实际农业劳动力需求的柯布—道格拉斯生产函数，通过状态空间形式的不可观测成分模型，估算了吉林省农业劳动力过剩状况。 c.范红忠和连玉君(2010)对农村剩余劳动力存在的形式进行区分，并通过对湖北汉川的农户调查发现单个家庭内部的剩余劳动力已经很少，但对整个农村而言，还存在大规模以"剩余家庭"形式存在的家庭外部剩余劳动力。		

2.3.2 现有测算方法总结

根据表2.2归纳的不同测算方法，整理出时间节点农村剩余劳动力转移量（见附表8）[①]。由此可知，不同的测算方法对应的测算结果不同，但其结果均具有相同特征：农村剩余劳动力转移量较大，且这一转移量暂

[①] 由于2008年后历年《农民工监测调查报告》均公布当年农民工值，故2008年后农村剩余劳动力转移量无须测算。

无递减趋势。因此，多种方法引致的多种测算结果在一定程度上对农村剩余劳动力转移均具有解释意义，它们从不同的侧面研究了中国农村剩余劳动力转移相关问题且得出了有意义的结论。本书在现有文献基础上进行农村剩余劳动力测算，并推算了31省区劳动力转移数据，详见本书第3章。

2.4 文献评述

2.4.1 现有研究取得的主要成果

国内外关于农村剩余劳动力转移及其经济效应的研究成果较为丰富，但国内外文献研究的侧重点有所差异。国外文献侧重于研究农村劳动力剩余的原因，并在此基础上给出多方面的对应策略；国内研究主要侧重于劳动力转移所产生的各类结果，并通过实证分析提出了相关政策建议。以上研究均为本书写作提供了较好的理论参考和实践指导。通过对现有文献的归纳梳理，本书将现有文献的研究借鉴从以下四点进行概括：

(1)从农村剩余劳动力转移影响因素上看，主要有个体特征、社会经济、政策制度等。基于二元社会经济结构，这些因素在劳动力转移过程中扮演着不同角色：经济水平、非农产业发展、城镇化水平、工资水平等是劳动力转入的重要"拉力"；耕地有限、比较收益下降、农业生产技术进步、机械化水平提升等是劳动力转出的"推力"；户籍制度、政策等是劳动力转移的中间障碍。

(2)从农村剩余劳动力转移经济效应上看，农村剩余劳动力转移是农村劳动力资源优化配置、提升劳动力生产效率的一种有效途径，是解决"三农"问题的重要一环。劳动力转移就业可以促进社会总产出增加、助力经济增长、提升农民收入水平、优化农村居民收入结构、弱化城乡收入差距。

(3)从农村剩余劳动力转移途径上看，现有研究具有较强的政策导向性，且"各抒己见"：一是支持就地转移；二是倡导异地外出转移；三是将就地转移与异地外出转移统筹结合。

(4)从农村剩余劳动力转移量测算上看，由于测量方法不统一，因而测算结果也不相同，但这些结果具有相同的特征：一是农村剩余劳动力确实存在且数量不容小觑；二是截至目前，农村剩余劳动力转移量并未表现出显性的递减趋势。

2.4.2 改进之处

以上研究基于劳动力转移的理论与实证分析分别探索了劳动力转移的影响因素、路径、机理及其经济效应,为本书写作奠定了坚实的文献基础,但现有研究尚存在一些不足之处,本书将其归纳为以下两点:一是劳动力在各个省区间的转移量及其演变趋势如何,现有测算农村剩余劳动力数量的方法并不能实现这一目的;二是理论上农村劳动力转移是转入地"拉力"、转出地"推力"和中间"阻力"综合作用的结果,但对此实证研究未能将转出地和转入地纳入同一个系统进行实证检验,与此对应的经济效应研究也未能重视地理空间作用。

纵观历史,人类的生产活动存在于时空之中,时与空两者不可缺一。从经济学研究来看,学者们早期未能看到空间力量,但在政治活动中,空间却扮演着极其特殊而又重要的角色。如18世纪后半期美国主张提升关税以摆脱英国影响、20世纪中叶的欧洲一体化等。2009年2月,面对金融海啸,美国国会最终投票表决批准了总额为7 870亿美元的经济刺激计划,但仍保留了"购买美国货"的条款,也就是得到经济刺激计划支持的项目所使用的钢铁及其制成品应该是美国生产的;法国宣布国家救助法国汽车的条件是,获得救助的企业必须留在法国本土。显然,政策制定者所关心的是本国或本地区的产业活动规模和性质。

2008年,随着克鲁格曼成为诺贝尔经济学奖获得者,其倡导的新经济地理学(New Economic Geography,NEG)理论也在经济学领域开辟了重视空间力量的新思潮。基于Dixi(1977)、Krugman(1991)、Ottaviano(1998)、Fujita et al.(2001)、Puga(1999)、Baldwin(1999)、Robert-Nicoud(2005)、Baldwin et al.(2003)等研究,到目前为止,新经济地理学框架已经形成了较多具有代表性意义的理论机制。

关于实证方法及内容的研究,代表性的文献有:Anselin(1995)基于LISA值分析了局部自相关问题。Brun(2002)探析了中国沿海地区与非沿海地区之间是否具有溢出效应。Groenewold et al.(2010)使用VAR模型测算了区域产出的溢出效应。Groenewold et al.(2008)以全国为研究对象,分析了在我国国情下形成的不同类型区域之间的溢出效应,并进一步验证了共同冲击对溢出效应的影响。Mion(2004)以意大利为例,通过建模验证了空间外部性,结果表明,事物之间是有相关联系的,自身的发展及变动趋势不仅受自身因素的影响,还受相关联的事物的影响,正外部性有利于事物发展变化,反之,负外部性阻碍发展。Ying(2000、2003)基于空间计量视角研究中国经济增长问题,主要探究了溢出效应对经济增长的作用,并通过建模从多个方面阐述了应该如何衡量发展中的溢出效应。Harris(1954)、Tobler(1979)、Zhang & Felmingham(2002)、Niebuhr(2006a、2006b)等均基于空间视角进行分析,对本书研究具有较好的借鉴性。除以上理论结合实际情况进行实证分析外,Baltagi et al.(2003、2007)、Elhorst(2003)、Kapoor et al.(2007)、Croissant & Millo(2008)、LeSage(2013)等学者将新经济地理学的理论研究应用于实证,介绍了不同的实证分析方法和检验标准,不仅为新经济地理学理论应用于实证分析奠定了方法基础,也为实证分析的实用性、准确性提供了可靠保障。

2.5 本章小结

作为本书研究基础,本章整理归纳了现有国内外农村剩余劳动力转移及其经济效应的相关文献,主要包括六方面内容:农村剩余劳动力转移理论、机制;转移动因;农村剩余劳动力转移量测算;对经济增长的贡献;对农业产出的影响;对农村居民和城镇居民收入的作用。现有文献对本书研究具有重要的理论参考价值和实践指导意义。同时,现有研究尚存在一些需改进之处,主要有两点:一是现有文献所用数据没有涉及中国省区之间的转移量及转移方向;二是实证分析方法没有考虑空间因素影响。上述问题既是现有研究的薄弱之处,又是进一步促进农村剩余劳动力转移、促使农业劳动力资源优化配置所应明晰之处。综上所述,本书拟尝试对此做出探析。

第3章 农村剩余劳动力转移量测算及其特征分析

3.1 中国农村剩余劳动力转移量测算

3.1.1 测算说明

测算农村劳动力省际转移量是本书重点,限于数据可得性,这一点也是难点。徐建国和张勋(2016)、伍山林(2016)基于《新中国农业60年统计资料》数据,将"农林牧渔业从业人员"视为农业劳动力,从传统口径(即按户籍性质统计的)"乡村从业人员"中扣除"农林牧渔业从业人员"得到农村剩余劳动力转移数量。《新中国农业60年统计资料》数据截止年份为2008年,2009年及以后的数据根据国家统计局历年《农民工监测调查报告》公布的农民工数量进行补齐。补齐依据:由《新中国农业60年统计资料》测算得出2008—2010年农民工数量依次为23 662万人、24 534万人、25 549万人,调查报告数据依次为22 542万人、22 978万人、24 223万人,两者数据较为接近,故可以做补充。

徐建国和张勋(2016)、伍山林(2016)、郝大明(2016)等现有研究均是从全国层面做探析,并未给出省际层面解释。张广婷(2010)虽然分东、中、西三大地区层面给出解释,但其解释依据是根据本省三次产业就业比变动给出,并未涉及劳动力省际流动方向及流动量。我国省域之间、地域之间发展水平存在差异,农村剩余劳动力在省内、省外转移呈现出何种特征?对经济增长贡献率如何?对此探析具有重要意义,故本书拟尝试在现有可得数据的情形下,对农村剩余劳动力省际转移量及转移方向做尽可能合理的推算,并在此基础上测算农村剩余劳动力转移后农业部门和非农部门的劳动力数量。

3.1.2 测算步骤

1978—2015年各省转移劳动力数量及农业部门劳动力计算：为确保数据的一致性和准确性，本书参考伍山林(2016)、徐建国和张勋(2016)，将农业部门劳动力数量用农林牧渔业从业人员表示；依据户籍口径，将乡村从业人员减去农业部门劳动力所得为从农业部门转移至非农部门劳动力数量。推算过程见式(3.1)、式(3.2)：

$$农业部门劳动力 = 农林牧渔业从业人员 \quad (3.1)$$
$$转移劳动力(农民工) = 乡村从业人员 - 农业部门劳动力 \quad (3.2)$$

1978—2008年农林牧渔业从业人员数据来源于《新中国农业60年统计资料》。2009—2015年相同口径数据来自对应年份各省区统计年鉴，省区缺失数据依线性趋势外推补齐，本书据此获得1978—2015年各省区农业部门劳动力和转移劳动力总量。通过以上计算虽可获得转移劳动总量，但由于转移劳动力(农民工)就业具有跨省流动性，故通过以上方法所得省区农民工数量与省区实际农民工数量可能存在差异。这需要对农民工省际转移量及转移方向进行推算，以获知转移后各省区农民工数量。

各省区转入劳动力数量及转移方向根据以下方法测算：(1)通过2008—2015年《农民工监测调查报告》[①]可算出2008—2015年各省转移后农民工数量及占比；(2)1978—2007年各省转入后农民工数量根据"1982年第三次、1990年第四次、2000年第五次、2010年第六次人口普查资料"中各省占总人口转移量比例推算；(3)省区间农民工转移方向由第三至第六次人口普查数据"乡和镇的村委会"转移方向推定。具体推算过程：

第一步：由2010年《农民工监测调查报告》可得知各省转入后农民工数量占比份额。

第二步：将以上各省转入比与"2010年人口普查"中常住本省但户籍在其他省区"乡和镇的村委会"的人口转入比相比较，具有较好一致性，见图3.1。故2000年、2010年各省农民工净转入份额根据第五次和第六次

---

① 不同年份报告名有所差异：《2009年农民工监测调查报告》《2010年农民工监测报告》《2011年我国农民工调查监测报告》《2012年全国农民工监测调查报告》《2013年全国农民工监测调查报告》《2014年全国农民工监测调查报告》《2015年农民工监测调查报告》，本书统称为《农民工监测调查报告》。

人口普查数据"乡和镇的村委会"人口转入比确定。

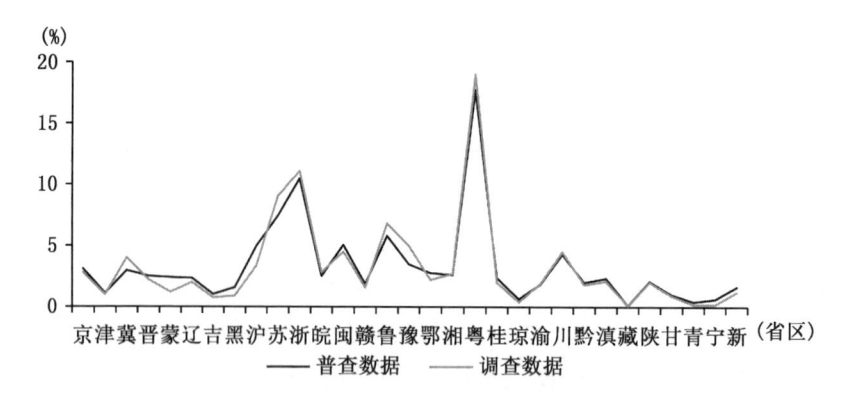

```
(%)
20
15
10
5
0
京津冀晋蒙辽吉黑沪苏浙皖闽赣鲁豫鄂湘粤桂琼渝川黔滇藏陕甘青宁新 (省区)
     —— 普查数据     —— 调查数据
```

数据来源：根据中国 2010 年人口普查资料（第六次人口普查数据）和 2010 年《农民工监测调查报告》数据推算整理。

图 3.1　普查数据与调查数据农民工省区转入比

第三步：1982 年和 1990 年人口普查资料未公布与以上统一口径的数据，但可查得"本省常住但户籍在外省人口份额"，故以此为依据确定 1982 年和 1990 年农民工净转入份额。1982 年和 1990 年将"本省常住但户籍在外省人口份额"替代"本省常住但户籍在外省乡村人口份额"的依据是：1978 年我国城镇人口比为 17.92%，1978—1990 年我国城镇人口平均占比 22.31%，乡村人口平均占比 77.69%，结合这一时期发展事实，可知人口转移多为乡村人口转移，鉴于数据可得性，将此指标替代具有可行性。

第四步：参照 1982 年、1990 年、2000 年、2008—2015 年农民工转入后占比，依据人口增长率和线性趋势法对其他年份农民工转入后比例进行补齐，获得 1978—2007 年各省农民工转入后份额。做线性补齐依据：一是人口和劳动力增长率具有稳定性；二是省区每年就业单位变化具有稳定性，且就业单位变化对原有就业单位量具有依赖性，可知农民工流动方向和流动量具有稳定性（2008—2015 年各省农民工转入份额变化很小）。由各省区转移前农民工数量和各省区净转入份额，测算出 1978—2007 年各省区转移后农民工数量。综上所述，得出 1978—2015 年农民工转移数量、方向及转移后各省农民工数量。

农民工转移数据检验：为确保对农民工转移量测算的正确性及可行性，本书进一步根据 2008—2015 年查得的实际值，依据人口增长率进行倒推检验,结果发现两者数据趋势相同,故本书认为可以作此推算。各省区非农部门劳动力数量测算过程见式(3.3)、式(3.4):

$$城镇从业人员 = 总劳动力 - 乡村从业人员 \quad (3.3)$$
$$非农部门劳动力 = 城镇从业人员 + 转移后农民工数量 \quad (3.4)$$

劳动力总人数来自各省区统计年鉴。综上所述,本书获得1978—2015年农业劳动力、农村剩余转移劳动力、城镇劳动力与非农部门劳动力数量,并在此基础上从四个方面对农村剩余劳动力转移特征进行分析:时间趋势特征、空间特征、个体特征及影响因素特征。

3.2　中国农村剩余劳动力转移特征分析

3.2.1　农村剩余劳动力转移时间趋势特征

通过分析劳动力转移时间趋势,可以帮助政府、企业和组织预测未来劳动力的需求和供给情况。这有助于更好地规划人力资源、招聘和培训计划。劳动力转移时间趋势特征分析有助于了解不同地区的经济发展状况,从而为投资和发展提供重要信息。政府和决策者可以利用劳动力转移时间趋势特征分析的结果来制定更有效的就业政策、交通规划和城市发展规划,以更好地满足人们的就业和生活需求。中国农村劳动力转移时间趋势特征从以下几点进行分析:

(1)农村劳动力省际转移总量时间趋势

1978—2015年农村剩余劳动力转移总量及时间演变趋势见图3.2。

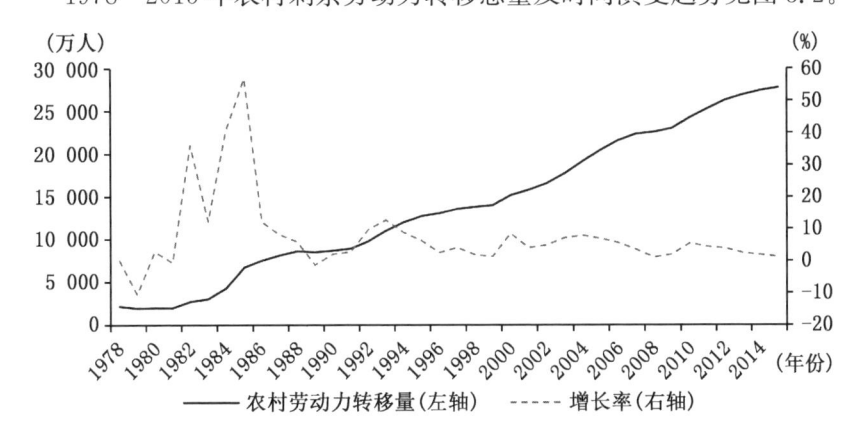

数据来源:《新中国农业60年统计资料》和历年《农民工监测调查报告》。

图3.2　1978—2015年农村劳动力转移总量及时间演变趋势

图 3.2 左侧刻度衡量农村剩余劳动力转移量,单位为万人;右侧刻度衡量劳动力转移量增长率,单位为百分比。分析图 3.2 可知,农村劳动力转移量在 1978－2015 年呈上升趋势,由 1978 年的 2 182.2 万人增至 2015 年的 27 727 万人,增长 11.71 倍。就增长率看,经历 1978－1985 年短期的快速增长之后,开始逐年下降。以 1988 年为界,之前的 10 年平均增长率为 17.49%,增长率较快但起伏很大。1989 年之后增长率放缓且比较平稳,年平均增长率降为 2.76%。农村劳动力转移量及其增长率的变动,一方面源于农业部门的"推力",另一方面源于非农部门的"拉力"。由于不同时期农村剩余劳动力转移面对的政策和制度不同,使劳动力转移进程出现或快或慢或停滞等现象,以下本书将 1978－2015 年具体划分为七个阶段进行详细分析。对应的 1978－2015 年相关政策整理为图 3.3,具体的政策详情见附录二。①1978－1982 年,农村剩余劳动力储备时期。1978 年后家庭联产承包责任制开始实施,这一措施极大地提升了农业、农民生产效率,农产品产出增多,农村劳动力剩余开始出现。②1983－1988 年,农村剩余劳动力转移迅速增长阶段。1982 年 1 月 1 日《中国农村工作会议纪要》、1985 年 1 月 1 日《关于进一步活跃农村经济的十项政策》等政策措施提升了农业部门生产率,农业劳动力得到解放,农业劳动力剩余逐步增加。同时期,东部地区经济特区相继成立,非农部门得以发展,对劳动力吸纳力增强。在农业部门和非农部门的推拉作用下,劳动力转移量增长率均值在这一时期最高。但由于这一时期改革开放在摸索中进行,因而劳动力转移量增长率波动幅度较大。③1989－1991 年,农村剩余劳动力转移出现停滞。在经历上一阶段劳动力转移迅速增加后,这一阶段劳动力转移步伐几近停滞,主要是由于劳动力转移政策制度的不完善,农村剩余劳动力快速进城给城市造成了一定的压力,国家开始限制农村劳动力转入城市。④1992－1996 年,农村剩余劳动力转移增速加快期。这一时期,市场机制开始设立,中小企业"遍地开花",市场机制的实施使得非农部门对劳动力的吸力增强。与此对应,农村剩余劳动力转移在国家宏观调控下实现有序流动,劳动力转出量持续上升。⑤1997－2002 年,农村剩余劳动力转移调整发展期。从国内看,面对工业产品出现相对剩余,国家开始对乡镇企业进行调整,破产倒闭企业的就业岗位消失,高科技乡镇企业中,农村剩余劳动力由于自身素质限制,能够继续就业的概率较小。从国际看,1997 年亚洲金融危机使整个亚洲经济形势下行。非农部门对农村剩余劳动力转入的吸力较之前下降,劳动

力转移速度放缓。⑥2002—2008年,劳动力转移进一步推进阶段。从2000年粮食直补政策构想,到2004年全国实施、2006年取消农业税等措施进一步解放了农业劳动力,劳动力转移量在这一时期持续上升。⑦2008—2015年,国家开始注重区域协调、可持续发展,中西部地区经济水平提升,在整体上提高了农村劳动力就业容纳力,使得劳动力转移总量不断上升。随着农业剩余劳动力的持续转出,劳动力转移量增长率呈下降趋势。

由上述分析可知,随着中国农村经济的快速发展和城乡结构的转变,越来越多的农村劳动力开始向非农业领域转移。这种转移不仅对农村经济和社会发展产生了深远的影响,也反映了一系列复杂的原因和动态变化。

第一,就业机会是农村劳动力向非农产业转移的重要原因之一。随着城市化进程的加快,非农业领域提供了更多的就业机会,包括制造业、建筑业、服务业等。相对于传统的农业领域,非农业领域的就业机会更多,吸引了大量农村劳动力前往寻求更好的就业机会。第二,收入增加也是农村劳动力向非农产业转移的重要动因。在农村,农业劳动力通常会面临较低的收入水平,由于农业生产的季节性和不稳定性,农民的收入往往难以持续稳定增长。相比之下,非农业领域通常提供了更多的机会和更高的薪酬,因此吸引了许多农村劳动力前往非农业领域寻求更好的经济收入。第三,一些农村劳动力通过向非农业领域转移,可以接触到新的技能培训和教育机会,提升自身的技能水平,从而获得更好的就业机会和收入。这也是农村劳动力向非农产业转移的重要原因之一。第四,生活条件改善也是农村劳动力向非农产业转移的原因之一。非农业领域通常提供了更好的生活条件,包括住房、医疗、教育等福利待遇,吸引了一部分农村劳动力向非农产业转移,以改善生活条件。第五,农村劳动力过剩也是促使农村劳动力向非农产业转移的原因之一。随着农村劳动力的增加和农业现代化的发展,农村劳动力过剩的问题日益突出,一部分农村劳动力不得不向非农业领域转移,以缓解农村劳动力过剩的压力。

总的来说,农村劳动力向非农产业转移是一个复杂的社会现象,其原因涉及经济、社会、人口等多方面因素。随着中国农村经济的持续发展和城乡结构的不断调整,农村劳动力向非农业领域转移将继续成为一个重要的社会现象,其影响也将持续深远。

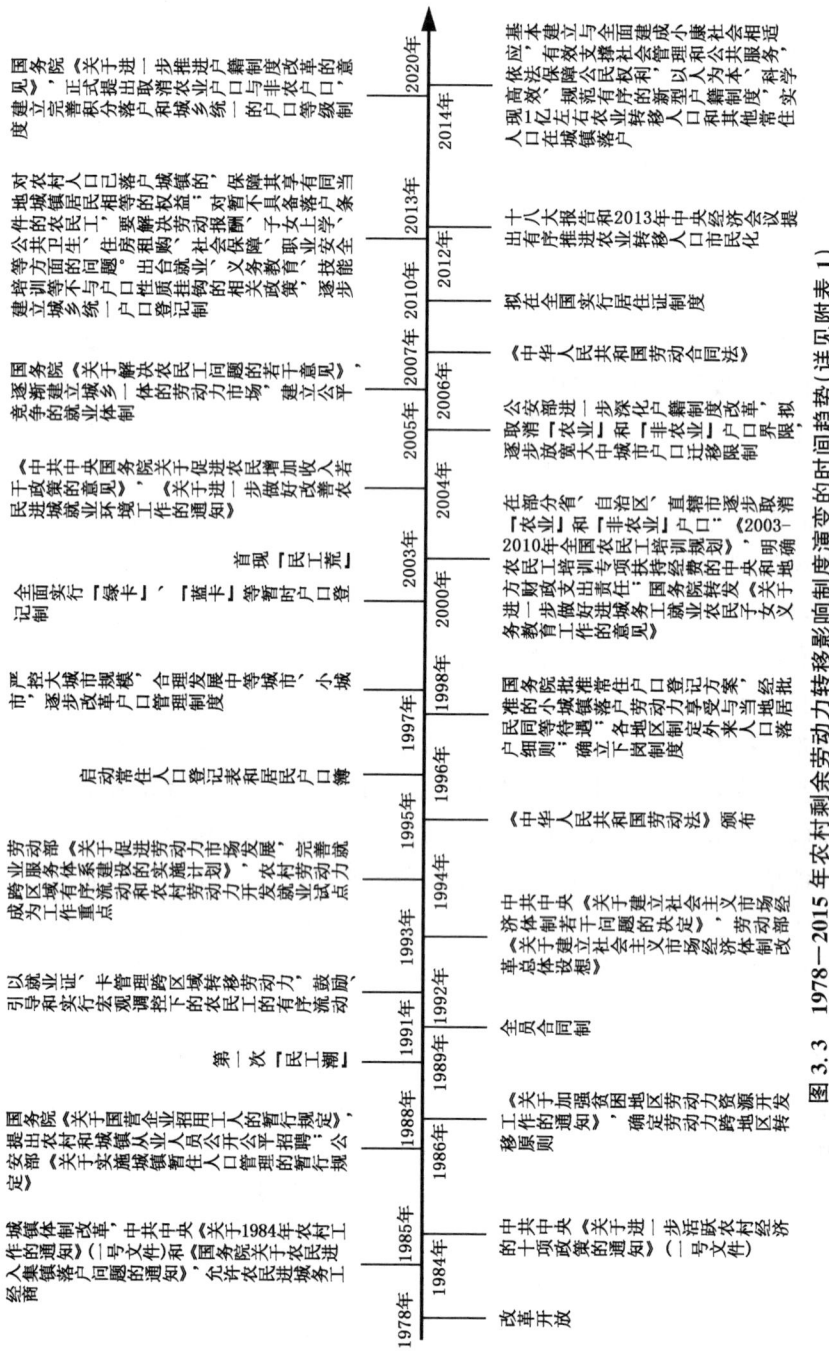

图 3.3 1978—2015 年农村剩余劳动力转移影响制度演变的时间趋势(详见附表 1)

(2)各地容纳转移劳动力就业量时间趋势

在上述劳动力转移总量时间趋势分析的基础上,本书进一步将31省区依传统视角划分为东部、中部、西部、东北四个地区,依"胡焕庸线"划分为线东、线西两区,依传统视角展示珠三角、长三角、京津冀三个劳动力重点转入中心,依黄河、长江划分出南部、中部、北部三个地带,共计12地区[①],展示分别各地吸纳转移劳动力就业量占比及其时间特征、演变趋势,以做深层分析。具体分别见图3.4、图3.5、图3.6和图3.7。

由图3.4可知,四地中,东部地区容纳转移劳动力就业最多,平均占比47.38%。中部和西部次之,且占比水平较为接近,平均分别占比19.55%和24.15%。东北地区占比最少,为8.93%。从省区平均水平上看,东部地区依然占据最高比例,为4.74%。与各地区容纳转移劳动力就业总量占比位次不同的是,中部占比第二,东北占比第三,西部占比最低,分别为3.26%、2.98%、2.01%。由此可知,无论是总量占比还是省均占比,东部地区均占据绝对优势。

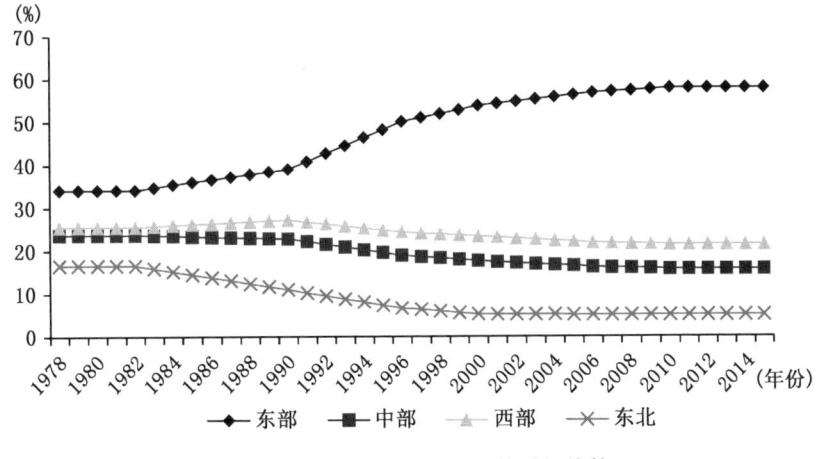

图3.4 四地劳动力占比及其时间趋势

---

① 四个地区:东部包括北京、天津、河北、上海、江苏、浙江、福建、山东、广东、海南共计10省(直辖市);中部包括山西、安徽、江西、河南、湖北、湖南共计6省;西部包括内蒙古、广西、重庆、四川、贵州、云南、西藏、陕西、甘肃、青海、宁夏、新疆共计12省(自治区、直辖市);东北包括辽宁、吉林、黑龙江3省。

两区:以省区为界,采取大面积驱定原则,"胡焕庸线"西部(左侧)包括新疆、西藏、宁夏、甘肃、青海、内蒙古6省区,除港澳台以外的其他25省区为"胡焕庸线"东部(右侧)省区。

三个劳动力转入中心:广东、上海、江苏、浙江、北京、天津、河北共计7省区。

三个地带:南部包括上海、浙江、福建、江西、湖南、广东、广西、海南、贵州、云南、西藏;中部包括江苏、安徽、山东、河南、湖北、重庆、四川、陕西、宁夏;北部包括北京、天津、山西、内蒙古、辽宁、吉林、黑龙江、甘肃、青海、新疆。

对比四地容纳转移劳动力就业量时间趋势可知,东部与中部、西部劳动力就业量占比呈反向变化趋势,东北则处于下降态势。具体特征分别为:东部地区占比呈"小—大—平稳增长"特征,即由 1978 年初始值 34.14%不断增大,于 1996 年占比超 50%后开始平稳增长,并在 2015 年达到时间段内的峰值 57.86%;中部、西部和东北三地变化趋势相同,为"大—小—趋于平稳"特征,表明三地一直处于劳动力流出状态。东部、中部、西部和东北四地农村劳动力就业比差值呈"小—大"演变趋势。1978—1982 年,四地差距最小。以 1978 年为例,占比最大的东部(34.14%)与占比最小的东北(16.56%)相差 17.58 个百分点。1982 年后四地就业比差距开始扩大,并在 2005—2015 年达到最大值。以 2015 年为例,占比最大值与占比最小值相差 53.59 个百分点。

从各地容纳转移劳动力就业量时间演变趋势上看,主要表现为:①1978—1989 年,东北领先,东部和中部次之,西部最低。1978 年,东北省均容纳转移劳动力最多,中部次之,东部第三,西部最少,分别为 120.48 万人、86.04 万人、74.50 万人、46.63 万人。此后,四地容纳转移劳动力就业量均呈上升趋势。至 1989 年形成东北、东部、中部三地并进,西部最低态势,容纳转移就业量分别为 330.13 万人、326.18 万人、324.95 万人和 191.32 万人。②1990—1999 年,东部开始领先,中部次之,西部、东北第三。1990 年,东部、中部容纳转移就业量首超东北,东部占据首位,中部、东北次之,西部最低。之后东部不断拉大与中部、西部和东北三地差距。1999 年,西部超越东北,形成东部、中部、西部、东北四地容纳转移就业量的四阶梯递减态势,分别为 738.86 万人、418.95 万人、275.74 万人和 257.85 万人。③2000—2015 年,东部绝对领先,中部次之,西部和东北第三。东部、中部、西部和东北四地在 2000 年和 2015 年容纳转移就业量分别为 815.21 万人、446.10 万人、296.02 万人、261.31 万人和 1 605 万人、727.50 万人、496.04 万人、458.75 万人,2015 年四地容纳转移就业量分别是 2000 年的 1.97 倍、1.63 倍、1.68 倍、1.76 倍。东部地区容纳转移劳动力就业开始占据绝对领先位置。

东部地区成为容纳转移劳动力就业主要集聚地的原因可归纳为以下四点:一是东部地区的经济发展水平相对较高。工业化、城市化程度较高,制造业、服务业等行业发达,这为农民工提供了丰富的就业机会,包括工厂生产、建筑施工、餐饮服务、零售业等各种领域。东部地区的就业市场更加多元化,吸引了大量农民工前往。二是东部地区的工资水平相对较高。相比中西部地区，东部地区的工资水平普遍较高，这也是吸引农民工前往东部就业的重要原因之一。高工资水平意味着更好的收入和生活条件，因此，许多农民工选择前往东部地区谋求更好的经济收入。三是东部地区的社会福利和公共服务相对完善。医疗、教育、住房等公共服务设施在东部地区更加健全，这为农民工提供了更好的生活保障。相对完善的社会福利也是吸引农民工前往东部地区就业的因素之一。四是东部地区的经济活力和发展潜力吸引了大量的外来务工人员。这些务工人员的到来，也为东部地区的经济发展和劳动力市场提供了更多的活力和动力。随着中国经济的不断发展和城乡一体化进程的推进，东部地区对农民工就业的吸引力和特征也将会发生变化，需要政府、企业和社会各界共同努力，为农民工提供更好的就业保障和发展机会。

中国地域辽阔，区域发展不平衡是一个长期存在的问题。在劳动力就业方面，中部、西部和东北地区相对于东部地区容纳劳动力较少。主要原因为相对于东部地区，中西部和东北地区：一是工业化和城市化水平相对较低，制造业、服务业等发展相对滞后。相比之下，东部地区的经济发展更为成熟，工业化和城市化程度更高，因此吸引了更多的劳动力前往就业。二是由于经济发展水平和产业结构的差异，这些地区的工资水平相对较低，与东部地区相比有一定的差距。这也成为一些劳动力选择前往东部地区就业的原因之一。三是医疗、教育、住房等公共服务设施的覆盖范围和质量相对较低，这也影响了劳动力在当地的就业意愿。四是这些地区的经济主要以农业和资源型产业为主，相比之下，东部地区的产业结构更加多元化，提供了更多的就业机会。随着中国经济的持续发展和城乡一体化进程的推进，中部和西部地区的经济发展水平有望得到提升，也需要政府、企业和社会各界共同努力，为这些地区提供更多的就业机会和发展机会，促进劳动力在当地就业。

由图3.5可知，农村劳动力转移就业地主要分布在"胡焕庸线"以东地区。1978—2015年，线东地区劳动力就业平均占比达92.21%，线西地区则占比较少，为7.79%。这一点与"孔雀东南飞"的传统认知相符，结合上述分析可知，劳动力转入"胡焕庸线"以东地区后主要向东部地区集聚。

造成这一现象的原因，一方面是由两区所含省区数量差距、地理位置决定的，多数省区分布在"胡焕庸线"以东地区，仅新疆、西藏、宁夏、甘肃、青海、内蒙古6省区被划定在"胡焕庸线"以西地区，"线东"和"线西"两地

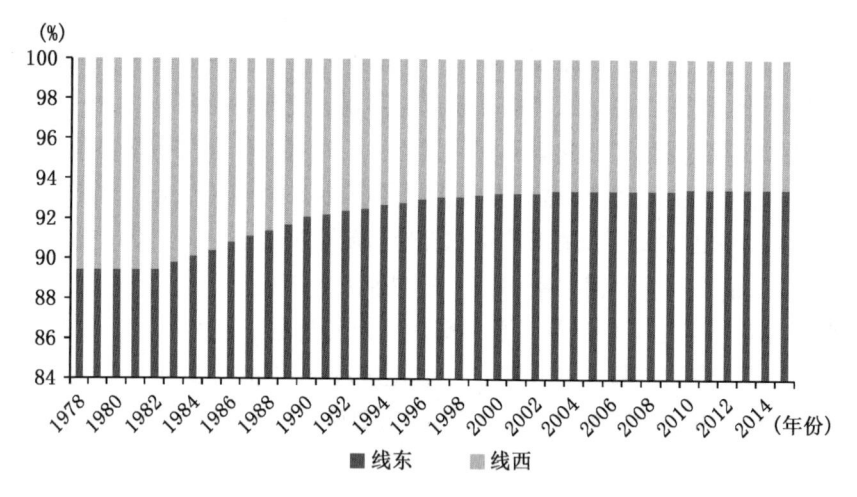

图 3.5 "胡焕庸线"以东、以西两地容纳转移劳动力占比及其趋势

包含的省区数量差距决定了劳动力在数量上主要集聚在"线东"地区。另一方面则是包含经济、自然地理地貌、气候等多方面因素的综合影响作用。具体有：一是从地理位置上看，"胡焕庸线"以东地区包含四个地区中的东部地区、中部地区和东北地区，由上述四地分析可知，东部、中部、东北，尤其东部地区是容纳转移劳动力就业的主要地区。因此，"胡焕庸线"以东地区具有同东部地区相似的劳动力转入吸纳力。二是在地理地貌和自然气候上，"胡焕庸线"东部地区优于西部地区。东部地区地貌复杂多样，包括平原、丘陵、山地等多种地形地貌，而西部地区则以高原、山地为主。东部地区的地貌条件更加适宜人类居住和生产，便于农业、工业和城市化的发展。东部地区气候温和湿润，四季分明，适宜农业生产和人类居住。而西部地区气候条件则相对恶劣，有的地区干旱缺水，有的地区气候寒冷，自然条件相对较差。这种地貌和气候的差异也直接影响了东部和西部地区的经济发展和人口分布。三是东部地区因地理条件的优越性，吸引了更多的人口聚集和经济活动，形成了相对发达的经济中心。而西部地区由于地理条件的限制，发展相对滞后，人口密度较低。四是"胡焕庸线"东部地区是中国人口主要集聚地，"线东"地区人口总量远超"线西"地区。

由图 3.6 可知，南部、中部、北部三地容纳转移劳动力由集聚至分散，且主要劳动力容纳地几经变换，最终由北部转为南部，形成南部(42.34%)、中部(32.26%)、北部(25.39%)劳动力就业依次递减趋势。

具体来看:①1978－1985年,三地容纳劳动力差距较小。北部地区容纳劳动力最多,中部次之,南部最少。1985年是一个极具特殊性的转折年份,这一年,南部容纳转移劳动力数量开始上升,北部开始下降,形成三地占比基本一致的局面。②1986－1997年,三地差距开始拉大,南部容纳转移劳动力就业量开始上升,中部省区占比变化不大,北部地区开始下降。这一时期,南部、中部、北部平均容纳转移就业量占比分别为39.87%、33.93%、26.20%。③1998－2015年,三地容纳转移就业量占比较稳定,且南部地区占据绝对优势。南部、中部、北部平均容纳转移就业量占比分别为49.37%、30.29%、20.30%。

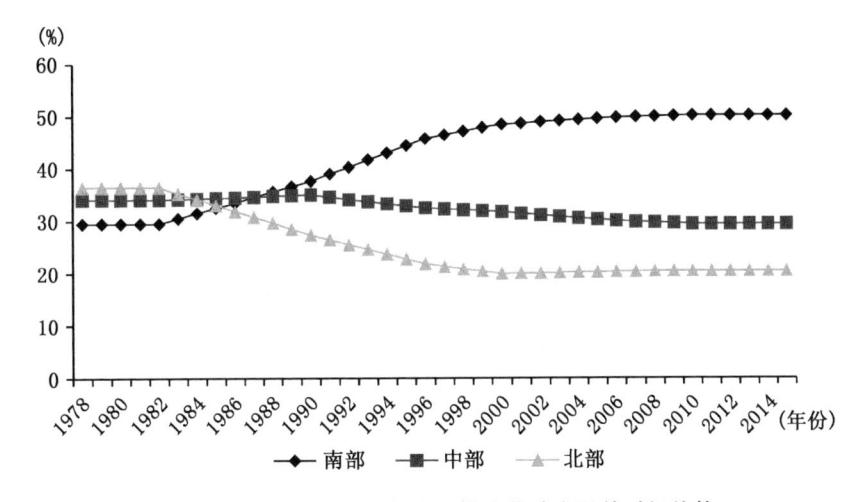

图3.6 南部、中部、北部容纳转移劳动力及其时间趋势

依据上述分析可知,改革开放后,劳动力就业重心由北部向南部转移。究其原因,可归纳为以下五点:第一,经济发展不平衡。改革开放以来,中国南方地区的经济发展速度明显快于北方地区。南方地区的制造业、服务业等行业蓬勃发展,吸引了大量劳动力前往南方地区就业。与此同时,北方地区的传统重工业在经济结构转型中受到影响,导致劳动力需求减少。第二,政策支持。政府出台了一系列扶持南方地区经济发展的政策,包括税收优惠、土地政策等。这些政策吸引了大量企业和劳动力向南方地区转移。政府的政策支持为南方地区的经济发展提供了有力保障,也为劳动力提供了更多的就业机会。第三,区域发展战略支撑。南方地区在改革开放后成为中国经济的重要增长极。政府将南方地区作为重点发展区域,加大了对南方地区的投资和支持,吸引了大量劳动力前往南

方就业。这种区域发展战略的实施,也成为劳动力就业重心转移的重要推动力量。第四,人口红利。南方地区人口密集,劳动力资源丰富,吸引了大量企业前往南方地区设厂,提供了更多的就业机会。这种人口红利也成为劳动力就业重心转移的重要因素之一。第五,生活环境改善。南方地区的生活环境相对较好,气候宜人,教育、医疗等公共服务设施比较完善,吸引了大量劳动力前往南方就业。这种生活环境改善也成为劳动力就业重心转移的重要原因之一。

根据图 3.7 对比珠三角、长三角、京津冀三地可知,三地容纳转移劳动力就业总量呈上升趋势,特别是 2010 年以后,占比近 50%。具体来看:①1978—1988 年,长三角吸纳转移劳动力就业量在三地中居于首位,广东由于地处中国改革开放的前沿,市场经济发展使其对劳动力的吸纳力开始增强,但三地整体占比差距较小,长三角、珠三角和京津冀三地分别平均占比为 11.22%、6.60% 和 6.54%。②1989—2003 年,长三角、珠三角吸纳转移劳动力就业量开始快速增长,特别是珠三角吸纳转移劳动力就业量超过长三角,占据首位,京津冀占比稳定,珠三角、长三角、京津冀三地平均占比为 16.93%、14.72%、6.59%。1988 年后,三部保持着南部第一、中部第二、北部第三的梯次扩散。③2004—2015 年,长三角劳动力容纳量反超珠三角,升至首位,珠三角劳动力吸纳力下降,长三角、珠三角、京津冀三地平均占比为 22.00%、17.99%、7.12%。

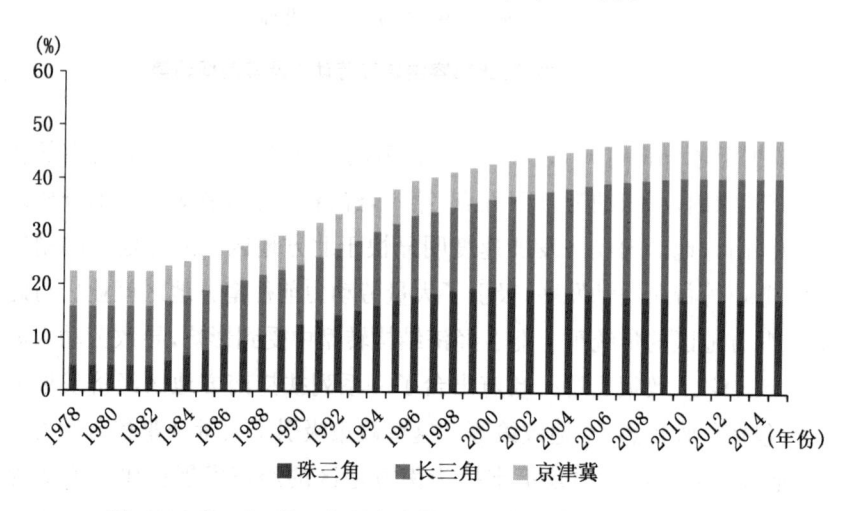

图 3.7 珠三角、长三角和京津冀容纳转移劳动力及其时间趋势

综上可知,农村劳动力转移量与中国经济高速增长、地区发展政策相辅相成。1978—2015年,农村劳动力转移总量持续上升。劳动力主要容纳地由北向南几经变更,最终形成由东向西、由南向北梯次递减格局。各地容纳劳动力数量差距由集聚伴随着东部和南部劳动力吸纳力增强而转向分散,进而又因东部和南部吸纳力弱化向中西部回流,呈现出收敛趋势。

(3)劳动力省际转移总量估算结果与分析

各地容纳转移劳动力就业主要是来自省内还是省际转移?本书通过测算将1978—2015年劳动力转移省内、省际占比结果整理为表3.1。

表3.1　　　　　1978—2015年劳动力省内、省际转移量　　　　单位:%

年份	总量省内	总量省际	东部省内	东部省际	中部省内	中部省际	西部省内	西部省际	东北省内	东北省际
1978	69.21	30.79	63.85	36.15	76.51	23.49	68.51	31.49	70.91	29.09
1979	69.14	30.86	63.72	36.28	76.50	23.50	68.10	31.90	71.21	28.79
1980	68.89	31.11	62.93	37.07	76.50	23.50	68.29	31.71	70.22	29.78
1981	68.76	31.24	62.62	37.38	76.47	23.53	68.25	31.75	71.18	28.82
1982	68.39	31.61	62.35	37.65	76.08	23.92	67.71	32.29	70.91	29.09
1983	68.40	31.60	62.37	37.63	76.18	23.82	67.95	32.05	70.79	29.21
1984	68.41	31.59	62.39	37.61	76.27	23.73	68.18	31.82	70.66	29.34
1985	68.41	31.59	62.41	37.59	76.37	23.63	68.41	31.59	70.51	29.49
1986	68.42	31.58	62.42	37.58	76.47	23.53	68.63	31.37	70.35	29.65
1987	68.43	31.57	62.44	37.56	76.57	23.43	68.86	31.14	70.18	29.82
1988	68.44	31.56	62.45	37.55	76.67	23.33	69.08	30.92	69.98	30.02
1989	68.44	31.56	62.47	37.53	76.77	23.23	69.29	30.71	69.76	30.24
1990	68.45	31.55	62.48	37.52	76.87	23.13	69.51	30.49	69.52	30.48
1991	69.91	30.09	51.47	48.53	87.28	12.72	80.89	19.11	77.11	22.89
1992	69.15	30.85	51.14	48.86	87.29	12.71	80.68	19.32	77.03	22.97
1993	68.39	31.61	50.84	49.16	87.29	12.71	80.47	19.53	76.94	23.06
1994	67.63	32.37	50.56	49.44	87.30	12.70	80.25	19.75	76.84	23.16
1995	66.87	33.13	50.30	49.70	87.31	12.69	80.02	19.98	76.71	23.29
1996	66.12	33.88	50.06	49.94	87.31	12.69	79.78	20.22	76.56	23.44

续表

年份	总量省内	总量省际	东部省内	东部省际	中部省内	中部省际	西部省内	西部省际	东北省内	东北省际
1997	65.74	34.26	49.95	50.05	87.32	12.68	79.66	20.34	76.47	23.53
1998	65.36	34.64	49.84	50.16	87.32	12.68	79.54	20.46	76.37	23.63
1999	64.98	35.02	49.73	50.27	87.32	12.68	79.41	20.59	76.25	23.75
2000	64.60	35.40	49.63	50.37	87.33	12.67	79.28	20.72	76.12	23.88
2001	60.98	39.02	42.47	57.53	89.18	10.82	79.32	20.68	78.27	21.73
2002	60.53	39.47	42.02	57.98	89.17	10.83	79.37	20.63	78.21	21.79
2003	60.08	39.92	41.58	58.42	89.15	10.85	79.41	20.59	78.14	21.86
2004	59.62	40.38	41.15	58.85	89.12	10.88	79.46	20.54	78.07	21.93
2005	59.62	40.38	40.73	59.27	89.10	10.90	79.51	20.49	78.00	22.00
2006	58.72	41.28	40.32	59.68	89.08	10.92	79.56	20.44	77.92	22.08
2007	58.49	41.51	40.11	59.89	89.07	10.93	79.58	20.42	77.89	22.11
2008	58.26	41.74	39.91	60.09	89.06	10.94	79.61	20.39	77.85	22.15
2009	58.04	41.96	39.71	60.29	89.05	10.95	79.63	20.37	77.82	22.18
2010	57.81	42.19	39.51	60.49	89.04	10.96	79.66	20.34	77.78	22.22
2011	57.81	42.19	39.54	60.46	88.99	11.01	79.62	20.38	77.70	22.30
2012	57.82	42.18	39.54	60.46	88.99	11.01	79.62	20.38	77.78	22.22
2013	57.81	42.19	39.50	60.50	89.01	10.99	79.64	20.36	78.00	22.00
2014	57.81	42.19	39.50	60.50	88.99	11.01	79.63	20.37	78.15	21.85
2015	57.81	42.19	39.51	60.49	89.04	10.96	79.66	20.34	77.78	22.22
均值	64.26	35.74	50.62	49.38	84.30	15.70	75.90	24.10	75.05	24.95

从全国平均值上看,64.26%转移劳动力来自本省,35.74%由外省转入。由此可知,各地容纳的转移就业劳动力主要来自本地,跨省转入本省就业量占比较低。究其原因,可归纳为以下三点:首先,就业机会增加。随着中国各地区经济的快速发展,许多地方出现了用工荒的现象。一些地方的企业因为缺乏劳动力而难以正常运转,这就为农民工提供了更多的就业机会。农民工在本省就业不仅可以减少外出打工的风险,还可以在家附近找到工作,方便照顾家庭和孩子。其次,生活成本更低。相比于外地打工,农民工在本省就业可以节省许多生活成本。他们可以住在自

己的家里,不需要支付高昂的租金,吃的食物也更加便宜,生活成本相对较低。这样,他们的收入相对于生活成本来说更有优势,生活质量也会有所提高。最后,对家乡的依恋也是农民工选择在本省就业的原因之一。许多农民工在外打工多年,渐渐地对自己的家乡产生了深深的依恋。他们希望能够回到家乡,为家乡的发展做出自己的贡献,这也是他们选择在本省就业的原因之一。

对比东部、中部、西部和东北四地容纳省内、省际转移劳动力就业量占比可知:东部地区容纳省内、省际转移劳动力就业量占比相当,分别为50.62%和49.38%;中部地区容纳省内、省际转移劳动力就业量差距较大,分别为84.30%和15.70%,相差68.6个百分点;西部和东北两地容纳省内、省际转移劳动力就业量占比水平较一致,西部分别为75.90%和24.10%,东北分别为75.05%和24.95%。由此可知,东部地区以其经济发达、工资水平较高、社会保障相对完善等优势使得其容纳省际劳动力转入量占比最高,对省际劳动力转入的吸纳力最强。中部、西部和东北三地,特别是中部地区,与东部地区容纳转移劳动力就业量基本形成相反态势。究其原因,除了与东部地区在经济发展水平、工资水平和社会保障等方面存在差距外,还有中部地区自身的特殊原因引致。中部省区主要是人口和农业大省,是主要的农业人口集聚地,同时也贡献了大量农业劳动力外出非农就业。而中部省区本地,由于地理位置优势,成为本地转出农业劳动力就近非农就业的首选。这就形成了中部省区容纳转移劳动力就业量绝大多数来自本省的现象。

从时间趋势上看,劳动力转移总量中省际转移量占比各阶段具体变化为:①1978—1992年,中国市场经济萌芽又面临充满不确定性挑战,改革开放在"迷雾"中前行。因此,这一时期劳动力省际转移相对处于低迷时期,占比水平持续稳定在31%左右。②1993—2000年,随着国内经济繁荣复苏,省际劳动力转移量开始上升,由1993年的31.61%增至2000年的35.40%,成为省际劳动力转移量增长最快时期。③2001—2015年,中国加入WTO,"中国制造"时代来临,并成为中国新一轮经济增长起点。制造业对劳动力的需求使得这一时期劳动力省际转移占比突破40%,并稳定在较高水平,平均为41.25%。

对比四地容纳省际转移劳动力占比可知:一是东部地区最具特殊性。改革开放之初,转移劳动力主要来自省内地区,占比63.85%。之后开始呈下降趋势,至1997年,东部地区容纳省内转移劳动力占比首次低于

50%,为49.95%。同时,容纳省际转移劳动力占比开始超过50%。这种趋势持续至2015年,省内、省际占比分别为39.51%和60.49%。二是中部和西部两地容纳本地转移劳动力就业占比呈上升趋势,且持续稳定在较高水平。东北地区则呈现出波动性的"先升后降"趋势。

(4)各省区容纳转移劳动力就业分析

本部分内容探析各省区劳动力转移情况,见表3.2。"本省转入"为由本省农村转出至本省非农部门就业量,即省内转移。"外省转入"为由其他省区农村转出至本省非农部门就业劳动力,同样,"本省转出"为由本省农村转出至其他省区非农部门就业劳动力。

表3.2　　　　　　1978－2015年各省区农村劳动力转移量均值

省区	劳动总量	位次排名	本省转入	位次排名	外省转入	位次排名	本省转出	位次排名	总计转出	位次排名	转移角色
北京	357.42	16	45.68	28	311.74	5	5.08	29	50.76	29	转入
天津	132.13	27	26.12	30	106.01	10	6.41	28	32.53	30	转入
河北	464.08	9	368.23	9	95.85	11	179.89	11	548.12	12	转出
山西	340.83	18	274.73	16	66.11	16	51.22	21	325.95	20	转入
内蒙古	361.15	15	279.72	15	81.43	13	62.13	20	341.85	19	转入
辽宁	373.40	14	250.08	18	123.33	9	42.93	22	293.01	21	转入
吉林	197.53	25	158.86	22	38.67	26	73.24	19	232.10	23	转出
黑龙江	340.46	19	280.18	14	60.28	17	132.70	14	412.88	15	转出
上海	528.81	8	53.36	27	475.46	3	4.15	30	57.51	27	转入
江苏	926.05	3	494.79	4	431.27	4	188.26	10	683.04	8	转入
浙江	1 125.06	2	415.66	6	709.39	2	140.58	13	556.24	11	转入
安徽	385.28	12	335.02	11	50.27	22	597.41	2	932.42	3	转出
福建	619.92	6	365.45	10	254.47	6	102.32	16	467.76	14	转入
江西	308.76	20	269.22	17	39.54	25	370.76	5	639.97	9	转出
山东	704.54	4	572.68	3	131.86	8	178.24	12	750.91	6	转出
河南	546.42	7	490.62	5	55.80	20	513.51	3	1 004.13	2	转出
湖北	460.11	10	383.53	7	76.58	15	339.03	6	722.56	7	转出
湖南	423.94	11	380.73	8	43.21	24	482.27	4	863.00	5	转出
广东	2 336.71	1	829.18	1	1 507.53	1	41.93	23	871.11	4	转入

续表

省区	劳动总量	位次排名	本省转入	位次排名	外省转入	位次排名	本省转出	位次排名	总计转出	位次排名	转移角色
广西	353.71	17	309.85	12	43.86	23	303.40	7	613.24	10	转出
海南	91.94	28	58.14	26	33.80	27	15.37	25	73.51	25	转入
重庆	231.27	24	172.70	21	58.57	18	234.38	9	407.09	16	转出
四川	679.83	5	602.21	2	77.62	14	640.14	1	1242.35	1	转出
贵州	284.21	22	231.26	20	52.95	21	256.13	8	487.39	13	转出
云南	378.62	13	291.10	13	87.52	12	96.81	17	387.91	17	转出
西藏	12.72	31	4.82	31	7.90	31	2.62	31	7.44	31	转入
陕西	301.00	21	243.96	19	57.04	19	117.97	15	361.93	18	转入
甘肃	177.96	26	146.54	23	31.43	28	94.41	18	240.95	22	转出
青海	67.74	30	45.35	29	22.39	30	10.96	27	56.31	28	转入
宁夏	84.40	29	59.53	25	24.87	28	12.02	26	71.54	26	转入
新疆	270.56	23	114.59	24	155.96	7	16.45	24	131.04	24	转入

注：(1)各省值为1978—2015年均值；(2)"转移角色"为"外省转入"与"本省转出"差值，大于零值为转入，否则为转出；(3)转入、转出单位为万人。

由表3.2可知，31省区容纳转移劳动力就业量不均衡，依据容纳就业量差距，可将31省区划分为四个梯度等级：第一梯度由广东、浙江、江苏3省区组成，分别容纳转移劳动力2 336.71万人、1 125.06万人、926.05万人，共计占比31.64%，是全国劳动力转移就业最集聚地区，对"本省转入"和"外省转入"均具有最强的吸纳力。第二梯度由山东(704.54万人)、四川(679.83万人)、福建(619.92万人)、河南(546.42万人)、上海(528.81万人)、河北(464.08万人)、湖北(460.11万人)、湖南(423.94万人)8省区组成，共计容纳转移就业量4 427.65万人，占比31.93%。依赖于"本省转入"绝对量贡献，第二梯度成为容纳转移劳动力就业量次级主要地区。第三梯度包含安徽(385.28万人)、云南(378.62万人)、辽宁(373.40万人)、内蒙古(361.15万人)、北京(357.42万人)、广西(353.71万人)、山西(340.83万人)、黑龙江(340.46万人)、江西(308.76万人)、陕西(301.00万人)、贵州(284.21万人)偏中部11省区，容纳3 784.84万人，占比27.29%。这一梯度省区容纳转移劳动力主要依赖"本省转入"，但整体就业规模下降。第四梯度主要由边缘和西部

9省区组成,包括新疆、重庆、吉林、甘肃、天津、海南、宁夏、青海、西藏,共容纳1 266.25万人就业,占比9.13%,在四个梯度中容纳转移劳动力就业规模最低。值得说明的是,第四梯度"外省转入"占比高于第二、第三梯度,成因主要有两点:一是按梯度划分标准,第四梯度包含天津;二是西部省区特别是新疆,受语言、民俗习惯等影响,农业劳动力转出困难,同时受"西部开发"、产业转移和基础设施建设政策影响,大量劳动力转移至新疆就业,增加了第四梯度"外省转入"量。这一结论与上述东、中、西、东北四梯度结论相符。

"劳动总量"与"本省转入"、"总计转出"与"本省转出"位次排名成正比,"外省转入"与"本省转出"两者位次排名成反比。①"本省转入"是各省区容纳转移劳动力就业量的重要支撑。在"本省转入"前提下,越是经济发达的省区,容纳转移劳动力就业量越依赖"外省转入",与此对应的"本省转出"就越低。如广东、浙江、上海、江苏、北京吸纳"外省转入"位次排名前五,对应的"本省转出"位次分别为23、13、30、10、29。此类省区角色主要表现为转入。②经济发展程度次之、人口数量多、农业份额占比高的省区倾向于劳动力转出,劳动力转出地前五省区分别为四川(1 242.35万人)、河南(1 004.13万人)、安徽(932.42万人)、广东(871.11万人)、湖南(863.00万人),占总转出的35.43%。这表明劳动力转出由一系列省区组成,并不像转入省集聚。"总计转出"和"本省转出"除广东、江苏、浙江、山东外,两者位次排名较一致,表明劳动力主要转出省也是劳动力省际转移主要转出省。③"本省转出"位次靠前,则"外省转入"位次靠后,如四川、安徽、河南、湖南、江西"本省转出"排名前五,对应的"外省转入"位次分别为14、22、20、24、25。此类省区角色主要表现为转出。在地理位置分布上,转入和转出省区相间分布。④从"外省转入"视角来看,吸纳外省转入劳动力前五省区分别为广东(1 507.53万人)、浙江(709.39万人)、上海(475.46万人)、江苏(431.27万人)、北京(311.74万人),占省际转移劳动力的64.66%。这符合劳动力转移的传统认知:劳动力主要集聚在京津冀、长三角、珠三角。对比四地劳动力转移情况可知,东部地区为主要的农村劳动力转入地,角色表现为转入,中部、西部和东北地区的角色表现为转出。这一点与传统的"孔雀东南飞"认知相符合。

3.2.2 农村剩余劳动力转移空间特征

农村剩余劳动力是中国现代化进程中的重要参与者,他们的省际转移空间特征对于中国经济社会的发展具有重要意义,这不仅关乎他们个人的生活和发展,也关系到整个国家的经济结构和社会稳定。因此,分析农村剩余劳动力转移空间特征尤为重要。

首先,农村剩余劳动力省际转移空间特征直接关系到国家经济结构的转型升级。随着中国经济的不断发展,农村剩余劳动力作为劳动力的重要来源,其省际转移空间特征将影响到产业结构的调整和升级,对于实现经济的可持续发展具有不可忽视的作用。通过分析农村剩余劳动力省际转移空间特征,可以更好地指导国家产业结构的调整和升级,促进经济的健康发展。其次,农村剩余劳动力省际转移空间特征也关系到社会的稳定和谐。随着城市化进程的加快,农村剩余劳动力省际转移空间特征将影响到城乡之间的人口流动和资源配置,对于社会的稳定和谐产生直接影响。通过分析农村剩余劳动力省际转移空间特征,可以更好地解决城乡差距和社会矛盾,促进社会的和谐发展。最后,农村剩余劳动力省际转移空间特征也关系到个人的生活和发展。农村剩余劳动力作为城市化进程中的重要参与者,其省际转移空间特征将直接影响到他们的生活质量和发展机会。通过分析农村剩余劳动力省际转移空间特征,可以更好地制定相关政策和措施,促进农村剩余劳动力个人发展与社会融合。

因此,分析农村剩余劳动力省际转移空间特征的重要性不仅关乎国家经济的发展,也关系到社会的稳定和个人的发展。只有深入分析农村剩余劳动力省际转移空间特征,才能更好地指导相关政策和措施的制定,促进中国经济社会的健康发展。因此,我们应该高度重视农村剩余劳动力省际转移空间特征,为其提供更好的发展空间和机会。农村劳动力转移空间特征可归纳为以下六点:

(1)劳动力省际转移路径分析

通过上述分析可获知历年及各省区农村劳动力转移情况,那么,省际劳动力转移有无特征规律可循,本书通过表3.3进行探析。受限于篇幅,本书选取前五位转入、转出关联省区进行展示分析。省区排列顺序按数据量大小依次递减放置。

表3.3　　　　　　　农村劳动力省际转移主要关联省区

省区	作为转入省对应的主要转出省	作为转出省对应的主要转入省
北京	河北、河南、山东、安徽、四川	河北、天津、江苏、山西、河南
天津	河北、山东、河南、黑龙江、安徽	河北、北京、山东、内蒙古、广东

续表

省区	作为转入省对应的主要转出省	作为转出省对应的主要转入省
河北	河南、黑龙江、四川、内蒙古、山东	北京、天津、内蒙古、山西、山东
山西	河南、河北、内蒙古、四川、陕西	北京、内蒙古、河北、陕西、山东
内蒙古	河北、黑龙江、山西、陕西、甘肃	辽宁、北京、山西、河北、黑龙江
辽宁	黑龙江、吉林、内蒙古、山东、河南	北京、黑龙江、吉林、内蒙古、山东
吉林	黑龙江、山东、辽宁、内蒙古、河南	辽宁、黑龙江、山东、北京、内蒙古
黑龙江	吉林、山东、内蒙古、辽宁、安徽	辽宁、山东、北京、河北、内蒙古
上海	安徽、江苏、河南、四川、浙江	江苏、浙江、安徽、广东、山东
江苏	安徽、河南、四川、山东、湖北	上海、浙江、北京、安徽、山东
浙江	安徽、江西、贵州、四川、河南	上海、江苏、广东、北京、福建
安徽	江苏、河南、浙江、四川、云南	江苏、上海、浙江、广东、北京
福建	江西、四川、贵州、重庆、湖北	广东、上海、浙江、江苏、北京
江西	湖南、浙江、安徽、福建、湖北	广东、浙江、福建、上海、江苏
山东	黑龙江、河南、吉林、安徽、河北	北京、江苏、上海、天津、浙江
河南	安徽、湖北、山东、四川、陕西	广东、浙江、江苏、北京、上海
湖北	河南、重庆、四川、湖南、浙江	广东、浙江、江苏、上海、福建
湖南	湖北、贵州、江西、四川、广东	广东、浙江、福建、广西、江苏
广东	湖南、广西、四川、湖北、江西	广西、海南、福建、湖南、上海
广西	湖南、广东、贵州、四川、福建	广东、浙江、海南、福建、江苏
海南	广东、广西、四川、湖南、湖北	广东、广西、福建、湖南、江苏
重庆	四川、贵州、湖北、云南、湖南	广东、浙江、福建、四川、上海
四川	重庆、云南、贵州、湖北、湖南	广东、浙江、福建、江苏、上海
贵州	四川、湖南、重庆、云南、浙江	浙江、广东、福建、江苏、云南
云南	四川、贵州、重庆、湖南、浙江	浙江、广东、江苏、四川、福建
西藏	四川、甘肃、重庆、河南、青海	四川、青海、陕西、甘肃、江苏
陕西	河南、四川、甘肃、湖北、山西	广东、江苏、浙江、内蒙古、新疆
甘肃	河南、陕西、四川、浙江、青海	新疆、广东、宁夏、内蒙古、北京
青海	甘肃、河南、四川、陕西、江苏	甘肃、新疆、江苏、广东、山东
宁夏	甘肃、陕西、河南、四川、安徽	新疆、内蒙古、甘肃、陕西、北京
新疆	河南、四川、甘肃、陕西、重庆	江苏、上海、山东、四川、广东

由表 3.3 可知：①将各省区作为转入省，则对应的劳动力来源省具有两个特征：一是地理位置相邻或邻近；二是经济水平次于转入地。以北京、上海、广东劳动力主要转入地为例，形成的劳动力转移链为"北京←河北、河南、山东、安徽、四川"、"上海←安徽、江苏、河南、四川、浙江"、"广东←湖南、广西、四川、湖北、江西"。将转移链进一步延伸至三地共同转出地四川，获知转移链"四川←重庆、云南、贵州、湖北、湖南"，进而"湖南←湖北、贵州、江西、四川、广东"。以上链条可整理出多条以广东为始末的劳动力转移循环路径，如"广东→湖南→四川→广东"、"广东↔湖南"。扩展至全国农村劳动力主要转入地区层面，环渤海经济圈劳动力对应的转出地主要集聚在黄河以北省区；长三角主要为长江、黄河之间省区；珠三角则主要来源于长江以南省区。由此可知，劳动力转移路径呈复杂网络特征，劳动力转移在经济距离和地理距离上均存在就近转移特征。②将各省区作为转出地，则对应的转入地选择具有强烈的经济目标性，即劳动力转入省选择均投向经济发达省区，被选频率最高的 5 省区为广东、江苏、北京、浙江、上海。

从占比上看，除河北（作为转入省）、青海、新疆（作为转出省）占比低于 50% 外，其他省区占比均超 50%，表明劳动力转入转出关系存在强势关联省区，即转移关联关系主要发生在某几个省份之间。"作为转入省对应的主要转出省"平均占比 64.90%，"作为转出省对应的主要转入省"平均占比 68.36%。由此可知，作为转出省时，对转入省的选择更具目标性或聚集性；而作为转入省时，对应的转出省相比更具多样性和邻近性。按省区容纳劳动力数量降序排列发现，"作为转入省对应的主要转出省"和"作为转出省对应的主要转入省"两者占比差值呈 U 形。这表明越是劳动吸纳强省，对省际劳动力转移吸纳力越强，自身转出的劳动力去向多样；越是劳动力转出强省，劳动力转出去向越具有集聚性（主要的几个劳动力转入地区），由于自身对劳动力吸纳力不足，对应的转出省具有多样性。西部省区由于劳动力转出困难加之对劳动力的需求，差值为正，组成 U 形。

以上分析表明，中国农村劳动力省际转移呈复杂关联关系，但在经济距离和地理距离的作用下，复杂关联关系呈现出集聚特征。归纳省际转移关联关系可知，劳动力从经济相对欠发达或人口量多、农业占比较高的省区转出后，倾向于转入与自身竞技水平相当或经济发达的省区，其中尤以就近经济发达省区为主要转入地。

(2)农村劳动力省际转移具有空间集聚性

劳动力转移是现代社会经济发展中不可或缺的一部分,而劳动力转移前和劳动力转移后的不同聚集特征对于社会经济的发展具有重要意义。首先,劳动力转移前的聚集特征反映了原始地区的经济状况和人口分布情况。人口密集的地区往往意味着经济活动较为繁荣,就业机会较多,而人口稀疏的地区可能面临就业困难和经济发展不足的挑战。因此,了解劳动力转移前的聚集特征可以帮助政府和企业更好地制定政策和规划,促进原始地区的经济发展和人口流动。其次,劳动力转移后的聚集特征直接影响到目的地地区的发展和稳定。当大量劳动力涌入某一地区时,可能会带动当地产业的发展,刺激经济增长,同时也会带来人口增加、社会资源压力等问题。因此,了解劳动力转移后的聚集特征对于目的地地区的规划和管理至关重要,可以帮助地方政府更好地调控人口流动、优化产业结构,实现经济可持续发展。在劳动力转移前和劳动力转移后的不同聚集特征中,我们可以看到经济、人口、产业等方面的变化和影响。因此,深入分析和理解这些聚集特征的重要性不言而喻。只有充分了解劳动力转移前后的聚集特征,才能更好地引导和管理劳动力流动,促进经济社会的健康发展。

本书采用农村劳动力在各省转移前后比例分布图来展示劳动力空间流动的集聚性。为使数据具有代表性和说服力,剔除 1978—1987 年波动数据,使用 1988—2015 年各省农村劳动力转入前、转入后占比均值做图示,结果见图 3.8。

图 3.8 中,省区柱状图高低代表本省农村劳动力转移量所占百分比大小,深色柱状图表示农村劳动力省际转移后各省区非农部门容纳的转移劳动力量占全国总转移量百分比,浅色柱状图表示劳动力转移前本省待转至非农部门的农村劳动力占全国总转移量百分比。分析可知,以"胡焕庸线"为界,劳动力转入转出地均集中在"胡焕庸线"以东省区[①],劳动力转出前总占比 97.53%,转入后总占比 97.25%。其中,农村劳动力转入地主要为广东、浙江、江苏、上海等东部沿海发达省区,转出地主要为河南、四川、安徽、湖北、湖南等省区。线西地区为劳动力转入转出稀疏区,主要转入省区为新疆。该结论与张广婷(2010)等的研究基本一致。形成

---

① 以省区为界,采取大面积驱定原则,"胡焕庸线"西部(左侧)省区有新疆、西藏、宁夏、甘肃、青海与内蒙古共计 6 省区,将除港澳台以外的其他 25 省区划入"胡焕庸线"东部(右侧)省区。

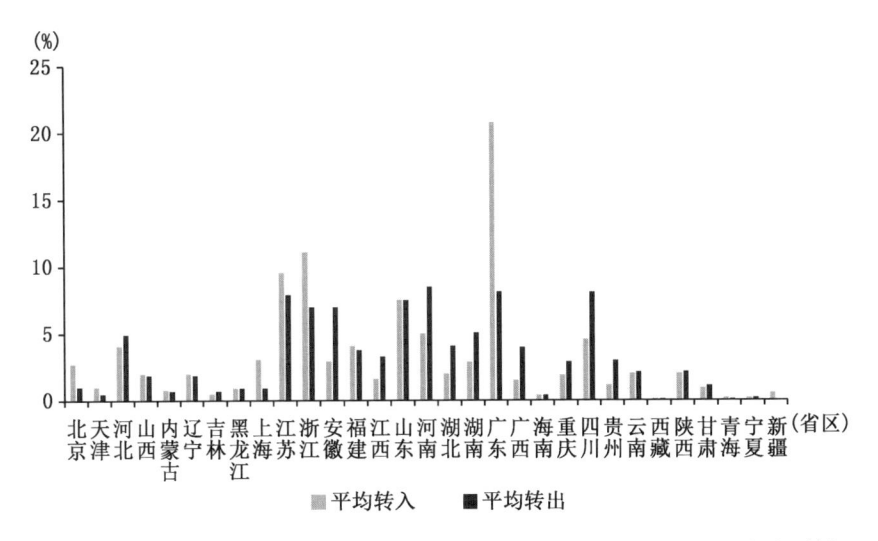

数据来源:由《新中国农业 60 年统计资料》和历年《农民工监测调查报告》数据推算得出,具体推算过程详见本章 3.1.2 节内容。

图 3.8　农村劳动力省际转移比例分布

以上特征的原因可归纳为以下三点:第一,"胡焕庸线"以东地区面积占全国国土面积的 43.80%,占总人口的 94.10%,人口主要集聚在线东地区;第二,线东地区地貌以平原、丘陵为主,线西地区以草原、沙漠和雪域高原为主,线东地区更适于居住、开展生产活动;第三,改革开放后,我国实施东部地区特别是沿海地区优先发展的非平衡发展政策,促进了东部地区发展,加强了东部沿海省区非农产业发展,对劳动力转入吸引力较强。

(3)农村劳动力省际双向流动具有空间不均衡性

从各省剩余劳动力转入来源省份和流出去向省份的数据看,其分布很不均衡。以北京为例,剩余劳动力流向其他省区的数量表现出较大的差异,最小值为 1(北京—青海),最大值为 1 526(北京—河北);同时,北京剩余劳动力转入也表现出此特征,最小值为 45(西藏—北京),最大值为 71 717(河南—北京)。在 31 省区中,这种不均衡程度如何?是否表明存在空间关联性?不均衡中的高集中度是否集聚在该省的邻近省区?本书通过测算对给定某一省区条件下劳动力转出和转入相对基尼系数、moran 值和邻近集中度进行描述,见表 3.4。

表 3.4   给定省区下剩余劳动力流量的空间分布描述

"胡焕庸线"分割	省区	转出相对 GN	转入相对 GN	转出 MR 值	转入 MR 值	邻近集中度
"胡焕庸线"以东地区	北京	0.930 4	0.756 0	−0.001 4	0.332 4	0.428 4
	天津	0.934 0	0.865 3	0.078 7	0.367 5	0.570 4
	河北	0.856 4	0.847 1	0.167 3	−0.057 4	0.822 5
	山西	0.906 5	0.914 0	−0.005 1	0.011 0	0.330 9
	陕西	0.840 3	0.882 9	−0.071 9	−0.028 0	0.188 8
	辽宁	0.913 4	0.903 9	−0.006 1	0.051 6	0.248 4
	吉林	0.917 6	0.939 6	0.096 0	0.033 8	0.418 6
	黑龙江	0.890 6	0.933 3	0.028 0	0.019 3	0.125 5
	上海	0.942 8	0.759 8	0.001 1	0.333 4	0.527 3
	江苏	0.798 1	0.715 3	0.142 3	0.115 9	0.749 6
	浙江	0.663 4	0.717 6	0.007 4	0.158 2	0.500 4
	安徽	0.788 3	0.839 8	0.508 6	−0.022 0	0.556 9
	福建	0.798 1	0.835 7	0.031 6	0.049 5	0.424 9
	江西	0.854 4	0.866 1	0.356 3	−0.025 4	0.817 6
	山东	0.825 7	0.829 1	−0.002 0	−0.000 7	0.204 2
	河南	0.673 9	0.860 9	−0.061 2	−0.028 9	0.110 2
	湖北	0.751 4	0.857 0	−0.086 7	−0.011 9	0.059 0
	湖南	0.812 9	0.879 4	0.099 3	−0.027 2	0.728 7
	广东	0.862 9	0.696 2	−0.055 1	0.217 4	0.454 0
	广西	0.918 1	0.899 7	0.156 6	−0.000 8	0.891 9
	海南	0.958 8	0.940 6	0.180 2	0.059 6	0.716 4
	重庆	0.804 3	0.909 5	−0.024 7	0.027 4	0.129 7
	四川	0.699 6	0.853 2	−0.077 3	−0.037 1	0.127 8
	贵州	0.864 3	0.911 1	−0.036 3	0.004 5	0.083 2
	云南	0.881 1	0.916 7	−0.038 4	0.015 0	0.094 9
"胡焕庸线"以西地区	西藏	0.962 0	0.960 7	0.007 6	0.187 0	0.416 9
	内蒙古	0.907 4	0.878 0	−0.047 2	−0.031 5	0.568 5
	甘肃	0.868 5	0.917 2	0.085 9	−0.036 9	0.520 5
	青海	0.947 7	0.946 3	−0.002 8	0.020 1	0.354 7
	宁夏	0.953 9	0.947 8	0.005 2	0.065 8	0.326 8
	新疆	0.936 1	0.896 2	−0.025 0	0.049 0	0.056 5

注:GN 表示 gini 系数;MR 表示 moran 值;流入和流出 moran 值均在 0.01 及以上水平通过检验;本表结果根据本章 3.1.2 节推算的省际剩余劳动力转移量测得。

由省区劳动力转出和转入相对基尼系数可知,在给定某省区情况下,其输出输入在其他省份分布不均衡,线东区转出和转入相对基尼系数均值分别为 0.843 5 和 0.853 2,线西区分别为 0.929 3 和 0.924 4,可知转出转入省区的空间集中度较高。在线东区中,四川、河南等农民工转出大省的不均衡性最低,广东、江苏、浙江、北京、上海等地转入的不均衡性最低。这与上文的特征图分析结论相一致。这种省际转入转出分布的不均衡性是否具有空间关联性?对此本书给出转出和转入 moran's I 指数,其结果表明,农民工转入转出的不均衡性存在空间关联性,农民工转出在山东、河南等地较为明显,农民工转入在长三角和珠三角较为明显。更进一步,这种转出转入高集中度(高不均衡性)和空间关联性是否集中在邻近省区?"邻近集中度"指标表明,对于多数省区而言,特别是东部发达省区,农民工集中在邻近省区,西部省区集中度较低。这说明距离因素(包含地理距离和经济距离)对于农民工转移具有一定影响。

(4)转移路径的整体网络特征分析

随着经济全球化和城市化进程的加快,劳动力省际转移已经成为一种常见现象。明晰劳动力省际转移路径,对于促进人口流动、优化资源配置、实现区域经济均衡发展具有重要意义。首先,明晰劳动力省际转移路径可以帮助政府和企业更好地规划和引导人口流动。通过分析劳动力从人口稠密地区向人口稀疏地区的流动路径,可以发现人口流动的规律和趋势,从而有针对性地制定政策和措施,引导劳动力向经济发展潜力更大的地区转移,促进资源的合理配置和经济的协调发展。其次,明晰劳动力省际转移路径有助于优化产业结构和提升地区经济竞争力。随着劳动力的流动,不同地区的产业结构也会发生变化。通过研究劳动力转移路径,可以了解到哪些产业更受欢迎、哪些地区具有更好的产业发展前景,从而引导产业转移和升级,提升地区的经济竞争力和发展潜力。最后,明晰劳动力省际转移路径也有助于实现区域经济的均衡发展。一些发达地区可能会吸引大量劳动力流入,而一些欠发达地区可能会面临人口外流和经济滞后的问题。通过明晰劳动力转移路径,可以促进人口资源的合理配置,实现不同地区经济的协调发展,缩小区域间的发展差距。因此,明晰劳动力省际转移路径对于推动经济社会的可持续发展具有重要意义。政府、企业和学术界应加强研究和分析,深入了解劳动力转移路径的规律和特点,为实现人口资源优化配置、产业结构升级和区域经济均衡发展提供科学依据和政策支持。

本书采用社会网络分析方法,农村劳动力省际转移网络用关系矩阵表示。本书研究对象为31省区,故转移网络为 31×31 的关系矩阵。以年份为单位,1978—2015 年对应 38 个关系矩阵。将 38 个矩阵求均值,两两省区作差,得一维有向农村劳动力省际净转移均值网。以 2 万人为净转移门槛值,做二值化处理,据此做出劳动力省际净转移网络特征图①,如图 3.9 所示。

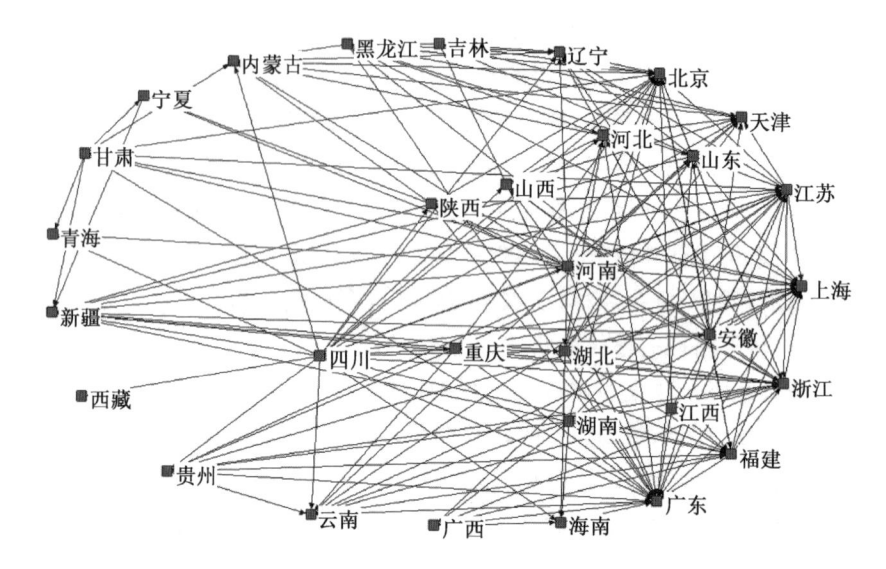

数据来源:根据本章 3.1.2 节推算的省际剩余劳动力转移量整理测得。

图 3.9　以 2 万人为门槛值的农村劳动力省际转移网络

分析图 3.9 可知,从整体上看,农村劳动力省际转移具有复杂网络特征。以"胡焕庸线"为界,线东地区②总人口占全国的 94.10%,劳动力转入、转出也主要集聚在线东地区,分别占比 94.51% 和 97.49%。线西地区劳动力转入、转出关系较稀疏,分别占比 5.49% 和 2.51%。从转入、转出地看,不同省区劳动力转入、转出量差距较大,表现出以下三个方面的显著特征:第一,劳动力转入地主要集聚在东部沿海地带,特别是珠三角、长三角和环渤海经济圈。其中,珠江三角洲劳动力转入量最大,占全国净转移量的 34.97%,对应的主要转出省区为长江及其以南省区,其中比例较高的省区为湖南(22.39%)、广西(17.41%)、四川(13.56%)、湖北(10.18%)和江西(8.94%)。其次是长三角经济带,占全国净转移量的 34.64%,对应的主要转出省区为沿黄河、长江以及两者之间的省区,其中

---

① 基于净流量原值和以 5 000 人为差值的不同门槛值分别作图,以图示清晰和尽可能保有流量方向特征为原则,最终选定以 2 万人为门槛值作图,但图文分析基于原值数据进行描述。

② 以省区为界,采取大面积驱定原则,"胡焕庸线"西部(左侧)包括新疆、西藏、宁夏、甘肃、青海与内蒙古 6 省区,除港澳台以外的其他 25 省区为"胡焕庸线"东部(右侧)省区。

比例较高的省区为安徽(30.26%)、河南(10.71%)、四川(10.47%)和江西(9.21%)。环渤海经济圈对劳动力的吸纳力相对较弱,占比10.75%,突出表现为北京因其经济和政策优势而形成的高吸纳力,占全国净转入比为7.39%,对应转出地为河北(25.66%)、河南(16.24%)和山东(9.00%)。第二,西部省区四川是全国劳动力转出的最大省份,占比13.38%。其次为中部省区安徽(13.20%)、河南(10.94%)、湖南(10.52%)、江西(8.01%)和湖北(6.82%)。第三,比较特殊的省区是新疆。作为具有独特文化和资源优势的西部省区,新疆因其政策和向西开放的地缘优势表现为劳动力转入地,转入劳动力主要源于四川(24.06%)、河南(23.78%)和甘肃(19.01%)。

基于以上分析可见,中国农村劳动力省际转移与传统的"孔雀东南飞"(流向珠江三角洲)认知相一致(段成荣和杨舸,2009;孙爱军和刘生龙,2014),但更确切的特征是"一江春水向东流",即本书发现的劳动力转移主要发生在"胡焕庸线"以东省区,且表现出"门前流水尚能西"的特征,即作为西部省区的新疆表现为劳动力转入地。进一步分析可知,从劳动力转入地的地理位置看,以长江、黄河为模糊分割界形成四大劳动力转移圈,即以珠三角为转入中心的长江以南圈、以长三角为转入中心的长江黄河之间圈、以环渤海经济区为转入中心的黄河以北圈和以新疆为转入中心的黄河西北圈。从四大劳动力转移圈的劳动力转出地看,劳动力省际转入转出在地理位置上具有"近水楼台先得月"的就近转移特征。形成这一空间特征的原因可归纳为两点:一是远距离转移背后的转移成本较高这一经济因素;二是远距离的人文差距较大这一文化因素。长江和黄河是天然的南北方及人文风俗差异分割线,而西北地区为多民族居住区,形成了独特的"西域"风情圈。

(5)中心度测算及分析

网络中心度(Centrality)是有向均值网络矩阵的核心衡量指标,可阐释各省劳动力转入转出的中心性。首先,绝对度数中心度(Point Centrality)衡量与该点直接相连的其他点的个数,直接相连数越多,则该点度数中心度越高。在有向网络中,每个点的度数可分为点入度(In-degree Centrality)和点出度(Out-degree Centrality)。一个点的点入度是进入该点的其他点的个数,即该点得到的直接关系数。点出度是该点直接出发的关系数。若A省到B省存在净转入,则定义存在一条由A发出指向B的关系。其次,点的中间中心度(Betweenness Centrality)用于测算一个点在多大程度上位于其他点的"中间"。如果一个点处于多对点的最短路径上,则这个点在网络中可能起着重要的"中介"和"桥梁"作用。中间中心度由林顿·弗里曼(Freeman,1979)提出,测算公式见式(3.5):

$$C_{ABi} = \sum_{j}^{N}\sum_{k}^{N} b_{jk}(i), j \neq k \neq i, 且 j < k \qquad (3.5)$$

式(3.5)中,i、j、k 表示三个不同点;$b_{jk}(i)=g_{jk}(i)/g_{jk}$,衡量 i 处于 j、k 之间的概率,其中 g_{jk} 表示 j 和 k 两点之间的捷径数量,$g_{jk}(i)$ 表示经过点 i 的捷径数。通过测算省际净转移量归纳各省转入转出角色、转入转出位次,并据此测定转入转出中心度,探析农村劳动力省际转移关联关系特征,中心度测算结果见表 3.5。

表 3.5　　　　　　农村劳动力省际转移中心度分析

序号	省区	是否为净转入	净转入/转出量位次	净转入/转出中心度	净转入/转出中心度位次	相对中间中心度	GDP/人均GDP位次	二、三产/三产百分比
01	北京	是	5/30	29/1	2/30	0.000	13/2	96.04/54.28
02	天津	是	8/28	28/2	3/29	0.000	20/3	94.94/37.45
03	河北	否	12/10	17/13	14/17	0.290	6/13	79.51/30.83
04	山西	是	14/21	19/11	11/20	0.194	21/20	86.47/34.40
05	内蒙古	是	13/20	22/8	7/24	0.774	16/8	76.39/34.65
06	辽宁	是	9/22	22/8	8/25	0.328	7/7	87.14/33.32
07	吉林	否	28/19	13/17	17/15	6.800	22/11	77.65/31.50
08	黑龙江	否	23/13	12/18	18/11	3.893	15/12	82.31/30.22
09	上海	是	3/31	30/0	1/31	0.000	9/1	97.67/42.25
10	江苏	是	4/11	19/11	12/21	0.939	2/4	82.55/31.05
11	浙江	是	2/18	15/15	16/16	3.139	4/5	82.96/33.78
12	安徽	否	25/2	6/24	24/7	9.161	14/26	71.27/30.47
13	福建	是	6/17	12/18	19/12	0.275	12/9	78.25/35.23
14	江西	否	27/5	6/24	25/8	0.192	19/24	71.49/31.00
15	山东	否	10/12	17/13	15/18	1.908	3/10	78.85/30.10
16	河南	否	30/3	2/28	29/3	0.000	5/23	73.94/28.53
17	湖北	否	15/6	5/25	26/5	4.962	10/15	74.51/31.99
18	湖南	否	29/4	4/26	28/4	0.096	11/21	71.54/32.54

续表

序号	省区	是否为净转入	净转入/转出量位次	净转入/转出中心度	净转入/转出中心度位次	相对中间中心度	GDP/人均GDP位次	二、三产/三产百分比
19	广东	是	1/25	27/3	4/28	0.000	1/6	83.69/38.31
20	广西	否	20/7	12/18	20/13	7.106	18/27	69.20/33.26
21	海南	是	16/24	25/5	5/26	0.014	28/19	61.41/38.92
22	重庆	否	22/9	1/29	30/2	0.000	23/14	78.61/34.27
23	四川	否	31/1	0/30	31/1	0.000	8/25	71.62/32.59
24	贵州	否	17/8	5/25	27/6	0.096	26/31	70.49/32.31
25	云南	否	11/16	11/19	22/10	10.854	24/29	72.96/32.31
26	西藏	是	26/29	18/12	13/19	10.901	31/28	65.61/42.48
27	陕西	否	19/14	12/18	21/14	0.917	17/17	80.35/33.37
28	甘肃	否	24/15	9/21	23/9	0.816	27/30	79.36/34.32
29	青海	是	21/27	21/9	9/22	4.321	30/22	81.17/36.29
30	宁夏	是	18/23	21/9	10/23	0.844	29/18	80.97/37.50
31	新疆	是	7/26	25/5	6/27	3.753	25/16	72.39/32.76
01	线东	否	1/1	349/401	1/1	2.047	1/1	79.02/34.17
02	线西	是	2/2	116/64	2/2	3.568	2/2	75.97/36.33
01	东部	是	1/4	219/81	1/3	0.656	1/1	83.59/37.22
02	东北	否	3/3	47/43	3/4	3.673	3/2	82.37/31.68
03	中部	否	4/1	42/138	4/2	2.434	2/3	74.87/31.49
04	西部	是	2/2	157/203	2/1	3.365	4/4	74.93/34.67

注:位次是指排名,分三个类别,即省区位次、线东线西位次和四大地区位次;线东线西是指"胡焕庸线"以东和以西地区;四大地区划分参考《中国统计年鉴》划分方法;相对中间中心度、产业百分比为省区均值;本表结果根据本章3.1.2节推算的省际剩余劳动力转移量测得。

分析可知:①从"是否为净转入省区"的地理位置分布看,净转入省区与净转出省区具有集聚性特征,且两者相间分布,与依附理论描述的"核心—边缘"角色具有一致性。②对比"净转入/转出量位次"和"中心度及其位次"可知,较高的劳动力转入(转出)位次伴随着较高的劳动力转入(转出)中心度,如北京(5/30、29/1)、天津(8/28、28/2)。这表明省际转入/转出量位次与中心度位次两者整体上正相关。③比较"净转入/转出量位次"、"中心度"和"中间中心度"三个指标可知,中间中心度较高的省区,其转入/转出量位次和中心度均倾向于居中,如云南(10.85)、青海(4.32)和山东(1.91)等,说明这些省区在劳动力转移中扮演着"桥梁"和"传导"角色。④GDP特别是人均GDP位次与第二、三产业产值比具有一致性,与其他特征相比可知,劳动力净转入省区的GDP位次和非农产业产值比较高,具有"桥梁"特征的省区次之,净转出省区则位次较低。这说明经济越发达、非农产值比越高的省区,劳动力转入的吸力越强。⑤从"胡焕庸线"看,劳动力转移主要发生在线东省区之间,线西省区经济发展水平滞后,劳动力总体素质较低,转移意愿不强,特别是远距离转移的能力和意愿均不足。⑥从经济带看,东部与西部地区为劳动力转入地,东北和中部为净转出地。与此对应,东部和西部地区在转入量、转入中心度及其位次等方面占据优势,而东部的中间中心度最低。对比人均GDP和产业比发现,位居东西两端的地区劳动力净转入,居中地区劳动力净转出。

(6)网络块特征分析

块模型(Block Models)是一种分析网络块位置角色的方法,最早由White et al.(1976)提出,具体的分析方法见 Wasserman & Faust(1994)。本书拟使用该模型探析各省在劳动力转移中所扮演的角色。基于 Wasserman & Faust 分类思想并结合本书拟研究内容,将位置角色定义为转入模块、桥梁模块、双向转出模块和转出模块[①]。采用UCINET软件,选择最大分割度为2,收敛至0.2,得到四个模块,各模块所含省区见表3.6。

表3.6 各模块对应省区

模块	对应省区	
第一块	强:北京、天津、上海、广东	弱:内蒙古、海南、新疆
第二块	强:山东、河北、辽宁、宁夏、山西、江苏	弱:浙江、青海、西藏
第三块	强:黑龙江、吉林、甘肃	弱:广西、云南、福建、陕西
第四块	强:湖南、重庆、四川、河南	弱:贵州、江西、湖北、安徽

注:根据转入转出关系数区分出强弱省区。

---

① 桥梁模块:接收较多块外成员发出的关系,同时又向其他模块发出较多关系。双向转出模块:模块成员向其他模块发出较多关系,块内成员间也相互发出关系,但很少接收其他模块成员发出的关系。

在表 3.6 中，第一块主要由东部发达省区组成；第二块主要由具有较强经济增长活力的省区组成；第三块由经济增长活力较弱的省区组成；第四块由人口规模大、人均 GDP 位次居中或靠后的省区组成。表 3.6 展示了四个模块分别所含省区，但并没有说明四个模块分别对应哪些角色。由此，本书依据各模块对内、对外关系数特征判定其角色，结果见表 3.7。

表 3.7　　　　　　　各模块关系数及位置角色定位

模块	第一模块接收关系数	第二模块接收关系数	第三模块接收关系数	第四模块接收关系数	板块成员数量	期望内部比例（%）	实际内部比例（%）	接收其他模块关系数	角色特征定位
第一块	21	3	0	0	7	20	88	165	转入块
第二块	60	36	5	0	9	27	36	133	桥梁块
第三块	49	58	21	1	7	20	16	60	双向块
第四块	56	72	55	28	8	23	13	1	转出块

注：本表结论基于本章 3.1.2 节推算的省际剩余劳动力转移量数据，并结合表 3.6 模块划分整理得出。

分析表 3.7 可知：第一块，总发出关系 24 条，实际内部比例 88% 大于期望内部比例 20%，接收其他模块发出关系 165 条；第二块，发出关系 101 条，接收模块外发出关系数 133 条，实际内部比 36% 大于期望内部比 27%；第三块，转出关系 129 条，块外转入关系 60 条，实际内部比小于期望内部比；第四块，转出关系 211 条，转入只有 1 条，实际比小于期望比。总结可得：第一块为转入块；第四块为转出块；第二块关系数量关系与转入块特征相似；第三块则与桥梁块特征相似。上述分析中，设置劳动力省际转移的净流量门槛值为零，这一设置有利于较全面地展示省际劳动力转移关系。实际上，各块角色确定不但与关系数相关，更与实际转移量相关。因此，将劳动力省际转移的净流量门槛值分别设定为 5 000、10 000、15 000 人，再分别计算省际转移关系，发现当门槛值大于等于 10 000 人时，第三块角色转变为净转出块，第二块角色转变为桥梁块。故将第二块定位为桥梁块，第三块定位为双向转出块。进一步地，依据劳动力在各模块间转入转出关系数计算出模块密度①矩阵，用以反映各模块间及其内部转移关系集中程度，见表 3.8。

---

① 网络密度是反映网络成员间关联关系疏密情况的指标，网络密度越大，表明网络成员间关系越紧密，该网络对其中行动者的态度、行为等产生的影响就越大(刘军，2014)。

表 3.8　　　　　　　　　各模块密度矩阵与图像矩阵

模块	密度矩阵				图像矩阵			
	第一块	第二块	第三块	第四块	第一块	第二块	第三块	第四块
第一块	0.500	0.048	0.000	0.000	1	0	0	0
第二块	0.952	0.500	0.079	0.000	1	1	0	0
第三块	1.000	0.921	0.500	0.018	1	1	1	0
第四块	1.000	1.000	0.982	0.500	1	1	1	1

分析表 3.8 可知,整体网络密度值为 0.500,基于某一模块,如果模块间或内部值大于此值,表明该模块存在中心化趋势。从四个模块内部值看,其密度值均为 0.500,等于整体网络密度,表明模块内成员劳动力转移具有"俱乐部"效应。从模块间关系看,各模块与第一模块关系均大于 0.500,表明第一模块为劳动力集中转入块,第四模块为劳动力集中转出块。进一步采用 α-密度指标法[①],基于表 3.8 左侧密度矩阵,将≥0.500 的值赋值 1,其他赋值 0,得到右侧图像矩阵(Image Matrix)。图像矩阵是一种表达位置间关系的矩阵,能够清晰获知劳动力转移关系及其传递机制。为了更直观地分析,将表 3.8 中图像矩阵进一步表示成图 3.10,其中笑脸表示块内劳动力,箭头指向劳动力转入地,自身箭头表示存在劳动力块内转移现象。

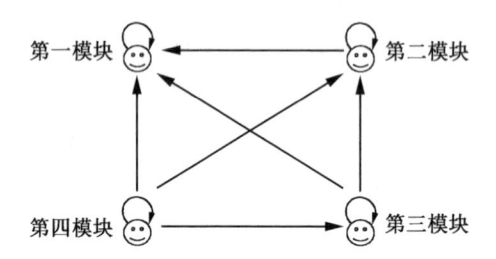

图 3.10　四大模块劳动力转移关系

分析图 3.10 可知:第四模块是全国劳动力集中转出地,其将劳动力转向其他三个模块。第二、三模块,特别是第二模块充当了明显的"桥梁"和"枢纽"角色,既吸纳第四模块劳动力,同时又向第一模块转出劳动力。第一

---

① 不同性质关系网的图像矩阵赋值标准不同,可归纳为六种:完全拟合、0-块标准、1-块标准、α-密度指标、最大值标准(适用于多值数据)以及平均值标准(适用于多值数据)。其中,常用的标准为 α-密度指标。

模块是劳动力净转入集聚地,吸纳了其余三个模块的劳动力。对比表3.6中各模块包含省区可知:①经济发展水平越高的省区,对劳动力转入吸力越强,表现为从第一模块至第四模块劳动力转入吸力递减;人均GDP位次靠后且人口密集的省区,如第四模块中的四川、河南等省区是重要的劳动力转出地。该结论表明,劳动力资源禀赋分布与地区生产需求不匹配是劳动力省际转移的重要原因。②劳动力转移依据经济发展程度和非农产值比呈现出"梯度"转移特征,表现为经济发展程度居中的省区在接纳相对欠发达省区劳动力转入的同时又向发达省区转出劳动力。无论是在转入转出关系上,还是在转入转出数量上,这种"梯度"转移的"枢纽"和"桥梁"作用在第二、三模块均有体现,表明劳动力转移在经济发展水平和发展模式上具有"门当户对"的渐次转移特征。

综上分析,可将农民工省际转移特征概括为"一线、两区、三地":以"胡焕庸线"为界,线东为农民工转移集聚区,线西为稀薄区;以农民工净转入比−1%和1%为标准,可将31省区划分为三大地区,即净转入地、净转出地、转入转出平衡地[①]。

3.2.3 转移劳动力个体特征

(1)年龄特征

以农民工为农村剩余劳动力表征对象,对转移劳动力个体特征做分析。农民工年龄分布见表3.9。从年龄上看,农民工主要以青壮年为主,但老龄化趋势初显。从各个年龄段看,16−20岁农民工占比呈下降趋势,一方面源于计划生育政策导致人口出生率下降,另一方面是由于对教育的重视,外出务工的人员减少。21−30岁农民工占比呈波动下降趋势,由2008年的35.3%降至2015年的29.2%,下降6.1个百分点。31−40岁农民工占比呈下降趋势,降幅次于21−30岁年龄段,由24.0%降至22.3%,下降1.7个百分点。综合21−40岁占比可知,青壮年劳动力占比呈下降趋势,由59.3%降至51.5%,共下降7.8个百分点。41−50岁农民工占比呈上涨趋势,由2008年的18.6%上升至2015年的26.9%,上升8.3个百分点。50岁以上农民工占比由11.4%上升至17.9%,上升6.5个百分点。由此可

---

① 农民工净转入比>1%,为农民工转入地,包含北京、天津、江苏、上海、浙江、福建、广东和新疆,共计8个省区;净转入比<−1%,为农民工转出地,包含安徽、江西、河南、湖北、湖南、广西、四川、贵州、重庆、甘肃、陕西与河北,共计12省区;净转入比介于[−1%,1%],为转出转入平衡地,包含内蒙古、山西、辽宁、吉林、黑龙江、宁夏、青海、西藏、云南、海南和山东,共计11省区。

知,农民工老龄化趋势在增强。

表 3.9　　　　　　　　　农民工年龄程度构成　　　　　　　　单位:%

年龄段	2008 年	2009 年	2010 年	2011 年	2012 年	2013 年	2014 年	2015 年
16—20 岁	10.7	8.5	6.5	6.3	4.9	4.7	3.5	3.7
21—30 岁	35.3	35.8	35.9	32.7	31.9	30.8	30.2	29.2
31—40 岁	24.0	23.6	23.5	22.7	22.5	22.9	22.8	22.3
41—50 岁	18.6	19.9	21.2	24.0	25.6	26.4	26.4	26.9
50 岁以上	11.4	12.2	12.9	14.3	15.1	15.2	17.1	17.9
21—40 岁合计	59.3	59.4	59.4	55.4	54.4	53.7	53.0	51.5

注:数据来源于历年《农民工监测调查报告》。

(2)受教育程度

转移劳动力受教育程度见表 3.10。

表 3.10　　　　　　　　　农民工受教育程度　　　　　　　　单位:%

受教育程度	2009 年	2010 年	2012 年	2013 年	2014 年	2015 年
未上过学	1.1	1.3	1.5	1.2	1.1	1.1
小学	10.6	12.3	14.3	15.4	14.8	14.0
初中	64.8	61.6	60.5	60.6	60.3	59.7
高中	13.1	15.0	18.0	16.1	16.5	16.9
大专及以上	10.4	9.8	5.7	6.7	7.3	8.3

注:数据来源于历年《农民工监测调查报告》,2011 年无直接统计值。

从受教育水平上看,全国农民工受教育程度以初中文化水平为主,随时间发展,占比略下降,但仍是最主要构成。小学和高中学历占比有所增长。具体来看,未上过学的农民工占比稳定在 1.1% 左右,占比最小。初中学历是农民工受教育程度主体,占比由 2009 年的 64.8% 微降至 2015 年的 59.7%。小学和高中学历占比呈上升趋势,分别由 10.6% 和 13.1% 上升至 14.0% 和 16.9%。大专及以上学历占比由 2009 年的 10.4% 降至 2012 年的 5.7% 后又呈上升趋势,升至 2015 年的 8.3%。

(3)农民工性别及主要从事行业

2008—2015 年,在农民工整体中,女性农民工占比有所提升,但变化不大。以 2015 年《农民工监测调查报告》为依据,列举分析。男性占比

66.4%,女性占比33.6%,男性是农民工的主要构成。其中,外出农民工中男性占68.8%,女性占31.2%;本地农民工中男性占64.1%,女性占35.9%。农民工中女性比例比上年提高0.6个百分点,主要是由于本地农民工在农民工总量中占比提高,而本地农民工中女性比例较高所致。

2015年,农民工在第二产业从业占比55.1%,其中从事制造业占比31.1%、建筑业占比21.1%;第三产业从业占比44.5%,主要为批发、零售、居民服务、修理和其他服务行业。具体统计见表3.11。

表3.11 农民工就业分布 单位:%

行业	2014年	2015年
第一产业	0.5	0.4
第二产业	56.6	55.1
其中:制造业	31.3	31.1
建筑业	22.3	21.1
第三产业	42.9	44.5
其中:批发和零售业	11.4	11.9
交通运输、仓储和邮政业	6.5	6.4
住宿和餐饮业	6.0	5.8
居民服务、修理和其他服务业	10.2	10.6

数据来源:《农民工监测调查报告》(2015)。

(4)农民工工资水平

2015年,农民工人均月收入3 072元,比上年增加208元,增长7.2%,增速比上年回落2.6个百分点。其中,制造业、建筑业、住宿和餐饮业、居民服务、修理和其他服务业农民工月均收入增速分别比上年回落6.7个、4.4个、2.2个和4.1个百分点,详见表3.12。

表3.12 分行业农民工人均月收入及增幅 单位:元,%

	2014年	2015年	增长率
合计	2 864	3 072	7.2
制造业	2 832	2 970	4.9
建筑业	3 292	3 508	6.6
批发和零售业	2 554	2 716	6.4

续表

	2014 年	2015 年	增长率
交通运输、仓储和邮政业	3 301	3 553	7.7
住宿和餐饮业	2 566	2 723	6.2
居民服务、修理和其他服务业	2 532	2 686	6.1

数据来源：《农民工监测调查报告》(2015)。

分地区看，在东部地区务工的农民工月均收入 3 213 元，比上年增加 247 元，增长 8.3%；在中部地区务工的农民工月均收入 2 918 元，比上年增加 157 元，增长 5.7%；在西部地区务工的农民工月均收入 2 964 元，比上年增加 167 元，增长 6%。在东部地区务工的农民工月均收入增速分别比在中、西部地区务工的农民工高 2.6 个和 2.3 个百分点。

3.2.4 中国农村剩余劳动力转移影响因素特征

上文通过描述性统计及计量分析，探析了农村剩余劳动力省际转移时空特征。进一步地，中国农村剩余劳动力在省际层面何以形成如此特征？其背后的理论机理是什么？影响因素有哪些？以下本书展开具体分析。

(1) 劳动力转移内在机理与推导

农村劳动力转移的本质为农业劳动力的非农就业，由此，不失一般性设定：①社会仅有农业(a)和非农业(n)两个生产部门，发生转移的生产要素为劳动力(L)。②农村和城镇劳动力总数量分别为 L_c、L_m。由于中国户籍与土地制度的特征事实，每年有 L_{sc} 量的农村劳动力以农民工形式进入非农部门就业，则两部门实际劳动力就业量分别为 $L_a = L_c - L_{sc}$，$L_n = L_m + L_{sn}$，均衡时有 $L_{sc} = L_{sn}$。③农村劳动力通过本省、跨省转移。在代表性省份 i 的农村劳动力转出量(L_{isc})，一部分转入本省非农部门(L_{isc-0})，其余转入外省非农部门(L_{isc-1})；i 省非农部门劳动力转入量(L_{isn})，一部分由本省农业部门转入(L_{isc-0})，其余来自外省($\sum_{j \neq i} L_{jsn-1}$)。则 i 省农业与非农部门实际劳动力数量分别为：

$$L_{ia} = L_{ic} - L_{isc} = L_{ic} - (L_{isc-0} + L_{isc-1}) \tag{3.6}$$

$$L_{in} = L_{im} + L_{isn} = L_{im} + (L_{isc-0} + \sum_{j \neq i} L_{jsn-1}) \tag{3.7}$$

④两部门生产函数为 C-D 形式。Y、A、K、α、β 分别表示产出、技术、资本、劳动弹性、资本弹性，i 表示具体某一省区，则有：

$$Y_{ia} = A_{ia}(L_{ic} - L_{isc})^{\alpha_{ia}} K_{ia}^{\beta_{ia}} = A_{ia} L_{ia}^{\alpha_{ia}} K_{ia}^{\beta_{ia}} \tag{3.8}$$

$$Y_{in}=A_{in}(L_{im}+L_{isn})^{\alpha_{in}}K_{in}^{\beta_{in}}=A_{in}L_{in}^{\alpha_{in}}K_{in}^{\beta_{in}} \tag{3.9}$$

对比式(3.8)、式(3.9)可知,劳动力从农业部门流入非农部门就业改变的是边际产出,而边际产出决定工资收入水平。不失一般性,设定 $W_{ia} < W_{in}$,获得较高的收入水平是劳动力由农业部门转至非农部门就业的核心动力。由此可知,农民工由农业部门转至非农部门就业,通过改善自身边际产出获得较高工资水平,进而作用于社会总产出。

设定社会总产出、总劳动、总投资分别为 $Y=\sum Y_i=\sum (Y_{ia}+Y_{in})$、$L=\sum L_i=\sum (L_{ia}+L_{in})$、$K=\sum K_i=\sum (K_{ia}+K_{in})$。用 P_{ia}、R_{ia} 分别表示农产品和农业资本(或土地)价格,基于式(3.8)构建收益函数 $TR_{ia}=P_{ia}Y_{ia}$ 和成本函数 $C_{ia}=W_{ia}L_{ia}+R_{ia}K_{ia}$,求得农业部门利润函数为:

$$\pi_{ia}=P_{ia}A_{ia}L_{ia}^{\alpha_{ia}}K_{ia}^{\beta_{ia}}-W_{ia}L_{ia}-R_{ia}K_{ia} \tag{3.10}$$

将式(3.10)分别对 L_{ia} 和 K_{ia} 求一阶导,利润最大化条件下其值为0,得:

$$W_{ia}=\alpha_{ia}P_{ia}A_{ia}L_{ia}^{\alpha_{ia}-1}K_{ia}^{\beta_{ia}} \tag{3.11}$$

$$R_{ia}=\beta_{ia}P_{ia}A_{ia}L_{ia}^{\alpha_{ia}}K_{ia}^{\beta_{ia}-1} \tag{3.12}$$

将式(3.12)除以式(3.11)式,整理成 K_{ia} 的表达式,见式(3.13):

$$\frac{R_{ia}}{W_{ia}}=\frac{\beta_{ia}P_{ia}A_{ia}L_{ia}^{\alpha_{ia}}K_{ia}^{\beta_{ia}-1}}{\alpha_{ia}P_{ia}A_{ia}L_{ia}^{\alpha_{ia}-1}K_{ia}^{\beta_{ia}}}=\frac{\beta_{ia}}{\alpha_{ia}}L_{ia}\frac{1}{K_{ia}} \rightarrow K_{ia}=\frac{\beta_{ia}}{\alpha_{ia}}\frac{W_{ia}}{R_{ia}}L_{ia} \tag{3.13}$$

将式(3.13)代入式(3.8)整理得:

$$L_{ia}=\left(\frac{Y_{ia}}{A_{ia}}\right)^{\frac{1}{\alpha_{ia}+\beta_{ia}}}\left(\frac{\alpha_{ia}}{\beta_{ia}}\frac{R_{ia}}{W_{ia}}\right)^{\frac{\beta_{ia}}{\alpha_{ia}+\beta_{ia}}} \tag{3.14}$$

由于 $L_{ia}=L_{ic}-L_{isc}$,代入式(3.14)推导出农村劳动力转出量与农业各要素关系表达式:

$$L_{isc}=L_{ic}-L_{ia}=L_{ic}-\left[\frac{Y_{ia}}{A_{ia}}\right]^{\frac{1}{\alpha_{ia}+\beta_{ia}}}\left[\frac{\alpha_{ia}R_{ia}}{\beta_{ia}W_{ia}}\right]^{\frac{\beta_{ia}}{\alpha_{ia}+\beta_{ia}}} \tag{3.15}$$

将 L_{isc} 对各变量求偏导得:①$\partial L_{isc}/\partial L_{ic}>0$,两者成正比,表明农村总劳动力越多,农村劳动力转出量越多。②$\partial L_{isc}/\partial Y_{ia}<0$,两者成反比,表明农业产出量越少,农村劳动力转出量越多。③$\partial L_{isc}/\partial R_{ia}<0$,两者成反比,表明资本利息或土地租金率越高,农村劳动力转出量越少。④$\partial L_{isc}/\partial W_{ia}>0$,两者成正比。在传统认知中,较高的农业工资收入会降低农村劳动力转出动力,降低农村劳动力转出量,两者应成反比。实则不然,蔡昉(2022)基于"刘易斯拐点"的研究表明,在长期均衡下,农业生产拥有劳动力最优需求量。此时,农业部门最优生产条件满足 $\alpha_{ia}P_{ia}Y_{ia}=W_{ia}L_{ia}$,可知:

$$W_{ia}=\frac{\alpha_{ia}P_{ia}Y_{ia}}{L_{ia}}=\frac{\alpha_{ia}P_{ia}Y_{ia}}{L_{ic}-L_{isc}} \quad (3.16)$$

在农业产出水平固定的情形下,较高的农业工资水平意味着较低的农业从业劳动力,即较高的劳动力转出量。因此,农村劳动力转出量与农业工资水平成正比,或者说,较高的农村劳动力转出量,使得农村劳动力长期供大于求的"内卷性"下降,农业工资水平提升。⑤$\partial L_{isc}/\partial A_{ia}>0$,表明农业生产技术水平越高,农业生产所需劳动力数量越少,农村劳动力转出量越多。

按照上述农业部门的求解过程,构建工业部门利润函数,并对资本和劳动力求一阶导数,推导可得省份 i 的工业部门劳动力需求量:

$$L_{isn}=L_{in}-L_{im}=\left[\frac{Y_{in}}{A_{in}}\right]^{\frac{1}{\alpha_{in}+\beta_{in}}}\left[\frac{\alpha_{in}R_{in}}{\beta_{in}W_{in}}\right]^{\frac{\beta_{in}}{\alpha_{in}+\beta_{in}}}-L_{im} \quad (3.17)$$

将 L_{isn} 对各变量求偏导得:①$\partial L_{isn}/\partial L_{im}<0$,两者成反比,表明当城镇就业岗位量不变时,城镇劳动力对农村流入劳动力有挤出效应,城镇劳动力数量越多,工业部门吸纳流入的农村劳动力数量越少。②$\partial L_{isn}/\partial Y_{in}>0$,两者成正比,表明工业部门总产出越多,对劳动力需求量越大,若城镇劳动力数量一定,则对农民工流入容纳量越多。③$\partial L_{isn}/\partial R_{in}>0$,两者成正比,表明当总产出量不变时,资本和农村劳动力流入量两者具有替代关系,资本价格越高,对农村流入劳动力需求量越多。④$\partial L_{isn}/\partial W_{in}<0$,两者成反比,同理上述农业部门劳动力与工资成正比的情形,维持工业部门高工资水平,工业部门就业总劳动力需求少,对应的农村转入劳动力数量越少。⑤$\partial L_{isn}/\partial A_{in}<0$,两者成反比,工业部门全要素生产率越高,技术对劳动力的替代强度越大,所需农村转移劳动力数量就越少。

上述模型阐释了农村劳动力转移量在农业部门供给和非农部门需求的情况,但最终转移量由两部门均衡决定,均衡时,$\alpha_{ia}=\alpha_{in}$,$\beta_{ia}=\beta_{in}$,$W_{ia}=W_{in}=W$,$L_{sc}=L_{sn}=L_s$,即式(3.15)与式(3.17)式相等,可得 W 为:

$$W=\left[\frac{L_{ic}+L_{in}}{\left[\frac{Y_{ia}}{A_{ia}}\right]^{\frac{1}{\alpha+\beta}}\left[\frac{\alpha R_{ia}}{\beta}\right]^{\frac{\beta}{\alpha+\beta}}+\left[\frac{Y_{in}}{A_{in}}\right]^{\frac{1}{\alpha+\beta}}\left[\frac{\alpha R_{in}}{\beta}\right]^{\frac{\beta}{\alpha+\beta}}}\right]^{\frac{\beta}{\alpha+\beta}} \quad (3.18)$$

将式(3.18)代入式(3.15),求得两部门均衡时劳动力转移量与各要素关系为:

$$L_s = L_{ic} - \left[\frac{Y_{ia}}{A_{ia}}\right]^{\frac{1}{\alpha+\beta}} \left[\frac{\alpha R_{ia}}{\beta}\right]^{\frac{\beta}{\alpha+\beta}} \left[\frac{L_{ic}+L_{in}}{\left[\frac{Y_{ia}}{A_{ia}}\right]^{\frac{1}{\alpha+\beta}} \left[\frac{\alpha R_{ia}}{\beta}\right]^{\frac{\beta}{\alpha+\beta}} + \left[\frac{Y_{in}}{A_{in}}\right]^{\frac{1}{\alpha+\beta}} \left[\frac{\alpha R_{in}}{\beta}\right]^{\frac{\beta}{\alpha+\beta}}}\right]$$

(3.19)

式(3.19)表明,农业部门与工业部门同一因素对劳动力转移的作用力呈相反态势。以$((Y_a,L_{sc})、(Y_n,L_{sn}))$的关系为例进行分析。基于上述推导结果,其关系可归纳为四组[①]:①$((少,多)、(少,少))$[②]。此时,两部门产出均较少,农业部门具有较多的农村剩余劳动力,但工业部门对剩余劳动力就业容纳力不足,这种情形会产生两种可能:一是剩余劳动力继续滞留在农业部门,农业部门无效劳动力增多,存在严重的"内卷化",改革开放之前的中国经济即处于该均衡状态;二是剩余劳动力进入工业部门,则工业部门出现较多失业者。②$((少,多)、(多,多))$。此时,农业部门产出少而工业部门产出多,农业部门产生的剩余劳动力可以较好地被工业部门吸纳,两部门劳动力实现有序联动,使两部门产出与劳动力数量匹配实现帕累托改进,促进效率提升与经济增长。改革开放之后的中国经济即表现为该种良性状态。③$((多,少)、(多,多))$。此时,两部门均具有较高产出,剩余劳动力数量少,工业部门吸纳力较强,这表示两部门均需要更多的劳动力,由于两部门劳动力总量固定,因此两部门对劳动力产生竞争关系。改革开放以来,多次"民工荒"的出现正是该种均衡状态的表现。④$((多,少)、(少,少))$。此时,农业部门具有较高产出,农村剩余劳动力数量少,工业部门吸纳力不足,这种情形下,较少的农村剩余劳动力转移到工业部门就业。这四种理论情形,就中国目前发展阶段和事实看,根据《农民工监测调查报告》(2021)和《中国统计年鉴》(2021)数据,非农部门产出远超农业部门,并有近3亿的农村剩余劳动力转移至非农部门就业,处于$((少,多)、(多,多))$的第②种情况,这也与蔡昉(2022)的分析及结论相一致。将这一情况与上述理论机理相结合可知,当前农村动力转移处于历史增长高峰期,农业产出低效率正在促使农村劳动力转出,非农部门的扩张发展对劳动力需求量增加,对农村劳动力转入产生强

[①] 若不考虑理论分析中正反比变动逻辑,则还可以形成$((少,少)、(多,少))$、$((少,少)、(少,多))$、$((少,多)、(多,少))$、$((少,多)、(少,多))$四种关系,但这四种关系并不符合中国当前的实际情况,因此不做展开分析。

[②] $((少,多)、(少,少))$的含义为$((Y_a,L_{sc})、(Y_n,L_{sn}))$的关系变化:第一个括号表示农业部门$Y_a$变少时$L_{sc}$变多,第二个括号表示工业部门$Y_n$变少时$L_{sn}$变少,下同。

势吸纳力,两部门在推拉互动中有序发展。

理论机制分析回答了劳动力转移过程中各要素的作用机理。由此可知:①非农部门产出与劳动力转入成正比,解释了劳动力转移过程中的经济目标导向,这也是劳动力转移的根本遵循。越是经济发达地区,非农产业占比越高,可容纳转移劳动力就业的岗位就越多。因此,劳动力转移呈现出向经济发达地区和区域经济增长极集聚,并在空间分布上形成不均衡态势。②非农部门工资和技术与劳动力转入量成反比,表明工资和技术是劳动力转入门槛,约束了劳动力转入的数量与质量。在经济目标的作用下,劳动力不会无限制地转入同一个地区,而是稳定在与工资和技术相匹配的一定数量值上。③农业部门产出与劳动力转出成反比、农村劳动力与劳动力转出量成正比,表明在当前中国小规模农业背景下,相对于非农部门,农业低效率产出是农村劳动力转出最根本的内在推出力,而庞大的农村人口群体形成劳动力转出的内在动力源,因此农业人口大省形成劳动力主要转出地。④农业部门收入与劳动力转出量成正比,表明农村劳动力不会无限制转出,与非农部门相似,转出量会维持在一定水平。⑤欠发达地区无论是转出推出力还是转入吸纳力均不足,因此这部分地区既不是劳动力主要转出地,也不是劳动力主要转入地。这也解释了上述劳动力转移情况中,欠发达地区为什么不是劳动力转出地。劳动力转移的推出力和吸纳力随地理距离递减,因此各要素的推拉作用力随着距离增加而弱化。

综上劳动力转移情况与理论机制分析可知,农业部门和非农部门同一属性因素对劳动力流动的作用力呈相反态势,分别起到"推出"和"拉入"作用。在"推与拉"的宏观环境下,两部门各要素对劳动力转移产生循环梯次作用,非农部门技术筛选了转入劳动力"质"的层次,工资水平决定了劳动力转入"量"的最优,而非无限制需求。农业部门产出和工资水平决定了农村劳动力转出规模。两部门要素有序联动,使劳动力转移量和转移方向遵循最优路径,有序转入帕累托最优地区。各因素循环作用的影响程度如何,本书进一步通过实证进行检验分析。

(2)模型构建与变量选择

通过上述影响因素文献梳理和理论机理分析,可归纳出劳动力转移的主要影响因素有三方面:一是集中于研究经济因素对农村劳动力转移决策的影响,主要影响因素包括经济发展水平、产业结构、要素投入、资源禀赋和地理位置等;二是基于农村转移劳动力的个体特征或人口学特征探析劳动力转移的决策因素；三是考察宏观政策、户籍制度的变化对农村劳动力转移决策的影响。本研究基于以上三方面因素，探析各方面影响因素的影响力特征。

正如上文文献综述中所述，对于农村劳动力转移的影响因素，现有文献主要是采用满足独立不相关假设条件的属性数据，没有考虑劳动力转移的空间相关性。而上文的分析表明，省际劳动力转移具有相关性。常规的检验数据间是否存在关系的参数方法不再适用，应采用 QAP 算法（Krackhardt，1988）。QAP 是一种非参数法，无须假设自变量之间相互独立，因而比参数方法更加稳健（刘军，2014）。本书基于推拉理论，采用 QAP 方法建立计量模型。根据推拉理论（Bogue，1959），农村劳动力转移是源地"推力"和汇地"拉力"共同作用的结果，基本模型为：

$$M_{ij}=\frac{P_iP_j}{D_{ij}} \qquad (3.20)$$

其中，M_{ij} 代表从区域 i 到区域 j 的劳动力迁移总数，P 表示人口总数，D 为距离。此后，学者们对此模型不断地进行丰富以达到其研究目的，最具代表性的是劳瑞模型（Lowry Model）：

$$M_{ij}=\frac{\prod_{k=1}^{n}X_{(i,k)}^{a_k}X_{(j,k)}^{b_k}}{D_{ij}^d} \qquad (3.21)$$

其中，$X_{(i,k)}$ 和 $X_{(j,k)}$ 分别为两地成对出现的影响因素，共 n 对。其他变量的含义同式(3.20)。劳瑞模型反映了转入地和转出地因素对劳动力转移量的独立影响。在该模型基础上，考虑上文社会网络分析方法，即转出地和转入地的推拉合力对转移量的影响，将式(3.21)扩展为：

$$Mat=A\frac{\prod_{K=1}^{n}Mat_k^{a_k}}{Mat_D^d} \qquad (3.22)$$

其中，Mat 表示转移网，Mat_k 表示影响因素差异矩阵，Mat_D 表示距离矩阵。其他变量的含义同式(3.21)。根据式(3.22)，建立计量模型。被解释变量采用劳动力省际净转移流量，即上文分析的劳动力整体网络数据。解释变量的选定，是根据上文网络特征分析的结果，以及相关理论和已有文献，设定经济发展水平、要素投入、资源禀赋和地理位置四组解释变量。每组解释变量再设置系列细分变量，具体设置见表 3.13。需要说明的是：①QAP 方法对应的实证数据是一系列关系矩阵。除被解释变量和解释变量中相邻权重为矩阵格式外，需将其他解释变量转化为关系矩阵。借鉴肖群鹰(2007)、李敬等(2014)做法,将其他解释变量取数据期间各省区对应指标的平均值,然后用各省区对应指标平均值的绝对差异构建差异关系矩阵,矩阵单元数据表示迁出地与迁入地的属性差距,以衡量各因素在转入地和转出地共同作用下对劳动力转移影响的合力。除相邻权重和地理距离外,其他自变量和因变量矩阵均为有向网络。②QAP分析会得到非标准化和标准化两个结果,一般认为,标准化结果更具可信性。为得到标准化结果,QAP分析提供了多种矩阵标准化处理方法①,本书采用二值标准化处理方法。具体做法为:将除地理距离、相邻矩阵外的其他矩阵均以 0 为门槛值进行二值化处理。

表 3.13　　　　　　　　　变量选取与测算方法

变量类型	变量名称	衡量指标与测算方法	单位
被解释变量	净转移量(flow)	劳动力省际转移净流量	人
解释变量 / 经济发展水平(econ)	经济规模(gdp)	各省 GDP/各省面积减去不可进行生产活动的面积	亿元
	产业结构(escb)	第二、三产业增加值/GDP×100%	%
	城乡差距(cxcj)	转入地城镇居民人均可支配收入减去乡村人均纯收入	元
	城镇化率(czhl)	城镇人口/总人口×100%	%
	对外开放(dwkf)	各省进出口贸易额/GDP×100%	%
要素投入(input)	盘存投资(pctz)	以 1978 年为基期,盘存计算后的各省固定资本投资	亿元
	教育程度(jycd)	各省人均受教育年限	年
资源禀赋(endo)	人口规模(rkgm)	各省总人口数	万人
	耕地面积(gdmj)	各省年末实有耕地面积	公顷
地理位置(geog)	地理距离(dljl)	省会城市间铁路里程	千米
	相邻权重(xlqz)	31×31 矩阵,两省位置相邻赋值 1,其他赋值 0	—

注:(1)距离数据来源于百度地图,相邻权重依据省区地理位置构建,其他数据来源于1979—2016年各省区统计年鉴。(2)表中的资产值均是采用平减法的可比价格。其中,资本盘存测算方法见张军等(2004),平减指数 1991 年及以后采用固定资产投资价格指数,之前使用商品零售价格指数替代(樊纲等,2011),折旧率参考单豪杰(2008)确定为 10.96%。(3)人均受教育年限采用张军等(2004)的方法,即:(文盲×0+小学×6+初中×9+高中×12+大专及以上×16)/6 岁以上总人口。

---

① UCINET 软件自带了均值(Mean)、标准差(Std-Dev)和阿基米德距离(Euclidean)等标准化方法,但都无法保证产生非负标准化值,无法满足对数真值的非负和非零假设。

(3)QAP 回归结果及分析

运用 UCINET 软件,基于 5 000 次随机置换,QAP 回归分析结果见表 3.14。其中,模型 1 是总体回归结果,模型 2 至模型 4 是分时间段的回归结果。

表 3.14　　劳动力转移网络与各影响因素的 QAP 回归分析

自变量		劳动力省际转移网络(因变量)			
		模型 1 (1978—2015 年)	模型 2 (1978—1990 年)	模型 3 (1991—2005 年)	模型 4 (2006—2015 年)
常数项		0.316*** (0.000)	0.137*** (0.000)	0.292*** (0.000)	0.416*** (0.000)
经济发展水平 (econ)	经济规模	−0.235** (0.099)	−0.011 (0.090)	−0.356*** (0.097)	−0.178* (0.093)
	产业结构	0.226** (0.087)	0.203** (0.070)	0.163** (0.075)	0.260*** (0.086)
	城乡差距	−0.015 (0.077)	−0.042 (0.065)	0.081* (0.066)	0.076 (0.084)
	城镇化率	0.038 (0.082)	0.155** (0.069)	−0.042 (0.067)	−0.045 (0.085)
	对外开放	0.314*** (0.090)	0.109* (0.065)	0.305*** (0.075)	0.320*** (0.099)
要素投入 (input)	盘存投资	0.097 (0.099)	0.094 (0.088)	0.189** (0.088)	0.069 (0.098)
	教育程度	0.227** (0.083)	0.352*** (0.078)	0.351*** (0.075)	0.180* (0.084)
资源禀赋 (endo)	人口规模	−0.158** (0.078)	−0.062 (0.066)	−0.112* (0.064)	−0.176* (0.079)
	耕地面积	−0.114* (0.074)	−0.081 (0.067)	−0.163** (0.062)	−0.188** (0.080)
地理位置 (geog)	相邻权重	0.003 (0.005)	0.000 (0.000)	0.000 (0.000)	0.001 (0.002)
R-Square		0.400	0.443	0.457	0.367
Adj R-Sqr		0.394	0.436	0.451	0.360
R^2 显著性		0.000	0.000	0.000	0.000

注:(1)*** 表示 $p<0.001$,** 表示 $p<0.01$,* 表示 $p<0.05$;(2)三个时间段矩阵根据三个时间段均值构建,构建方式同时间段 1978—2015 年,下同;(3)省际地理距离在两省之间具有对称性,故其差值网为 0 值,无法与有向网因变量进行相关分析,为说明距离作用,QAP 分析使用省际相邻矩阵替代铁路里程;(4)括号中为标准误。

分析表 3.14 中模型 1 的回归结果可知:①经济规模的影响力为负且显著,说明较大的经济规模差距不利于劳动力省际转移,经济发展水平相近的省区更有助于劳动力转移。该结论与上文模块分析中"劳动力转移在经济规模上具有梯度特征"的结论相一致,再次验证了中国农村劳动力省际转移在经济水平上具有"门当户对"的渐次转移特征。城乡差距的回归系数及其显著性也表现出这一特征。改革开放初期,中国生产力布局极不平衡,对劳动力转移产生阻碍作用,后期随着整体经济发展水平提升,其影响力由负变正,但呈弱化趋势。②对外开放、产业结构、教育程度三个变量对劳动力转移具有显著的正向影响。改革开放初期,中国实施区域不平衡发展政策,东部地区优先发展,特别是东南沿海地区成为对外开放的"引擎"区,加之"三来一补"的对外贸易政策,使得劳动力向东南沿海地区转移。进入21世纪,中国开始注重区域经济协调发展,发展政策向中西部地区倾斜,开放地域向内地拓展。同时,非农产业结构与对外开放相辅相成。配第—克拉克定律表明,非农产业是劳动力的最终"归宿",非农产业比重越高,对劳动力需求越大。随着对外开放不断深化,东部地区产业结构升级,东、中、西部间产业承接转移,使得中西部地区对劳动力需求增加,形成了现阶段劳动力转移"一江春水向东流"但"门前流水尚能西"的特征。受教育程度是劳动力素质的重要衡量指标,受教育程度越高,择业受雇概率越高,择业地域限制越低,劳动力转移量越大,这表明转移后能否实现就业是劳动力转出考虑的重要因素。③劳动力转移量与人口规模差值和耕地面积差值显著负相关。由上文劳动力省际转移特征可知,劳动力转出省区人口规模和耕地面积大于转入省区人口规模和耕地面积,即人口规模差值和耕地面积差值为逆向指标,加之两者回归系数为负,可知两者对劳动力转移影响效应为正。这是由于耕地面积是农业的主要生产要素,耕地面积大,表明第一产业占比大,与此对应的第二、三产业比重会低,对劳动力转入吸纳力不足。人口规模大对应的农业劳动力剩余就多,劳动力会由本地转向其他第二、三产业比重高的省区就业,表现为人口规模和耕地面积对劳动力转移的"挤出"效应。④盘存投资、城镇化率和相邻位置的系数均不显著,表明这三个因素对劳动力省际转移没有显著性影响。

进一步地,从时间段上看,比较分析模型2至模型4的回归结果可知,各因素在不同时间段对劳动力转移的影响力存在一定的差异。首先,经济规模、盘存投资、城乡差距等因素影响力时间变化趋势表明,过高和过低的省际差异均不利于劳动力省际转移,经济规模因素与劳动力转移量呈倒U形特征。其次,对外开放度、产业结构影响力不断增强,表明能否提供更多的工作岗位,进而吸纳更多的农村劳动力就业是未来进一步促进劳动力转移的重要影响因素。最后,人口分布、耕地始终是劳动力转出的推动力。

(4)空间互动模型回归结果及分析

上述的计量分析无法区分诸因素的影响是来自源地推力还是汇地拉力。空间互动模型可以较好地解决该问题,该模型将双边流量数据作为解释变量,充分考虑劳动力转移的省际相关性,从源地推力、汇地拉力和空间阻力三方面进行测算。互动模型的变量选取同表3.13。同时,加入控制变量(cont)衡量本地市场效应(劳动力转向本省赋值为1,其他赋值为0),以较好地控制住省内农村劳动力转移的影响。

空间互动模型拟合前需先确定空间相邻权重形式。双边流量数据可形成五种空间权重矩阵:源地相邻(OQZ),汇地相邻(DQZ),双重相邻(ODQZ),源地或汇地相邻(O_DQZ),源地、汇地或双重相邻(O.DQZ)。相邻检验结果见表3.15。

表3.15　　　　五种空间权重下农村劳动力双边流量自相关

统计量	OQZ	DQZ	ODQZ	O_DQZ	O.DQZ
Moran's I	0.117	0.062	0.164	0.090	0.137
Expectation	−0.001	0.001	−0.001	−0.001	−1.041
Variance	0.001	0.001	0.000	0.000	7.99e−05
P. value	5.035e−08	0.002	2.2e−16	1.113e−09	2.2e−16

注:(1)本表根据1978—2015年转移均值数据测算;(2)具体测算方法见王庆喜(2014)。

分析表3.15可知,31省区劳动力转移基于五种相邻权重均表现为正向空间自相关,其中基于双重相邻权重的Moran's I值最高为0.164,故本书基于ODQZ进行互动模型测算。进一步地,基于ODQZ进行互动模型测算的回归模型有三种:空间滞后模型、空间误差模型和空间通用模型。模型适用性检验结果表明,空间误差模型和空间通用模型拉格朗日乘数高度显著,适合选用。进一步考虑到通用模型的测算包含了误差作用,最终选用通用模型进行回归分析,回归结果见表3.16。

表 3.16　　　　　　　　　空间互动模型回归结果

	自变量	1978—2015年	1978—1990年	1991—2005年	2006—2015年
	源地经济规模	0.803*** (0.058)	0.874*** (0.071)	0.816*** (0.059)	0.791*** (0.065)
	汇地经济规模	0.964*** (0.058)	1.367*** (0.071)	1.003*** (0.059)	0.955*** (0.065)
	源地产业结构	−1.054 (0.585)	−0.854* (0.441)	0.630 (0.603)	−5.001*** (1.045)
	汇地产业结构	7.198*** (0.589)	4.601*** (0.440)	8.444*** (0.608)	9.461*** (1.046)
经济发展水平（econ）	源地城乡差距	1.272*** (0.059)	0.297 (0.206)	1.076** (0.383)	1.269** (0.407)
	汇地城乡差距	0.969*** (0.092)	0.105*** (0.030)	0.898*** (0.085)	0.759*** (0.078)
	源地城镇化率	−0.612*** (0.157)	−0.532*** (0.137)	−0.584*** (0.148)	−0.366 (0.210)
	汇地城镇化率	1.748*** (0.158)	1.274*** (0.138)	1.479*** (0.149)	2.078*** (0.210)
	源地对外开放	−0.235*** (0.066)	−0.062 (0.068)	−0.327*** (0.074)	−0.198* (0.078)
	汇地对外开放	0.947*** (0.066)	0.370*** (0.068)	1.020*** (0.074)	1.225*** (0.077)
要素投入（input）	源地盘存投资	1.010*** (0.061)	0.850*** (0.069)	0.833*** (0.059)	1.084*** (0.069)
	汇地盘存投资	0.998*** (0.061)	1.466*** (0.069)	1.074*** (0.059)	0.952*** (0.069)
	源地教育程度	−3.200*** (0.919)	−4.960*** (1.217)	−2.510** (0.902)	−2.499** (0.872)
	汇地教育程度	12.145*** (0.921)	13.073*** (1.205)	11.155*** (0.904)	12.615*** (0.874)
资源禀赋（endo）	源地人口规模	1.310*** (0.060)	1.255*** (0.066)	1.324*** (0.062)	1.385*** (0.071)
	汇地人口规模	0.783*** (0.060)	1.251*** (0.066)	0.812*** (0.062)	0.765*** (0.071)
	源地耕地面积	1.136*** (0.056)	1.203*** (0.066)	1.136*** (0.058)	1.106*** (0.058)
	汇地耕地面积	0.408*** (0.056)	1.007*** (0.066)	0.454*** (0.058)	0.171** (0.058)

续表

自变量		1978—2015年	1978—1990年	1991—2005年	2006—2015年
地理位置（geog）	地理距离	−1.459*** (0.081)	−1.613*** (0.078)	−1.496*** (0.082)	−1.480*** (0.091)
控制变量（cont）	本地市场效应	4.551*** (0.361)	4.468*** (0.403)	4.670*** (0.371)	4.667*** (0.393)

注：显著性含义为***表示$p<0.001$，**表示$p<0.01$，*表示$p<0.05$。

对比表3.14中QAP回归结果和表3.16中空间互动模型拟合结果可知，两者具有较好的一致性，表明QAP拟合结果具有稳健性。进一步分析表3.16可知：①每个影响因素在源地和汇地扮演着不同程度的推拉角色。劳动力转移是源地、汇地影响因素推拉双重作用的结果，但汇地"拉力"大于源地"推力"。②从源地"推力"看，人口规模、城乡差距、耕地面积和盘存投资是主要推力；从汇地"拉力"看，教育程度、产业结构、城镇化率、对外开放和经济规模形成拉力。③距离系数显著为负，表明地理距离的增加伴随着劳动力省际转移量递减；距离越远，表示转移成本越高，且远距离意味着源地、汇地风俗习惯不同，转移意愿受阻，进而转移量降低。④本地市场效应显著为正，表明劳动力省内转移不可忽视。进一步对比分析三个时间段拟合结果可知，人口规模和城乡差距的推力在增强，教育程度、城镇化率、产业结构和对外开放对劳动力转移的拉力也在不断增强，而地理距离的阻碍作用呈弱化趋势。

3.2.5 中国农村剩余劳动力转移新的趋势特征

随着中国经济的快速发展和城乡结构的变化，农村劳动力转移已经成为中国农村发展的一个重要特征。近年来，中国农村劳动力转移的特征和趋势也发生了一些新的变化。

第一，农村劳动力转移的规模不断扩大。随着城市化进程的加快，越来越多的农村劳动力选择到城市工作，尤其是年轻人和技能劳动者。据统计，目前中国农村劳动力转移规模已经达到数亿人，占全国劳动力总量的相当比例。究其原因，一是由于城市化进程的加快。随着城市化的推进，越来越多的农村劳动力选择到城市寻找更好的就业机会。这种转移不仅改变了农村劳动力的就业结构，也为城市发展提供了更多的劳动力资源。二是与农村经济结构的调整有关。随着农村产业的多元化发展，越来越多的农村劳动力选择从事非农产业，包括服务业、制造业等。这种转移不仅提高了农村劳动力的收入水平,也为农村经济的多元化发展提供了新的动力。三是受到政策的支持和鼓励。政府出台了一系列支持农村劳动力转移的政策,包括建立各种培训机制、提供就业创业扶持等。这些政策的出台为农村劳动力转移提供了更多的机会和条件,促进了农村经济的转型升级和可持续发展。

第二,农村劳动力转移的结构不断优化。过去,农村劳动力转移主要以务工为主,但现在越来越多的农村劳动力选择从事非农产业,包括服务业、制造业等。这些新的就业形式不仅提高了农村劳动力的收入水平,也为农村经济的多元化发展提供了新的动力。首先,农村劳动力向城市和工业园区的转移呈现出多元化的趋势。传统的农民工主要从事建筑工地、工厂等体力劳动,但随着城市化进程的加快,越来越多的农村劳动力开始涌向服务业、科技行业等高端领域,这使得农村劳动力转移的结构更加多元化和复杂化。其次,农村劳动力转移的结构不断优化,呈现出高技能、高素质的特点。随着教育水平的提高和技术的普及,农村劳动力的素质和技能得到了大幅提升,越来越多的农民工成为技术工人、管理人员甚至是企业家,他们为城市的发展和经济的繁荣做出了积极的贡献。最后,农村劳动力转移的结构不断优化,呈现出年轻化、女性化的趋势。随着年轻人成为主力军,农村劳动力的年龄结构也在发生着变化,越来越多的年轻人涌向城市,成为城市的新生力量。同时,随着女性地位的提高和家庭观念的变化,越来越多的农村女性也加入了城市的劳动力大军中,她们为城市的发展和建设做出了重要的贡献。

综上所述,农村劳动力转移的结构不断优化,呈现出多元化、高技能、年轻化、女性化的趋势。这不仅为我国经济的发展提供了强大的人力支持,也为农村劳动力的就业和生活水平提供了更多的选择和机会。相信随着城乡一体化进程的不断深化,农村劳动力转移的结构将会更加优化,为我国经济的可持续发展做出更大的贡献。

第三,农村劳动力转移的方式不断多样化。传统的农村劳动力转移主要是以个体户或者小规模企业的形式进行,但现在越来越多的农村劳动力选择通过互联网平台或者其他新型就业形式进行劳动力转移。这种新的就业方式不仅提高了农村劳动力的就业便利性,也促进了农村经济的创新和发展。首先,随着互联网的普及和发展,农村劳动力转移的方式变得更加便利。许多农民可以通过互联网平台找到更多的就业机会,比如在电商平台上开店、在线销售农产品等。这种方式不仅能够带来更高的收入，还能够减少农民外出务工的风险和不便利。其次，农村劳动力转移的方式也在向多元化发展。除了传统的农民外出务工，越来越多的农村劳动力选择通过创业、就业培训等方式进行转移。一些地方还推动农村劳动力转移就业的政策，比如提供创业扶持、职业培训等，帮助农民更好地融入城市就业市场。最后，农村劳动力转移的方式还在不断向多领域发展。除了传统的建筑、制造业务工，越来越多的农村劳动力开始涉足服务业、科技创新等领域。总的来说，农村劳动力转移的方式正在不断多样化，这不仅有助于农民增加收入，还有助于推动农村经济的发展。政府和社会各界也应该加大对农村劳动力转移的扶持力度，为农村劳动力提供更多的就业机会和发展空间。相信随着农村劳动力转移方式的多样化，农村经济和社会也将迎来更加美好的发展前景。

第四，农村劳动力转移的影响不断扩大。农村劳动力转移不仅改变了农村劳动力的就业结构和生活方式，也对农村社会经济发展产生了深远影响。农村劳动力转移的规模扩大和结构优化，不仅为农村经济增长提供了更多的劳动力资源，也为城乡经济融合发展提供了新的机遇和挑战。首先，农村劳动力转移在农村与城市之间产生了巨大的人口流动。大量的农村劳动力外出务工，使得农村地区的人口大量减少，而城市地区的人口则大量增加。这种人口流动不仅影响了农村地区的人口结构和社会结构，也给城市地区的就业、住房、教育、医疗等方面带来了巨大的压力。其次，农村劳动力转移在农村地区产生了深远的影响。随着大量的劳动力外出务工，农村地区的劳动力资源大大减少，导致农业生产的劳动力不足，农村经济发展面临严峻挑战。同时，农村地区的人口老龄化和留守儿童问题也日益突出，给农村社会带来了许多隐患。最后，农村劳动力转移在城市地区产生了一系列的社会问题。大量的农村劳动力涌入城市，使得城市的就业压力增大，住房、交通、医疗、教育等方面的问题也日益凸显。同时，农民工的权益保障、社会融入等问题也亟待解决。

总的来说，农村劳动力转移的影响不断扩大，已经成为中国社会经济发展中的一大难题。为了有效应对这一挑战，需要加强农村地区的产业发展，提高农民的就业能力和收入水平，加强农村社会保障体系建设，同时也需要加强城市地区的基础设施建设和公共服务供给，为农村劳动力转移提供更好的保障和服务。只有这样，才能实现城乡经济的良性互动，推动中国经济持续健康发展。

综上所述，中国农村劳动力转移的新特征和趋势显示了农村经济发展的活力和潜力。政府和社会应该进一步加强对农村劳动力转移的支持和引导,为农村劳动力转移提供更多的机会和条件,促进农村经济的转型升级和可持续发展。

3.3 中国农村剩余劳动力转移存在的问题及其成因

3.3.1 存在的问题

综上所述,中国农村剩余劳动力转移量随时间发展呈上升趋势,并在不同地区表现出不同的时空特征。与发达国家农业从业人员占比相比较,中国第一产业从业人员占比较高,农村剩余劳动力尚需进一步转出,现阶段劳动力转移存在以下五点问题:

(1)劳动力转移就业地拉力不足,加之自身技术水平低,成为劳动力转移的重要阻碍因素。

第一,技术和文化素质低是阻碍农村剩余劳动力顺利转移的主要原因。由于教育资源分配不均、受教育观念意识淡薄、经济发展落后,农村劳动力文化素质普遍不高。劳动力的文化素质及自身综合素质偏低,使其就业选择范围相对较小,只能从事一些简单、无知识技能要求的体力劳动。他们大多集中在薪资水平低、对文化素质要求低的岗位。劳动者的数量繁多、供大于求,这种现状使雇佣者不会去关注员工技能培训等一系列可以提高劳动力素质的方面。每年都会有新壮的劳动者从农村出来替换旧病者,这种就业现象普遍存在并持续。年龄大的劳动者在就业市场上被淘汰,被迫回到农村。技术和文化素质低的现状导致劳动者每一代都经历同样的命运——从农村来,回农村去。农村剩余劳动力难以实现彻底转移。

第二,乡镇企业吸纳农村剩余劳动力的能力下降,以劳动密集型为主的乡镇企业成为吸纳农村剩余劳动力的主力军。改革开放后,中国乡镇企业飞速发展,形成了许多现代化小城镇,同时也形成了很多经济发展模式,如苏南模式、温州模式等。但是,乡镇企业近几年的发展遇到了诸如劳动生产率低、物耗比例高、规模效应差等许多问题。随着不断倡导高效经济,在外部环境竞争大的背景下,乡镇企业生产成本高,遭遇了难以抵御的寒冬。乡镇企业重复建设比较严重,能源消耗型、增长粗放型企业居多。资金不足、贷款难度大、管理落后、技术投入不足等多种因素导致乡镇企业发展放缓。同时,由于乡镇企业布局分散,产生不了集聚效应和辐射能力,其吸收农村剩余劳动力的速度明显下降。大量的农村剩余劳动力从发展效益不好的乡镇企业中转移出来,随后重新成为失业者,或回到农村或在城镇另谋出路。

第三,农村产业结构单一,自身就业容量小。现在大部分农村地区,农业生产注重发展种植业,以粮食种植为主,忽视养殖业、加工业等劳动密集型产业的发展。就地转移农村剩余劳动力是解决剩余劳动力就业的有效渠道。第三产业在农村中开发不足、发展滞后,仍处于低水平阶段,农村劳动力的就业渠道单一。大部分农业人口集中在粮食种植方面,忽视了经济作物、园艺作物的发展。大农业中,农、林、牧、副、渔应合理、平衡发展。农业内部结构的不合理加剧了农村劳动力剩余,从而导致农村经济发展缓慢。

(2)户籍制度和土地制度是制约农村剩余劳动力转移的"瓶颈"。

第一,户籍制度对农村剩余劳动力转移的制约。现行的户籍制度主要是城乡分治的户籍制度,包括户籍登记管理制度、户口迁移政策及管理体制,对农村人口进入城市、由小城市进入大城市进行限制,主要体现在与户籍相关的住房、劳动用工、人事、教育和社会保障等多项制度上。农村剩余劳动力向城市转移可以促进城市发展,带动落后地区收入增长。但是,现行的户籍制度对农村剩余劳动力转移起到了阻碍作用。一是农村剩余劳动力自然流动受阻,无法实现劳动力资源的优化配置。户籍制度对当地居民有保护倾向,实行本地居民与外来居民双重待遇标准,对外来务工人员进入设置了障碍。二是农民到城市落户的制度障碍依然存在。随着社会的发展,富裕起来的新一代农民希望到城市生活,享受城市居民待遇。但是,双重户籍制度的存在使这种希望实现的代价和难度增大。

第二,土地制度对农村剩余劳动力转移的制约。农村剩余劳动力的转移同样也受现行土地制度的影响和制约。土地经营采用集体统一经营与家庭分散经营相结合的模式,这已经明显落后于时代的发展,且不适应农业现代化、农村城镇化发展的需要。农村剩余劳动力一方面不能完全脱离土地转入其他非农产业解决就业问题,另一方面不能在农业中实现充分就业。一是土地所有权不明确。产权清晰是确保市场机制正常运作必不可少的条件,但是农村土地产权关系比较混乱。主要特点为:①承包土地产权不清晰。产权不清,土地所有权由行政负责人实际拥有,农民则处于无权状态。②农民土地使用权的模糊性。对农民在土地承包中的土地使用权没有明确界定,使得农民土地使用权的产权权能和内容有较大的不确定性。没有明确土地承包经营权的物权属性及土地使用权流转合同的债权属性,如承包权、使用权、租赁权、买卖权、继承权、抵押权、收益权及转作他用权,以及如何在集体与农户之间具体划分等。二是土地流转不规范。其表现为:不完善的土地管理制度体系,缺乏完整的土地测量评价、土地估价、土地信贷、土地交易和土地承包经营制度体系,地方政府对土地流转有强大的控制权;土地流转操作不规范,土地流动自由,没有签订书面合同,部分转让协议的条款不完整,当事人的权利和义务不明确,合同未能签证和公证,土地流转过程时常未充分征求当事人意愿;无效的管理和监督措施,农业行政主管部门从上到下都没有对土地流转的管理制定具体的实施细则,在流转程序、流转手段、流转合同履行、流转档案等方面缺乏统一管理与监督。

(3)劳动力市场不完善是阻碍农村剩余劳动力转移的客观因素。

中国的非公有制经济近几年逐步发展壮大,用人自主权不断扩大的国有企业产生了巨大的需求去吸纳农村劳动力,为农村剩余劳动力转移就业提供了良好的契机。但是,中国劳动力市场不完善,表现在:

第一,针对农村剩余劳动力在城市生活的社会保障不完善。例如,在失业、工伤、医疗保险等保障方面的制度不健全或缺失。

第二,部分城镇职工就业领域由于计划经济色彩的残余,未对农村剩余劳动力开放。这种市场的分割依然存在,并且短期内彻底改变非常困难。因此,农村剩余劳动力转移的速度和质量都会在此经济背景下受到很大影响。

(4)农村剩余劳动力转移带来一定的社会问题。

第一,劳动者自己或与配偶一起外出打工,"留守儿童"和"空巢老人"等社会问题越来越严重。为了给子女及家人创造更好的物质生活,大量青壮劳动力外出打工。他们大多将孩子留给家里的老人看管,将土地留给家里的老人耕作。随着媒体的报道,广大"留守儿童"和"空巢老人"越来越多地进入人们的视线。"留守儿童"的心理健康和教育成长问题引起越来越多人的关注。

第二,农村剩余劳动力涌入城市,增加了城市的负荷。中国城市基础设施建设大大滞后于城市经济发展,短短几年时间内,大量农民工涌进城市,使城市不堪重负,给基础设施、环境、城市交通带来了很大压力。

第三,国家相关政策在劳动力流动中难以落实,如工商税收、卫生防疫、义务教育等政策。农民工为了让子女接受更好的教育,把子女带在身边,就近入学接受教育。但是,农民工子女在当地就读要交高额的借读费,或是农民工子女在享受教育权利方面与当地居民子女实行双重政策,给农民工子女教育问题带来一定负担,甚至有些农民工因交不起学费而让子女辍学在家。

第四,大量农民工进入城市,给城市环境造成一定污染和破坏。农村剩余劳动力在城市大多从事体力劳动,收入微薄。为了节省生活开支,他们多在一些环境较差的地段租房子住。这样的地方本就不适合居住和长期生活,加之政府对这里的环境疏于管理,生活垃圾无法及时得到清理,生活污水肆意排放。长此以往,导致环境自净能力遭到破坏,对环境造成一定的污染和破坏。

第五,城市治安管理难度增大。近几年来普遍存在社会治安低下与不稳定的问题,此问题的严重性又被大规模的农民工流动所急剧放大,对无业农民工的管理难度较大。

第六,抑制农村的发展。我国目前经济发展的中心主要在城市,因此,为获得更好的生活,大量农村劳动力涌向城市,在这部分农村劳动力中,有将近1亿左右的农民工是跨地区寻找工作。这意味着农村每年都将流失大量的人口,过多的青壮年流失使农村出现严重的老龄化现象,当城市因劳动力过剩而苦恼时,一些农村地区却出现劳动力短缺,这将对农村的经济发展造成致命性的打击。由于农村无法获得发展的机会,导致农村的经济变得越来越差,农村剩余劳动力将继续涌向城市,这将产生一种恶性循环,导致农村人口变得越来越少。除此之外,留守儿童造成的社会问题也渐渐引发社会的关注,老人并没有大量的精力照顾孩子,导致留守儿童极易出现安全问题。以上种种问题都在很大程度上降低了农村的发展速度。

第七,造成大量的社会治安问题。由于过多的农村劳动力涌向城市,而城市没有能力容纳所有的农民工,导致一部分农村劳动力在城市中连基本的住房问题都得不到解决。由于农村劳动力的文化程度较低,他们容易受到物质利益的诱惑以及不法分子的引诱,有些人可能会做出一些危害社会的行径;同时,由于大部分农村劳动力的知识程度和法律意识较为薄弱,当农民工遭受不平等待遇时,他们没有想过运用法律手段来维护自身利益,可能会采用一些较为极端的方式来捍卫自己的权利,造成不良影响。

第八，部分城市存在严重的就业歧视，农民工的利益无法得到保障。由于农村劳动力的受教育程度较低，因此，一些行业不愿意招收农民工，往往会优先考虑招收当地居民，导致农民工只能选择一些危险系数较大且工作环境差的工作。甚至有些公司在招收农民工时会向农民工收取管理费，这在无形中增加了农村劳动力的负担。除此之外，政府部门尚未开设农村劳动力市场，对于外来民工自发组织的劳动力市场，城市管理人员未考虑将其合法化，反而取缔这类自发组织的劳动力市场，这大大地增加了农村劳动力就业的困难。此外，一般城市并不认可外来农村劳动力的身份，农民工的利益得不到城市相关制度的保护。例如，外来民工子女教育就存在一个巨大的问题，城市的部分学校由于种种原因无法接收这部分孩子入学。城市的相关规定导致农村劳动力一直游走在城市边缘，无法真正融入城市，当他们年老后，只能被迫回到农村。

(5)劳动力转移存在不稳定性特征。

第一，中国农村剩余劳动力转移稳定性较低。《农民工监测调查报告》表明：2015年，中国农民工总量为27 747万人，其中仅有占比1.3%的农民工在务工地购房，其他主要以单位宿舍、工地棚居和租房居住的方式在务工地居住；持有劳动合同务工的农民工仅占比36.2%。以上数据说明，多数农村剩余劳动力虽然实现了由农业向非农业转移，但其只是工作地点的转移，并没有完全离开家乡，且其在城镇或非农部门务工的时长没有保证。因此，农村剩余劳动力转移具有较强的不稳定性。

第二，中国农村剩余劳动力由乡村转移至城镇的渠道受阻。在中国二元经济结构的大背景下，受限于户籍制度，农民工子女在城市入读困难。加之外出务工的稳定性较差，务工地点更换不定，使得子女随父母外出的可行性较差，农村剩余劳动力转出受阻。

第三，中国农村剩余劳动力外出务工转入地选择具有盲目性。现阶段农村剩余劳动力外出务工地选择：一是跟随正在外地务工的同村村民外出务工；二是经过亲戚、朋友或熟人介绍外出务工。即多数农村剩余劳动力外出务工并不是通过正规的招聘信息实现就业，就业信息不对称，这种就业的盲目性在一定程度上会减少农村剩余劳动力外出就业概率，"回流"吸力增大。

第四，劳动力转移难度不断加大。农村剩余劳动力成功转出的前提是，非农产业中拥有足够的就业岗位容纳农村剩余劳动力就业。现阶段，在产业结构升级、经济进入转型期的发展背景下,劳动密集型产业一部分在向中西部转移,一部分在产业升级过程中淘汰,这使得农村剩余劳动力转出就业难度增加。

第五,农村剩余劳动力转入地的不均衡性。经济因素是劳动力外出就业最主要的影响因素,从经济发展水平上看,劳动力外出就业更倾向于将发达地区或比本地区发展水平较高的地区作为劳动力转入地。从地理位置上看,劳动力转入地主要集中在"胡焕庸线"以东地区,特别是沿海发达地区。

3.3.2 问题成因

出现以上问题的成因可归结为以下四点:一是户籍制度。由于本地乡镇企业对劳动力需求有限,在高收入和更好就业机会的吸引下,大城市成为农村剩余劳动力外出就业的最优选择地。但受限于户籍制度,转入城市就业的劳动力并未能与城镇劳动力同等享受福利待遇,农村剩余劳动力城镇化道路受阻。二是针对转移劳动力的社会保障制度不够健全。农村剩余劳动力虽在城市工作,但当转移劳动力遭受失业等困难时,并没有与之相适应的社会保障制度来保障他们在城镇生产生活的稳定性。三是农村剩余劳动力受教育水平有限,且缺乏相应的技能培训。2015年《农民工监测调查报告》显示,91.7%的农民工为高中及以下学历,59.7%的农民工受教育程度为初中。受限于农村劳动力受教育水平,农村劳动力转出后在城镇、非农产业从事的就业岗位大多为低技能生产活动,这类生产活动对劳动力需求门槛较低。由此使得就业岗位的劳动力流动性较大,就业不稳定性增强。进一步地,在受教育程度较低的不争事实下,劳动力的技能培训并不完备。从社会视角看,针对农村劳动力的技能培训机构数量有限,且大多为针对某一种岗位的技能培训。从就业岗位上看,转移劳动力在就业时大多没有就业岗位技能培训环节。以上情况使得转移劳动力就业难度增加。四是城乡劳动力市场分割,市场信息不完善。在城乡劳动力市场分割的背景下,转移劳动力在就业过程中,受限于自身受教育水平和专业法律知识,在遇到冲突情形时,他们的合法权益得不到应有保障。与此同时,劳动力市场就业信息的不对称性,使得一方面转移劳动力在就业时未能被合理分配到对应岗位,另一方面就业岗位也未能得到合适的劳动力,从而影响相关单位生产活动,乃至社会生产效率和总产出。

根据问题成因,进一步促进农村劳动力转移应注意做到:

(1)加大对农村劳动力的教育和培训力度,提高农民的就业能力。制约农村劳动力转移的一个重要因素就是农村劳动力自身文化素质低下,因此,必须高度重视提高农村劳动力的整体素质,提高其科学文化水平,增强其市场竞争力。未来要发展基础教育,从而提高农村储备劳动力技能水平的文化层次,提高转移劳动力的质量,使未来的农村劳动者更能适应市场经济发展的新要求。

第一,加强对务工农民的职业技能培训和职业教育。向外出务工农民提供职业技能培训,开展多个领域、多形式的培训和教育,在广大农村地区推广职业教育。一是积极利用各种资源创办性质各异的职业教育机构。二是拓展职业教育发展方向,满足广大农民接受职业教育的需求,实现各类人才培养的高效。三是转变职业教育理念。树立服务意识,提高市场竞争力,以就业为导向培养学生,并受升学率和就业率的指标考核。四是结合当地特色,创办特色专业,满足农村剩余劳动力成功转移的培训需求。通过多种渠道落实到行动上,使农村劳动力熟练掌握至少一项专业技能,提高其就业能力与竞争力,使其获得较好的就业机会,以增加农民的收入。

第二,建立农村剩余劳动力的培训体系。一是提供充足的经费支持开展农村劳动力教育及培训。二是积极安排广大社会组织及志愿者对农村剩余劳动力进行培训,由政府主导模式转变为政府主持、社会辅助模式。三是开展农村剩余劳动力培训教育,明确教育目标,提供多样化的教育方式。

(2)加快小城镇建设,提高小城镇对农村剩余劳动力的吸纳能力。大城市、中小城市及以县城为主的小城镇三者都是吸纳农村剩余劳动力的主体。然而,随着产业结构的调整,东部沿海发达的大城市产业结构调整走在前列,企业已经由劳动密集型向资金、技术密集型转变,其吸纳技能水平低下的农村剩余劳动力的需求已趋于饱和,中小城市的产业结构转变较缓,但其更倾向于吸纳素质较高的就业者,此时,以县城为主的小城镇成为吸纳农村剩余劳动力的最大市场。小城镇在吸收农村剩余劳动力方面有其独特的优势:

第一,资源优势。乡镇企业发展之初的基础设施较为完善,对农村剩余劳动力转移有容纳能力,并且可以节省一部分投资。

第二,农村剩余劳动力向小城镇转移的成本和风险较低。由于小城镇邻近农村,使转出的农民依然接近土地,拥有对土地的使用权,从而降低了转移成本和就业风险,增加了劳动力的转移信心。行政区划接近,在地区政策上相近,省去了变更户籍等的烦琐,也可就近安排子女入学。

第三,小城镇处于农村与大中城市的交界处,可以充分利用农村和城市的资源发展自身经济。

第四,小城镇的发展成本低、资源占有量小。小城镇发展所需的技术与资本远低于大中小城市,其吸纳剩余劳动力所需的就业花费和小城镇基础设施费用也比大中小城市低得多。

凭借这些优势,应重视小城镇建设,对小城镇进行科学规划,在设计上能够容纳更多人生活和发展。同时,要完善和加强小城镇的基础设施建设。政府在政策方针上应给予小城镇合理引导和支持,培育更多适应当地实际情况的乡镇企业,努力为小城镇营造良好的投资和生活环境;完善相关政策支持小城镇的发展与建设,消除制度障碍,为农村剩余劳动力转移提供空间。

(3)加强农业建设,提高其内部消化潜力。

第一,加强农业基础设施建设。主要是加大对农村地区交通运输、水利工程、电力电网等的修建和治理力度。基础设施完善既有利于发展农业,确保中国的粮食安全,又有利于缩小城乡经济的差距。同时,建设基础设施需要投入大量劳动力,不失为一个解决农民工就业问题的重要渠道。

第二,改变单一的农业结构,大力发展"大农业"。根据就业结构和产业结构的协调原则:产业部门是就业的载体,产业结构改变将不可避免地导致就业结构改变,通过调整产业结构可以调整就业结构。农业结构中,农业、林业、畜牧业和渔业的劳动力行业需求数量是不一样的。种植业属于土地密集型产业,而林牧副渔业属于劳动密集型产业,因此,林牧副渔业比种植业能够吸纳更多的劳动力。研究表明,谷物用工 210 人/公顷,蔬菜用工 930 人/公顷,水果用工 1 005 人/公顷,淡水鱼用工 465 人/公顷,生猪每头用工 21 人,牛每头用工 57 人。因此,应加快发展林牧副渔业,通过农、林、牧、副、渔的协调发展,突出地区优势,充分利用"大农业"丰富的资源来发展农村经济,扩大农村剩余劳动力就业。同时,加大对农村地区经济的支持力度,扩大农业投入,吸引外出打工的农民工返回家乡从事"大农业"生产,促进劳动力在当地的就业。

第三,实行农业产业化经营。农业产业化是主导产业带动、关联产业协调发展、多种行业一体化的发展体系。应拉长农业产业链，建立农业生产、加工、销售等多产品和劳务的纵向发展模式。将农业与工业和服务业结合，农业从原来的第一产业领域扩大到第二、三产业领域，三者相互融合，将会极大地拓展农业就业空间，直接增加对农村剩余劳动力的需求，使农村剩余劳动力在农业内部充分就业。

第四，实行农业规模化经营。农业规模化经营可以合理配置农村土地资源，提高农业经济效益。同时，规模化经营为解决劳动力就地就业提供了机会。发展之初的农业规模化经营，在机械化前提下，仍需利用一部分劳动力进行农业生产。

(4)建立城乡一体化户籍管理制度。农村剩余劳动力向城市及小城镇转移，既是农村社会变革中具有生命活力的体现，也是不断缩小城乡差距，实现城乡统筹、协调发展的必然选择。

城乡分治的户籍制度严重影响了农村发展和农村剩余劳动力的顺畅转移。建立城乡一体化户籍管理制度，首先，要从根本上消除"农业户口"和"非农业户口"的区分，实行城乡一体化户籍登记制度。其次，要取消与户籍相联系的社会待遇差别。最后，要从法律上保护城乡一体化户籍制度的实施，逐步完善户籍方面的法律法规体系。建立城乡户籍一体化，其目的是"让户籍制度回归户籍管理的功能，强化其为人口信息和民事关系提供证明服务的功能，削弱其控制人口流动的功能，逐渐将各种特权和特殊利益分配与户籍身份相剥离"。

(5)改善劳动力市场，确保农村剩余劳动力有序、有组织地转移。长期以来，中国农村剩余劳动力的转移缺乏有效引导，具有一定的盲目性。农村剩余劳动力到外地打工多是由亲属或同乡带出去。由于缺乏规范性和相关政策的保护，导致很多劳动者的权益得不到维护。因此，劳动力流动的宏观协调机构的建立成为必要。该机构的职责在于：收集转移劳动力的概况，包括其构成、流向、流量等信息，同时提供劳动力转移的就业信息，保证转移劳动力就业信息的对称性；对本地区中长期劳动力转移进行规划。该机构成立的目标是协调农村剩余劳动力有序地跨区域流动，逐步实现城乡、区域间劳动力市场一体化。

政府职责还包括农村剩余劳动力转移的规划建设，以政府为主导，实现农村剩余劳动力有组织地转移。逐步构筑由政府倡导、社会组织参与的农村剩余劳动力就业信息收集、技术培训、咨询、中介和合法权益保护的综合服务网络。农村剩余劳动力转移的组织化还应包括：创造具有当地农民工特色的品牌,政府建立和完善劳务输出机制,为劳动力外出打工提供法律上的支持和服务,保障其合法权益。

(6)积极拓展国外劳务市场,扩大农村剩余劳动力转移空间。农村剩余劳动力数以万计,转移工程规模巨大,大中城市和小城镇虽然可以吸收一部分农村剩余劳动力,但因现实条件及一些因素制约,其容量仍有限。在这种情况下,必须开辟农村剩余劳动力转移的国际空间,促进劳动力对外输出,在国际劳动力市场上谋求发展,以缓解中国国内的就业压力。目前,由于对外劳务输出尚不完善,国家可在有条件的地区率先试行,多形式、多途径、多层次地实现农村剩余劳动力对外输出。对外劳务输出可采取政府主导、社会组织参与的形式,将组织安排与劳动者个体自谋出路相结合,从而有效实现农村剩余劳动力的转移。

(7)多种措施相结合,解决农村剩余劳动力转移过程中的社会问题。农村剩余劳动力转移带来的社会问题是多方面的,需要利用多种措施来解决。首先,倡导由政府牵头、全民参与的关爱"留守儿童"和"空巢老人"的社会活动,尤其是在社会保障方面给予特殊保护。其次,加大环境保护的宣传力度,提高环保意识。再次,外出务工人员的务工单位有责任对其进行培训,提高其各方面素质。最后,重视对外出务工人员的政策宣讲工作,做到不同地区政策的合理对接,避免出现两地不同政策的冲突。

3.4 本章小结

本章首先测算了1978—2015年农村剩余劳动力转移量,以及包含农村劳动力省际转移量和转移方向信息的关系数据。在此基础上,采用统计性描述分析、社会网络分析等方法,分析了中国农村劳动力省际转移的时空特征及其影响因素特征。结论表明:(1)1978—2015年中国农村劳动力省际转移量呈上升趋势,在转移方向上具有复杂网络特征,转入转出主要集聚在"胡焕庸线"以东地区,线西为稀疏区。劳动力转入地主要集聚在珠三角、长三角和环渤海经济圈的北京。农村劳动力省际转移表现出"近水楼台先得月"的就近转移特征:珠三角吸纳的劳动力主要来自沿长江和长江以南省区;长三角劳动力主要来自沿长江、黄河及两者之间省区;转入北京的劳动力主要来自黄河沿线及其以北地区。该结果虽然与早期的"孔雀东南飞"现象相一致,但可更精确地表述为"一江春水向东流",且"门前流水尚能西"。(2)块模型结果表明,依据经济发展水平,农村劳动力省际转移具有"门当户对"的梯度性渐次转移和"近水楼台先得月"的就近转移特征。即经济欠发达省份的劳动力转入经济中等发达省份,经济中等发达省份的劳动力转入经济发达省份;而经济欠发达省份的劳动力跳跃"阶梯"或"桥梁"直接转入经济发达省份的比例并不大。具体路径是:第一是"净转入块",主要由北京、天津、上海和广东等发达省区组成。第二是"桥梁块",表现为自身吸纳其他模块劳动力流入,但又向第一模块输出劳动力,主要由山东、河北、江苏、浙江和山西等经济较活跃省区组成。第三是"双向转出块",表现为向第一和第二模块输出劳动力,模块内部成员之间相互转入、转出劳动力,但较少吸收其他模块劳动力转入,主要由黑龙江、吉林、甘肃、广西等东北和西部经济较活跃省区组成。第四是"净转出块",由中部省区和西部省区中的四川省组成,表现为主要向其他模块输出劳动力,较少吸收其他模块劳动力转入。(3)农村劳动力省际转移的影响因素是十分复杂的,经济因素的影响最为显著。经济规模对劳动力转移影响力呈倒 U 形,产业结构、对外开放度和受教育程度与劳动力转移正相关,特别是对外开放度和产业结构,对劳动力省际转移量和转移方向具有"指示灯"式的引导性。人口规模和耕地面积与转移量显著负相关,是劳动力转出的重要推力。总结来看,农村劳动力省际转移是源地"推力"和汇地"拉力"综合作用的结果,其中汇地"拉力"对劳动力转移起主要作用。

第4章 劳动力转移经济效应:内在机制与理论模型

本章从"内在机制"和"理论模型推导"两部分探析农村剩余劳动力转移经济效应。一是在"内在机制"部分阐述农村剩余劳动力转移与经济增长相关关系,并在此基础上探析劳动力转移拉动经济增长路径;二是在"理论模型推导"部分通过图示和数理推导劳动力转移经济效应。

实证分析是一种通过观察和收集数据来验证假设或理论的方法。它是科学研究中常用的一种方法,可以帮助我们了解事物的本质和规律。然而,在进行实证分析之前,进行内在机理分析同样是非常重要的。内在机理分析是指对事物的内在原因和机制进行分析,通过理论推导和逻辑推理来揭示事物的本质和规律。下面我们将探讨在实证分析前进行内在机理分析的重要性。

首先,内在机理分析可以帮助我们建立合理的假设和理论。在进行实证分析之前,我们需要先建立一个合理的假设或理论来指导我们的观察和实证研究。而内在机理分析可以帮助我们深入理解事物的本质和规律,从而建立起更加合理和准确的假设和理论。只有建立在合理的假设和理论基础上的实证研究才能得出有意义和可靠的结论。

在科学研究中,建立合理的假设和理论是非常重要的。这些假设和理论可以指导我们的研究方向和实证分析,从而帮助我们深入理解事物的本质和规律。而内在机理分析则是建立合理的假设和理论的重要一环。(1)内在机理分析可以帮助我们理解事物的本质和规律。在进行内在机理分析时,我们需要深入研究事物的内在原因和机制,通过理论推导和逻辑推理来揭示事物的本质和规律。只有深入理解事物的本质和规律,我们才能建立起合理的假设和理论,从而指导我们的研究和实证分析。(2)内在机理分析可以帮助我们发现隐藏的规律和关联。通过对事物的内在机理进行分析,我们可以发现事物之间隐藏的规律和关联,从而建立起更加准确和全面的假设和理论。这些隐藏的规律和关联可能对我们的研究和实证分析具有重要的指导意义,帮助我们深入理解事物的本质和规律。(3)内在机理分析可以帮助我们预测未来的发展趋势。通过对事物的内在机理进行分析,我们可以更好地理解事物的发展规律和趋势,从而预测未来的发展方向。只有在深入理解事物的内在机理的基础上,我们才能做出更加准确和可靠的预测,指导我们的研究和实证分析。

综上所述,内在机理分析可以帮助我们建立合理的假设和理论。通过深入研究事物的内在原因和机制,我们可以理解事物的本质和规律,发现隐藏的规律和关联,以及预测未来的发展趋势。只有建立在合理的假设和理论基础上的研究和实证分析才能得出有意义和可靠的结论,推动科学知识的发展和进步。因此,内在机理分析在科学研究中具有重要的意义和作用。

其次,内在机理分析可以帮助我们选择合适的实证方法和研究设计。不同的问题和假设需要采用不同的实证方法和研究设计来进行验证和检验。通过内在机理分析,我们可以更好地了解问题的本质和特点,从而选择最合适的实证方法和研究设计。只有选择合适的实证方法和研究设计,才能得出可靠和有效的实证结果。

在社会科学研究中,内在机理分析是一种重要的方法,它可以帮助研究者理解事件背后的原因和动因,从而选择合适的实证方法和研究设计。内在机理分析是指通过分析事件发生的内在机制和逻辑,揭示事件的本质和规律,从而指导研究者进行实证研究。(1)内在机理分析可以帮助研究者选择合适的实证方法。通过深入分析事件发生的内在机制,研究者可以确定适合研究该事件的实证方法。例如,如果研究的事件是由特定的社会机制导致的,那么可以选择使用定性研究方法来深入探讨这些机制的运作方式;如果事件涉及大量的数据和统计分析,那么可以选择使用定量研究方法来验证事件的规律性。(2)内在机理分析可以帮助研究者选择合适的研究设计。通过分析事件的内在机理,研究者可以确定研究目的和研究问题,从而设计出合适的研究框架和研究方法。例如,如果研究目的是探讨事件的原因和影响,那么可以选择使用案例研究或实证研究来深入研究事件的发展过程;如果研究目的是验证事件的规律性和普遍性,那么可以选择使用实验研究或跨国比较研究来验证事件的普适性。

总之,内在机理分析是社会科学研究中的重要方法,它可以帮助研究者理解事件的本质和规律,从而选择合适的实证方法和研究设计。通过内在机理分析,研究者可以更好地把握研究的方向和重点,提高研究的科学性和可靠性。因此,在进行社会科学研究时,我们应该注重内在机理分析,以提高研究的质量和效果。

最后,内在机理分析可以帮助我们解释实证结果和推断未来趋势。在实证分析得出结果之后,我们需要对结果进行解释和推断未来趋势。而内在机理分析可以帮助我们深入理解事物的本质和规律,从而更好地解释实证结果和推断未来趋势。只有在深入理解事物的内在机理的基础上,我们才能得出更加准确和可靠的解释和推断。

在研究和探讨各种现象和事件时,我们常常需要通过实证研究来获取数据和结果。然而,仅仅凭借实证结果本身往往难以完全解释事物的发生和发展。因此,通过内在机理分析来探究事件或现象背后的原因和机制,可以帮助我们更好地解释实证结果。(1)内在机理分析能够揭示事件或现象的根本原因。实证研究通常只能提供表面的数据和结果,而无法深入探究事物发生的真正原因。通过内在机理分析,我们可以深入挖掘事物的内在机制和规律,找出事件发生的根本原因。例如,通过分析市场供求关系的内在机理,可以更好地解释价格波动的原因和趋势。(2)内在机理分析有助于建立因果关系。实证结果往往只能呈现事物之间的相关性,而无法确定因果关系。通过内在机理分析,我们可以揭示事件或现象之间的因果关系,从而更准确地解释实证结果。例如,通过分析气候变化的内在机理,可以更好地理解气温升高与极端天气事件增多之间的因果关系。(3)内在机理分析还能帮助我们发现隐藏的规律和模式。实证研究通常只能呈现数据和结果,而无法揭示其中的规律和模式。通过内在机理分析,我们可以深入探究事物的内在机制,发现其中的模式和规律,从而更好地解释实证结果。例如,通过分析人类行为的内在机理,可以揭示人类社会中的规律和模式。

因此,通过内在机理分析,可以帮助我们更好地解释实证结果。这种分析方法能够揭示事件或现象的根本原因,建立因果关系,发现隐藏的规律和模式,从而提高我们对事物的理解和解释水平。因此,在研究和探讨各种现象和事件时,我们应当注重内在机理分析,以更全面地理解和解释实证结果。

综上所述,在实证分析前进行内在机理分析是非常重要的。它可以帮助我们建立合理的假设和理论、选择合适的实证方法和研究设计,以及解释实证结果和推断未来趋势。只有在内在机理分析的基础上进行实证分析,我们才能得出有意义和可靠的结论,从而推动科学知识的发展和进步。

4.1 内在机制

4.1.1 劳动力转移与经济效应两者关联关系

(1)劳动转移与促进经济增长的关联关系

随着中国经济的快速发展,农村劳动力转移就业已成为一个重要的社会现象。农村劳动力转移就业指的是农村劳动力通过各种途径,如外出务工、创业等方式,从农村转移到城市或其他地区就业。这一现象不仅对农村地区的经济发展产生了深远的影响,同时也对整个国家的经济增长起到了积极的推动作用。

第一,农村劳动力转移就业有利于优化劳动力资源配置。一是农村劳动力转移就业有利于缓解农村劳动力过剩的问题。在农村地区,由于农业劳动力过剩,农民的就业机会相对较少。随着农村经济的发展,农村劳动力供大于求的情况日益严重,导致产生大量的闲置劳动力。而通过转移就业,农民可以选择更适合自己发展的行业和岗位,这些闲置劳动力可以得到有效利用,实现了劳动力资源的优化配置,从而缓解了农村劳动力过剩的问题。二是农村劳动力转移就业为城市提供了劳动力资源配置。随着城市化进程的加快,城市对劳动力的需求逐渐增加,而农村劳动力转移就业正好能够满足这种需求。通过将农村劳动力引入城市,可以为城市提供更多的劳动力资源,从而促进了城市经济的发展。同时,农村劳动力转移就业也有助于缓解城市劳动力短缺的问题,为城市的经济发展提供了有力支持。这不仅提高了劳动力的生产效率,也为经济发展提供了更多的人力支持。

第二,农村劳动力转移就业有利于促进城乡经济融合发展。一是农村劳动力转移就业使大量的农民进入城市或其他地区就业,这不仅为城市的建设和发展提供了劳动力支持,也促进了城乡经济的融合发展。此外,农民工的工资收入也会带动农村地区的消费水平提升,进一步促进了城乡经济的互动和共同发展。二是随着农村劳动力的转移就业,农民的收入得到了提高,同时也为城市提供了更多的劳动力资源。这种跨地区的劳动力流动促进了城乡之间的经济联系和资源共享,有利于打破城乡之间的发展壁垒,促进了城乡经济的融合发展。三是农村劳动力转移就业有利于促进农村与城市之间的人才交流和文化交流。通过务工、创业等方式到城市就业的农村劳动力,不仅能够获得更广阔的发展空间和更高的收入,同时也能够接触到城市的先进科技和管理经验,促进了农村与城市之间的人才交流和文化交流。

第三,农村劳动力转移就业有利于推动产业结构升级和经济转型升级。一是农村劳动力转移就业有利于推动产业结构升级。随着农村劳动力的转移就业,农村地区的劳动力资源得到了合理配置和有效利用,有利于推动农村产业结构的升级和优化。一些务工回乡的农民还能够带回城市的先进技术和管理经验,促进了农村产业的发展和现代化进程。这种产业结构的升级不仅有利于提高农村地区的经济效益,还能够为整个国民经济的结构调整提供有力支持。二是农村劳动力转移就业有利于推动经济转型升级。这种经济转型升级不仅有利于提高农村地区的经济效益,还能够促进整个国民经济的转型升级,推动经济结构朝着更加高效、绿色和可持续的方向发展。三是农村劳动力转移就业有利于推动区域经济协调发展。随着农村劳动力的转移就业,不仅能够促进农村地区的产业结构升级和经济转型升级,还有利于促进城乡之间的经济联系和资源共享,有助于打破城乡之间的发展壁垒,促进了区域经济的协调发展。

总的来说,农村劳动力转移与促进经济增长之间存在着密切的内在关联关系。农村劳动力转移为城市提供了廉价劳动力资源,促进了城市经济的增长。一方面,促进了城市的产业升级和技术进步,为城市经济的发展提供了新的动力;另一方面,也为农村地区带来了新的发展机遇,促进了农村经济的发展和壮大。因此,应该积极引导和促进农村劳动力的转移,充分发挥其对经济增长的积极作用。

(2)劳动力转移与农业产出的关联关系

随着城市化的不断推进,农村劳动力转移至城市就业已成为一种普遍现象。关于农村劳动力转出对农业产出的影响,存在两个观点:一种观点认为,农村劳动力转出对农业产出具有积极影响或农业产出不受影响;另一种观点认为,农村劳动力转出对农业产出具有负面影响。

持乐观态度者认为:一是农村劳动力转出能够减轻农村劳动力过剩问题,提高劳动力的利用效率。在许多农村地区,劳动力过剩导致了农业生产的效率低下和农民收入的下降。而随着部分劳动力转移到城市从事非农业工作,农村劳动力的结构将得到优化,剩下的农业劳动力将更加专注于农业生产,从而提高了生产效率和产出水平。二是农村劳动力转出有利于农业现代化和技术进步。随着农村劳动力的转移,农业生产方式和技术将面临挑战,需要进行调整和改进。这将促使农业生产朝着更加高效、智能化和可持续化的方向发展,从而提高了农业产出的质量和数量。三是农村劳动力转出也带来了农业生产结构的调整和优化。随着农村劳动力的转移,农业生产结构将更加多样化,农产品的品种和产量也将得到提升。这将有利于满足市场需求,增加农产品的供给量,从而促进了农业产出的增加。

持悲观态度者则认为:一是劳动力转移导致农业劳动力短缺,影响了农业生产的效率和产出。农村劳动力的流失意味着农田的管理和耕作工作难以顺利进行,从而影响了农作物的生长和产量。此外,农村劳动力转移也导致了农业生产成本的上升,因为农民需要支付更高的工资来吸引雇用农业劳动力。二是劳动力转移带来了农业生产结构的变化。许多农村劳动力转移至城市从事非农业工作,导致了农业劳动力的减少和老龄化。这意味着农业生产方式和技术将面临挑战,需要进行调整和改进。同时,农业生产结构的变化也会影响农产品的品种和产量,从而对农业产出产生影响。三是劳动力转移也带来了农村经济的发展和转型。随着农村劳动力的转移,农村经济结构逐渐向非农业领域转变,农村居民的收入来源也更加多样化。这种转变对农业产出的影响是复杂的,既可能带来新的机遇和挑战,也可能带来新的动力和活力。

综上所述,劳动力转移与农业产出之间存在着密切的关联关系。劳动力转移对农业生产的影响是多方面的,需要综合考虑各种因素,采取相应的政策和措施来促进农业产出的稳定和增长。只有在充分认识和理解劳动力转移与农业产出之间的关系的基础上,才能更好地推动农业现代化,提高农业产出和农民收入水平。

(3)劳动力转移与收入的关联关系

随着中国城乡经济发展不平衡和产业结构调整,越来越多的农村劳动力选择到城市工作,以谋求更好的生活和收入。这种农村劳动力转移对于个人收入水平有着积极的影响。首先,农村劳动力转移到城市工作可以获得更高的收入。相比于农村的务农收入,城市工作的薪资通常更高,而且还有更多的机会提升收入。许多农村劳动力选择到城市从事建筑业、服务业、制造业等工作,通过努力工作可以获得比农村更高的收入,改善自己和家人的生活水平。其次,农村劳动力转移可以带动农村地区的经济发展,从而间接提高个人收入水平。一方面,农村劳动力转移后会将城市的收入带回农村,促进当地经济的发展,提高农村的整体收入水平;另一方面,农村劳动力转移也会带来技能和经验的积累,有利于农村地区的产业升级和就业机会增加,从而提高农村劳动力的个人收入。最后,农村劳动力转移也面临一些问题。一些农村劳动力在城市工作时可能面临着低工资、长工时、劳动强度大等问题,导致收入不稳定或者无法提高。此外,一些农村劳动力在城市工作后也会面临社会保障、医疗保障等方面的困难,影响到个人的收入和生活质量。

4.1.2 劳动力转移、产业结构与经济增长关联途径

提升劳动力对经济增长的贡献可通过三种途径实现:第一,强化劳动力自身人力资本;第二,增加劳动技能培训;第三,调整劳动力在产业间的就业结构,即优化产业间劳动力资源配置。强化人力资本非短时间内一蹴而就,更多依赖于长时间累积,如受教育年限增加。并且这种提升人力资本的形式更倾向于从小开始,即在成为社会劳动力之前就已开始积累。通过技能培训可以较好地增加劳动者就业概率,这需要付出培训成本,且也会造成劳动力就业摩擦,由此产生就业风险。调整劳动力在产业间的就业结构,优化产业间劳动力资源配置,促进劳动力由第一产业向第二、三产业转移,相比之下放宽了对人力资本等的要求,增加了劳动者就业概率。从具体情况看,2015年《农民工监测调查报告》表明,2011－2015年农民工总量不断增加,青壮年农民工比重继续下降,2015年农民工平均年龄为38.6岁。由此可知,农村剩余劳动力通过提升人力资本的途径强化劳动力技能,可操作性较差。2015年,农民工总量中,初中及以下农民工占比74.8%,若都进行技能培训,则将面临较大的时间和经济成本。而通过调整产业就业结构,提升劳动力生产效率,与前两者相比,一是不需要付出受教育时间成本,二是不需要付出培训时间与经济成本,具有较强的可实施性,即农村剩余劳动力转移对经济增长贡献的意义所在。与实现农村剩余劳动力转移就业相对应的是第二、三产业是否具有容纳劳动力就业的能力,以下本书通过研究1978－2015年三次产业占比演变趋势来探析第二、三产业的就业容纳力,详见图4.1。图4.1表明,1978－2015年第二、三产业比重不断增加,特别是2015年第三产业产值占比超过50%,具有容纳农村剩余劳动力就业的能力。即农村剩余劳动力通过转移改变就业结构,是提升劳动力自身劳动效率进而促进经济增长的一条可实施的有效途径。

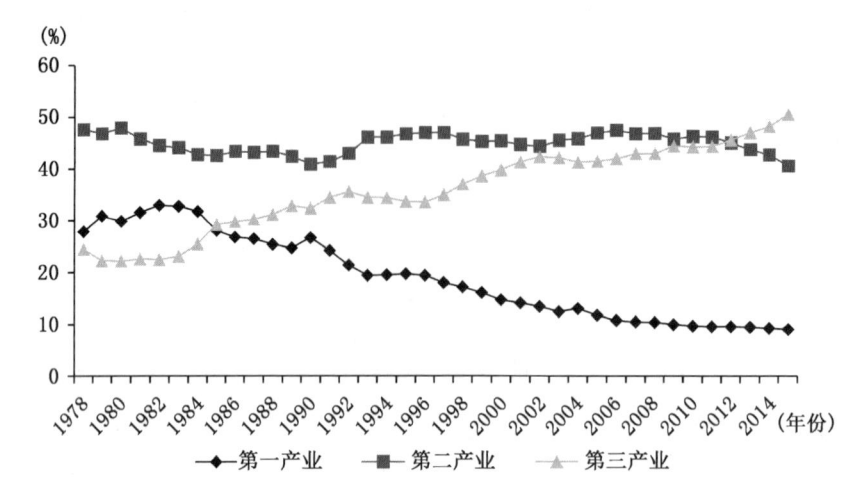

图 4.1　1978—2015 年三次产业增加值占总产出的百分比

农村剩余劳动力转移与经济增长内在逻辑关系如下：

(1)农村剩余劳动力转移与产业结构的相互作用

农村剩余劳动力转移与产业结构变动过程两者相依相偎，既能相互促进，同时也会相互制约，表现为：一是当劳动力转移过程引致的劳动力资源在产业间合理配置时，劳动力转移会促进产业结构的合理改善，进而强化产业结构变动对劳动力转移就业的吸力；二是当劳动力转移速度与产业结构变动产生摩擦时，各生产部门因为劳动力资源获取量的限制会阻碍产业结构的调整，进而使可接收转移劳动力就业的岗位量增速放缓甚至减少，这会抑制劳动力转移速度，从而陷入两者相互"摩擦"的恶性循环之中。

产业就业岗位是劳动力就业的实质基础。从产业结构上看，三次产业结构占比决定着劳动力的就业结构，因为产业的生产发展离不开要素投入，而作为生产要素中最具能动性的劳动力，是生产生活中必不可少的生产要素，越是在产业结构中占比较大的产业，对劳动力需求就会越多，进而劳动力就业占比会较其他产业更多。产业结构和就业结构的现实情况为，第一产业占比较低，第二、三产业占比较大，劳动力在产业间的就业结构与此相对应，也表现为第一产业劳动力就业占比较低，第二、三产业就业占比较高。从地理位置上看，产业结构在地理位置上的布局影响劳动力就业的地理位置选择。劳动力转移至非农部门就业，一部分会在本地务工，而更多的劳动力会选择外出就业，从而形成了劳动力转移经典路径"孔雀东南飞"。从劳动力自身看,劳动力转移就业由于生产生活环境的改变,"干中学"会使转移劳动力的生产效率和自身素质得到潜移默化的提升,这无论是对于继续从事非农就业还是回乡就业,劳动力自身的产出均会增多,劳动力非农就业成功的概率和就业稳定性也将有所提升。

劳动力转移是适应产业结构优化升级所需并助力产业结构升级的重要过程。克拉克定理表明,随着生产发展,劳动力会由第一产业逐次转移至第二产业和第三产业。因为在经济发展过程中,拉动社会经济增长和发展的主导产业在不断变化,各产业对经济增长的助力作用在不同时期扮演着不同的角色,所以产业能够成功地扮演好其在经济社会发展中的角色离不开产业的稳定发展,而稳定发展的基础是生产要素特别是劳动力的投入。因此,产业发展中如果可以得到充分的劳动力投入,产业就会获得发展的活力;反之,如果劳动力需求不被满足,则会影响产业的发展。

由此,应该改善现有劳动力转出就业的不利环境,促进农村剩余劳动力合理有序地向非农产业部门转移,并助力非农部门发展。非农产业部门在发展的同时,不断创造就业岗位,产生对劳动力转入就业的吸力,从而形成劳动力转移与产业发展的"双赢"格局。

(2)产业结构变动与经济增长的相互作用

在西方工业革命之前,农业部门是社会最主要的生产部门,与之相对应的重要投入要素是劳动力和土地。受限于农产品产出的季节性和土地的有限性,农业生产部门对社会进步的贡献越来越受到阻碍。工业革命后,非农部门开始发展,第二产业成为劳动经济增长乃至整个社会发展的主要力量,一时间劳动密集型企业开始显现。至现阶段,第二产业和第三产业,在发达地区特别是第三产业,已成为拉动经济增长的主要力量。与配第一克拉克理论具有相似性,各产业对经济增长的拉动贡献随时间发展也在不断变化,由最初的第一产业逐次转化为第三产业。产业结构变动是劳动经济增长的助力因素,反过来,产业结构变动也是经济增长的必然要求。具体原因有两个:一是三次产业间的投入要素生产效率和要素使用效率存在不同,具有从第一产业至第三产业不断提升的趋势,因而从生产要素及资源的合理优化配置上看,劳动力由第一产业向第二、三产业转移是生产要素充分利用和生产发展所需;二是从就业岗位上看,第一产业中的就业岗位增加概率较小,第二、三产业就业岗位不断增多,劳动力转移也使得城镇生产生活更加舒适便利,这有利于劳动力进一步转移和城镇化进行。

(3)农村剩余劳动力转移与经济增长

本书从以下三点阐释农村剩余劳动力转移与经济增长的关系：一是经济增长率中全要素生产率的提升。劳动力转移至第二、三产业就业，从本质上看，是生产活动中资本劳动比的配置变化过程，生产活动中合理的资本劳动比能够获得较优选择的产出，产出增加从而社会总产出增加、经济增长。二是生产要素市场扭曲与资源再配置。随着生产发展，农业生产效率的提升使得更多的劳动力从农业生产部门解放出来，从而形成剩余劳动力。剩余劳动力的特点就是劳动力资源没有得到有效使用，而劳动力转移至非农部门就业，不仅可以使劳动力得到有效使用，也可以使劳动力资源得到合理优化配置。三是劳动力自身生产率提高、产出增多。农村剩余劳动力从农业部门向非农部门转移，由于非农部门生产率高于农业部门，从而转移劳动力自身边际产出增多，扩大非农部门产出，使得社会产出增多。劳动力边际产出增多促使劳动力工资水平乃至实际收入增多，生活水平提升，社会消费增多，进而扩大社会需求，从产品需求供给的角度拉动经济增长。农村剩余劳动力转移与经济增长的机制流程见图 4.2。

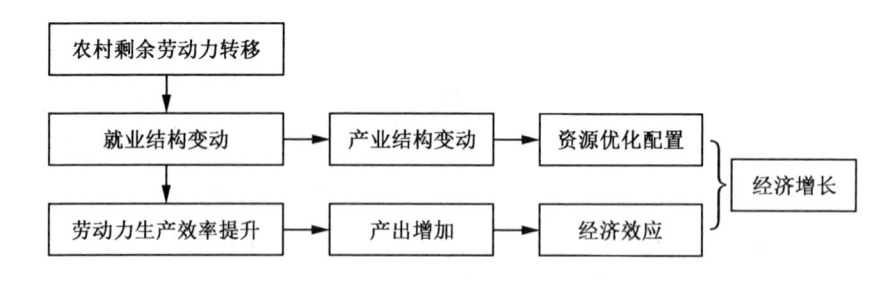

图 4.2 农村剩余劳动力转移与经济增长的机制流程

4.1.3 劳动力转移拉动经济增长路径分析

(1)劳动力在产业间转移的情形

根据三次产业划分的规定，本书将第一产业称为农业部门，将第二、三产业称为非农部门。假设农业部门的产出为 Y_1，劳动量为 L_1，非农部门的产出和劳动量分别为 Y_{23}、L_{23}。社会总产出为 $Y(Y=Y_1+Y_{23})$，社会劳动量为 $L(L=L_1+L_{23})$。假设劳动力在农业部门和非农部门的边际产出分别为 $\partial L_1/\partial Y_1$、$\partial L_{23}/\partial Y_{23}$。由于农业产出受季节、天气等自然因素的影响，其产出在时间上不具有连续性。非农产业则不同，其生产大多不受自然条件限制，产出在时间上连续性强，因此，不失一般性地可假设

$\partial L_{23}/\partial Y_{23} > \partial L_1/\partial Y_1$。根据微观经济学中"工资取决于劳动的边际产品"原则[①]可知,$\partial L_1/\partial Y_1 = w_1$,$\partial L_{23}/\partial Y_{23} = w_{23}$,则 $w_1 < w_{23}$。刘易斯二元经济结构理论、托达罗模型、哈里斯—托达罗模型、斯塔克相对贫困假说均表明,劳动力转移行为具有理性,其对美好生活的追求促使劳动力从农业部门向非农部门转移。农村剩余劳动力转移以保持现有农业部门产出水平为前提,因而在存在农村剩余劳动力转出的情况下,农业部门产出具有 $Y_{1,t} \leqslant Y_{1,t+1}$ 特征。假设非农部门产出遵循经典的 Cobb-Douglas 生产函数(简称 C-D 生产函数),$Y_{23} = AK_{23}^{\alpha}L_{23}^{\beta}$,在农村剩余劳动力转入后非农部门的劳动量为 L_{23+1},则非农部门产出为 $Y_{23+1} = AK_{23}^{\alpha}L_{23+1}^{\beta}$。由于 $L_{23}^{\beta} < L_{23+1}^{\beta}$,则有 $Y_{23+1} \geqslant Y_{23}$,进一步地有总产出 $Y_1 + Y_{23} \leqslant Y_1 + Y_{23+1}$。综上可知,农村剩余劳动力转移使得劳动力自身边际产出增多,转移劳动力生产率提高,产出总产量提升。

(2)劳动力在省区间转移的情形

假设存在两个省份 i、j,为符合中国国情和劳动力在省区间转移的实际情形,进一步假设 i 省为农村剩余劳动力转出省区,j 省为劳动力转入省区。由于劳动力满足理性人假设,且追求美好生活,因而有 $\partial L_{j,23}/\partial Y_{j,23} > \partial L_{i,1}/\partial Y_{i,1}$。由上文劳动力在产业间的转移情形可知,$\partial L_{j,23}/\partial Y_{j,23}$ 与 $\partial L_{i,1}/\partial Y_{i,1}$ 差距越大,j 省对 i 省的农业剩余劳动力转入越具有吸引力,在两省产出上有 $Y_{j,1} + Y_{j,23+1} + Y_{i,1} + Y_{i,23} \geqslant Y_{j,1} + Y_{j,23} + Y_{i,1} + Y_{i,23}$。更进一步地符合中国实际情形,假设 i 省为欠发达省区,且为农村剩余劳动力转出地,j 省为发达省区,且为劳动力转入地,不失一般性地有 $\partial L_{i,23}/\partial Y_{i,23} < \partial L_{j,23}/\partial Y_{j,23}$[②],则有 $Y_{j,1} + Y_{j,23} > Y_{i,1} + Y_{i,23}$,即劳动力在经济水平差距较大的省区间转移更有助于提升劳动力边际产出和总产出。中国内地包含31省区,每一省区的产业结构、发展水平及劳动力生产率等均存在或多或少的差异,这使得农村剩余劳动力在各省区间转移具有多选性,即劳动力转入、转出同时发生在多个省区。这既是劳动力在省区间资源优化配置的表现,同时也是提升总产出、促进经济增长的重要途径之一。在以上的探讨中,本书并未将劳动力转移的成本考虑进去,但这并不影响上述结论的成立,因为即使将转移成本纳入考虑,"对美好生活的向往"依然会激励劳动力向尽可能高的边际产出省区转入,从而使得

---

① 约翰·贝茨·克拉克(John Bates Clark,1847—1938)的工资理论、阿尔弗雷德·马歇尔(Alfred Marshall,1842—1924)的工资理论。

② 具体的数据推算依据详见附录。

上述结论依然成立。

4.2 理论模型推导

4.2.1 经济效应图示分析

以上分析了农村剩余劳动力转移对经济增长贡献的理论机制。那么现阶段,农村剩余劳动力是否均已实现资源优化配置?对经济增长的促进作用该如何衡量?本书以下对此做分析。2015年全国总就业人口为77 451万人,第一产业就业人员为21 919万人,占比28.30%。[①] 相比发达国家,以美国为例,2015年农业就业人员占比1.78%;相比亚洲高水平发展国家,以韩国为例,2015年农业从业人员占比5.23%。[②] 我国第一产业就业同比美国高出26.52个百分点,高于韩国23.07个百分点。这说明我国劳动力资源在农业中的配置无论是数量还是百分比都远高于发达国家,农业部门存在劳动力冗余或低劳动力生产效率现象。对比两部门情形:农业部门劳动力边际产出较低,存在农村剩余劳动力;非农部门劳动力边际产出较高(高于农业部门),且存在能够容纳农村剩余劳动力就业的工作岗位。农村剩余劳动力由农业部门转至非农部门就业在实现劳动力资源优化配置的同时,会增加劳动力自身边际产出,进而社会总产出增加、经济增长。为直观展示农村剩余劳动力转移对总产出(经济增长)的影响过程,本书通过图4.3和图4.4进行对比分析。

如图4.3所示,社会生产由农业部门和非农部门构成,Q_aQ_n 表示社会总劳动力数量,其中,Q_aC_0 为农业部门劳动力投入量,C_0Q_n 为非农部门劳动力投入量。与各部门劳动力投入量相对应,农业部门和非农部门劳动力边际产出曲线分别为 MPL_a 和 MPL_n。在"二元经济"初始情况时,农业部门的农业劳动力数量多于农业生产所需的必要劳动力数量,存在"隐藏"的劳动力剩余。非农部门是拉动经济增长的主要部门,且存在较多的就业岗位。由此与实际的两部门生产活动情况相契合,设定 $MPL_n > MPL_a$。与初始情况相对应的总产出可表示为:

[①] 数据来源于《中国统计年鉴》(2016)。
[②] https://data.worldbank.org.cn/country。美国、韩国农业从业人员总数由劳动力女性、男性占比,以及农业女性(男性)占女性(男性)总就业百分比计算得出。

$$Y_0 = Y_a + Y_n = \int_0^{Q_a C_0} MPL_a dL_a + \int_0^{C_0 Q_n} MPL_n dL_n \tag{4.1}$$

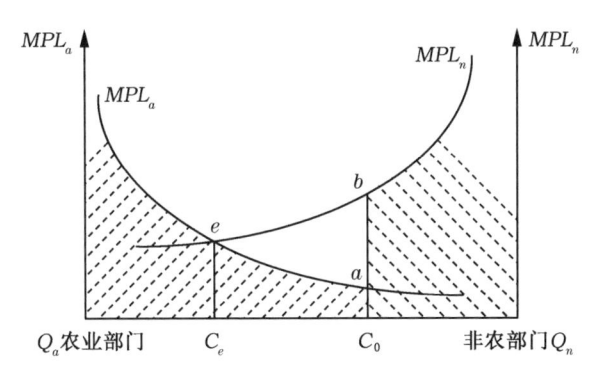

图 4.3　劳动力转移经济增长机理(初始情况)

劳动力边际产出决定劳动力工资水平和报酬,由于 $MPL_n > MPL_a$,因此,非农部门劳动力工资水平(W_n)高于农业部门劳动力工资水平(W_a),即 $W_n > W_a$。假设农业劳动力为理性个体,则对美好生活的追求使得农业剩余劳动力向非农部门转移就业。转移至非农部门后,无论是对转移劳动力自身还是对农业与非农部门来说均产生影响:从转移劳动力自身来看,劳动力转移后使得边际产出增多,收入水平提升;从农业部门看,劳动力转移后农业就业劳动力数量减少,提升了劳动力产出效率,边际产出增多;从非农部门看,劳动力数量增多,产出增多,由此社会总产出增加。农业劳动力向非农部门转移会在某一个均衡点稳定下来,以图4.4中点 C_1 为例进行说明。当劳动力转移在 C_1 点稳定时,农业部门和非农部门的劳动力从业量分别为 $Q_a C_1$、$C_1 Q_n$,其中 $C_1 C_0$ 表示劳动力转移量,且随着劳动力转移,两部门的边际产出水平变得相近,从而两部门的收入水平差距变小。由劳动力转入非农部门引致的产出增加、总产出增多的效应见图4.4,劳动力转移后的总产出用函数表示为式(4.2)。

$$Y_1 = Y_a + Y_n = \int_0^{Q_a C_1} MPL_a dL_a + \int_0^{C_1 Q_n} MPL_n dL_n \tag{4.2}$$

由式(4.1)和式(4.2)结合图4.3和图4.4的变化可知,由农业劳动力转移到非农部门带来的经济增长效应为:

$$\Delta Y = Y_1 - Y_0$$
$$= \left(\int_0^{Q_a C_1} MPL_a dL_a + \int_0^{C_1 Q_n} MPL_n dL_n \right)$$
$$- \left(\int_0^{Q_a C_0} MPL_a dL_a + \int_0^{C_0 Q_n} MPL_n dL_n \right)$$

$$= \int_{C_1}^{C_0} MPL_n \, dL_n - \int_{C_1}^{C_0} MPL_a \, dL_a \tag{4.3}$$

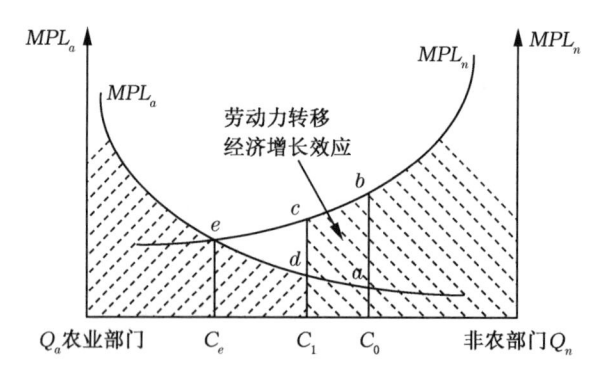

图 4.4 劳动力转移经济增长机理(劳动力转移后)

在图 4.4 中,就是面积 S_{abcd}。它是非农部门和农业部门的边际劳动产出曲线差在横坐标上的积分。由式(4.1)和式(4.2)及图 4.3 和图 4.4 的对比分析可知,将农业剩余劳动力转移至非农部门就业确实是农业劳动力实现资源优化配置、提升劳动力自身生产效率的一种有效途径。且较之通过提升受教育水平或增加劳动技能培训来促进劳动力实现高效率就业,这是成本最低的劳动力资源优化配置途径,更是拉动总产出和经济增长的有力途径。

4.2.2 经济效应数理推导

农村劳动力转移的实质就是从农业向非农产业的转移。这种产业间转移无论是对于地区经济增长还是农业发展,抑或是农民收入改善都有显著的经济效应。为此,本节基于宏观(对经济增长总效应)、中观(对农业产出影响)、微观(对收入影响)三个层面进行农村剩余劳动力转移经济效应数理推算。

(1)宏观层面:对总产出的影响

不失一般性,假设经济由农业部门和非农部门两个生产部门组成,生产函数均为希克斯中性,采取齐次 C-D 生产函数形式,则有:

$$Y_{iat} = A_{iat} L_{iat}^{\alpha_{iat}} K_{iat}^{\beta_{iat}} \tag{4.4}$$

$$Y_{int} = A_{int} L_{int}^{\alpha_{int}} K_{int}^{\beta_{int}} \tag{4.5}$$

$$Y_{it} = Y_{iat} + Y_{int} \tag{4.6}$$

$$L_{it} = L_{iat} + L_{int} \tag{4.7}$$

$$K_{it}=K_{iat}+K_{int} \qquad (4.8)$$

其中,a 与 n 分别表示农业部门与非农部门,i 表示省区,t 表示年份;Y_{iat}、A_{iat}、K_{iat}、L_{iat} 和 Y_{int}、A_{int}、K_{int}、L_{int} 分别表示两部门收入、技术、投资和劳动力;Y_{it}、K_{it}、L_{it} 分别为总收入、总投资和总劳动力;α_{iat}、β_{iat}、α_{int}、β_{int} 分别为农业与非农部门劳动力与资本的产出弹性。

从生产上看,在实际生产中,两部门劳动力并不局限于只在本部门工作,表现为农业部门劳动力一部分在本部门工作,另一部分作为剩余劳动力以农民工的形式转移至非农部门。从省区上看,劳动力转移存在跨省流动的现象。① 省份 i 第 t 年农业部门转出劳动力(L_{ist}),一部分转入本省非农部门(L_{ist-0}),另一部分转入外省非农部门(L_{ist-1})。与此同时,省份 i 转入劳动力(L_{irt}),一部分来自本省农业部门转出劳动力(L_{ist-0}),另一部分来自其他省区转出至 i 省的农村劳动力($\sum_{j\neq i} iL_{jst-1}$)。则在劳动力省际流动的情形下,省区 i 的总劳动力式(4.7)可重新表述为:

$$L_{it}=(L_{iat}-L_{ist})+(L_{int}+L_{irt}) \qquad (4.9)$$

其中,$L_{irt}=L_{ist-0}+\sum_{j\neq i} iL_{jst-1}$,可知,$(L_{iat}-L_{ist})$ 和 $(L_{int}+L_{irt})$ 为农村劳动力转移后 i 省农业与非农部门劳动力数量。采用增长核算方法,结合式(4.9),可将式(4.4)、式(4.5)转化为:

$$\frac{\dot{Y}_{iat}}{Y_{iat}}=\alpha_{iat}\frac{\dot{K}_{iat}}{K_{iat}}+\beta_{iat}\frac{(\dot{L}_{iat}-\dot{L}_{ist})}{(L_{iat}-L_{ist})}+R_{iat} \qquad (4.10)$$

$$\frac{\dot{Y}_{int}}{Y_{int}}=\alpha_{int}\frac{\dot{K}_{int}}{K_{int}}+\beta_{int}\frac{(\dot{L}_{irt}+\dot{L}_{int})}{(L_{irt}+L_{int})}+R_{int} \qquad (4.11)$$

其中,R_{iat}、R_{int} 为两部门剩余。

设定:$y_{iat}=\frac{\dot{Y}_{iat}}{Y_{iat}}$、$k_{iat}=\frac{\dot{K}_{iat}}{K_{iat}}$、$l_{iat}=\frac{\dot{L}_{iat}}{(L_{iat}-L_{ist})}$、$l_{iast}=\frac{\dot{L}_{ist}}{(L_{iat}-L_{ist})}$、$y_{int}=\frac{\dot{Y}_{int}}{Y_{int}}$、$k_{int}=\frac{\dot{K}_{int}}{K_{int}}$、$l_{int}=\frac{\dot{L}_{int}}{(L_{irt}+L_{nt})}$、$l_{inrt}=\frac{\dot{L}_{irt}}{(L_{irt}+L_{int})}$,则式(4.10)、式(4.11)可进一步转化为:

$$y_{iat}=\alpha_{iat}k_{iat}+\beta_{iat}l_{iat}-\beta_{iat}l_{iast}+R_{iat} \qquad (4.12)$$

---

① 历年《农民工监测调查报告》数据表明,国际移民占农村劳动力转移量的 3%,故本书不考虑国际转移情况。

$$y_{int} = \alpha_{int}k_{int} + \beta_{int}l_{inrt} + \beta_{int}l_{int} + R_{int} \qquad (4.13)$$

两边分别除以 y_{iat}、y_{int}，单位化收入增长率，得出各要素对经济增长贡献率如下：

$$1 = \alpha_{iat}\frac{k_{iat}}{y_{iat}} + \beta_{iat}\frac{l_{iat}}{y_{iat}} - \beta_{iat}\frac{l_{iast}}{y_{iat}} + \frac{R_{iat}}{y_{iat}} \qquad (4.14)$$

$$1 = \alpha_{int}\frac{k_{int}}{y_{int}} + \beta_{int}\frac{l_{inrt}}{y_{int}} + \beta_{int}\frac{l_{int}}{y_{int}} + \frac{R_{int}}{y_{int}} \qquad (4.15)$$

由式(4.14)、式(4.15)可推得转移劳动力对非农部门产出贡献率(CN_{irt})及社会总产出贡献率(CY_{irt})、劳动力转移后较转移前产出效率比(EE_{irt})[1]，以及劳动力转移使得产出效率发生变动进而引致经济增长效应(GE_{irt})[2]。具体见式(4.16)—式(4.19)。

$$CN_{irt} = \beta_{int}\frac{l_{inrt}}{y_{int}} \qquad (4.16)$$

$$CY_{irt} = \beta_{int}\frac{l_{inrt}}{y_{int}} \times \frac{Y_{int}}{Y_{it}} \qquad (4.17)$$

$$EE_{irt} = \left(\beta_{int}\frac{l_{inrt}}{y_{int}}Y_{int}\right) / \left(\beta_{iat}\frac{l_{iast}}{y_{iat}}Y_{iat}\right) \qquad (4.18)$$

$$GE_{irt} = \left(\beta_{int}\frac{l_{inrt}}{y_{int}}Y_{int} - \beta_{iat}\frac{l_{iast}}{y_{iat}}Y_{iat}\right) / Y_{it} \qquad (4.19)$$

劳动力转移后，各部门劳动力对部门经济和社会总产出是否具有正向影响，是劳动力转移是否具有良性可持续性、农业部门尚存劳动力剩余和非农部门对农业剩余劳动力存在吸纳能力的表征。进一步地，通过推算得出非农部门劳动力(含转入的农村劳动力)对非农部门产出贡献率($CN_{irt+int}$)、社会总产出贡献率($CY_{irt+int}$)，农业部门劳动力对农业部门产出贡献率($CA_{iat-ist}$)、社会总产出贡献率($CY_{iat-ist}$)。具体见式(4.20)—式(4.23)。

$$CN_{irt+int} = \beta_{int}\frac{l_{inrt}}{y_{int}} + \beta_{int}\frac{l_{int}}{y_{int}} \qquad (4.20)$$

$$CY_{irt+int} = \left(\beta_{int}\frac{l_{inrt}}{y_{int}} + \beta_{int}\frac{l_{int}}{y_{int}}\right)\frac{Y_{int}}{Y_{it}} \qquad (4.21)$$

$$CA_{iat-ist} = \beta_{iat}\frac{l_{iat}}{y_{iat}} - \beta_{iat}\frac{l_{iast}}{y_{iat}} \qquad (4.22)$$

---

[1] 效率效应：劳动力转移至非农部门后生产效率与在农业部门生产效率之比。
[2] 增长效应：劳动力由农业部门转移至非农部门带来的产出差额对经济增长的贡献。

$$CY_{iat-ist} = \left(\beta_{iat}\frac{l_{iat}}{y_{iat}} - \beta_{iat}\frac{l_{iast}}{y_{iat}}\right)\frac{Y_{iat}}{Y_{it}} \quad (4.23)$$

式(4.16)—式(4.21)成立的前提条件是单个农村劳动力对非农部门贡献率与非农部门单个城镇职工贡献率相同,张广婷(2009)、郝大明(2016)等的推导均在此条件下完成。王美艳(2005)、孙文凯等(2011)、万海远和李实(2013)研究认为,我国城乡具有二元结构特征,这一特征是转入非农部门的农村劳动力与市民具有异质性的原因之一。由于受户籍制度和农村劳动力自身素质等因素的影响,农村劳动力与市民虽然同样在第二、三产业劳动,但其对经济增长贡献度并不同,即农村转出劳动力与市民劳动具有异质性。本书将农村转入劳动力按固定比例折算为城镇从业人员,比例设为 φ。

则 $l_{int} = \dfrac{\dot{L}_{int}}{(L_{irt} + L_{int})}$、$l_{inrt} = \dfrac{\dot{L}_{irt}}{(L_{irt} + L_{int})}$ 重新表述为 $l_{int} = \dfrac{\dot{L}_{int}}{(\varphi L_{irt} + L_{int})}$,$l_{inrt} = \dfrac{\varphi \dot{L}_{irt}}{(\varphi L_{irt} + L_{int})}$,故式(4.16)—式(4.21)调整为:

$$CN_{irt} = \beta_{int}\frac{\varphi l_{inrt}}{y_{int}} \quad (4.24)$$

$$CY_{irt} = \beta_{int}\frac{\varphi l_{inrt}}{y_{int}} \times \frac{Y_{int}}{Y_{it}} \quad (4.25)$$

$$EE_{irt} = \left(\beta_{int}\frac{\varphi l_{inrt}}{y_{int}}Y_{int}\right) \Big/ \left(\beta_{iat}\frac{l_{iast}}{y_{iat}}Y_{iat}\right) \quad (4.26)$$

$$GE_{irt} = \left(\beta_{int}\frac{\varphi l_{inrt}}{y_{int}}Y_{int} - \beta_{iat}\frac{l_{iast}}{y_{iat}}Y_{iat}\right) \Big/ Y_{it} \quad (4.27)$$

$$CN_{irt+int} = \beta_{int}\frac{\varphi l_{inrt}}{y_{int}} + \beta_{int}\frac{l_{int}}{y_{int}} \quad (4.28)$$

$$CY_{irt+int} = \left(\beta_{iat}\frac{\varphi l_{inrt}}{y_{int}} + \beta_{int}\frac{l_{int}}{y_{int}}\right)\frac{Y_{int}}{Y_{it}} \quad (4.29)$$

综上所述,式(4.22)—式(4.29)为各类型劳动力对部门和整体经济增长贡献率和转移效应。

(2)中观层面:对农业产出的影响

根据上文设定,农业部门生产函数为:

$$Y_{iat} = A_{iat} L_{iat}^{\alpha_{iat}} K_{iat}^{\beta_{iat}} \quad (4.4)$$

在农村剩余劳动力转移背景下,农业部门产出增长率为:

$$y_{iat} = \alpha_{iat}k_{iat} + \beta_{iat}l_{iat} - \beta_{iat}l_{iast} + R_{iat} \qquad (4.12)$$

现阶段,农业劳动力供给并没有达到农业边际产出为零的冗余状态,故 $\beta_{iat}l_{iast}$ 值大于零。由式(4.12)可知,如果农村剩余劳动力转移对农业产出具有负向影响,则最直观的表现是 y_{iat} 值连续或间断性地小于零。从式(4.12)来看,其原因可归纳为两点:一是农业部门劳动力减少,使得农业总产出增多。这一情况适用于农业部门不存在劳动力剩余,且农业部门劳动力供不应求,然而这一观点并不符合中国农业部门实际情况,每年数以亿计的"农民工"外出务工便是最好的证据。二是农村剩余劳动力转出对继续留在农业部门从事生产活动的劳动力生产率具有负向影响,使得 $\beta_{iat}l_{iat}$ 值下降。伴随着农村剩余劳动力转出,农业部门劳动力总量势必减小,故 l_{iat} 值会小于零,从而 $\beta_{iat}l_{iat}$ 值下降要求 β_{iat} 值为正。如果农村剩余劳动力转移对农业产出具有正向影响,则 y_{iat} 值大于零,$\beta_{iat}l_{iat}$ 值并不会下降。

非农部门产出增长率为:

$$y_{int} = \alpha_{int}k_{int} + \beta_{int}l_{inrt} + \beta_{int}l_{int} + R_{int} \qquad (4.13)$$

由式(4.13)可知,非农部门属于生产要素增多对产出的影响。中国是发展中大国,且存在区域经济发展不平衡的事实,因而各地区生产模式无论是粗放型还是集约型,劳动力增多均会使得非农部门产出增加。故本书不再单独论述农村剩余劳动力转移对非农部门产出的影响。

(3)微观层面:对收入的影响

不失一般性地遵循假定 $\alpha_{int} > \alpha_{iat}$,边际产出决定工资水平,由此可知,农村剩余劳动力转移至非农部门就业因边际产出增加,工资性收入会增多。这是农村劳动力提升收入水平的有效途径。

农村剩余劳动力转移至非农部门就业会增加非农部门劳动力总量,那么,非农部门劳动力总量增加对非农部门劳动力就业和工资性收入有何影响? 本书以下对此进行探析。

假设非农部门包含 M 个行业,农村剩余劳动力因其自身素质限制,只是进入非农部门某几个行业工作。在此情形下,农村剩余劳动力转移只是增加了其进入行业(假设为 j)的劳动力数量,对于那些未进入的行业,并未对其生产活动产生影响。对于进入的 j 行业,其生产函数同上设定为:

$$y_{ijnt} = \alpha_{ijnt}k_{ijnt} + \beta_{ijnt}l_{ijnrt} + \beta_{ijnt}l_{ijnt} + R_{ijnt} \qquad (4.30)$$

劳动力边际产出满足稻田条件($L' > 0, L'' < 0$),当 j 部门生产处于初始

阶段时,劳动力增加,边际产出增多,工资水平上升,随着劳动力投入不断增加,边际产出呈递减趋势。因此,探析农村剩余劳动力对城镇劳动力收入影响可通过两种方式进行判定:一是探析城镇劳动力失业率。如果在农村剩余劳动力转移背景下,城镇失业率呈上升趋势,这说明:①农村剩余劳动力转入非农部门对原有非农劳动力就业具有"挤出"效应,进而影响其收入水平;②非农部门劳动力就业几近饱和状态,农村剩余劳动力转入使非农部门边际产出降低,从而工资性收入下降。二是分析非农部门劳动力工资性收入变化趋势。如果工资性收入呈下降趋势,则表明农村劳动力转移对城镇劳动力收入具有负向影响;反之,则表明不具有负向影响。

综上所述,本书以31省(区、市)为研究对象,基于1978—2015年劳动力转移、产值、收入结构等数据,综合运用统计分析方法和计量分析方法,对中国农村剩余劳动力转移的宏观经济效应(中国农村剩余劳动力转移对经济增长的促进效应)、中观经济效应(劳动力转移对农业产出的影响、对农业劳动力生产效率的影响)和微观经济效应(劳动力转移对乡村劳动力收入水平的影响、对城镇居民收入水平的影响以及对城镇退休劳动力收入的影响)进行了系统的实证考察,分别对应本书第5、6、7章。

4.3　本章小结

本章阐释了农村剩余劳动力转移及其经济效应的内在机制及数理模型推导。数理模型表明,从宏观视角看,农村剩余劳动力由农业部门转移至非农部门是农业劳动力资源优化配置的一种有效途径,由于两部门劳动力生产效率差异(或边际产出,一般表现为非农部门高于农业部门),转移使劳动力自身生产效率提升、边际产出增多,进而拉动整体经济增长。从中观视角看,劳动力转移对农业产出和继续留在农业部门从事生产活动的劳动力生产效率的影响:一是需要依据农业产出实际值来判断劳动力转移对农业产出的影响;二是需要测算农业劳动力生产效率和边际产出(弹性值)来判断在劳动力转移背景下农业劳动力生产效率是否受到负面影响。从微观视角看,一是由于两部门劳动力边际产出差异,从而可直观判断劳动力转移有利于提升工资性收入;二是劳动力转移对非农部门原有劳动力工资性收入的影响,需要通过测算劳动力转移后非农部门劳动力边际产出或生产效率变动来做合理判断。基于上述机理和数理模型推导,第5、6、7章分别对应以上三个视角(宏观、中观和微观)做实证分析。

第5章　农村剩余劳动力转移对经济增长贡献率实证分析

随着中国经济的快速发展,农村劳动力转移已经成为一个重要的社会现象。大量的农村劳动力涌向城市,寻找更好的就业机会和生活条件。这种劳动力转移对经济增长产生了深远的影响。一是农村劳动力转移为城市提供了充裕的劳动力资源。这降低了企业的生产成本,促进了城市工业的发展。大量农民工为城市的建设和生产做出了巨大贡献,推动了城市经济的增长。二是农村劳动力转移促进了农村经济的结构调整和转型升级。农村劳动力转移减少了农村劳动力的过剩现象,推动了农业的现代化和产业的多元化发展。农村经济逐渐朝着以产业和服务业为主导的方向转变,为农村经济的可持续发展奠定了基础。三是农村劳动力转移也促进了城乡之间的人口流动和资源配置的优化。农村劳动力转移使得城市与农村之间的人口流动更加便捷,促进了城乡资源的有序配置和互补。这有利于提高资源利用效率,促进区域经济的协调发展。因此,探究农村劳动力转移的经济效应具有一定的理论与实际意义。

上文的统计性描述分析表明,农村劳动力在省区之间大量转移并表现出集聚性的时空特征。劳动力由农业部门转移至非农部门,是劳动力资源在产业之间和城乡之间的优化配置(袁志刚和谢栋栋,2011;周国富和李静,2013;徐建国和张勋,2016)。一方面会由于产业效率差异带来产出差额从而对经济增长做出贡献,即增长效应;另一方面会由于聚集效应和"干中学"等学习效应导致劳动力素质和技能提升,带来劳动者生产效率提升从而对经济增长做出贡献,即效率效应(张广婷等,2010;伍山林,2015;徐建国和张勋,2016)。本书基于空间计量方法,采用增长核算法测算式(4.19)—式(4.26)各劳动力转移效应。

5.1 贡献率实证模型构建

5.1.1 模型建立

正如上文统计性描述分析所表明的,劳动力流动具有显著的空间相关性,因而应考虑使用空间计量模型。空间计量模型可归纳为四种,即空间杜宾模型、空间滞后模型、空间误差模型以及同时考虑滞后和误差影响的空间通用模型。空间杜宾模型重在衡量"区域 i 的被解释变量依赖于其邻居的自变量",故不适用于本书。由于各省区发展情况不一,特别是东、中、西部地区之间的发展差距较明显,且各省区发展政策、措施对发展的促进作用具有滞后性,本书考虑样本个体效应和滞后性,建立空间通用模型。农业部门和非农部门计量模型见式(5.1)和式(5.2)。

$$\ln\left(\frac{Y_{iat}}{L_{iat}-L_{ist}}\right) = \rho W \ln(Y_{iat}) + \beta_{iat} \ln\left[\frac{I_{iat}(L_{iat}-L_{ist})}{L_{iat}-L_{ist}}\right] + \alpha_{iat} \ln\left(\frac{K_{iat}}{L_{iat}}\right) + \mu_{iat}$$

$$\mu_{iat} = \gamma W \mu_{iat} + \varepsilon_{iat} \quad \varepsilon \sim N(0,\sigma^2 I_n) \tag{5.1}$$

$$\ln\left(\frac{Y_{int}}{\varphi L_{irt}+L_{int}}\right) = \rho W \ln(Y_{int}) + \beta_{int} \ln\left[\frac{I_{int}(\varphi L_{irt}+L_{int})}{\varphi L_{irt}+L_{int}}\right] + \alpha_{int} \ln\left(\frac{K_{int}}{\varphi L_{irt}+L_{int}}\right) + \mu_{int}$$

$$\mu_{int} = \gamma W \mu_{int} + \varepsilon_{int} \quad \varepsilon \sim N(0,\sigma^2 I_n) \tag{5.2}$$

其中,ρ 和 γ 表示空间效应影响系数,W 代表空间权重,采用 rook 下的 0-1 形式设定。μ 是模型随机误差。采用收入法衡量劳动力异质性(Barro & Lee,1996),I_{iat} 和 I_{int} 分别用平减后乡村居民人均纯收入、城镇居民人均可支配收入衡量(具体说明详见附录三)。其他字母含义同上文理论推导。由于权重在1978—2015年没有变化,固定效应无法估计不随时间变化的变量的影响,故选用随机效应模型。同时,考虑到内生性问题,使用广义矩估计方法进行拟合以弱化内生性影响。

5.1.2 变量设置及测算方法

首先,产出设定。农业部门产出采用狭义口径,即农林牧渔口径下的农业部门产出增加值;非农部门产出采用第二、三产业增加值之和,以1978年为基年,剔除物价因素影响。数据来源于各省区1979—2016年统计年鉴。

其次,资本设定。采用全社会固定资产投资衡量资本,并使用固定资产投资指数对投资进行平减。由于平减指标国家从1999年才开始公布,本书1978—1998年投资平减参考樊纲和王小鲁(2011)的做法,用商品零售价格指数替代,得出平减后1978—2015年31省区全社会固定资产投资。由于投资的使用在有限时间内具有可持续性,经济增长不仅受本年度新增资本投资影响,而且受历史投资影响,故对两部门投资做永续盘存计算,初始年份资本存量依据Hall & Jones(1999)确定:

$$K_0 = \frac{I_0}{g_{1978-1987} + \delta} \quad (5.3)$$

式中,δ 表示折旧,借鉴单豪杰(2008)将折旧率设置为 10.96%。I_t 表示当年全社会固定资产投资,1978—2015年盘存投资通过式(5.3)获得:

$$K_t = (1-\delta)K_{t-1} + I_t \quad (5.4)$$

其中,各年农业部门和非农部门投资量分别采用"农业部门投资＝第一产业投资比×平减后全社会固定资产投资"、"非农部门投资＝(第二产业投资比＋第三产业投资比)×平减后全社会固定资产投资"计算得到。

最后,非农部门就业的农村转移劳动力与城镇员工折算系数。以收入为衡量标准,CHIP2013数据表明,城镇职工工资收入与农民工工资收入比为1∶0.9。将各年《农民工监测调查报告》中的农民工收入与《中国统计年鉴》中2008—2015年各年城镇居民人均可支配收入相比,两者比介于0.88—0.93之间,故将农村转移劳动力与城镇职工的折算系数设为0.9。

5.1.3 拟合结果及模型效应选择

通过计量检验,对通用模型适用性进行验证。限于篇幅,以全国农业部门为例,计量验证结果见表5.1。

表5.1 拟合结果及各效应检验

系数	GM 随机	GM 固定	ML 随机	ML 固定
ρ	0.145 6 sigma^2_v 0.026 7	0.145 6 sigma^2_v 0.026 7	0.158 0**	0.122 3*
λ	0.145 0***	0.162 3***	0.136 0***	0.166 3***
$\ln l$	0.724 3***	0.718 6***	0.732 9***	0.716 1***
$\ln k$	0.118 4***	0.111 5***	0.118 9***	0.110 8***
Hausman	chisq=4.501 4	p-value=0.212 2		

续表

系数	GM 随机	GM 固定	ML 随机	ML 固定
LM-H=10 847	P-value=2.2e−16			

注：显著性含义为 *** 表示 $p<0.001$，** 表示 $p<0.01$，* 表示 $p<0.05$。

如表 5.1 所示，GM 空间误差系数 ρ 和空间滞后系数 λ 均显著，表明应考虑误差效应和滞后效应，选用通用模型。为保障通用模型的稳健性，本书进一步给出 ML 模型随机与固定效应回归结果，表明同样支持通用模型。关于固定和随机效应选择，本书通过豪斯曼检验进行确定。结果表明应接受零假设，使用随机效应。进一步地，本书给出 LM-H 检验，结果表明应拒绝零假设，即模型中需要考虑随机效应或空间相关性。综上所述，本书基于随机效应进行下文的拟合与分解。

由上文统计性描述分析可知，劳动力省际转移表现出"一线、两区、三地"特征，故从三个层面进行拟合测算：全国层面、以"胡焕庸线"为界的两区层面，以及转入、转出、平衡三地层面。鉴于 1978—2015 年跨时间段较长，为进一步详细分析，本书将 1978—2015 年划分为四个时间段进行探析：1978—1987 年、1988—1997 年、1998—2007 年、2008—2015 年。回归结果见表 5.2。

表 5.2   分时间段、不同地区层面拟合结果

地区	部门	1978—2015 年	1978—1987 年	1988—1997 年	1998—2007 年	2008—2015 年
全国	农	0.724 3*** (0.034 6)	0.384 9*** (0.062 5)	0.449 3*** (0.049 7)	0.368 8*** (0.062 2)	0.176 1* (0.072 6)
	非	0.379 2*** (0.062 0)	0.210 8*** (0.062 2)	0.805 4*** (0.152 7)	0.592 4*** (0.150 1)	0.239 5*** (0.050 9)
线东区	农	0.796 0*** (0.032 0)	0.495 4*** (0.061 1)	0.335 3*** (0.047 1)	0.440 2*** (0.039 7)	0.310 9*** (0.075 8)
	非	0.423 1*** (0.042 7)	0.180 6*** (0.034 5)	0.488 2*** (0.059 6)	0.564 5*** (0.056 0)	0.502 4*** (0.069 8)
线西区	农	0.107 2 (0.059 0)	0.328 9*** (0.084 3)	0.189 7 (0.130 0)	0.137 1* (0.058 5)	0.106 9 (0.111 8)
	非	0.103 3 (0.084 9)	0.194 0 (0.138 7)	0.106 2 (0.213 0)	0.138 6 (0.140 5)	0.197 9 (0.160 2)
转入地	农	0.561 1*** (0.072 1)	0.400 3** (0.149 1)	0.711 2*** (0.054 4)	0.236 7** (0.079 9)	0.680 0*** (0.126 3)
	非	0.511 5*** (0.062 0)	0.290 5 (0.176 7)	0.878 4*** (0.097 0)	0.245 9** (0.089 5)	0.796 8*** (0.144 3)

续表

地区	部门	1978—2015 年	1978—1987 年	1988—1997 年	1998—2007 年	2008—2015 年
平衡地	农	0.374 2*** (0.054 2)	0.094 4 (0.061 9)	0.389 9** (0.134 2)	0.496 5*** (0.106 1)	0.052 8 (0.085 1)
	非	0.336 2** (0.113 4)	0.235 5*** (0.062 4)	0.477 5 (0.351 5)	0.418 8 (0.479 9)	0.118 7* (0.0591)
转出地	农	0.447 0*** (0.051 3)	0.225 9*** (0.059 0)	0.312 9*** (0.062 3)	0.285 9 (0.169 6)	0.259 4 (0.142 1)
	非	0.246 0*** (0.069 1)	0.256 5 (0.101 3)	0.452 4 (0.340 9)	0.264 0 (0.057 5)	0.326 4** (0.121 8)

注：使用的回归软件为 Rstudio，显著性含义为 *** 表示 $p<0.001$，** 表示 $p<0.01$，* 表示 $p<0.05$。

由表 5.2 可知：

(1) 从全国层面看，1978—2015 年，农业部门生产对劳动力的依赖性大于非农部门，两部门劳动力边际贡献分别为 0.72、0.38。分时间段看，可知劳动力对各部门的边际贡献与劳动力数量、发展政策息息相关。改革开放初期，我国城市化水平较低（1978 年我国城镇人口占比 17.92%），人口主要集聚在乡村，加之第二、三产业发展处于起步阶段，因而 1978—1987 年劳动力对农业部门的边际贡献（0.38）高于非农部门（0.21）。20 世纪 90 年代中国开始市场化改革，随着第二、三产业发展，劳动力开始从农业部门向非农部门转移，1988—2007 年非农部门劳动力边际贡献大于农业部门。随着生产发展，产业结构升级，以增加生产要素投入扩大产出为主导的粗放型生产方式，逐渐转向以提升技术进步、提高生产效率为主导的扩产能生产方式，故 2008—2015 年劳动力对两部门的边际贡献均呈下降趋势。

(2) 从"胡焕庸线"以东、以西地区看，线东区劳动力对农业部门和非农部门的边际贡献高于线西区。这主要是由于线东地区为中国发达省区集聚区，无论是农业部门还是非农部门，其生产水平和生产效率都优于西部地区。线东区两部门劳动力边际贡献与全国时间趋势相同，这主要是由于线东区是全国经济发展的领头雁，中国经济发展水平与发展速度主要依赖于线东区。线西地区劳动力边际贡献均较低，这主要是由于线西地区多为西部欠发达省区，经济发展水平和产业生产效率较东部地区低，因而劳动力边际贡献低。

(3) 从转入地、平衡地和转出地看，转入地两部门劳动力边际贡献率最高，平衡地次之，转出地最低。劳动力空间转移特征与地区经济发展水平相一致,从低生产率部门向高生产率部门转移,生产效率越高的部门,劳动生产边际贡献越高。转入地、平衡地的劳动力边际贡献变动趋势与全国、线东地区较一致。综上可知,越是发达地区,劳动力在两部门的边际贡献越高;越是欠发达地区,劳动力边际贡献倾向于低值。结合劳动力在空间上的转移特征可知,劳动力转移遵循着从低生产效率部门向高生产效率部门转移的规律。

以下本书依据表5.2回归结果,采用增长核算方法测算"一线、两区、三地"及31省区农村劳动力转移对生产效率提升度、拉动经济增长幅度以及对社会总产出贡献。

5.2 农村剩余劳动力转移对经济增长贡献实证分析

5.2.1 基于全国层面的实证分析

基于全国层面,对上文式(4.22)—式(4.29)的分解结果见表5.3。

表5.3　　　　　全国层面农村劳动力转移对经济增长的贡献

指标	1978—2015年	1978—1987年	1988—1997年	1998—2007年	2008—2015年
$CA_{iat-ist}$	0.314 7	0.370 2	0.306 5	0.363 7	0.188 3
$CY_{iat-ist}$	0.038 6	0.111 6	0.064 8	0.044 9	0.018 3
$CN_{irt+int}$	0.307 3	0.306 7	0.585 2	0.556 9	0.232 6
$CY_{irt+int}$	0.276 0	0.214 3	0.461 4	0.488 0	0.209 9
CN_{irt}	0.116 4	0.061 1	0.189 0	0.220 5	0.102 5
CY_{irt}	0.102 1	0.042 8	0.149 0	0.193 3	0.092 5
GE_{irt}	0.079 3	0.030 7	0.130 0	0.169 5	0.070 0
EE_{irt}	4.488 7	3.540 9	7.989 3	8.131 8	4.105 8

注:指标列含义同上文描述。

分析表5.3可知:(1)1978—2015年间,农业劳动力对农业部门产出贡献率($CA_{iat-ist}$)达31.47%,对社会总产出贡献率($CY_{iat-ist}$)为3.86%。随着时间推移,农业劳动力对农业部门产出和社会总产出的贡献率均显著下降,分别从1978—1987年的37.02%和11.16%下降到2008—2015年的18.33%和1.83%。该结果表明,一方面,作为传统农业大国,在小农经济模式下,农业生产依旧对劳动力具有较强的依赖性;另一方面,随着工业化和城镇化推进,农业生产对劳动力的依赖性逐步减弱。(2)1978—2015 年间,非农部门劳动力(含转入的农村劳动力)对非农部门产出贡献率($CN_{irt+int}$)达 30.73%,对社会总产出贡献率($CY_{irt+int}$)为 27.60%。其中,农村劳动力转移对非农部门产出贡献率(CN_{irt})和社会总产出贡献率(CY_{irt})分别为 11.64% 和 10.21%。随着时间推移,上述贡献率均呈现先升后降的边际递减趋势。(3)1978—2015 年间,农村劳动力转移对经济增长的贡献率(GE_{irt})为 7.93%。随时间推移,呈现出先升后降的边际递减规律。具体表现为 1978—2007 年递增、2008—2015 年下降,四个阶段的贡献率分别为 3.07%、13.04%、16.95% 和 7.00%。1978—2007 年是改革开放后第一轮经济高速发展期。1992 年市场经济确立,促进了非农产业快速发展。2001 年中国加入 WTO 等事件加速了劳动力从农业部门向非农部门转移,贡献率呈上升趋势。2008 年开始受金融危机影响,我国经济增速逐步放缓,开始注重调结构,劳动贡献率相对下降,使得农村转移劳动力贡献率呈相对下降趋势。这一结论与伍山林(2016)研究结论一致。对应地,劳动力转移后较转移前产出效率比(EE_{irt})较好地解释了农村劳动力转移对经济增长的贡献的内在机理。农村劳动力转出后的产出效率是转移前的 4.488 7 倍。由此可见,农村劳动力转移是劳动力资源在产业间的优化配置,通过劳动生产率的提高,对经济增长做出了显著的贡献。

5.2.2 基于"胡焕庸线"的实证分析

上文的统计性描述分析表明,"胡焕庸线"的线东和线西生产要素禀赋差异较大,劳动力流动的空间特征也表明流动主要发生在线东地区。以"胡焕庸线"为界,分解结果见表 5.4。

表 5.4   以"胡焕庸线"为界的计量结果

地区	指标	1978—2015 年	1978—1987 年	1988—1997 年	1998—2007 年	2008—2015 年
「胡焕庸线」以东地区	$CA_{iat-ist}$	0.474 0	0.525 5	0.240 8	0.421 2	0.334 5
	$CY_{iat-ist}$	0.057 3	0.126 2	0.050 1	0.051 0	0.032 1
	$CN_{irt+int}$	0.427 4	0.307 3	0.387 5	0.431 8	0.345 3
	$CY_{irt+int}$	0.375 7	0.214 9	0.306 8	0.379 4	0.312 1
	CN_{irt}	0.161 5	0.061 2	0.127 9	0.174 9	0.155 4
	CY_{irt}	0.142 0	0.042 8	0.101 3	0.153 7	0.140 5
	GE_{irt}	0.117 4	0.029 4	0.086 6	0.125 7	0.110 3
	EE_{irt}	5.767 9	3.201 8	6.883 6	5.492 3	4.655 7

续表

地区	指标	1978—2015 年	1978—1987 年	1988—1997 年	1998—2007 年	2008—2015 年
"胡焕庸线"以西地区	$CA_{iat-ist}$	0.132 0	0.257 4	0.122 3	0.152 2	0.130 2
	$CY_{iat-ist}$	0.020 4	0.081 8	0.034 3	0.026 1	0.015 6
	$CN_{irt+int}$	0.081 9	0.207 7	0.110 3	0.113 9	0.132 5
	$CY_{irt+int}$	0.069 2	0.141 7	0.071 9	0.094 3	0.116 6
	CN_{irt}	0.018 8	0.043 0	0.020 5	0.026 1	0.034 4
	CY_{irt}	0.015 9	0.029 3	0.014 8	0.021 7	0.030 3
	GE_{irt}	0.012 5	0.016 9	0.008 3	0.015 2	0.024 8
	EE_{irt}	4.676 4	2.359 6	2.275 9	3.383 4	5.543 8

注:指标列含义同上文描述。

分析表 5.4 可知:(1)线东地区各指标的结果均优于线西地区。从两部门看,线东、线西地区劳动力对经济增长的贡献差距主要源于非农部门,分别为 37.57% 和 6.92%。农业部门的贡献率差异不大,分别为 5.73% 和 2.04%。同时,劳动力转移对经济增长贡献率主要来源于线东地区,贡献率为 11.74%,转移后劳动力生产率是转移前的 5.767 9 倍;而线西地区为 1.25%,转移后劳动力生产率是转移前的 4.676 4 倍。这一结果的原因有两点:一是线东地区在要素禀赋、生产效率、历史发展积累等方面均优于线西地区;二是非农部门特别是其中高端非农产业部门主要集中在线东地区,故线东地区"增长效应"和"效率效应"均显著优于线西地区。(2)随着时间演进,线东和线西两地区的"增长效应"和"效率效应"差距均在拉大。在改革开放初期(1978—1987 年间),农村劳动力主要依附在农业部门,对农业产出的贡献较大;劳动力转移的"增长效应"和"效率效应"均较小,差异也不大,线东、线西的"增长效应"分别为 2.94% 和 1.69%,"效率效应"分别为 3.201 8 和 2.359 6。1988—1997 年间,受非平衡发展政策、市场化改革等影响,线东地区劳动力转移"增长效应"是上期的 2.93 倍,线西地区则为四个阶段最低值(0.83%),仅是上一阶段的 49.11%。1998—2007 年,随着西部大开发等平衡发展政策的实施,以及加入世界贸易组织等政策的作用,线东、线西地区"增长效应"和"效率效应"均呈上升趋势。2008—2015 年,随着经济增速放缓,发展开始注重"调结构、促协调",线东地区非农部门经济增速放缓,使得线东地区"增长效应"和"效率效应"出现双降;线西地区则出现"增长效应"和"效率效应"双增现象。

5.2.3 基于地区层面的实证分析

上文的统计性描述分析表明,依据农村劳动力转入转出程度可将31省区划分为劳动力转入地、转出地和平衡地,对应的分解结果见表5.5。

表5.5　　　　　　　　　转入地、转出地、平衡地计量结果

地区	指标	1978—2015年	1978—1987年	1988—1997年	1998—2007年	2008—2015年
转入地	$CA_{iat-ist}$	0.4723	0.2918	0.4809	0.2595	0.6743
	$CY_{iat-ist}$	0.0379	0.0640	0.0708	0.0184	0.0457
	$CN_{irt+int}$	0.4172	0.3451	0.4620	0.2422	0.8548
	$CY_{irt+int}$	0.3836	0.2693	0.3674	0.2249	0.7967
	CN_{irt}	0.2405	0.0763	0.1984	0.1556	0.2347
	CY_{irt}	0.2212	0.0600	0.1691	0.1445	0.2188
	GE_{irt}	0.1611	0.0492	0.1364	0.1145	0.1755
	EE_{irt}	4.9989	5.5915	3.6532	4.8212	5.0627
转出地	$CA_{iat-ist}$	0.3250	0.2643	0.2121	0.2505	0.2840
	$CY_{iat-ist}$	0.0539	0.1024	0.0597	0.0456	0.0355
	$CN_{irt+int}$	0.2400	0.2727	0.3890	0.2616	0.3207
	$CY_{irt+int}$	0.2002	0.1670	0.2794	0.2139	0.2806
	CN_{irt}	0.0678	0.0563	0.1037	0.0751	0.1008
	CY_{irt}	0.0566	0.0345	0.0745	0.0614	0.0882
	GE_{irt}	0.0436	0.0263	0.0640	0.0481	0.0707
	EE_{irt}	4.3729	4.2297	7.2521	4.6090	5.0472
平衡地	$CA_{iat-ist}$	0.3699	0.0932	0.2618	0.5190	0.0579
	$CY_{iat-ist}$	0.0491	0.0262	0.0554	0.0707	0.0062
	$CN_{irt+int}$	0.3035	0.2861	0.3254	0.3614	0.1072
	$CY_{irt+int}$	0.2632	0.2056	0.2565	0.3120	0.0957
	CN_{irt}	0.0827	0.0481	0.0775	0.1042	0.0356
	CY_{irt}	0.0717	0.0345	0.0611	0.0905	0.0318
	GE_{irt}	0.0557	0.0312	0.0473	0.0633	0.0282
	EE_{irt}	4.4699	4.9966	4.4336	3.3358	5.1955

注:指标列含义同上文描述。

分析可知:(1)1978—2015年间,三大类型地区农村劳动力转移"增长效应"差异较大。转入地"增长效应"最高(0.1611),平衡地次之(0.0557),转出地最低(0.0436)。"效率效应"也表现出一致性的规律,

转入地最高(4.998 9),平衡地次之(4.469 9),转出地最低(4.372 9)。另外,转入地的非农部门劳动力对非农部门产出贡献率最高,而农业劳动力对农业部门产出贡献率最低,分别为38.36%和3.79%;转出地与转入地情形相反,分别为20.02%和5.39%;平衡地两者居中,分别为26.32%和4.91%。其原因在于,转入地多为经济发达省区,非农部门占比大,发展程度高,故非农部门对经济增长的拉动作用最大;转出地大多为农业大省,且本省人口较多,如河南、四川等省区,使得农业部门对经济增长贡献最大;平衡地大多为省级增长极省区,非农部门较转出地发展水平高但低于转入地,且这些省区农业生产条件也较好,故两部门贡献率均居中。(2)就时间趋势看,转入地"增长效应"呈上升趋势,"效率效应"呈先下降再上升趋势;这一趋势主要源于非农部门对经济增长贡献率变动。转出地"增长效应"和"效率效应"两者变动趋势相同,在四个时间段表现为"升—降—升"波动趋势。平衡地"增长效应"呈先升后降趋势,"效率效应"呈先降后升趋势。此外,平衡地与转出地"增长效应"相近,与转入地"增长效应"差距较大。其原因为:转入地是全国经济增长"核心区",平衡地和转出地作为"边缘区",其优质劳动力资源均向转入地转移;而平衡地作为转出地"核心区",吸纳的劳动力大多并非优质劳动力,即平衡地存在向转出地吸纳非优质劳动力、向转入地输出优质劳动力,使得其自身劳动力同比转换为"非优"劳动力,所以劳动力"增长效应"值较转入地低。

5.2.4 基于省际层面的实证分析

以上本书从全国、"胡焕庸线"以东、以西,以及转入地、转出地、平衡地三个层面探析农村剩余劳动力转移对经济增长的贡献。中国国土面积广阔,地形地貌多样,发展历史悠久,使得31省区经济发展程度不一。在此背景下,劳动力转移在每个省区对经济增长的贡献如何?本节基于31省区层面,通过测算各省区劳动力转移"效率效应(EE)"、"经济效应(GE)"和劳动力转移对社会总产出的贡献(CY),探析劳动力转移对经济增长的贡献率情况。

(1)劳动力转移在各省区对经济增长贡献的测算说明

劳动力在省区间转移时,转入哪个省区会使得其对经济增长的贡献最大,或者说劳动力在产业间和省区间转移时,转入哪个省区会使其自身生产率得到最大限度的提升?这一方面有利于说明现阶段劳动力转移路径是否最大限度地促进了经济增长,另一方面有利于探析后续劳动力转移最优路径。基于此,本节拟通过测算各省区 EE_{irt}(劳动力转移后较转移前产出效率比)和 GE_{irt}(劳动力转移使得产出效率发生变动进而引致经济增长效应)来阐释在农村剩余劳动力转移的背景下,各省区对经济增长的贡献。

各省区 EE 具体测算方法如下:①将全国,"胡焕庸线"以东、以西,以及转入、转出、平衡三地的 EE_{irt} 分别表示为 $QG-EE_{irt}$、$XD-EE_{irt}$、$XX-EE_{irt}$、$ZR-EE_{irt}$、$ZC-EE_{irt}$、$PH-EE_{irt}$(简记为 QG、XD、XX、ZR、ZC、PH);②依据第 5 章获得 EE_{irt} 的方法,以长江为界,测算长江以南、以北省区[①] EE_{irt},分别记为 $JN-EE_{irt}$、$JB-EE_{irt}$(简记为 JN、JB),以尽可能多的地域划分进行 EE_{irt} 测算;③对于同类地域同值的情形,以本省区人均 GDP(元)占 31 省区人均 GDP 总和百分比为依据进行同类地域同 EE_{irt} 值的差异化处理。则各省区 EE_{irt}(记为 $SQ-EE_{irt}$)测算方式为:

$$SQ-EE_{irt}=\frac{QG+(XD/XX)+(ZR/ZC/PH)+(JN/JB)+RJGDP\%}{5}$$

(5.5)

$$RJGDP\%=\frac{RJGDP_{it}}{\sum_{i=1}^{31}RJGDP_{it}}\times 100\%$$

(5.6)

i 表示省份,t 表示时间。(XD/XX) 表示线东地区、线西地区二选一,$(ZR/ZC/PH)$ 和 (JN/JB) 的含义同此。$\sum_{i=1}^{31}RJGDP_{it}$ 表示 31 省区人均 GDP 之和。将人均 GDP 百分比作为差异化处理的依据是:第 3 章影响因素表明,经济因素特别是 GDP 对劳动力转移具有重要的拉力作用,因而人均 GDP 越高的省区,对劳动力转入的拉力越大,故在地域 EE_{irt} 同值的情形下,使用人均 GDP 做差异化处理,由此得出各省区 EE_{irt} 值。

各省区 GE 测算方法为:①将全国、线东、线西、转入地、转出地、平衡地产出分别表示为 Y_q、Y_d、Y_x、Y_r、Y_c、Y_p,则各分类区产出占全国产出百分比分别为 Y_d/Y_q、Y_x/Y_q、Y_r/Y_q、Y_c/Y_q、Y_p/Y_q。将全国、线东、线西、

---

① 以长江南北方省区数量差最小为原则,确定长江以南省区为西藏、云南、贵州、重庆、湖北、安徽、江苏、上海、浙江、福建、江西、湖南、广东、广西、海南,共计 15 省区;长江以北省区为新疆、青海、甘肃、内蒙古、黑龙江、吉林、辽宁、北京、天津、河北、山西、陕西、宁夏、四川、河南、山东,共计 16 省区。

转入地、转出地、平衡地经济增长效应分别表示为 GE_q、GE_d、GE_x、GE_r、GE_c、GE_p。进一步地,线东、线西、转入地、转出地、平衡地经济增长效应在全国层面分别为 $GE_{qd}=GE_d\times Y_d/Y_q$、$GE_{qx}=GE_x\times Y_x/Y_q$、$GE_{qr}=GE_r\times Y_r/Y_q$、$GE_{qc}=GE_c\times Y_c/Y_q$、$GE_{qp}=GE_p\times Y_p/Y_q$。②基于全国层面,每个省区经济增长效应为 $GE_{sq}=GE_q/31$[①],线东区每个省区经济增长效应为 $GE_{sd}=GE_{qd}/25$,线西区为 $GE_{sx}=GE_{qx}/6$,转入、转出、平衡三地分别为 $GE_{sr}=GE_{qr}/8$、$GE_{sc}=GE_{qc}/12$、$GE_{sp}=GE_{qp}/11$。③根据测算EE的方法,此处也以长江为界,将长江以北、以南各省区经济增长效应分别记为 GE_{sb}、GE_{sn}。则各省区 GE_s 的测算见式(5.7):

$$GE_s=\frac{GE_{sq}+GE_{sd}/GE_{sx}+GE_{sr}/GE_{sc}/GE_{sp}+GE_{sb}/GE_{sn}}{4} \quad (5.7)$$

当两省出现同值的情形时,以人均 GDP 为依据进行调节,见式(5.8)、式(5.9):

$$GE_s=\frac{GE_{sq}+GE_{sd}/GE_{sx}+GE_{sr}/GE_{sc}/GE_{sp}+GE_{sb}/GE_{sn}+RJGDP_{zb}}{5}$$

(5.8)

$$RJGDP_{zb}=\frac{RJGDP_{it}}{\sum_{i=1}^{31}RJGDP_{it}} \quad (5.9)$$

其中,i、t 定义同上。

(2)劳动力转移在各省区产出效率变化

表 5.6　　　各省区劳动力转移后较转移前产出效率比(EE)

两区	三地	省区	1978—2015 年	1978—1987 年	1988—1997 年	1998—2007 年	2008—2015 年
线东	转入	北京	5.685 6	5.252 6	6.636 1	6.885 4	5.148 8
线东	转入	天津	5.525 7	4.932 2	6.165 5	6.346 6	5.174 7
线东	转出	河北	4.340 1	3.350 0	6.222 5	5.274 8	4.122 5
线东	平衡	山西	4.283 8	3.624 5	5.408 2	4.847 8	4.089 4
线西	平衡	内蒙古	4.404 0	3.347 9	4.286 6	4.474 4	4.848 3
线东	平衡	辽宁	4.704 2	4.126 6	5.955 2	5.216 1	4.514 6
线东	平衡	吉林	4.431 5	3.666 3	5.538 0	4.918 4	4.271 7

① 这里的数字表示省区数量。

续表

两区	三地	省区	1978—2015年	1978—1987年	1988—1997年	1998—2007年	2008—2015年
线东	平衡	黑龙江	4.365 7	3.870 4	5.684 3	4.968 8	4.131 1
线东	转入	上海	5.820 8	6.490 8	7.374 3	7.154 3	5.140 5
线东	转入	江苏	5.049 3	3.940 6	5.714 9	5.784 0	4.741 4
线东	转入	浙江	5.039 3	3.899 1	5.807 5	5.937 1	4.657 0
线东	转出	安徽	4.158 8	3.258 9	6.030 1	5.005 2	3.974 9
线东	转入	福建	4.784 6	3.665 5	5.580 9	5.575 9	4.440 6
线东	转出	江西	4.167 8	3.240 7	5.993 4	5.025 1	3.985 3
线东	平衡	山东	4.639 7	3.624 6	5.684 5	5.186 6	4.468 9
线东	转出	河南	4.225 3	3.215 3	6.032 9	5.098 1	4.040 5
线东	转出	湖北	4.326 3	3.390 2	6.132 9	5.139 2	4.163 4
线东	转出	湖南	4.243 5	3.275 3	6.055 1	5.083 6	4.070 1
线东	转入	广东	4.908 9	3.897 8	5.843 1	5.821 1	4.500 1
线东	转出	广西	4.146 7	3.149 7	6.018 9	4.997 3	3.963 4
线东	平衡	海南	4.287 3	3.529 1	5.594 5	4.829 0	4.084 2
线东	转出	重庆	4.336 9	3.264 1	6.111 8	5.168 2	4.173 3
线东	转出	四川	4.169 5	3.214 1	6.006 8	5.019 7	3.989 1
线东	转出	贵州	3.998 3	3.089 5	5.833 7	4.823 6	3.826 8
线东	平衡	云南	4.100 2	3.345 1	5.326 3	4.651 4	3.902 0
线西	平衡	西藏	3.852 7	3.370 7	4.088 4	4.159 0	4.152 8
线东	转出	陕西	4.289 0	3.249 3	6.017 4	5.068 7	4.149 9
线西	转出	甘肃	3.784 2	3.057 7	4.786 5	4.412 1	4.077 5
线西	平衡	青海	3.988 1	3.400 3	4.241 7	4.217 7	4.318 9
线西	平衡	宁夏	4.024 5	3.342 3	4.221 7	4.237 3	4.370 1
线西	转入	新疆	4.178 0	3.524 1	4.214 2	4.740 1	4.296 7

由表5.6可知,从地区上看,31省区劳动力由农业部门转移至非农部门引致的产出效率比(EE)变化的结果与前文分析结果相似:从高至低基本遵循线东地区为高值,线西地区次之;农业剩余劳动力转移至转入地产出效率变化最大,平衡地和转出地效率值变动在各省区为交叉分布态

势。从东部、东北、中部和西部四大地区看，劳动力转移至东部地区使得劳动效率提升最高，东北和中部省份次之，西部省份较低。这与中国经济发展由东至西梯次递减的格局一致。

从省区上看，依据 1978—2015 年 31 省区劳动力效率提升值（EE 值），可将 31 省区划分为六部分进行归纳分析。①农村剩余劳动力转移至上海、北京、天津、江苏、浙江和广东省区非农部门使得生产效率提升最高，分别是转移前劳动力生产率的 5.820 8 倍、5.685 6 倍、5.525 7 倍、5.049 3 倍、5.039 3 倍和 4.908 9 倍。上海、北京和天津三大直辖市以绝对优势占据前三。以上 6 省区在中国经济发展中处于"领头雁"位置，无论是在产业结构还是劳动力素质及人力资本等投入要素资源配置方面，以上地区均占据优势，因而劳动力转移至这些地区获得的劳均资本比和"干中学"优势使得劳动力自身生产效率提升最高。②福建、辽宁和山东次之，农村剩余劳动力转入使得生产率分别是转移前的 4.784 6 倍、4.704 2 倍和 4.639 7 倍。这 3 省区的共同特征在于它们均是局部地区经济增长极：辽宁省为东北三省中最发达地区，山东则为京津以南、江浙沪以北省区中优势发展省区，福建则为江浙沪以南、广东以北省区中优势发展省区。从 1978—2015 年人均 GDP 均值看，辽宁人均 GDP 均值为 16 362.58 元，吉林 11 998.87 元，黑龙江 10 946.58 元；福建 15 534.26 元，江西 8 168.66 元，湖南 9 378.97 元；山东 15 330.79 元，河北 10 925 元，河南 9 087.50 元，山西 9 636.45 元。由此可知，辽宁、福建和山东在邻近省区中经济发展占据优势地位。③位于第三个档次的是吉林、内蒙古、黑龙江、河北、重庆和湖北 6 省区，生产率分别是转移前的 4.43 倍、4.40 倍、4.37 倍、4.34 倍、4.34 倍和 4.33 倍。从经济发展程度上看，以上 6 省区在全国居于中上，对应的 1978—2015 年人均 GDP 均值在 31 省区中分别位于第 11、第 8、第 12、第 13、第 14 和第 15。从地理位置上看，这 6 省区大多地处中、东部，近邻发达省区或地区经济发展优势省区，具有便于承接经济发展优势地区的产业转移、获得新近发展信息等优势，因而在提升劳动力生产效率上也占据优势。④陕西、海南、山西、湖南和河南位于第四档，劳动力转入使得生产率分别是转移前的 4.289 0 倍、4.287 3 倍、4.283 8 倍、4.243 5 倍和 4.225 3 倍。从人均 GDP 均值位次上看，以上 5 省区分别位于第 17、第 19、第 20、第 21 和第 23，可知以上省区在经济发展水平上优势有限，在全国基本位于中等。从地理位置上看，这些省区大多为中部省区，距离东部沿海地区较远，加之地形地貌影响，自然资源及生产要素配置受限,因此,劳动力转入使得生产效率虽有大幅提升,但不及东部发达省区。⑤农村剩余劳动力转入中西部省区新疆、四川、江西、安徽、广西、云南和宁夏使得劳动力生产率分别是转移前的 4.178 0 倍、4.169 5 倍、4.167 8 倍、4.158 8 倍、4.146 7 倍、4.100 2 倍和 4.024 5 倍。⑥西部省区贵州、青海、西藏和甘肃,劳动力转入其非农部门使得劳动力生产率分别是转移前的 3.998 3 倍、3.988 1 倍、3.852 7 倍和 3.784 2 倍,生产率提升在全国最低。就经济发展水平而言,这些省区人均 GDP 均值在 31 省区中处于第 16 至 31 位次。由此可知,中西部地区特别是西部地区就全国而言,在最大限度提升劳动力生产效率方面并不是劳动力转入的最佳之地。

从四个时间段上看,农村剩余劳动力转移至非农部门使得生产率提升度在四个阶段呈倒 U 形分布。1978—1987 年劳动力转移至非农部门生产率平均是转移前的 3.664 7 倍,1988—1997 年生产率提升达最高值,平均是转移前的 5.632 5 倍。1998—2007 年生产率提升度稍有下降,但基本与 1988—1997 年一致保持在较高水平,生产率平均是转移前的 5.163 4 倍。2008—2015 年生产率提升呈下降态势,平均是转移前的 4.315 8 倍,高于初始阶段值 3.664 7 倍。1978—2007 年生产率提升呈上升趋势有两点原因:一是机械化生产的普及使农业部门生产率提升,在农业部门出现剩余劳动力;二是第二、三产业发展和产业优化升级在创造更多就业机会的同时,也使得非农部门劳动生产率提升。2008—2015 年劳动生产率提升呈下降态势的原因,从农民工视角看有两点:一是农民工平均年龄不断提升,2015 年农民工平均年龄为 38.6 岁,且 40 岁以下农民工占比呈下降趋势,40 岁以上农民工占比 44.8%。受限于年龄引致的身体素质变化,农民工自身劳动生产率下降。二是受教育水平较低,拥有高中及以上水平的农民工占比为 25.2%,初中及以下农民工占比为 74.8%。知识是提升生产率的一种有力途径,农民工的现实情况是有近 3/4 的受教育水平较低,限制了自身生产率提升。①

(3)各省区经济效应

各省区经济效应测算结果见表 5.7,由表可知,各省区经济增长效应与各省区效率效应大致具有相同趋势。转移经济效应由东至西梯次递减,越是经济发达省区,劳动力转移经济效应越高,经济欠发达省区的经

---

① 数据来源于《农民工监测调查报告》(2015)。

济效应往往偏低。

表 5.7 劳动力转移使得产出效率发生变动进而引致的经济增长效应

省区	1978—2015 年	1978—1987 年	1988—1997 年	1998—2007 年	2008—2015 年
北京	0.004 4	0.003 5	0.006 3	0.008 4	0.004 6
天津	0.004 2	0.003 2	0.005 9	0.007 9	0.004 6
河北	0.002 2	0.001 3	0.003 2	0.004 0	0.002 3
山西	0.002 3	0.001 5	0.003 1	0.004 2	0.002 0
内蒙古	0.002 1	0.001 2	0.002 3	0.002 8	0.002 0
辽宁	0.002 7	0.002 0	0.003 6	0.004 6	0.002 5
吉林	0.002 5	0.001 5	0.003 2	0.004 3	0.002 2
黑龙江	0.002 4	0.001 7	0.003 4	0.004 3	0.002 1
上海	0.005 5	0.004 7	0.007 1	0.008 7	0.004 6
江苏	0.004 7	0.002 2	0.005 4	0.007 3	0.004 2
浙江	0.004 7	0.002 1	0.005 5	0.007 5	0.004 1
安徽	0.002 1	0.001 2	0.003 0	0.003 7	0.002 2
福建	0.004 5	0.001 9	0.005 3	0.007 1	0.003 9
江西	0.002 1	0.001 2	0.003 0	0.003 7	0.002 2
山东	0.002 7	0.001 5	0.003 4	0.004 6	0.002 4
河南	0.002 1	0.001 1	0.003 0	0.003 8	0.002 2
湖北	0.002 2	0.001 3	0.003 1	0.003 8	0.002 4
湖南	0.002 1	0.001 2	0.003 0	0.003 8	0.002 3
广东	0.004 6	0.002 1	0.005 5	0.007 3	0.003 9
广西	0.002 1	0.001 1	0.003 0	0.003 7	0.002 2
海南	0.002 3	0.001 4	0.003 3	0.004 2	0.002 0
重庆	0.002 2	0.001 2	0.003 1	0.003 9	0.002 4
四川	0.002 1	0.001 1	0.003 0	0.003 7	0.002 2
贵州	0.001 9	0.001 0	0.002 8	0.003 5	0.002 0
云南	0.002 1	0.001 2	0.003 0	0.004 0	0.001 9
西藏	0.001 6	0.001 3	0.002 1	0.002 5	0.001 4
陕西	0.002 2	0.001 2	0.003 0	0.003 8	0.002 3

续表

省区	1978—2015 年	1978—1987 年	1988—1997 年	1998—2007 年	2008—2015 年
甘肃	0.001 4	0.001 0	0.001 8	0.002 1	0.001 5
青海	0.001 7	0.001 3	0.002 0	0.002 5	0.001 5
宁夏	0.001 7	0.001 2	0.002 0	0.002 6	0.001 6
新疆	0.003 5	0.001 8	0.004 0	0.005 2	0.003 0

注：本表为保留4位小数后的结果展示，原值结果详见附录五附表6。

从1978—2015年历年看，依据各省区经济效应值，可将31省区划分为五个层次。①上海以其绝对优势在31省区中占据首位，经济效应为0.549 2%。江苏和浙江次于上海，经济效应分别为0.472 1%和0.471 1%。广东的经济效应为0.458 0%。之后为福建、北京和天津，经济效应分别为0.445 6%、0.440 1%和0.424 1%。由此可知，江浙沪、广东和京津地区不但是中国经济发达省区，也是劳动力转移经济效应最高的地区。②新疆的经济效应次于江浙沪、京津等地，为0.352 0%。这与对新疆一贯的传统认知不符，新疆作为经济欠发达省区，其生产发展与东、中部省区存在差距。但其劳动力转移的经济效应就31省区而言，仅次于江浙沪和京津等全国最发达地区，主要原因有以下三点：一是新疆地区与中亚五国具有地缘优势，且民俗民风存在相似之处，新疆在"向西开放"的发展政策作用下对外贸易发展较好，拉动了本地劳动力就业和外省劳动力转入，也促进了自身经济增长；二是19省区"对口援疆"政策促进了东、中部省区有针对性地支持各地州基础设施建设、实施产业援助等，在非农部门创造了更多的就业机会，也促进了当地经济增长；三是包含中亚五国和西北五省在内，无论是在经济发展水平、自然资源还是在生产要素上，新疆均处于优势地位，这使得在劳动力转移过程中，新疆对劳动力的转入更具吸引力，进而促进了经济增长。③辽宁、山东、吉林、黑龙江、海南、山西、河北、重庆和湖北9省区的经济效应相近，分别为0.273 1%、0.266 6%、0.245 8%、0.239 2%、0.231 4%、0.231 0%、0.224 1%、0.223 8%和0.222 7%。其中辽宁和山东的经济效应较高，这主要是由于辽宁和山东的经济水平较高，为劳动力转入地或劳动力充足地区，距离东部发达地区具有地理优势。其余省区或因经济发展水平限制，或因地处中、西部，经济效应较辽宁和山东低。④陕西、湖南、云南、河南、内蒙古、四川、江西、安徽和广西9省区的经济效应相近，分别为0.219 0%、0.214 4%、0.212 7%、0.212 6%、0.210 2%、

0.207 0%、0.206 9%、0.206 0%和 0.204 8%。各省区劳动力转移经济效应大小基本与经济发展水平高低一致,陕西、湖南的经济效应较高,江西、安徽和广西的经济效应较低。⑤西部省区贵州、宁夏、青海、西藏和甘肃劳动力转移经济效应在 31 省区中最低,分别为 0.189 9%、0.172 2%、0.168 6%、0.155 0%和 0.135 6%。

从时间段上看,1978—1987 年劳动力转移经济效应均值为 0.164 5%,1988—1997 年为 0.358 8%,1998—2007 年为 0.462 4%,2008—2015 年为 0.260 2%。由此可知,1978—2007 年劳动力转移经济效应呈上升趋势,由第一阶段到第二阶段经济效应增幅最大,增长 1.181 2 倍,在第三阶段经济效应达到最高值。呈现这一现象的原因可归纳为以下三点:一是生产技术进步使更多的农业劳动力从土地中得以解脱,从而产生农业劳动力剩余,且剩余劳动力数量呈上升趋势,助力了经济增长的"人口红利"效应;二是非农部门发展为农业剩余劳动力就业提供了保障,进一步地,非农就业提升了农业剩余劳动力生产效率,劳动产出率增多;三是劳动力受教育程度提高使劳动力素质和人力资本得以提升,劳动力高素质和人力资本可转化为生产率进而劳动力转出增多。第四阶段劳动力转移经济效应接近全国平均水平(0.273 7%),较前两个阶段有所下降,但高于第一阶段。这主要是由于转移劳动力数量呈下降趋势,劳动力年龄呈上升趋势,新一代更加注重文化知识学习,更倾向于以大学生的身份实现劳动力就业转移而非农业剩余劳动力。

从交叉时间和地区的视角看,劳动力转移经济效应伴随着经济崛起之地而显现。劳动力转移经济效应首先在上海(0.472 5%)、北京(0.348 7%)、天津(0.316 6%)三地开始显现。第二阶段,除上海、北京和天津之外,广东(0.553 7%)、浙江(0.550 1%)、江苏(0.540 9%)和福建(0.527 5%)四地经济效应开始凸显。第三阶段,新疆经济效应后来居上,为 0.523 1%,辽宁(0.458 1%)、山东(0.455 2%)、黑龙江(0.433 4%)、吉林(0.428 4%)和山西(0.421 3%)等省区经济效应逐渐增大。至第四阶段,除发达省区上海(0.458 7%)、北京(0.459 6%)、天津(0.462 2%)、江苏(0.418 8%)、浙江(0.410 4%)和广东(0.394 7%)经济效应位于前列,西部欠发达省区宁夏(0.156 9%)、青海(0.151 8%)、西藏(0.135 2%)和甘肃(0.151 7%)经济效应较低外,其他省区经济效应水平相近,位于 0.202 1%—0.298 9%之间。由此可知,劳动力是促进经济增长不可或缺的生产要素,劳动力由农业部门转移至非农部门是提升劳动生产效率进而促进经济增长的有效途径;经济越是发达的地区,对劳动力转入的吸引力越大,从而经济效应越高。

(4)各省区对总产出贡献

表 5.8　　　　　各省区转移劳动力对社会总产出贡献率

省区	1978—2015 年	1978—1987 年	1988—1997 年	1998—2007 年	2008—2015 年
北京	0.006 9	0.002 8	0.006 5	0.007 3	0.006 4
天津	0.006 7	0.002 6	0.006 0	0.006 8	0.006 5
河北	0.003 0	0.001 2	0.003 1	0.003 9	0.003 1
山西	0.003 1	0.001 3	0.003 1	0.004 1	0.002 8
内蒙古	0.002 4	0.001 1	0.002 3	0.003 0	0.002 3
辽宁	0.003 6	0.001 6	0.003 6	0.004 5	0.003 2
吉林	0.003 3	0.001 4	0.003 2	0.004 2	0.002 9
黑龙江	0.003 2	0.001 5	0.003 4	0.004 2	0.002 8
上海	0.007 0	0.003 4	0.007 2	0.007 6	0.006 4
江苏	0.006 2	0.002 1	0.005 6	0.006 2	0.006 0
浙江	0.006 2	0.002 1	0.005 7	0.006 4	0.005 9
安徽	0.002 8	0.001 2	0.003 0	0.003 6	0.003 0
福建	0.006 0	0.002 0	0.005 4	0.006 0	0.005 7
江西	0.002 9	0.001 2	0.002 9	0.003 7	0.003 0
山东	0.003 5	0.001 3	0.003 4	0.004 4	0.003 1
河南	0.002 9	0.001 2	0.003 0	0.003 7	0.003 0
湖北	0.003 0	0.001 2	0.003 1	0.003 8	0.003 2
湖南	0.002 9	0.001 2	0.003 0	0.003 7	0.003 1
广东	0.006 1	0.002 1	0.005 7	0.006 3	0.005 8
广西	0.002 8	0.001 1	0.002 9	0.003 6	0.003 0
海南	0.003 1	0.001 3	0.003 3	0.004 1	0.002 8
重庆	0.003 0	0.001 2	0.003 0	0.003 8	0.003 2
四川	0.002 9	0.001 2	0.002 9	0.003 7	0.003 0
贵州	0.002 7	0.001 1	0.002 8	0.003 5	0.002 8
云南	0.002 9	0.001 2	0.003 0	0.003 9	0.002 6
西藏	0.001 9	0.001 1	0.002 1	0.002 7	0.001 6

续表

省区	1978—2015 年	1978—1987 年	1988—1997 年	1998—2007 年	2008—2015 年
陕西	0.003 0	0.001 2	0.002 9	0.003 7	0.003 1
甘肃	0.001 6	0.001 0	0.002 1	0.002 3	0.001 8
青海	0.002 0	0.001 2	0.002 3	0.002 8	0.001 8
宁夏	0.002 0	0.001 1	0.002 2	0.002 8	0.001 8
新疆	0.004 5	0.001 9	0.004 4	0.004 5	0.004 3

由表 5.8 可知，首先，从整体时间段上看，1978—2015 年各省区转移劳动力对经济增长的贡献率存在差距甚至"断层"，在省区及其贡献率数值上具体表现为：①上海、北京、天津、江苏、浙江和广东 6 省区转移劳动力对总产出贡献率最高，分别为 0.701 1%、0.687 6%、0.671 6%、0.623 9%、0.622 9% 和 0.609 9%。②除福建贡献率为 0.597 5%、新疆为 0.453 3% 外，紧随其后的 19 省区贡献率集中在 0.241 8%—0.355 3% 之间，主要是东北地区辽宁(0.355 3%)、吉林(0.328 1%)、黑龙江(0.321 5%)和山东(0.348 9%)处于领先之势，其余省区贡献率呈现为由东向西递减的趋势，分别有海南(0.313 6%)、山西(0.313 3%)、河北(0.302 3%)、重庆(0.302 0%)、湖北(0.300 9%)、陕西(0.297 2%)、云南(0.294 9%)、湖南(0.292 6%)、河南(0.290 8%)、四川(0.285 2%)、江西(0.285 1%)、安徽(0.284 2%)、广西(0.283 0%)、贵州(0.268 1%)和内蒙古(0.241 8%)。③西部省区宁夏、青海、西藏和甘肃转移劳动力对总产出贡献率最低，分别为 0.203 9%、0.200 2%、0.186 7% 和 0.163 2%。由此可知，劳动力转移对总产出的贡献主要由经济发达省区拉动，西部欠发达省区贡献率最低，其余省区劳动力转移对经济增长的贡献率基本遵循由东向西递减的趋势，但贡献率差距不大。

其次，对比四个时间段看，1978—1987 年 31 省区转移劳动力对经济增长贡献率虽有差距，但差异不大，最高值为上海 0.341 3%，最低值为甘肃 0.099 9%。31 省区中，28 省区贡献率介于 0.099 9%—0.213 8% 之间，表明 1978—1987 年农村剩余劳动力转移对经济增长贡献基本处于同一水平。1988—1997 年 31 省区贡献率较 1978—1987 年整体提升 1—2 倍。31 省区贡献率不再保持在同一水平，突出地分化为两个层面：①东部发达省区贡献率率先崛起，上海 0.724 2%、北京 0.650 4%、天津 0.603 3%、广东 0.571 1%、浙江 0.567 5%、江苏 0.558 2%、福建 0.544 8%。值得一提的是，西部省区新疆贡献率在这一时期升幅较大，达 0.442 3%。②其余 23 省区贡献率介于 0.205 2%—0.362 9%之间,遵循由东向西递减的趋势,但差异不大。1998—2007 年贡献率较 1988—1997 年继续提升,与 1988—1997 年特征不同的是,1998—2007 年间,除东部发达省区贡献率继续保持领先外,其他省区贡献率开始提升,贡献率处于中间层次的省区增多,31 省区贡献率差距缩小。此后 2008—2015 年基本保持着与此相同的特征。

最后,从交叉时间和省区视角看,劳动力转移对经济增长贡献率在 31 省区表现为由东向西递减的趋势,东部发达省区对经济增长的拉动作用最大,西部欠发达省区的拉动作用最小。31 省区贡献率随时间在不断提升,其中东部地区提升幅度较大,西部省区提升幅度较小,且 31 省区贡献率差距在缩小。

由表 5.6—表 5.8 的结果以及第 3 章劳动力转移特征及影响因素探析结论可知:①劳动力是促进经济增长不可或缺的投入要素,越是经济发达的省区,对劳动力转入的"吸力"越强,可容纳劳动力数量越多。②越是经济发达的省区,劳动力转入的"效率效应"和"经济效应"越大,省际劳动力转移路径符合以最优化"效率效应"和"经济效应"为导向的目标。③1978—2015 年劳动力转移的"效率效应"和"经济效应"与 31 省区经济演变格局具有相同趋势。经济崛起的过程伴随着非农产业占比不断扩大、生产要素投入增加和产业优化升级等过程。一方面,非农产业占比扩大需要更多的生产要素投入来扩大生产,扩大生产导致产出增加进而使得经济增长;另一方面,扩大生产会创造更多就业岗位,使得非农部门劳动力投入增加。越是经济发达的省区,越趋于产业结构升级,劳动力生产效率越高,因而越是转入经济发达省区的劳动力,其生产率较原有部门生产率越高,进而产生的"经济效应"也越高。经济增长主要由非农产业拉动,因而 31 省区经济发展水平由东向西递减的趋势反映了 31 省区由东向西递减的非农部门发展程度,进而转入东、中、西部的劳动力,其生产效率提升呈由东向西递减的趋势。各省区转入劳动力数量也表现为由东向西递减的趋势,其主要原因:一是由于非农部门发展越好的省区,其创造的就业岗位越多、容纳的劳动力数量越多,故 31 省区由东向西的就业岗位量呈递减趋势,与此对应,劳动力转入量呈递减趋势;二是由于由东向西各省区非农部门发展水平的差距引致的劳动生产效率差异,出于对劳动力转入、转出的收益、成本考量,使得劳动力转入量由东向西递减。经济增长与劳动力转入相互循环影响:经济越是发达的省区,对劳动力转入越具吸引力,而充足的劳动力转入为生产发展乃至经济增长提供了充足的生产要素投入,要素投入增加扩大了生产,进而又促进了生产发展和经济增长,稳定的经济增长继而又强化了对劳动力转入的"吸力",因此经济崛起越早的省区,劳动力转入的"效率效应"和"经济效应"越高且持续保持较高的优势。中西部地区随着经济增长,其劳动力转入的"效率效应"和"经济效应"呈上升趋势,但与东部发达地区相比,中西部地区的非农产业发展水平较低和劳动力转入量较少。

综上可知,未来进一步提升劳动力转移的"效率效应"和"经济效应",一是要保持现阶段的劳动力转移路径,使得后续更多的劳动力转移至东部发达省区,以最优提升的"效率效应"和"经济效应"拉动经济增长。二是要注重加快中西部地区经济增长,促进中西部地区非农部门发展,优化产业结构、促进产业结构升级,提升非农部门生产效率,在提升劳动力转入"吸力"的同时,提升劳动力转入的"效率效应"和"经济效应",进一步促进本地区乃至全国经济增长。三是要注重提升劳动力自身综合素质,首先是保持良好的身体素质,这是劳动力能够参加生产活动的前提条件;其次是提升人力资本,人力资本越高,劳动力从事生产的生产效率往往越高。因此需要注重提升劳动力自身综合素质,这是劳动力参与生产活动和增加产出乃至经济增长的基本前提。

(5) 31省区间劳动力转移效率效应对比分析

劳动力转入本省与转入其他省区,劳动力生产率会有怎样的变动?据此本书拟尝试测算31省区两两间劳动力转移后生产效率变动情况,以探析相对于本省内部转移,劳动力在转移过程中其他省区是否为最优转入省区或适合转入省区,详见表5.9。测算过程说明如下:①劳动力转移关系用31×31矩阵表示,其中行表示转出地,列表示转入地。②矩阵中数字含义为转入地效率效应与转出地效率效应比,具体如下:将本省内劳动力转移引致的效率效应单位化为1,如北京—北京为1(1=5.685 6/5.685 6),天津到北京为1.029 0(北京效率效应5.685 6与天津效率效应5.525 7比值),表示天津农业劳动力转入北京可使效率效应是天津的1.029 0倍。因此,从经济效应最大化的视角看,天津农业劳动力除转至本市非农部门外,北京也是一个适合劳动力转入的省(区、市)。与此相反,北京至天津为0.971 9(天津效率效应5.525 7与北京效率效应5.685 6比值),小于1,表示北京农业劳动力最优转入地选择为北京本地。③本书将小于1的比值统一替换为0值,表示转入地效率效应低于本省区,为非最优选择省区。④平均值为除本省区之外的 30 省区效率比值均值(统一替换为 0 后),以便从整体上查看本省区劳动力转出后适合转入的省区量。

由表 5.9 可知:从整体层面上看,越是经济发达省区,其劳动力转出的适合转入省区量越少。从经济效应最大化视角出发,东部地区劳动力仅适合在本省或东部发达省区内转移,转移至其他省区则不利于自身生产效率得到最大化提升。而经济欠发达省区劳动力转出后适合作为转入地的省区较多。从农村剩余劳动力转出潜力看,发达省区劳动力转出动力不足,最优转入地往往是自身,或者是比自身经济发展水平更高的有限省区;欠发达省区劳动力由于外部"拉力"作用较大,其转出潜力较大。随着 31 省区由东向西经济发展水平由高向低递减,本省区劳动力转出的适合转入省区量呈递增趋势。这与表 5.6－表 5.8 的结论具有相似性,基于省区视角分析如下:

以追求劳动力生产高效率为目标:①最为极端的省区为上海,从省区间转移效率效应比值看,上海是 31 省区中最佳劳动力转入地,劳动力效率比值最高,且上海本地劳动力转出没有适合的劳动力转入地。北京次之,只有上海适合作为北京劳动力转入地,除上海之外,北京是其余 29 省区劳动力适合转入地,且劳动力效率效应比值仅次于上海。天津第三,从效率效应比值上看,适合作为天津劳动力转入地的只有上海、北京,它是其余 28 省区劳动力适合转入地。江苏、浙江和广东分别是全国 27 省区、26 省区、25 省区劳动力适合转入地,与此对应,适合作为江苏劳动力转入地的只有上海、北京、天津,浙江的适合劳动力转入地有上海、北京、天津、江苏 4 省区,广东适合转入地有上海、北京、天津、江苏和浙江 5 省区。由此可知,以上发达省区是全国劳动力转移的最适合转入地,劳动力转入可使劳动力生产效率得到最大幅度提升。东部发达省区劳动力更适合在本省内部转移或在东部发达省区之间转移,劳动力向外转出的可选择性较少或转出不具有经济意义,向中部和西部地区转出会拉低劳动力生产效率。②除以上发达省区在转入地中占据绝对优势外,经济发展水平较好的东部省区(福建、山东等)、东北省区(辽宁)、西部省区(重庆、陕西等)也是劳动力转入的适合省区。对应的劳动力转出来源地主要为经济发展水平低于本省的中部省区和西部省区。经济发展水平持中的东部和中部省区,其劳动力转出可在东部发达省区和本地区做选择,且可供选择的省区较多,其中转至东部发达地区可使劳动力生产效率获得最大幅度提升,转至本地区则次之。③西部省区劳动力转移的最优选择是转出,且转入地的选择性较多,转入东部地区使得劳动力生产效率提升幅度最大,中部地区次之,西部地区较低。西部省区,特别是广西、贵州、云南、青海、宁夏、西藏和甘肃等省区,并非劳动力转入的适合省区,即劳动力转出在其他省区参加生产活动是本省劳动力的最优选择,而其他省区的劳动力转入本地区都是低效率。其中情况最极端的是甘肃、西藏,除了自身劳动力在省区内两部门转移外,甘肃、西藏并不适合作为其他省区劳动力转出的转入地。

(6) 31省区劳动力转移路径分析

31省区劳动力净转移情况见表5.10。限于篇幅,表5.10中各省区用其简称表示,"蒙"表示内蒙古。行表示劳动力转出省区,列表示劳动力转入省区。"0"和"1"含义解释如下:"京—津"值为0,表示北京至天津不存在劳动力净转入;"津—京"值为1,表示天津到北京存在劳动力净转入。表5.10表明,农村剩余劳动力在省区间净转移现状是:东部发达省区为劳动力净转入地;具有核心—边缘特征,即经济优势省区是周围欠发达省区劳动力转入地;西部省区为较少省区劳动力净转入地。

由以上文献综述归纳可知,农村剩余劳动力转移途径有三种:异地外出转移、就地转移以及将上述两者相结合。通过31省区农村剩余劳动力转移效率效应(EE)、经济效应(GE)和对总产出贡献(CY)分析,结合现阶段劳动力省际净转移情况,从理性人和经济效应最大化视角出发,本书认为,农村剩余劳动力转移应遵循以下路径:①东部发达省区农村剩余劳动力支持就地转移,或只在东部发达省区间转移;②中部地区农村剩余劳动力首选转出至东部发达省区,次优选择为中部经济水平较发达省区,最后为就地转移;③西部省区农村剩余劳动力首选为转出至东部或中部经济发展水平较高省区,次之为就地转移。

由上述实证分析可知,在劳动力转移过程中,劳动力流动主要表现为由欠发达地区向发达地区流动,反映了经济发展和社会变迁的特点。①由欠发达地区向发达地区流动的现象是由于不同地区经济发展水平存在差异。一般来说,欠发达地区的经济基础薄弱,就业机会有限,收入水平较低,生活条件相对困难;相比之下,发达地区经济发展较为成熟,就业机会更多,收入水平较高,生活条件相对优越。因此,许多劳动力选择离开欠发达地区,前往发达地区寻找更好的就业机会和生活条件。②由欠发达地区向发达地区流动的趋势也受到城市化进程的影响。随着城市化的推进,城市对劳动力的需求不断增加,吸引了大量来自农村和欠发达地

表 5.9　31 省区劳动力转移率效应提升对比

省区	北京	天津	河北	山西	内蒙古	辽宁	吉林	黑龙江	上海	江苏	浙江	安徽	福建	江西	山东	河南
北京	1.000 0	0.000 0	0.000 0	0.000 0	0.000 0	0.000 0	0.000 0	0.000 0	1.023 8	0.000 0	0.000 0	0.000 0	0.000 0	0.000 0	0.000 0	0.000 0
天津	1.029 0	1.000 0	0.000 0	0.000 0	0.000 0	0.000 0	0.000 0	0.000 0	1.053 4	0.000 0	0.000 0	0.000 0	0.000 0	0.000 0	0.000 0	0.000 0
河北	1.310 0	1.273 2	1.000 0	0.000 0	1.014 7	1.083 9	1.021 0	1.005 9	1.341 2	1.163 4	1.161 1	0.000 0	1.102 4	0.000 0	1.069 0	0.000 0
山西	1.327 2	1.289 9	1.013 1	1.000 0	1.028 1	1.098 1	1.034 5	1.019 1	1.358 8	1.178 7	1.176 4	0.000 0	1.116 9	0.000 0	1.083 1	0.000 0
内蒙古	1.291 0	1.254 7	0.000 0	0.000 0	1.000 0	1.068 1	1.006 2	0.000 0	1.321 7	1.146 5	1.144 2	0.000 0	1.086 4	0.000 0	1.053 5	0.000 0
辽宁	1.208 6	1.174 6	0.000 0	0.000 0	0.000 0	1.000 0	0.000 0	0.000 0	1.237 4	1.073 4	1.071 2	0.000 0	1.017 1	0.000 0	0.000 0	0.000 0
吉林	1.283 0	1.246 9	0.000 0	0.000 0	0.000 0	1.061 5	1.000 0	0.000 0	1.313 5	1.139 4	1.137 2	0.000 0	1.079 7	0.000 0	1.047 0	0.000 0
黑龙江	1.302 3	1.265 7	0.000 0	0.000 0	1.008 8	1.077 5	1.015 1	1.000 0	1.333 3	1.156 6	1.154 3	0.000 0	1.096 0	0.000 0	1.062 8	0.000 0
上海	0.000 0	0.000 0	0.000 0	0.000 0	0.000 0	0.000 0	0.000 0	0.000 0	1.000 0	0.000 0	0.000 0	0.000 0	0.000 0	0.000 0	0.000 0	0.000 0
江苏	1.126 0	1.094 3	0.000 0	0.000 0	0.000 0	0.000 0	0.000 0	0.000 0	1.152 8	1.000 0	1.000 0	1.000 0	0.000 0	0.000 0	0.000 0	0.000 0
浙江	1.128 3	1.096 5	0.000 0	0.000 0	0.000 0	0.000 0	0.000 0	0.000 0	1.155 1	1.002 0	1.000 0	0.000 0	0.000 0	0.000 0	0.000 0	0.000 0
安徽	1.367 1	1.328 7	1.043 6	1.030 1	1.059 0	1.131 1	1.065 6	1.049 8	1.399 6	1.214 1	1.211 7	1.000 0	1.150 5	1.002 2	1.115 6	1.016 0
福建	1.188 3	1.154 9	0.000 0	0.000 0	0.000 0	0.000 0	0.000 0	0.000 0	1.216 6	1.055 3	1.053 2	0.000 0	1.000 0	0.000 0	0.000 0	0.000 0
江西	1.364 2	1.325 8	1.041 3	1.027 8	1.056 7	1.128 7	1.063 2	1.047 5	1.396 6	1.211 5	1.209 1	0.000 0	1.148 0	1.000 0	1.113 2	0.000 0
山东	1.225 4	1.191 0	0.000 0	0.000 0	0.000 0	1.013 9	0.000 0	0.000 0	1.254 6	1.088 3	1.086 1	0.000 0	1.031 2	0.000 0	1.000 0	1.013 8
河南	1.345 6	1.307 8	1.027 2	1.013 9	1.042 3	1.113 3	1.048 8	1.033 2	1.377 6	1.195 2	1.192 7	0.000 0	1.132 4	0.000 0	1.098 1	1.000 0

续表

省区	北京	天津	河北	山西	内蒙古	辽宁	吉林	黑龙江	上海	江苏	浙江	安徽	福建	江西	山东	河南
湖北	1.3142	1.2772	1.0032	0.0000	1.0180	1.0873	1.0243	1.0091	1.3454	1.1671	1.1648	0.0000	1.1059	0.0000	1.0724	0.0000
湖南	1.3399	1.3022	1.0228	1.0095	1.0378	1.1086	1.0443	1.0288	1.3717	1.1899	1.1875	0.0000	1.1275	0.0000	1.0934	0.0000
广东	1.1586	1.1256	0.0000	0.0000	0.0000	0.0000	0.0000	0.0000	1.1858	1.0286	1.0266	0.0000	0.0000	0.0000	0.0000	0.0000
广西	1.3711	1.3325	1.0466	1.0334	1.0621	1.1344	1.0687	1.0528	1.4037	1.2177	1.2153	1.0029	1.1538	1.0051	1.1189	1.0189
海南	1.3261	1.2885	1.0123	0.0000	1.0272	1.0972	1.0336	1.0183	1.3577	1.1777	1.1754	0.0000	1.1160	0.0000	1.0822	0.0000
重庆	1.3110	1.2741	1.0007	0.0000	1.0155	1.0847	1.0218	1.0066	1.3422	1.1640	1.1623	0.0000	1.1032	0.0000	1.0698	0.0000
四川	1.3636	1.3254	1.0409	1.0274	1.0563	1.1282	1.0628	1.0471	1.3960	1.2110	1.2086	0.0000	1.1475	0.0000	1.1128	1.0134
贵州	1.4220	1.3822	1.0855	1.0715	1.1015	1.1765	1.1085	1.0919	1.4550	1.2629	1.2604	1.0401	1.1967	1.0424	1.1604	1.0568
云南	1.3867	1.3477	1.0585	1.0448	1.0741	1.1473	1.0805	1.0648	1.4196	1.2315	1.2290	1.0143	1.1669	1.0165	1.1316	1.0305
西藏	1.4758	1.4341	1.1265	1.1119	1.1431	1.2210	1.1502	1.1332	1.5109	1.3106	1.3080	1.0795	1.2419	1.0819	1.2043	1.0967
陕西	1.3256	1.2887	1.0119	0.0000	1.0268	1.0968	1.0337	1.0179	1.3579	1.1773	1.1749	0.0000	1.1156	0.0000	1.0818	0.0000
甘肃	1.5025	1.4604	1.1468	1.1321	1.1638	1.2438	1.1710	1.1537	1.5382	1.3343	1.3317	1.0997	1.2644	1.1014	1.2261	1.1166
青海	1.4257	1.3855	1.0883	1.0742	1.1043	1.1795	1.1112	1.0947	1.4595	1.2661	1.2636	1.0428	1.1997	1.0451	1.1634	1.0595
宁夏	1.4128	1.3730	1.0784	1.0644	1.0943	1.1689	1.1011	1.0841	1.4464	1.2542	1.2522	1.0334	1.1889	1.0356	1.1529	1.0499
新疆	1.3609	1.3226	1.0388	1.0253	1.0541	1.1259	1.0607	1.0449	1.3932	1.2085	1.2062	0.0000	1.1452	0.0000	1.1105	1.0113

续表

省区	湖北	湖南	广东	广西	海南	重庆	四川	贵州	云南	西藏	陕西	甘肃	青海	宁夏	新疆	平均
北京	0.000 0	0.000 0	0.000 0	0.000 0	0.000 0	0.000 0	0.000 0	0.000 0	0.000 0	0.000 0	0.000 0	0.000 0	0.000 0	0.000 0	0.000 0	0.034 1
天津	0.000 0	0.000 0	0.000 0	0.000 0	0.000 0	0.000 0	0.000 0	0.000 0	0.000 0	0.000 0	0.000 0	0.000 0	0.000 0	0.000 0	0.000 0	0.069 4
河北	0.000 0	0.000 0	1.131 1	0.000 0	0.000 0	0.000 0	0.000 0	0.000 0	0.000 0	0.000 0	0.000 0	0.000 0	0.000 0	0.000 0	0.000 0	0.455 9
山西	1.009 9	0.000 0	1.145 9	0.000 0	1.000 8	1.012 4	0.000 0	0.000 0	0.000 0	0.000 0	1.001 2	0.000 0	0.000 0	0.000 0	0.000 0	0.629 8
内蒙古	0.000 0	0.000 0	1.114 6	0.000 0	0.000 0	0.000 0	0.000 0	0.000 0	0.000 0	0.000 0	0.000 0	0.000 0	0.000 0	0.000 0	0.000 0	0.382 9
辽宁	0.000 0	0.000 0	1.043 5	0.000 0	0.000 0	0.000 0	0.000 0	0.000 0	0.000 0	0.000 0	0.000 0	0.000 0	0.000 0	0.000 0	0.000 0	0.260 9
吉林	0.000 0	0.000 0	1.107 7	0.000 0	0.000 0	0.000 0	0.000 0	0.000 0	0.000 0	0.000 0	0.000 0	0.000 0	0.000 0	0.000 0	0.000 0	0.347 2
黑龙江	0.000 0	0.000 0	1.124 4	0.000 0	0.000 0	0.000 0	0.000 0	0.000 0	0.000 0	0.000 0	0.000 0	0.000 0	0.000 0	0.000 0	0.000 0	0.419 9
上海	0.000 0	0.000 0	0.000 0	0.000 0	0.000 0	0.000 0	0.000 0	0.000 0	0.000 0	0.000 0	0.000 0	0.000 0	0.000 0	0.000 0	0.000 0	0.000 0
江苏	0.000 0	0.000 0	0.000 0	0.000 0	0.000 0	0.000 0	0.000 0	0.000 0	0.000 0	0.000 0	0.000 0	0.000 0	0.000 0	0.000 0	0.000 0	0.112 4
浙江	0.000 0	0.000 0	0.000 0	0.000 0	0.000 0	0.000 0	0.000 0	0.000 0	0.000 0	0.000 0	0.000 0	0.000 0	0.000 0	0.000 0	0.000 0	0.146 1
安徽	1.040 3	1.020 4	1.180 4	0.000 0	1.030 9	1.042 8	1.002 6	0.000 0	0.000 0	0.000 0	1.031 3	0.000 0	0.000 0	1.004 6	0.000 0	0.851 3
福建	0.000 0	0.000 0	1.026 0	0.000 0	0.000 0	0.000 0	0.000 0	0.000 0	0.000 0	0.000 0	0.000 0	0.000 0	0.000 0	0.000 0	0.000 0	0.223 1
江西	1.038 0	1.018 1	1.177 8	0.000 0	1.028 7	1.040 6	1.000 4	0.000 0	0.000 0	0.000 0	1.029 1	0.000 0	0.000 0	1.002 4	0.000 0	0.816 1
山东	0.000 0	0.000 0	1.058 0	0.000 0	0.000 0	0.000 0	0.000 0	0.000 0	0.000 0	0.000 0	0.000 0	0.000 0	0.000 0	0.000 0	0.000 0	0.298 3
河南	1.023 9	1.004 3	1.161 8	0.000 0	1.014 7	1.026 4	0.000 0	0.000 0	0.000 0	0.000 0	1.015 1	0.000 0	0.000 0	0.000 0	0.000 0	0.705 8

续表

省区	湖北	湖南	广东	广西	海南	重庆	四川	贵州	云南	西藏	陕西	甘肃	青海	宁夏	新疆	平均
湖北	1.000 0	0.000 0	1.134 7	0.000 0	0.000 0	1.002 4	0.000 0	0.000 0	0.000 0	0.000 0	0.000 0	0.000 0	0.000 0	0.000 0	0.000 0	0.524 2
湖南	1.019 5	1.000 0	1.156 8	0.000 0	0.010 3	1.022 0	0.000 0	0.000 0	0.000 0	0.000 0	0.010 7	0.000 0	0.000 0	0.000 0	0.000 0	0.669 4
广东	0.000 0	0.000 0	1.000 0	0.000 0	0.000 0	0.000 0	0.000 0	0.000 0	0.000 0	0.000 0	0.000 0	0.000 0	0.000 0	0.000 0	0.000 0	0.184 2
广西	1.043 3	1.023 3	1.183 8	1.000 0	1.033 9	1.045 9	1.005 5	0.000 0	0.000 0	0.000 0	1.034 3	0.000 0	0.000 0	0.000 0	1.007 5	0.887 2
海南	1.009 1	0.000 0	1.145 0	0.000 0	1.000 0	1.011 6	0.000 0	0.000 0	0.000 0	0.000 0	1.000 4	0.000 0	0.000 0	0.000 0	0.000 0	0.596 0
重庆	0.000 0	0.000 0	1.131 9	0.000 0	0.000 0	1.000 0	0.000 0	0.000 0	0.000 0	0.000 0	0.000 0	0.000 0	0.000 0	0.000 0	0.000 0	0.489 6
四川	1.037 6	1.017 7	1.177 3	0.000 0	1.028 3	1.040 7	1.042 8	0.000 0	1.025 5	0.000 0	1.028 7	0.000 0	0.000 0	1.006 5	1.002 0	0.782 4
贵州	1.082 0	1.061 3	1.227 8	1.037 1	1.072 3	1.084 7	1.016 9	1.000 0	1.000 0	0.000 0	1.072 7	0.000 0	0.000 0	1.006 0	1.044 9	1.022 4
云南	1.055 1	1.034 9	1.197 2	1.011 3	1.045 6	1.057 7	1.082 2	1.037 8	1.064 2	0.000 0	1.046 0	0.000 0	0.000 0	1.044 6	1.019 0	0.931 0
西藏	1.122 9	1.101 4	1.274 2	1.076 3	1.112 8	1.125 7	1.082 2	0.000 0	0.000 0	1.000 0	1.113 3	1.000 0	1.035 2	1.044 6	1.084 4	1.130 2
陕西	1.008 7	0.000 0	1.144 0	0.000 0	0.000 0	1.011 2	0.000 0	0.000 0	0.000 0	0.000 0	1.000 0	0.000 0	0.000 0	0.000 0	0.000 0	0.562 4
甘肃	1.143 2	1.121 1	1.297 5	1.095 8	1.133 0	1.146 0	1.101 8	1.056 6	1.083 5	1.018 1	1.133 4	1.000 0	1.053 9	1.063 5	1.104 1	1.184 5
青海	1.084 8	1.064 7	1.230 9	1.039 8	1.075 4	1.087 5	1.045 5	1.002 6	1.028 1	0.000 0	1.075 4	0.000 0	1.000 0	1.009 1	1.047 6	1.058 4
宁夏	1.075 0	1.054 4	1.219 8	1.030 4	1.065 7	1.077 6	1.036 0	0.000 0	1.018 8	0.000 0	1.065 7	0.000 0	0.000 0	1.000 0	1.038 1	0.982 4
新疆	1.035 5	1.015 7	1.174 9	0.000 0	1.026 2	1.038 0	0.000 0	0.000 0	0.000 0	0.000 0	1.026 6	0.000 0	0.000 0	0.000 0	1.000 0	0.747 5

表 5.10　31省区劳动力净转移情况

省区	京	津	冀	晋	蒙	辽	吉	黑	沪	苏	浙	皖	闽	赣	鲁	豫	鄂	湘	粤	桂	琼	渝	川	贵	云	藏	陕	甘	青	宁	新
京	1	1	0	0	0	0	1	0	1	1	1	0	0	0	1	0	0	0	0	0	0	0	0	0	0	0	0	0	0	0	0
津	1	1	0	0	0	0	1	0	1	1	1	0	0	0	1	0	0	0	0	0	0	0	0	0	0	0	0	0	0	0	0
冀	1	1	1	1	1	1	1	0	1	1	1	0	0	0	1	1	0	0	1	0	1	0	0	0	0	0	1	0	1	1	1
晋	1	1	0	1	0	1	1	0	1	1	1	0	0	0	1	0	0	0	1	0	1	0	0	0	0	0	1	1	1	1	1
蒙	1	1	0	0	1	0	1	1	1	1	1	0	0	0	1	0	0	0	1	0	1	0	0	0	0	0	0	0	0	0	1
辽	1	1	1	0	0	1	1	0	1	1	1	0	0	0	1	0	0	0	1	0	1	0	0	0	0	0	1	1	1	1	1
吉	1	1	1	1	1	0	1	0	1	1	1	0	0	0	1	0	0	0	1	0	1	0	0	0	1	1	1	1	1	1	1
黑	0	1	0	0	0	0	0	1	1	1	0	0	0	0	0	0	0	0	1	0	0	0	0	0	1	1	0	0	0	0	0
沪	1	1	1	1	1	1	1	1	1	1	0	0	0	0	1	0	0	0	1	0	1	0	0	0	1	0	0	0	1	1	0
苏	1	1	1	1	1	1	1	1	1	1	1	0	1	0	1	0	0	0	1	0	1	0	0	0	1	0	1	0	1	1	1
浙	1	1	1	1	1	1	1	1	1	1	1	1	1	1	1	0	0	0	1	0	1	0	0	0	1	1	1	0	1	1	1
皖	1	1	1	1	1	1	1	1	1	1	1	1	1	1	1	0	0	0	1	0	1	0	0	0	1	1	1	0	1	1	1
闽	1	1	1	1	1	1	1	1	1	1	1	1	1	1	1	1	0	0	1	0	1	0	0	0	1	1	1	1	1	1	1
赣	1	1	1	1	1	1	1	1	1	1	1	1	1	1	1	0	0	0	1	0	1	0	0	0	1	1	1	0	1	1	1
鲁	1	1	0	1	1	1	0	0	1	1	1	0	0	0	1	0	0	0	1	0	1	0	0	0	0	0	0	0	0	1	1
豫	1	1	1	1	1	1	1	1	1	1	1	1	1	1	1	1	1	1	1	1	1	0	0	1	1	1	1	1	1	1	1

第 5 章　农村剩余劳动力转移对经济增长贡献率实证分析　163

续表

省区	京	津	冀	晋	蒙	辽	吉	黑	沪	苏	浙	皖	闽	赣	鲁	豫	鄂	湘	粤	桂	琼	渝	川	贵	云	藏	陕	甘	青	宁	新
鄂	1	1	1	1	1	1	1	1	1	1	1	0	1	0	1	0	1	1	1	1	1	0	0	1	1	1	1	1	1	1	1
湘	1	1	1	1	1	1	1	0	1	1	1	1	1	1	1	0	0	1	1	1	1	0	0	1	1	1	1	1	1	1	1
粤	1	1	0	0	0	0	0	0	1	0	0	0	0	0	0	0	0	0	1	0	0	0	0	0	0	0	0	0	0	0	0
桂	1	1	0	0	0	0	0	0	1	0	0	0	1	1	0	0	0	0	1	0	1	0	0	0	1	0	0	0	1	1	1
琼	1	1	1	1	0	0	0	0	1	0	0	0	0	0	0	0	0	0	1	1	1	0	0	0	0	0	0	0	1	0	1
渝	1	1	1	1	1	1	1	1	1	1	1	1	1	1	1	1	1	1	1	1	1	0	1	1	1	1	1	0	1	1	1
川	1	1	1	1	1	1	1	0	1	1	1	1	1	1	1	0	0	1	1	1	1	0	0	1	1	1	1	1	1	1	1
贵	1	1	1	1	1	1	1	0	1	1	1	0	1	0	1	0	0	0	1	0	0	0	0	0	1	1	1	1	1	1	1
云	1	1	1	1	1	1	1	0	1	1	1	0	1	0	1	0	0	0	1	0	0	0	0	0	1	1	1	1	1	1	1
藏	1	1	1	1	1	1	1	1	1	1	1	1	1	1	1	1	1	1	1	1	1	0	1	1	1	1	1	1	1	1	1
陕	1	1	1	1	1	1	1	0	1	1	1	1	1	1	1	0	0	1	1	1	1	0	0	1	1	1	1	1	1	1	1
甘	1	1	1	0	0	1	1	0	1	0	0	0	1	0	0	0	0	0	1	0	1	0	0	0	0	1	1	1	1	1	1
青	1	1	0	0	1	0	0	0	1	0	0	0	0	0	0	0	0	0	1	0	1	0	0	0	0	1	1	1	1	1	1
宁	1	1	1	0	1	0	0	0	1	0	0	0	0	0	0	0	0	0	1	1	0	0	0	0	0	1	1	1	1	1	0
新	1	1	0	0	0	0	0	0	1	0	0	0	0	0	0	0	0	0	1	1	0	0	0	0	0	1	1	0	0	0	1

区的劳动力前往城市就业。这种由城市化带动的劳动力流动,加剧了欠发达地区劳动力向发达地区流动的趋势,形成了一种明显的人口流动格局。此外,政府政策的支持和引导也对劳动力由欠发达地区向发达地区流动起到了推动作用。政府通过制定相关政策和措施,引导和支持劳动力的跨区域流动,促进劳动力资源的合理配置和优化利用。这种政策支持和引导的作用,有助于规范和引导劳动力的流动行为,推动劳动力流动呈现出更加有序和良性的发展趋势。

总的来说,劳动力流动主要表现为由欠发达地区向发达地区流动,反映了经济发展和社会变迁的特点。在引导和支持劳动力流动的过程中,我们应该充分认识和重视这种流动趋势,根据实际情况和政策需要,采取相应的措施,促进劳动力的全面发展和不同地区经济的协调发展。只有这样,才能更好地实现劳动力的自身发展以及促进不同地区间的经济合作与交流。

更进一步地,随着中国经济的快速发展,农村劳动力的省际流动现象日益普遍。农村劳动力的流动不仅带动了城乡之间的人口流动,也促进了不同地区之间的经济交流与合作。在这种背景下,农村劳动力省际流动的特征也逐渐显现出来,即劳动力在省际转移过程中,对于转入目的地的选择并非统一,而是呈现出多样化和持续性特征。

首先,农村劳动力省际流动呈现出规模化和持续化的趋势。随着城市化进程的加快,越来越多的农村劳动力选择外出打工,以谋求更好的生活和发展机会。他们不仅在节假日返乡,还会长期在外地打工,甚至选择在外地定居。这种规模化和持续化的流动趋势,使得农村劳动力省际流动成为一个不可忽视的现象。一是农村劳动力省际流动呈现出规模化的趋势。随着城市化进程的推进和经济结构的调整,越来越多的农村劳动力选择离开家乡前往城市打工或就业。这种规模化的流动趋势体现在流动人数的增加和流动范围的扩大上。大量的农村劳动力跨越省际边界,前往经济较为发达的地区寻找更好的就业机会和生活条件,形成了规模化的省际流动现象。二是农村劳动力省际流动呈现出持续化的趋势。随着城市化进程的深化和经济发展的需求,农村劳动力省际流动已经成为一种长期持续的现象。许多农村劳动力选择在外地定居,建立家庭,融入当地社会,实现自身发展目标。他们形成了持续性的省际流动群体,为城市经济和社会发展做出了重要贡献。三是政府政策的支持和引导也对农村劳动力省际流动的规模化和持续化趋势起到了推动作用。政府通过制定相关政策和措施,引导和支持农村劳动力的省际流动,促进劳动力资源的合理配置和优化利用。这种政策支持和引导的作用,有助于规范和引导农村劳动力的流动行为,推动农村劳动力省际流动呈现出更加有序和良性的发展趋势。农村劳动力省际流动呈现出规模化和持续化的趋势,反映了经济发展和社会变迁的特点。在引导和支持农村劳动力省际流动的过程中,我们应该充分认识和重视这种趋势,根据实际情况和政策需要,采取相应的措施,促进农村劳动力的全面发展和城乡经济的互补性发展。只有这样,才能更好地实现农村劳动力的自身发展以及促进不同地区间的经济合作与交流。

其次,农村劳动力省际流动呈现出多样化和差异化的特点。不同地区的农村劳动力流动方向和目的地各不相同,有的选择去发达地区打工,有的选择留在相对贫困的地区发展自己的事业。同时,农村劳动力的流动动机和方式也各不相同,有的是为了赚取更高的收入,有的是为了获取更好的发展机会。这种多样化和差异化的特点,使得农村劳动力省际流动呈现出丰富多彩的面貌。具体表现为:一是一部分农村劳动力选择前往发达地区打工,以追求更高的收入和更好的发展机会。这些农村劳动力往往在经济较为发达的东部沿海地区或一线城市找到工作机会,通过辛勤劳动实现自身价值,并为家庭带来更好的生活条件。他们可能是务工者、农民工或留守儿童的父母,他们的目的主要是谋求更好的生计和发展机会。二是另一部分农村劳动力选择留在相对贫困的地区发展自己的事业或从事农村产业。这些农村劳动力可能是农村创业者、农民合作社成员或乡村教师等,他们选择留在家乡发展,通过创业或从事农村产业,为当地经济发展和农村振兴做出贡献。他们的目的主要是改善家乡的经济状况和提升当地居民的生活水平。三是还有一部分农村劳动力选择在外地定居,寻求更稳定的生活和发展机会。这些农村劳动力可能是因为家庭原因或个人发展需要而选择在外地定居,他们在外地购房置业,建立家庭,融入当地社会,实现自身发展和生活目标。他们的目的主要是寻求更好的生活环境和更广阔的发展空间。

最后,农村劳动力省际流动还呈现出一定的规律性和趋势性。随着城市化进程的推进和经济结构的调整,农村劳动力省际流动将会继续保持增长的态势。同时,随着政府政策的支持和引导,农村劳动力省际流动也将会呈现出更加有序和良性的发展趋势。具体为:一是在农村劳动力省际流动中,流动的规律性体现在流动的方向和目的地上。一般来说,农村劳动力更倾向于选择前往经济较为发达的东部沿海地区或一线城市打工，以追求更高的收入和更好的发展机会。这种流动方向的规律性反映了不同地区间经济发展水平的差异，也体现了农村劳动力追求更好生活的普遍愿望。二是在农村劳动力省际流动中，流动的趋势性体现在流动规模和速度上。随着城市化进程的推进和经济结构的调整，农村劳动力的省际流动规模逐渐扩大，流动速度逐渐加快。这种流动趋势的加强反映了农村劳动力在城市化进程中的重要作用，也体现了经济发展对劳动力资源的需求和调动。三是在农村劳动力省际流动中，政府政策的支持和引导也对流动的规律性和趋势性产生影响。政府通过制定相关政策和措施，引导和支持农村劳动力的省际流动，促进劳动力资源的合理配置和优化利用。这种政策支持和引导的作用，有助于规范和引导农村劳动力的流动行为，推动农村劳动力省际流动呈现出更加有序和良性的发展趋势。农村劳动力省际流动呈现出一定的规律性和趋势性，反映了经济发展和社会变迁的特点。在引导和支持农村劳动力省际流动的过程中，我们应该充分认识和重视这种规律性和趋势性，根据实际情况和政策需要，采取相应的措施，促进农村劳动力的全面发展和城乡经济的互补性发展。只有这样，才能更好地实现农村劳动力的自身发展以及促进不同地区间的经济合作与交流。

总的来说，农村劳动力省际流动是一个不可逆转的趋势，它既是农村劳动力实现自身发展的重要途径，也是促进不同地区间经济合作与交流的重要手段。因此，我们应该充分认识和重视农村劳动力省际流动的特征，积极引导和支持这种流动，促进农村劳动力的全面发展和城乡经济的互补性发展。

5.3 农村剩余劳动力转移对经济增长贡献率未来趋势分析

以上分析表明，中国农村剩余劳动力转移至非农部门就业是农业劳动力资源优化配置的一种重要途径，也是拉动中国经济增长的有力方式。由此，农村剩余劳动力转移在将来是否仍是中国经济增长的动力之一？以下根据本书的研究框架做出探析。

5.3.1 农村剩余劳动力转移量未来趋势

农民工选择到非农部门就业的原因是非农部门生产率高于农业部门，生产率差异存在，则农民工选择到非农部门就业的动力存在，两部门生产率差异是农民工存在的必要条件。由表 5.3 可知，无论是从整体还是从四个时间段上看，非农部门生产率均大于农业部门，农民工在非农部门就业与在农业部门就业生产率比值分别为 3.143 5、3.530 9、5.570 4、5.863 2 和 4.105 8。其中，在第四个时间段 2008－2015 年，两部门生产率差距呈下降趋势，但这并不能表明两部门劳动生产率差距趋零，故非农部门对农民工的"吸力"仍然存在，至少在未来一段发展时期中存在。

随着中国经济的快速发展和城市化进程的加快，农村剩余劳动力转移量成为社会关注的焦点。未来，随着农村人口的减少和城市人口的增加，农村剩余劳动力转移量将呈现出以下三个特征趋势：

（1）农村剩余劳动力转移量将继续增加。随着农村劳动力向城市转移，农村剩余劳动力的数量将不断增加。根据统计数据显示，中国目前有数亿的农村劳动力处于剩余状态，他们有着较高的就业压力和生活压力，因此更愿意选择向城市转移。随着中国城市化进程的不断推进和农村经济结构的调整，农村剩余劳动力转移量将继续呈现增加的趋势。这一现象不仅是中国经济发展的必然结果，也是农村劳动力市场供需结构变化的体现。①随着农村人口结构的变化，农村劳动力的剩余量逐渐增加。随着农村人口的老龄化和年轻人向城市就业的趋势，农村中剩余的劳动力数量逐渐增加。这些剩余劳动力面临着就业机会不足、收入低下等问题，因此更愿意选择向城市转移，寻找更好的就业和生活条件。②城市对劳动力的需求持续增加，吸引了更多的农村剩余劳动力向城市转移。随着城市化进程的加快和产业结构的调整，城市对各类劳动力的需求不断增加。农村剩余劳动力具备一定的劳动技能和经验，能够迅速适应城市的工作环境，因此被城市用工单位所青睐。③政府出台了一系列政策措施，促进农村剩余劳动力向城市转移。为了解决农村就业问题和促进城乡经济发展，政府出台了一系列扶持政策，包括提供就业培训、创业扶持、城乡劳动力转移补贴等措施，鼓励农村剩余劳动力向城市转移。

因此，农村剩余劳动力转移量将继续增加是一个不可逆转的趋势。政府和社会应该加大对农村剩余劳动力的支持和关注，为他们提供更多的就业机会和发展空间，促进城乡经济的协调发展和劳动力市场的稳定。

同时,农村剩余劳动力也应该根据自身的情况和需求,积极适应城市生活,为自身发展和家乡振兴做出积极的贡献。

(2)农村剩余劳动力转移量将呈现出年轻化趋势。随着农村人口结构的变化,越来越多的年轻人将选择向城市转移,寻找更好的就业机会和生活条件。这也将导致农村剩余劳动力的年龄结构趋向年轻化,这对城市的发展和劳动力市场的供给将产生积极的影响。

随着中国城市化进程的不断推进和农村经济结构的变化,农村剩余劳动力转移量将呈现出明显的年轻化趋势。这一趋势不仅反映了农村人口结构的变化,也与年轻人对于更好的就业机会和生活条件的追求密切相关。①随着农村人口的年轻化,越来越多的年轻人将成为农村剩余劳动力的主体。随着农村经济的发展和教育水平的提高,越来越多的年轻人愿意放弃传统农业劳动,选择向城市转移,寻找更广阔的发展空间和更好的生活条件。这一现象将导致农村剩余劳动力的年龄结构呈现出明显的年轻化趋势。②年轻人对于城市生活的向往和追求也推动了农村剩余劳动力年轻化的趋势。年轻人更具活力和创造力,他们希望通过向城市转移,获得更多的机会和挑战,实现自身的人生目标和发展梦想。因此,越来越多的年轻人选择离开农村,成为城市的新生力量。③年轻化的农村剩余劳动力将为城市的发展注入新的活力和动力。年轻人具有更强的学习能力和适应能力,他们能够更快地适应城市的生活和工作环境,为城市的各行各业注入新的活力和创新力。他们也将成为城市经济发展的重要支撑力量,推动城市经济的持续增长和进步。

农村剩余劳动力转移量将呈现出明显的年轻化趋势,这一趋势将为城市的发展和农村经济的转型升级带来新的机遇和挑战。政府和社会应该关注和支持年轻农村剩余劳动力的转移,为他们提供更多的机会和平台,促进城乡经济的融合发展和劳动力市场的稳定。同时,年轻农村剩余劳动力也应该不忘初心、牢记使命,为自己的梦想努力奋斗,为家乡的振兴贡献自己的力量。

(3)农村剩余劳动力转移量将呈现出多样化趋势。随着城市化进程的加快,农村剩余劳动力的转移方式也将更加多样化。除了传统的农民工外,越来越多的农村青年将选择通过务农、返乡创业等方式实现就业和生活目标。这也将为农村剩余劳动力的转移提供更多的选择和机会。

随着中国城市化进程的不断推进和农村经济结构的调整,农村剩余劳动力转移量将呈现出多样化的趋势。这一趋势不仅反映了农村劳动力市场的变化,也与农民工个体的选择和需求密切相关。其影响因素有三点:①随着城市化进程的加快,农村剩余劳动力的转移方式将更加多样化。这种多样化的转移方式不仅丰富了农村剩余劳动力的选择,也为他们提供了更多的发展机会和空间。②不同地区和不同行业的需求差异将推动农村剩余劳动力转移的多样化。随着城市经济结构的调整和产业升级,不同地区和行业对劳动力的需求也呈现出差异化的趋势。农村剩余劳动力将根据自身的技能和兴趣选择不同的转移方式,满足不同地区和行业的用工需求。③政府和社会的支持政策将促进农村剩余劳动力转移的多样化。政府出台了一系列扶持政策,包括提供就业培训、创业扶持、返乡创业支持等措施,鼓励农村剩余劳动力选择适合自身发展的转移方式。社会各界也积极参与到农村剩余劳动力转移的支持和帮助中,为他们提供更多的机会和资源。

农村剩余劳动力转移量将呈现出多样化的趋势,这一趋势将为农村经济的发展和城乡一体化进程的推进带来新的机遇和挑战。政府和社会应该关注和支持农村剩余劳动力的多样化转移,为他们提供更多的选择和机会,促进农村经济的协调发展和劳动力市场的稳定。同时,农村剩余劳动力也应该根据自身的情况和需求,积极适应和融入城市生活,为自身发展和家乡振兴做出积极的贡献。

5.3.2 农村剩余劳动力对经济增长贡献未来趋势

随着科技快速发展和全球化的推动,劳动力市场正在经历着巨大的变革。劳动力转移已经成为推动经济增长的重要因素之一,但在未来几年,劳动力转移在拉动经济增长的同时,也面临着许多不确定性和挑战。

首先,从理论逻辑分析上看,劳动力转移可以带来许多积极的影响。通过人才流动,不同地区之间的资源可以得到更好的配置,促进了劳动力的优化利用。劳动力市场的灵活性也得以增强,使得企业更容易找到适合的人才,从而提高生产效率和创新能力。此外,劳动力转移还可以促进不同地区之间的经济互补,实现资源共享和协同发展。具体来说:一是劳动力转移可以促进资源的优化配置。通过劳动力流动,不同地区或行业之间的人才和技能得以更好地匹配,提高了生产效率和创新能力。这有助于推动经济的发展,促进产业结构的升级和转型。二是劳动力转移可以促进经济的发展和繁荣。随着劳动力流动,人口结构得以调整,劳动力市场的灵活性和适应性得到增强,有利于企业更好地应对市场需求的变化,提高竞争力和生产效率。这将推动经济的增长,创造更多的就业机会,提高人民生活水平。三是劳动力转移还可以促进地区间的经济互补和协同发展。通过劳动力流动,不同地区之间的资源得以共享和互补,促进了地区间的合作与交流,推动了经济的协调发展。这有助于缩小地区间的发展差距,促进全国经济的整体增长。由此可知,劳动力转移对经济增长有着积极的影响。通过优化资源配置、促进产业升级和推动地区协同发展,劳动力转移可以为经济注入新的活力和动力,推动经济的可持续增长。因此,政府和企业应该积极支持和引导劳动力转移,为经济的发展和繁荣创造更加有利的环境。

其次,基于中国当前的实际情况分析来看,劳动力转移对经济增长贡献蓄力依然存在。一是未来农民工总量引致的贡献率。2015年全国总就业人口为77 451万人,第一产业就业人员为21 919万人,占比28.30%。相比发达国家,以美国为例,2015年农业就业人员占比1.78%;相比亚洲高水平发展国家,以韩国为例,2015年农业从业人员占比5.23%。我国第一产业就业同比高于美国26.52个百分点,高于韩国23.07个百分点。1978—2015年第一产业占比37年间下降了42.20个百分点,以此降速为基准,我国第一产业就业劳动占比降至韩国、美国水平约需20年时间。郝大明(2016)预测未来2020年、2025年、2030年、2035年和2040年农业劳动力比重分别降为20.4%、15.6%、12.4%、10.2%和8.8%。由此可知,我国与发达国家劳动力配置情况尚存差距,我国劳动力优化配置接近发达国家水平的过程也是发挥农民工贡献率的过程,未来25年农业劳动力向非农部门转移的现象仍将存在,农民工贡献率仍是促进中国经济增长的重要源泉。二是非农部门生产率进步引致的贡献率。随着时间发展,技术进步、要素投入使用效率提升等均会提高生产率。由此可知,与现阶段相比,未来农民工对经济增长贡献率,一部分是来自农民工数量的变动,另一部分源于生产水平的提升,即在农民工数量不变的条件下,通过提升生产水平,特别是非农部门生产水平,仍可提升农民工对经济增长贡献率。三是优化农民工行业就业配置引致的贡献率。随着生产发展,农村剩余劳动力数量递减,劳动力在三次产业间的配置趋于合理,农民工通过"量"的优势促进经济增长的空间渐小,但这并不表明农民工对经济增长贡献率的空间仅限于此。2015年《农民工监测调查报告》显示,农民工呈现出以下三点特征:第一,农民工以初中文化程度为主,占比59.7%,初中及以下水平占比74.8%,受教育水平偏低;第二,没有参加过任何技能培训的农民工占 69.2%;第三,农民工主要从事制造业、建筑业和服务业,且多在其中的低端产业链就业。可见提升农民工人力资本、优化农民工在行业间的工作配置,也是提升农民工贡献率的重要途径。

综上可知,未来农民工仍是促进中国经济增长的动力之一,但以期通过扩大农民工数量规模来提升农民工对经济增长贡献率的空间有限,未来进一步提升农民工对经济增长贡献率可从以下两点进行突破:一是通过提高农民工受教育水平、增加技能培训等途径,强化农民工"人力资本积累",提升农民工"质"的优势;二是农民工就业在三次产业间的配置渐进优化,但就业在产业内部各行业间并没有得到优化配置,要进一步发挥农民工对经济增长贡献就应打破农民工在三次产业间优化配置的认知局限,从行业视角出发,优化农民工在行业间的就业配置,使农民工对经济增长贡献率由"量"向"质"转变。

最后,劳动力转移也面临着一些挑战和风险。一是随着劳动力流动,可能会导致一些地区的人才流失,造成人才断档和产业结构的不平衡。二是劳动力转移还可能加剧城乡差距和地区发展不均衡的问题,导致社会不稳定和资源浪费。三是随着全球化的加剧,劳动力转移还可能面临国际竞争和文化冲突的挑战,需要更多的政策和制度支持。

在未来几年,劳动力转移仍然会继续拉动经济增长,但需要政府、企业和个人共同努力,采取一系列有效的政策措施来应对其中的挑战和风险,促进劳动力市场的健康发展,实现经济的可持续增长和社会的共同繁荣。第一,需要加强教育培训,提高劳动力的技能水平和适应能力,以适应快速变化的市场需求。第二,需要加强区域协调与合作,促进劳动力的有序流动和资源的共享利用。第三,需要加强政府监管和服务保障,确保劳动力转移的公平和有序进行。

5.4 本章小结

本章基于空间计量和增长核算法探析了农村剩余劳动力转移对经济增长的贡献。结论表明:(1)劳动力对社会总产出的贡献率总计达 31.46%,表明劳动力是促进中国经济增长的重要生产要素。充分利用中国在劳动力禀赋上的比较优势,依旧是中国经济发展的重要战略。劳动力对农业部门和非农部门的产出贡献率分别为 31.47% 和 30.73%,表明农业对劳动力的依赖性更强。在规模经营没有实现的情况下,基于家庭经营的小农经济依旧是中国农业的基本模式,其对劳动力的依赖性较强。(2)农村劳动力转移对非农部门产出贡献率和社会总产出贡献率分别为11.64%和10.21%,劳动力转移使自身生产率是转移前的4.4887倍,对经济增长的贡献率为7.93%,其中贡献率主要来源于线东地区(11.74%);转入地劳动力对经济增长贡献率最大(16.11%),平衡地次之,转出地最低。该结论表明,自改革开放以来,农村劳动力转移为中国经济增长做出了重要贡献。一方面,市场化的推进促进了城乡劳动力资源的优化配置,农村劳动力在非农产业生产效率的提高,促进了中国经济增长;另一方面,农村劳动力转入非农部门就业主要从事"脏而重"的工种,且与市民存在"同工不同酬"现象(程名望等,2016),中国经济增长渗透了他们的汗水。(3)农村劳动力转移对中国经济增长贡献的机理,是劳动力资源在产业之间和城乡之间的优化配置。一方面,由于产业效率差异带来产出差额从而对经济增长做出贡献,即增长效应;另一方面,由于聚集效应和"干中学"等学习效应导致劳动力素质和技能提升,带来劳动者生产效率提升从而对经济增长做出贡献,即效率效应。

农村劳动力转移至非农部门就业的根本原因是非农部门生产率高于农业部门,只要两部门的生产率差异存在,农村劳动力转移至非农部门就业的动力就存在。目前,中国非农部门生产率依旧大于农业部门,故非农部门对农村劳动力的"吸力"仍然存在。2015年全国总就业人口为77451万人,第一产业就业人员为21919万人,占比28.30%。相比发达国家,以美国为例,2015年农业就业人员占比1.78%;相比亚洲其他高水平发展国家,以韩国为例,2015年农业从业人员占比5.23%。比较可见,我国第一产业就业占比依旧较高,劳动力存在继续转移的空间。因此,促进农村劳动力转移依旧是促进中国经济增长的重要源泉。一方面,要继续推进城镇化,通过扩大农村劳动力就业数量对经济增长做出贡献;另一方面,要提升农村劳动力素质,通过提升劳动力质量对经济增长做出贡献。

第6章　农村剩余劳动力转移对农业产出影响

中共十九大报告指出,要把"三农"问题作为全党工作重中之重。特别是合理配置农业剩余劳动力,是助力解决"三农"问题的关键之一。"农村剩余劳动力转移与农业产出问题"也是学术界关心的热点,但现有研究并未达成一致看法,从农业生产效率、生产条件、生产状况、生产差异等视角出发,主要形成了积极、负面和中性三种结论(杜辉,2017)。具体观点及文献阐释详见附录六。

首先,积极作用。基于经典的 Lewis 二元结构理论、Fei 和 Rains 修正的二元经济理论以及 Stark 新迁移经济理论,农业生产效率成为学术界衡量农村剩余劳动力转移效应的重要标准。基于中国视角,较多的研究以农村劳动力转移引发的农村经济社会结构变革为探究点,并验证了劳动力转移对农业生产效率的正向促进作用。一是随着农业劳动力转移,更易于农民接受先进的理念和教育,提高劳动力素质,从而促进农业生产技术推广与农民增收,富裕的农民则又会增加教育和其他智力资源投入,由此引致的循环、乘数效应不断促进农业经济发展;二是农业剩余劳动力转移本身是要素资源的一种优化配置行为,有利于优化产业结构、农业技术创新、实现土地规模经营,从而农业生产效率得以提升。

其次,负面效应。其观点有两个:一是转出的农业劳动力多为相比之下素质较高的青壮年劳动力,弱质性、高年龄劳动力留守农村,进而引致农村人力资源短缺、农业技术推广使用困难,现代农业生产要素对传统农业生产要素替代速度下降,从而抑制农业经济发展;二是农村劳动力转移引致的现代生产要素作业,在一定程度上推动中国农业生产方式由低能耗、低污染、低排放的传统农业向高能耗、高污染、高排放的"石油农业"转变。更有经验研究表明,农业劳动力转移1%,农业化石能源投入增加0.52%。

最后,中立观点。农村人口转移是否影响农业生产,最直观的判断依据应是农业实际产出。据此,大量研究以农村劳动力转移后农业生产状况为考察对象,强调农业实际产出并不必然随着农村劳动力转出呈现升高或下降。其原因有三个:一是在可获社会化服务途径与内容增多的情况下,现阶段农业劳动力老龄化对农业生产效率尚不构成负面影响;二是在农村劳动力转出的背景下,增加劳动力替代型生产要素投入成为广大农户普遍且理性的选择;三是作为一个产业,农业内部的自动调节功能足以化解农村劳动力转移带来的消极影响。

基于以上分析,本章首先基于农业产出和粮食产出数据进行统计性描述,其次将农业产出与农业劳动力、农村劳动力转移关系进行实证分析,以便探析在农村剩余劳动力转移背景下,农业产出的变动趋势以及农业劳动力、农业劳动力转出对农业产出的影响。

6.1 农村剩余劳动力转移与农业产出

6.1.1 农业产出统计性描述

首先,刻画1978—2015年中国粮食总产量和人均粮食总产量变动趋势(见图6.1),以初步探析劳动力转移背景下粮食产出情况。其次,刻画1978—2015年第一产业人均产出和第一产业从业劳动力变化趋势(见图6.2),以便直接观测第一产业劳动力变动与第一产业产出关系。

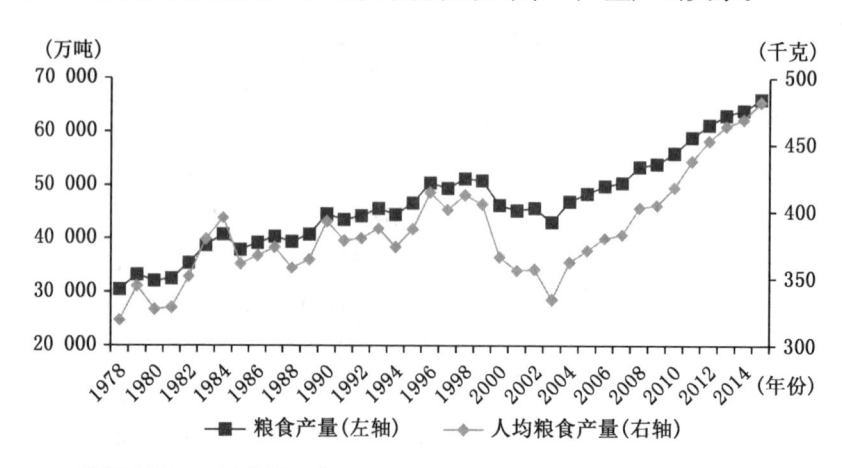

数据来源:《中国统计年鉴》(1979—2016)。

图6.1 全国粮食总产量与人均产量及其演变趋势

图6.1表明,1978—2015年粮食总产量、人均粮食产量呈波动上升

态势,特别是 2003 年以后表现为稳定上升趋势。粮食总产量由 1978 年的 30 476.50 万吨上升至 2015 年的 66 060.30 万吨,提升 1.17 倍;与此同时,人均粮食产量由 319.00 千克上升至 482.00 千克,提升 0.51 倍。由此可知,随着农村剩余劳动力转出,无论是粮食总产量还是人均产量均未受到负向影响。关于农村剩余劳动力转出影响粮食产出的说法,统计性描述分析并不支持这一观点。

以第一产业人均产出衡量农业劳动生产效率,探析 1978—2015 年农业劳动生产效率变动趋势,见图 6.2。由图 6.2 可知,随着时间发展,农业劳动生产效率呈上升趋势,且生产效率增长越来越高。1978—1992 年平均增长率为 10.86%,1993—2003 年为 11.70%,2004—2015 年为 16.16%。与第一产业对应的从业劳动力数量却呈下降趋势,2004 年后下降趋势较之前更为明显。由此可知,在农村劳动力转移背景下,第一产业从业人员数量减少,但第一产业从业人员的生产效率并未下降,而是呈上升趋势。

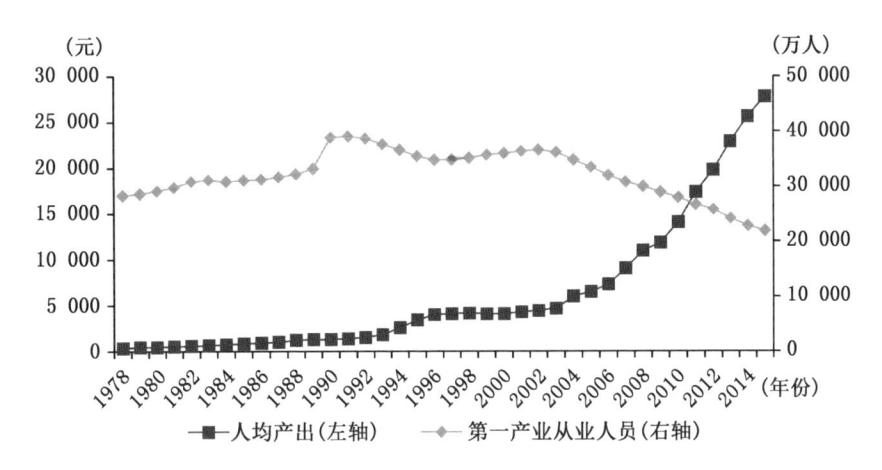

数据来源:《中国统计年鉴》(1979—2016)。

图 6.2　全国农业劳动生产率及从业人员规模演变趋势

结合图 6.1 和图 6.2 的数据统计性描述结果,较为支持上述三种观点中的第一种(积极作用)和第三种(中立观点)。这主要是由于随着农业生产机械化作业、生产标准化程度提高,一般的农业生产依赖于一个"守望者"或"看护人"即可完成,而做一个"守望者"并不需要劳动力有着多大的年龄、人力资本有多高或是务农经验有多丰富。根据国外农业生产经验,农业社会化服务体系、农业机械化水平越高,农业生产受从业人员"老龄化"问题的影响程度越小。故农村剩余劳动力转移,农业从业劳动力数量下降并未对农业生产造成负面影响。据此,本书选择支持第一种观点(积极作用):农村剩余劳动力转出对农业产出具有正向影响。

在统计性描述分析后,本书以下对农村剩余劳动力转移与农业产出关系进行实证检验。一是基于 VAR Granger causality 探析劳动力转移与农业产出之间格兰杰因果联系;二是通过实证方法探究劳动力转移、农业劳动力数量变化与农业产出影响及其时空变化。

6.1.2 农村剩余劳动力转移与农业产出关系

农业产出率与农村剩余劳动力转移之间的关系,本书首先使用 VAR Granger causality 来实现这一目的(Groenewold et al.,2007、2008;李敬等,2014)。格兰杰(Granger,1969)提出的检验方法基于以下思想:如果利用 X 和 Y 的滞后值对 Y 进行预测比只用 Y 的滞后值预测所产生的预测误差要小,则称 X 是 Y 的 Granger 因,记为 $X \rightarrow Y$;反之,则称 X 不是 Y 的 Granger 因。[①] 本书使用 1978—2015 年平减后实际农业人均产值作为变量 Y,劳动力转移量作为变量 X,将两变量做对数化处理,以消除异方差,建立如下 VAR 模型:

$$Y_t = r + \sum_{m=1}^{p} \alpha_m Y_{t-m} + \beta X_{t-m} + \varepsilon_t \quad (6.1)$$

VAR 模型要求变量具有平稳性,因此对变量进行平稳性检验,结果满足一阶单整,可进行 VAR 模型分析。VAR 模型结果对时滞的选择较为敏感,本书结合 LR、FPE、AIC、HQIC 和 SBIC 五种信息准则确定最优时滞,最优时滞测算结果见表 6.1。

表 6.1　　　　　　　　　　最优时滞选择结果

lag	LL	LR	df	p	FPE	AIC	HQIC	SBIC
0	12.762 1				0.001 5	−0.877 0	−0.833 3	−0.763 5
1	122.177	218.83	4	0.000	3.2e−07	−9.294 2	−9.213 0	−9.001 6
2	133.663	22.972	4	0.000	1.8e−07*	−9.893 1	−9.757 8	−9.405 5

---

① 需要指出的是,格兰杰因果关系并非真正意义上的因果关系,它充其量只是一种动态相关关系,表明一个变量是否对另外一个变量具有"预测能力"(predictability)。从某种意义上说,它顶多是因果关系的必要条件(如果不考虑非线性的因果关系)。具体含义详见陈强.高级计量经济学及 Stata 应用(第二版)[M].北京:高等教育出版社,2014:381。

续表

lag	LL	LR	df	p	FPE	AIC	HQIC	SBIC
3	133.968	0.610 7	4	0.962	2.4e−07	−9.597 5	−9.408 2	−8.914 9
4	137.939	7.94	4	0.094	2.5e−07	−9.595 1	−9.351 7	−8.717 5
5	144.749	13.621	4	0.009	2.1e−07	−9.819 9	−9.522 4	−8.747 3
6	149.41	9.322 2	4	0.054	2.2e−07	−9.872 8	−9.521 2	−8.605 2
7	153.315	7.809 3	4	0.099	2.6e−07	−9.865 2	−9.459 5	−8.402 5
8	156.802	6.975 5	4	0.137	3.4e−07	−9.824 2	−9.364 4	−8.166 5
9	166.689	19.773	4	0.001	3.0e−07	−10.295 1	−9.781 3	−8.442 4
10	180.004	26.63	4	0.000	2.5e−07	−11.040 3	−10.472 4	−8.992 6
11	190.986	21.965	4	0.000	4.6e−07	−11.598 9	−10.976 9	−9.356 2
12	1 434.76	2 487.5	4	0.000	—	−110.781	−110.104	−1 008.343
13	1 453.1	36.693*	4	0.000	—	−112.248*	−111.572*	−109.811*

注：为与"FPE"列结果一致，本表小数位小于4位的按原值汇报，多于4位则保留至4位。

表 6.1 表明，根据 FPE 准则，需滞后 2 阶，这可能过于简洁；反之，如果根据 AIC、HQIC 和 SBIC 准则，应选择滞后 13 阶，按照这一准则将损失较多样本容量。因此，本书拟尝试在保持 VAR 模型成立的前提下（存在 VAR 拟合结果，存在扰动项），由 2 阶至 13 阶逐阶进行 VAR Granger causality 检验，选用 5% 作为显著性检验标准。将通过检验的具体结果整理为表 6.2。

表 6.2   Granger 因果检验结果

时滞	卡方统计量	P 值	检验结果
4	12.852	0.012	劳动力转移是农业生产效率的 Granger 因
4	10.824	0.029	农业生产效率是劳动力转移的 Granger 因
5	11.608	0.041	劳动力转移是农业生产效率的 Granger 因
6	16.792	0.010	劳动力转移是农业生产效率的 Granger 因
6	47.250	0.000	劳动力转移是农业生产效率的 Granger 因
7	15.261	0.033	劳动力转移是农业生产效率的 Granger 因
8	14.624	0.067	劳动力转移是农业生产效率的 Granger 因
9	19.791	0.019	劳动力转移是农业生产效率的 Granger 因

表6.2结果表明,当滞后期较短(具体为4期和6期)时,农业部门生产效率与农村劳动力转出互为格兰杰因果。当滞后期较长(具体为除4、6期之外的5、7－9期)时,农村剩余劳动力转出是农业生产效率的格兰杰因。呈现这一特征的主要原因为:一是在短期内,农村劳动力转出减少了农业部门总劳动力数量,从而短期人均产出增加,且随着机械化作业的实施,劳动力自身的农业生产操作效率得到提升,因而劳动力转出成为农业生产效率提升的格兰杰因。进一步地,农业生产效率的提升又促进了农村劳动力转出,故农业生产效率成为劳动力转出的因。综上所述,在短期表现为双向格兰杰因果关系。二是在长期,农村剩余劳动力向城镇、非农产业转移并稳定下来需要一个过程,当这一过程完成后,通过"社会网络"关系等途径进一步引致更多的农村劳动力转出,并且由于转移至城镇、非农部门的劳动力主要从事的就业内容是为原有城镇劳动力生产生活服务,因此有助于城镇劳动力提升其生产效率,制造业发展、农业机械生产等均会提升农业部门的生产效率。因此,从长期看,农村剩余劳动力转出是农业生产效率提升的格兰杰因。

6.2 劳动力转移、农业劳动力对农业产出影响实证模型构建

6.2.1 弹性系数构建

经济学中的"弹性"概念为:一个变量变动1%引起另外一个变量变动的百分比。一般建立在具有因果关系的变量间,其中,原因变量通常作为自变量(例如X),受其作用发生变化的变量称作因变量(例如Y)。则Y的X弹性值可表示为:

$$E(Y)/E(X)=(\Delta Y/Y)/(\Delta X/X) \tag{6.2}$$

以上格兰杰检验分析表明,农村剩余劳动力转移对农业产出具有正向促进作用,且是促进农业增收的因,故本书拟测算变量弹性值,以探索劳动力转移、农业劳动力对农业产出的影响。借鉴马历等(2018)产劳弹性系数概念,本书建立"产劳弹性"和"产移弹性"分别度量农业劳动力数量变化对农业产出的影响、农村剩余劳动力转移量对农业产出的影响。计算公式见式(6.3):

$$\begin{cases} OLE_{i,t} = \dfrac{OGR_{i,t}}{LGR_{i,t}} = \dfrac{(O_{i,t}-O_{i,t-1})/O_{i,t-1}}{(L_{i,t}-L_{i,t-1})/L_{i,t-1}} \\ OTE_{i,t} = \dfrac{OGR_{i,t}}{TGR_{i,t}} = \dfrac{(O_{i,t}-O_{i,t-1})/O_{i,t-1}}{(T_{i,t}-T_{i,t-1})/T_{i,t-1}} \end{cases} \quad (6.3)$$

式中，i 表示省份，t 表示时间（1978—2015 年），O、L、T 分别表示第一产业产出量、农业劳动力数量和转移劳动力数量。$OLE_{i,t}$、$OTE_{i,t}$ 分别表示产劳弹性系数、产移弹性系数。$OGR_{i,t}$ 表示农业产出增长率，具体指标选用第一产业增加值增长率表征；$LGR_{i,t}$ 是指农业劳动力增长率，使用第一产业从业人员增长率表示；$TGR_{i,t}$ 用劳动力转移量增长率刻画。数据来源于 1979—2016 年《中国统计年鉴》和历年各省区统计年鉴。

6.2.2 耦合关系构建

所谓耦合，主要指以多个系统或运动形式为主体（数量不少于2），基于系统与系统之间、系统与运动形式之间、运动形式与运动形式之间特定的相互作用而带来一定影响的情况。在经济名词中，耦合可以理解为经济关系的依赖、相关、对应等，概括来说，耦合就是指两个或两个以上的实体相互依赖于对方的一个量度。本节基于上文定义的弹性系数做耦合关系探析。依据 $OLE_{i,t}$ 值的变化程度，可将农业劳动力与农业产出耦合关系划分为六种类型，即增长型、粗放型、集约型、滞后型、衰落型和衰退型，详见表 6.3。

表 6.3　　　　　　　　产劳弹性系数及特征

类型	$OGR_{i,t}$	$LGR_{i,t}$	$OLE_{i,t}$	特征
增长型	$OGR_{i,t}>0$	$LGR_{i,t}>0$	$OLE_{i,t}>1$	农业产出增速快于劳动力
粗放型	$OGR_{i,t}>0$	$LGR_{i,t}>0$	$0<OLE_{i,t}<1$	农业产出增速慢于劳动力
集约型	$OGR_{i,t}>0$	$LGR_{i,t}<0$	$OLE_{i,t}<0$	农业产出增长，劳动力减少
滞后型	$OGR_{i,t}<0$	$LGR_{i,t}>0$	$OLE_{i,t}<0$	农业产出减少，劳动力增加
衰落型	$OGR_{i,t}<0$	$LGR_{i,t}<0$	$OLE_{i,t}>1$	农业产出降速快于劳动力
衰退型	$OGR_{i,t}<0$	$LGR_{i,t}<0$	$0<OLE_{i,t}<1$	农业产出降速慢于劳动力

表 6.3 中各个定义含义为：(1) 当 $OGR_{i,t}>0$、$LGR_{i,t}>0$ 时，表明农业劳动力对农业产出具有积极作用。$OLE_{i,t}>1$，说明农业产出增长率快于劳动力增长率，归类为"增长型"；$0<OLE_{i,t}<1$，说明农业产出增长率

慢于农业劳动力增长率,视为"粗放型"。(2)当 $OGR_{i,t}>0$、$LGR_{i,t}<0$ 时,随着农业劳动力数量减少,农业产出呈递增趋势,即农业劳动力减少对农业产出依然起到正向促进作用,较少的要素投入获得了较多的产出,故归为"集约型"。(3)当 $OGR_{i,t}<0$、$LGR_{i,t}>0$ 时,表明农业劳动力增多反而不利于农业产出增长,对农业产出具有"抑制"作用,故视为"滞后型"。(4)当 $OGR_{i,t}<0$、$LGR_{i,t}<0$ 时,说明随着农业劳动力数量减少,农业产出也在减少。若 $OLE_{i,t}>1$,意味着农业产出降速快于劳动力减少速度,视为"衰落型";若 $0<OLE_{i,t}<1$,说明农业产出降速慢于农业劳动力降速,归为"衰退型"。

依据以上六种耦合关系归纳分析,集约型耦合关系应是中国当前乃至以后农业发展的可循路径:在增加农业产出的同时,进一步解放农业劳动力,促进农村剩余劳动力转移。农业劳动力数量和农业产出增长率共同增长的"增长型"和"粗放型",虽在一定程度上能够改善"三农"问题,但其贡献要小于"集约型"耦合关系。农业劳动力数量增多、农业产出呈递减趋势的"滞后型"耦合关系会抑制农业、农村发展及农民增收,进一步地,"衰退型"和"衰落型"应尽力避免。

$OTE_{i,t}$(产移弹性系数)也同此分类,但由于其弹性值结果同质性,使得最后的分类结果集聚表现为 $OGR_{i,t}>0$、$TGR_{i,t}>0$、$OTE_{i,t}>1$ 的情形,故对于农业产出与农村剩余劳动力转移的耦合关系不做分类展示,只是做数据差距展示,详见下文分析。

6.3 劳动力转移、农业劳动力对农业产出影响实证分析

本节基于耦合关系探析农村剩余劳动力转移对农业产出的影响、农业劳动力对农业产出的影响,分两个层面进行实证结果分析:一是基于全国和省区层面实证结果探析整体影响;二是基于31省区不同时段实证结果探析地区差异。

6.3.1 耦合关系结论分析

基于上文构建的耦合关系,全国、地区及31省区层面耦合关系判定结果见表6.4。

表 6.4　　　　　　　各地区及 31 省区耦合关系判定结果

地区/省区	1978—2015 年	1978—1987 年	1988—1997 年	1998—2007 年	2008—2015 年
全国	集约型,+	增长型,+	增长型,+	集约型,+	集约型,+
线东	集约型,+	增长型,+	增长型,+	集约型,+	集约型,+
线西	增长型,+	增长型,+	增长型,+	集约型,+	增长型,-
转入	集约型,+	集约型,+	集约型,+	集约型,+	集约型,+
转出	增长型,+	增长型,+	增长型,+	集约型,+	集约型,-
平衡	增长型,+	增长型,+	增长型,+	增长型,+	集约型,+
北京	集约型,+	集约型,+	集约型,+	集约型,+	集约型,+
天津	集约型,+	集约型,+	集约型,+	集约型,+	集约型,+
河北	集约型,+	增长型,+	增长型,+	集约型,+	集约型,+
山西	增长型,+	集约型,+	增长型,+	增长型,+	增长型,+
内蒙古	增长型,+	增长型,+	增长型,+	增长型,+	增长型,+
辽宁	增长型,+	增长型,+	增长型,+	增长型,+	集约型,+
吉林	增长型,+	增长型,+	增长型,+	增长型,+	集约型,+
黑龙江	增长型,+	增长型,+	增长型,+	增长型,+	集约型,+
上海	集约型,+	集约型,+	集约型,+	集约型,+	集约型,+
江苏	集约型,+	集约型,+	集约型,+	集约型,+	集约型,+
浙江	集约型,+	集约型,+	集约型,+	集约型,+	集约型,+
安徽	集约型,+	增长型,+	增长型,+	集约型,+	集约型,+
福建	集约型,+	增长型,+	增长型,+	集约型,+	集约型,+
江西	集约型,+	增长型,+	增长型,+	集约型,+	集约型,+
山东	集约型,+	增长型,+	增长型,+	集约型,+	集约型,+
河南	增长型,+	增长型,+	增长型,+	增长型,+	集约型,+
湖北	集约型,+	增长型,+	增长型,+	增长型,+	集约型,+
湖南	集约型,+	增长型,+	集约型,+	集约型,+	集约型,+
广东	集约型,+	集约型,+	集约型,+	增长型,+	集约型,+
广西	增长型,+	增长型,+	增长型,+	增长型,+	集约型,+
海南	增长型,+	增长型,+	增长型,+	增长型,+	增长型,+
重庆	增长型,+	增长型,+	增长型,+	集约型,+	集约型,+

续表

地区/省区	1978—2015年	1978—1987年	1988—1997年	1998—2007年	2008—2015年
四川	集约型,+	增长型,+	集约型,+	集约型,+	集约型,+
贵州	增长型,+	增长型,+	增长型,+	增长型,+	集约型,+
云南	增长型,+	增长型,+	增长型,+	增长型,+	集约型,+
西藏	增长型,+	增长型,+	增长型,+	集约型,+	增长型,+
陕西	增长型,+	增长型,+	增长型,+	集约型,+	集约型,+
甘肃	增长型,+	集约型,+	增长型,+	集约型,+	集约型,−
青海	增长型,+	增长型,+	增长型,+	集约型,+	集约型,+
宁夏	增长型,+	增长型,+	增长型,+	集约型,+	增长型,+
新疆	增长型,+	增长型,+	增长型,+	集约型,+	增长型,+

注:","之前表示耦合关系类型,之后表示转移劳动力对农业经济增长的作用;"+"表示正向促进作用,"−"表示劳动力转移拉低了农业经济产出增长。

从耦合关系上看,全国层面及31省区层面耦合关系主要表现为增长型和集约型。农村剩余劳动力转移对农业产出影响为"正"。单测每省每年耦合关系时,有出现"滞后型"、"衰落型"和"衰退型"情况,但在整体和各时间段上并无"滞后型"、"衰落型"和"衰退型"出现。这说明1978—2015年农业产出整体呈上升趋势,并未明显持续下降。

从全国视角看,1978—2015年农业劳动力与农业产出的耦合关系为集约型,农业劳动力数量随时间发展而递减,农业产出在增长,表明农业劳动力对农业产出具有正向促进作用,农业劳动力数量减少并未对农业产出造成负面影响。与农业劳动力减少相对应的是农村剩余劳动力转移量增多,农业劳动力转移量对农业产出的作用为"正",说明农村剩余劳动力转移并不影响农业生产效率提升,且未对农业生产造成不良影响。分时间段看,1978—1987年、1988—1997年耦合关系为增长型,说明农业产出增长在一定程度上依赖于农业劳动力投入增多,农业生产效率较低,农业劳动力转移量较少,转出潜力较大。这主要是由于1978—1997年间主要为计划经济时期,一方面,非农产业生产发展较慢、水平较低,对劳动力需求较少,没有足够的就业单位容纳农业转移劳动力就业;另一方面,受限于户籍等体制,劳动力转出困难,加之农业生产机械化水平较低,农业生产还主要依赖于人力劳动,在一定程度上减少了劳动力转移量。1998—2007年、2008—2015年耦合关系转变为集约型。农业劳动力数量减少,劳动力转移量增多，农业产出增长。表现这一特征的原因为，1998－2015 年是市场化时期，非农产业得以发展，使得非农产业就业需求增多、农业机械化作业水平提升，进而劳动力转移量增多，农业劳动力数量减少。1978－2015 年四个阶段劳动力转移量对农业产出作用均为"正"，说明劳动力转移并未对农业生产造成不良影响。

从线东、线西地区看，线东地区整体上表现为集约型，线西地区为增长型，说明线东地区农业产出效率优于线西地区。1978－1987 年、1988－1997 年线东地区为增长型，1998－2007 年、2008－2015 年为集约型，变化趋势与全国情形相似。线西地区除第三时间段为集约型外，其他三个时间段特别是 2008－2015 年依然为增长型。对比线东、线西地区可知，线东地区的农业产出和农业劳动生产率均优于线西地区。产生这一差别的原因有两个：(1)经济原因。线东地区为经济发达地区集聚区，农业机械化作业水平较高；线西地区多为欠发达省区所在地，发展水平有限。(2)自然原因。线东地区无论是在地形地貌还是在气候上，其农业生产较线西地区都占据优势。线东地区劳动力转移对农业产出无论是从整体还是分时间段上看，均具有正向促进作用。线西地区整体上表现为"正"，分时间段看，1978－2007 年为"正"，2008－2015 年转为"负"，其原因为线西地区劳动力转出在减少。

从转入地、转出地和平衡地视角看，整体上，转入地为集约型，转出地及平衡地为增长型。转入地在各时间段上均为集约型，转出地和平衡地在初始阶段为增长型，随时间渐次转化为集约型。其原因与线东、线西相似。转移劳动力除转出地在 2008－2015 年为"负"外（主要由甘肃劳动力转出量降低百分比引致），其他均为"正"。

从 31 省区视角看：(1)越是经济发达的省区，越表现为集约型，如北京、天津、上海、江苏和浙江等省区。这些省区是市场化优先崛起之地，非农部门发展起步早，发展水平较高，进而农业机械化作业水平较高，促进农业劳动力剩余；与此同时，非农部门发展创造了更多就业需求，容纳转出劳动力就业。因此，农业劳动力减少、农村劳动力转出未对农业经济增长造成负面影响。(2)经济较为发达的省区，表现为由增长型向集约型转化的趋势。如山东、河北、辽宁等省区，在初始阶段均为增长型，至 2008－2015 年均转为集约型。这类省区的特点为经济发展起步较发达省区晚，但经济发展速度较快。(3)经济欠发达省区如西藏、青海、宁夏等地，整体上表现为增长型，即农业产出增加依然停留在依赖于劳动力要素数量投入增多的基础上。这些省区中有些在2008—2015年转为集约型,有些依然是增长型,如宁夏、西藏等省区,有待进一步发展转为集约型。除甘肃2008—2015年转移劳动力对农业产出为"负"外,其他省区均为"正",表明农村剩余劳动力转移对农业产出具有积极作用。

6.3.2 省区差距分析

以上分析了全国及31省区耦合关系,为农业劳动力数量变动、农村剩余劳动力转移与农业产出关系奠定了一个积极的基调。但这样的积极关系在程度上,农业劳动力和农村转移劳动力对于各省区的具体作用如何? 31省区之间有无差异? 本书通过上述公式(6.3)测算"产劳弹性系数值"和"产移弹性系数值",绘制"产劳弹性值图"和"产移弹性值图",以展示分析农业劳动力数量变动、农村剩余劳动力转移对农业产出的具体影响程度。1978—2015年农业劳动力数量变动、农村剩余劳动力转移对农业产出的分别作用及其时空演变,详见图6.3、图6.4。

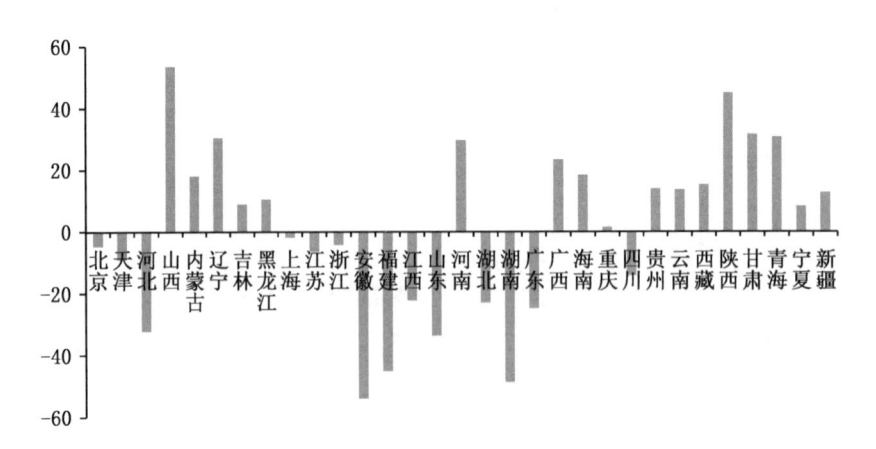

数据来源:历年《中国统计年鉴》及相关各省区统计年鉴。

图6.3 1978—2015年31省区产劳弹性值

分析图6.3可知:(1)31省区中,17省区"产劳弹性值"大于零,占比54.84%。这17省区主要为东北省区辽宁(30.596 4)、吉林(8.965 1)与黑龙江(10.499 2),中部省区山西(53.538 6),西部省区贵州(13.953 8)、云南(13.557 3)、甘肃(31.729 2)、青海(30.653 2)、宁夏(8.229 6)及新疆(12.682 9)等。另有14省区"产劳弹性值"小于零,占比45.16%。主要是东部发达省区和中西部经济发展水平较高的省区,如东部省区北京

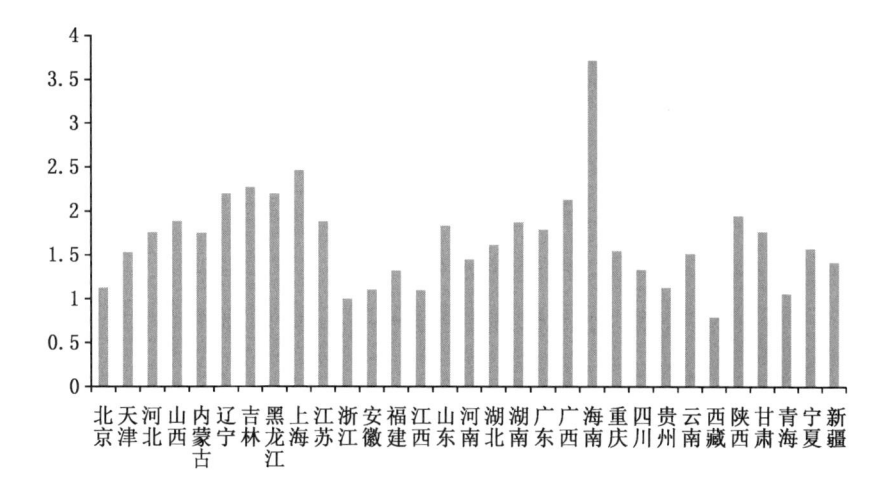

数据来源：历年《中国统计年鉴》及相关各省区统计年鉴。

图 6.4　1978—2015 年 31 省区产移弹性值

(－4.663 0)、天津(－9.052 6)、江苏(－6.424 3)、浙江(－4.226 4)、上海(－1.831 6)和广东(－24.904 4)等，中部省区江西(－22.199 2)和西部省区四川(－14.238 5)。这表明伴随着农村剩余劳动力转移，农业劳动力对农业产出依然具有正向作用，但这种正向促进作用在不同地区程度不同，大部分地区(主要为中西部省区，占比 54.84%)农业产出依赖于农业劳动力增加，农业生产呈粗放型特征，东部地区则为集约型。(2)表现为"产劳弹性值"大于零、农业生产为"粗放型"的省区，其成因不尽相同，可归纳为两点：一是东北和中部省区，这类省区经济发展水平较高，人口众多，农业生产基础较好。例如，东北省区是中国主要粮食生产基地、重要粮仓，以及"陕北好江南"等。这类地区农业生产对农业劳动力具有需求，因而农业劳动力转出推力小，继续从事农业生产的劳动力数量较多。二是西部省区，主要表现为经济欠发达、人口较少、农业生产困难，这类省区发展水平落后，使得农业生产发展在一定程度上依然依赖于投入要素增多。由此可知，进一步促进农村剩余劳动力转移，首先应注重挖掘东北和中部省区农业剩余劳动力转出潜力，其次是提升西部地区经济发展水平、农业生产效率，进一步解放农业劳动力。(3)"产劳弹性值"在地理位置上表现出由东向西，更准确地说是由东南向西北递增趋势，这一点与中国经济增长格局相一致：东南沿海为经济发达地区，西北为经济欠发达地区。这表明应注重促进东北、中西部地区与东部地区协调发展，提升中西部地区经济发展水平,弱化农业生产对农业劳动力的吸力,从而进一步解放农业劳动力,促进农村剩余劳动力转出。

由图 6.4 可知:(1)31 省区"产移弹性值"均为正,其值主要集聚在 1—3 之间。其中,越是经济发展程度高、人口众多、农业发展基础较好的省区,产移弹性值越高。如东部省区上海(2.468 9)、江苏(1.888 1)、广东(1.795 7)等,东北省区黑龙江(2.200 8)、吉林(2.278 6)、辽宁(2.202 4)。"产移弹性值"较低的省区主要集聚在中西部地区,如贵州(1.132 2)、西藏(0.797 4)、青海(1.060 0)等省区。由此可知,农村剩余劳动力转移并未直接对农业产出造成负面影响,但经济发展水平越高的地区,农业劳动力转移对其农业产出影响越小,转出越具自由度。(2)"产移弹性值"在地理位置上表现出与"产劳弹性值"趋势相反的特征:由东向西,具体为由东北向西南递减的特征。最高值集聚在东北三省,最低值集聚在西藏及其邻近省区。这一特征再次验证了经济发展水平较高、农业发展基础越好、人口众多的省区,农业劳动力转移越具自由度,更加说明了农村剩余劳动力转移应首先挖掘东北和中部地区农业劳动力转移潜力。(3)从地理位置上看,"产移弹性值"以"胡焕庸线"为界,以东地区"产移弹性值"显著大于以西地区。呈现这一特征的原因可归纳为两点:一是"胡焕庸线"以东地区为人口集聚区;二是线东地区整体经济发展水平和农业发展水平均优于西部地区。

以上分析了 1978—2015 年 31 省区整体情况,可知伴随着农村剩余劳动力转移,农业劳动力对农业产出依然具有正向作用,但这种正向促进作用在不同地区程度不同。农村剩余劳动力转移并未直接对农业产出造成负面影响,但经济发展水平越高的地区,农业劳动力转移对其农业产出影响越小,转出越具自由度。进一步地,基于整体情况,在 1978—2015 年间,31 省区"产劳弹性"和"产移弹性"呈何种变化?省区间有无差异?本书以下基于 1978—1987 年、1988—1997 年、1998—2007 年和 2008—2015 年四个阶段探析"产劳弹性值"和"产移弹性值"的时空演变情况,具体见图 6.5—图 6.8。

首先,分析四个阶段"产劳弹性值"变化,由图 6.5—图 6.8 可知:(1)第一阶段 31 省区中,22 省区"产劳弹性值"为正,占比 70.967 7%;9 省区"产劳弹性值"为负,占比 29.032 3%。第二阶段 31 省区表现出与第一阶段相同的特征。这表明 1978—1997 年,农业生产为主要依靠劳动力投入增产的"粗放型"发展模式。第三阶段时,11 省区"产劳弹性值"为

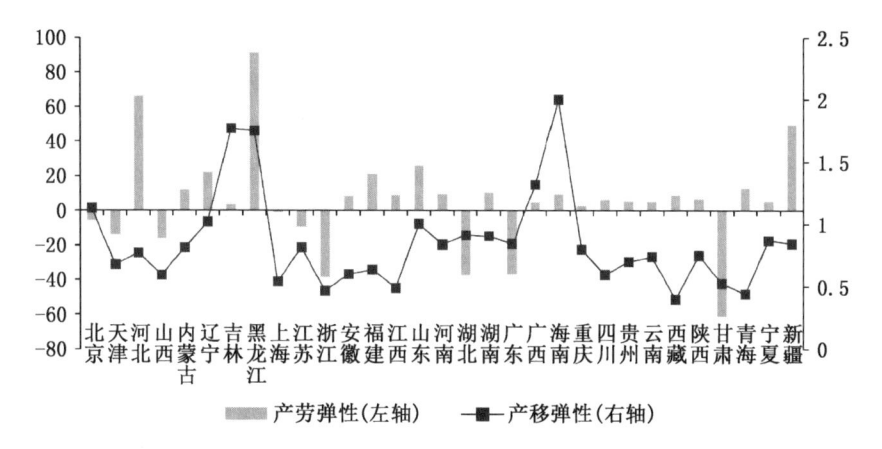

图 6.5　1978—1987 年 31 省区产劳弹性值与产移弹性值

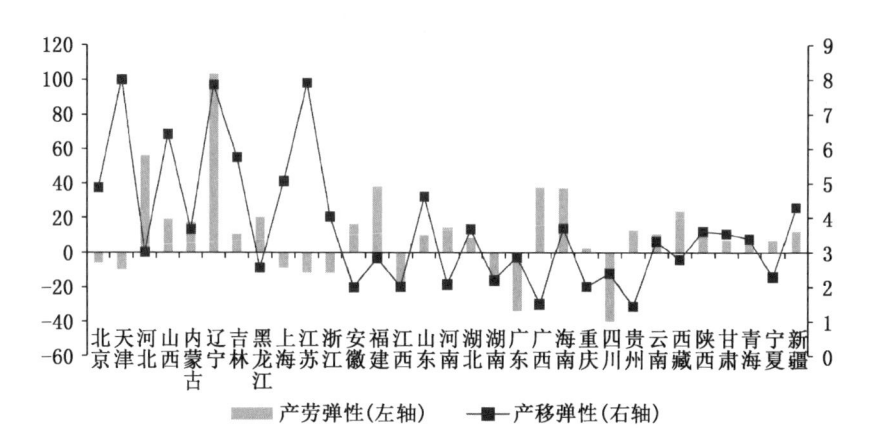

图 6.6　1988—1997 年 31 省区产劳弹性值与产移弹性值

正,占比 35.483 9%;20 省区值为负,占比 64.516 1%。至第四阶段时,31 省区中仅有 6 省区"产劳弹性值"为正,占比 19.354 8%;25 省区值为负,占比 80.645 2%。由此可知,随着时间发展,31 省区农业发展在由"粗放型"向"集约型"转化,且由初始阶段以"粗放型"为主导转化为现阶段以"集约型"为主导。(2)从"产劳弹性值"变化趋势上看,正值从第一阶段至第二阶段呈上升趋势,第二阶段和第三阶段正值较高,至第四阶段又表现为下降趋势;负值从第一阶段至第四阶段均呈下降趋势。这表明自改革开放以来,农业产出经历了投入要素增加拉动产出、要素生产边际产出递减、生产技术拉动农业产出的阶段。目前,尽管一些省区依然停留在以增加劳动力投入促进农业产出增长的生产模式,但这并不具备可持续

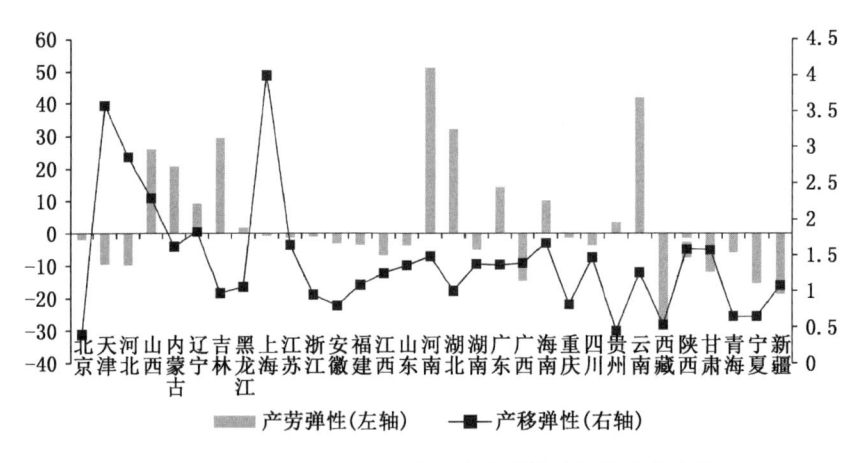

图 6.7　1998—2007 年 31 省区产劳弹性值与产移弹性值

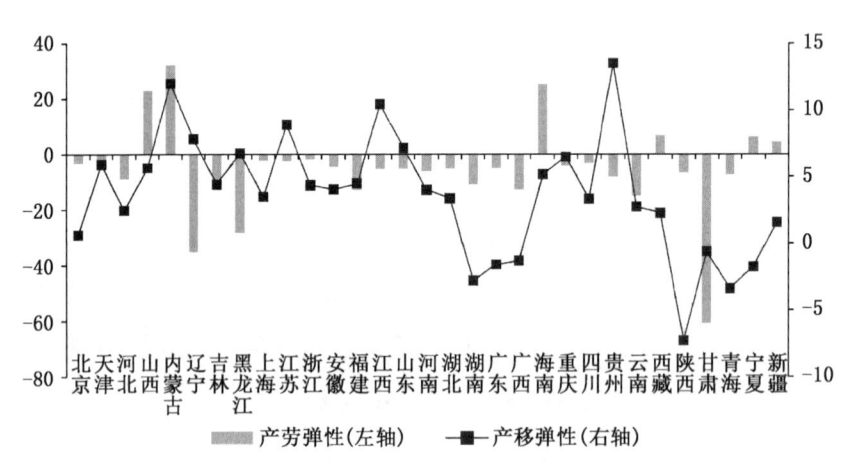

图 6.8　2008—2015 年 31 省区产劳弹性值与产移弹性值

性,需进一步改善生产模式,发挥好生产技术在农业生产中的作用。

(3)由第一阶段至第四阶段,经济发展水平较高的省区"产劳弹性值"优先由正转化为负,生产方式由"粗放型"向"集约型"转变,最显著的改变发生在第二至第三阶段。经济欠发达省区农业生产方式转变速度较慢,至第四阶段,依然有省区停留在"粗放型"发展阶段,如宁夏、新疆等省区。

其次,分析四个阶段"产移弹性值"变化,由图 6.5—图 6.8 可知:(1)四个阶段"产移弹性值"为正,但不同阶段有不同的特征。由第一阶段至第四阶段,31 省区"产移弹性值"呈波动上升趋势,具体表现为:第一阶段弹性值主要集聚在 0—1 之间,第二阶段集聚在 0—4 之间,第三阶段集聚在 0—3 之间,第四阶段集聚在 0—10 之间。(2)发达省区"产移弹性值"率先突破集聚区,呈向高值离散的趋势,如由第一阶段发展至第二阶段时率先崛起的省区北京(4.868 3)、辽宁(7.855 7)、上海(5.048 2)、浙江(4.029 0)等。而西部省区四川、贵州、云南、西藏、陕西、甘肃、青海、宁夏及新疆等"产移弹性值"均稳定在同时期较低水平。其中,第四阶段湖南、广东、广西、陕西、甘肃、青海、宁夏等省区因劳动力转移量呈下降趋势,使得"产移弹性值"为负,其原因并不是农业产出下降。(3)随时间发展,31省区之间"产移弹性值"差距在不断拉大,表现为:第一阶段仅有4省区(吉林、黑龙江、广西和海南)"产移弹性值"离散于主要集聚区之外,之后31省区值差距不断拉大,至第四阶段省区间"产移弹性值"差距变得较为明显,仅有13省区集聚在0—5之间,其余18省区离散于5—15和—10—0之间。由"产移弹性值"演化结果可知,农村剩余劳动力转移并未给农业生产带来明显的负向影响。与此相反,劳动力转移促进了农业产出,且越是经济发达的省区,劳动力转移对农业产出的促进作用越大。

综上分析可知,农村劳动力转移不仅可以缓解农村就业压力,还可以促进农业产出的增加。一是农村劳动力转移可以缓解农村劳动力过剩的问题。随着农村劳动力转移的增加,农村地区的劳动力资源得到了合理配置,农村劳动力的就业压力得到了缓解,有助于提高农民的生活水平。同时,农村劳动力转移也为农村地区提供了更多的就业机会,促进了农村经济的发展。二是农村劳动力转移可以促进农业产出的增加。随着农村劳动力转移的增加,农村地区的劳动力资源得到了优化配置,农业生产的劳动力得到了充分利用,提高了农业生产的效率和产出。农村劳动力转移还可以引入城市的先进生产技术和管理经验,提高农业生产的科技含量和竞争力,促进农业产出的增加。因此,农村劳动力转移是当前社会经济发展的必然趋势,对于促进农业产出的增加具有重要意义。政府应加强对农村劳动力转移的管理和引导,为农民提供更多的就业机会和培训机会,推动农村劳动力转移向更加有序和高效的方向发展,实现农业产出的增加和农民收入的提高。

6.4　本章小结

农村剩余劳动力转出对农业产出有何影响,进一步地,农村剩余劳动力转出是否影响继续留在农业部门从事生产活动的劳动力的生产效率?

本章对此问题进行探析。研究结论表明：第一，农村剩余劳动力转出并未影响农业产出，且伴随着劳动力转移量增多，无论是农业总产出还是与劳动力生产生活息息相关的粮食产出量均呈上涨趋势，并未表现出下降特征。第二，农村剩余劳动力转移并未影响农业劳动力生产效率，农业劳动力产出率呈上升趋势。进一步地，"产劳弹性值"和"产移弹性值"实证结果表明，农业劳动力对农业产出贡献为正，农村剩余劳动力转移并未影响农业劳动力生产效率、农业总产出。第三，越是经济发达的省区，无论是农村剩余劳动力转移还是农业劳动力，均对农业产出具有较强的正向贡献，经济欠发达省区则存在贡献不足的情况。第四，进一步促进农村剩余劳动力转移，在不同地区应采取不同的针对性政策；东部地区应进一步保持其优势；东北和中部较发达省区应提升农业生产的技术水平，进一步解放农业劳动力；西部欠发达省区则应在提升整体经济水平的基础上，提升农业劳动力生产效率，强化农业生产技术对劳动力投入的替代性，促使农村剩余劳动力转出，从而优化农业劳动力资源配置。

第 7 章 农村剩余劳动力转移收入效应分析

农民问题是"三农"问题的核心,主要表现为农民收入低、增收难、城乡居民收入差距大。即随着生产发展,农村劳动力从生产率较低的农业部门转至生产率较高的非农部门从事生产活动,是打破传统农业部门为农村居民增收贡献空间有限、提升收入水平的有效途径。与此对应,农业部门劳动力向非农部门转入使得原有非农部门投入要素特别是劳动力数量发生变动,这一变化会对原有非农部门劳动力收入产生何种影响?经济增长乃至社会发展是一个系统的整体性问题,如果农业部门劳动力增收是以牺牲非农部门劳动力收入为前提,那么这样的农民增收途径是低效率的,甚至是无意义的。基于此,本章主要探析农村劳动力转移对农民增收、非农部门劳动力收入和收敛城乡收入差距的影响,以便能够尽可能准确地评价农村劳动力转移的收入效应。

以"农村居民家庭人均纯收入"和"城镇居民家庭人均可支配收入"分别刻画农业部门和非农部门劳动力整体收入情况,见图 7.1。

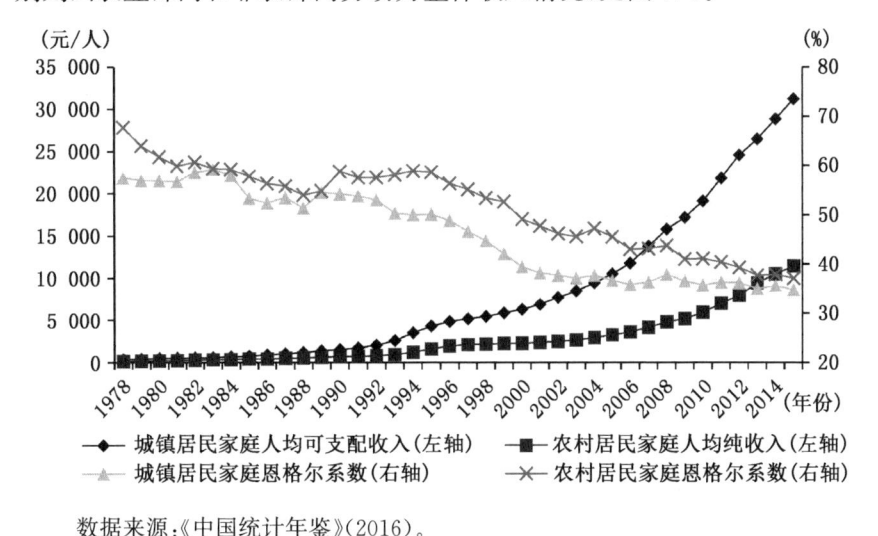

数据来源:《中国统计年鉴》(2016)。

图 7.1 1978—2015 年城乡收入情况

由图 7.1 可知:首先,1978—2015 年农村居民家庭人均纯收入、城镇居民家庭人均可支配收入呈递增趋势。1978—1992 年受计划经济体制影响,第二、三产业发展水平较低,劳动力由于户籍限制省际转移受限,因而增幅较小。1992 年市场经济体制改革促进了第二、三产业发展,城镇居民收入开始激增。与此同时,乡镇企业发展、非农部门就业单位增多、劳动力转移限制放宽等,也有效提升了农村居民收入。2000 年中国加入世界贸易组织(WTO),国际市场进一步扩展,进出口需求增多。国内通过一系列的市场化改革,市场化水平不断提升(樊纲等,2011),使得城镇居民和农村居民收入呈现大幅上升趋势。城镇居民家庭人均可支配收入和农村居民家庭人均纯收入虽有相同的上升趋势,但城镇居民收入水平高于农村居民,且随着时间发展,城乡收入差距在不断扩大。其次,从城镇居民家庭恩格尔系数和农村居民家庭恩格尔系数上看,两者均呈下降趋势,表明城镇和农村收入水平的提升有效改善了居民生活水平。1978—1992 年城镇和农村恩格尔系数均处在较高水平,平均值分别高达 55.33% 和 59.03%。之后开始下降,1992—2000 年城镇恩格尔系数率先突破半数,于 2000 年降至 39.40%;农村恩格尔系数虽有下降,但依然处在较高水平,2000 年为 49.10%。2001—2015 年两者恩格尔系数进一步下降,于 2015 年分别降至 34.80% 和 37.10%,两者均低于半数,表明随着时间发展,城镇和农村居民生活水平得以显著改善。其中,城镇恩格尔系数始终低于农村恩格尔系数,说明城镇居民生活水平高于农村居民。

以上分析表明,在二元经济结构和存在劳动力转移的背景下,城镇居民和农村居民的收入水平均在提升,那么,劳动力转移在两者收入提升过程中起到什么作用? 本书拟尝试对此进行探析。

7.1 农村剩余劳动力转移对农村劳动力收入的影响

7.1.1 农村居民收入的构成与理论模型

(1)农村居民收入的理论构成。从收入来源的角度看,居民收入可以划分为劳动收入与非劳动收入。[①] 农村居民家庭人均纯收入(per capita

---

[①] 劳动收入可以分为直接生产劳动收入和经营管理劳动收入,非劳动收入主要包括财政性收入和转移收入。

net income of rural households，NIRH)根据收入来源的性质划分为四项,分别为工资性收入(WI)、经营净收入(NOI)、财产净收入(NIP)和转移净收入(TNI)(含义详见附录四)[①]。

(2)农村居民家庭人均纯收入经济数理模型。根据农村居民家庭人均纯收入及其四项构成可知：

$$NIRH = WI + NOI + NIP + TNI \tag{7.1}$$

加入时间趋势,以便动态考察各项对收入的影响,则式(7.1)可重新表述为式(7.2)和式(7.3),其中 t 期表示本期, $t-1$ 期表示上期。

$$NIRH_t = WI_t + NOI_t + NIP_t + TNI_t \tag{7.2}$$

$$NIRH_{t-1} = WI_{t-1} + NOI_{t-1} + NIP_{t-1} + TNI_{t-1} \tag{7.3}$$

由式(7.2)、式(7.3)可得农村居民家庭人均纯收入增长率表达式：

$$\frac{\Delta NIRH}{NIRH_{t-1}} = \frac{WI_{t-1}}{NIRH_{t-1}} \times \frac{\Delta WI}{WI_{t-1}} + \frac{NOI_{t-1}}{NIRH_{t-1}} \times \frac{\Delta NOI}{NOI_{t-1}} + \frac{NIP_{t-1}}{NIRH_{t-1}}$$
$$\times \frac{\Delta NIP}{NIP_{t-1}} + \frac{TNI_{t-1}}{NIRH_{t-1}} \times \frac{\Delta TNI}{TNI_{t-1}} \tag{7.4}$$

分别用 G_{nirh}、G_{wi}、G_{noi}、G_{nip} 和 G_{tni} 表示农村居民家庭人均纯收入及四个分项的增长率,即 $G_{nirh} = \Delta NIRH/NIRH_{t-1}$、$G_{wi} = \Delta WI/WI_{t-1}$、$G_{noi} = \Delta NOI/NOI_{t-1}$、$G_{nip} = \Delta NIP/NIP_{t-1}$、$G_{tni} = \Delta TNI/TNI_{t-1}$。用 P_{wi}、P_{noi}、P_{nip} 和 P_{tni} 表示各项收入来源在农村居民家庭人均纯收入中所占比重,则 $P_{wi} = WI_{t-1}/NIRH_{t-1}$、$P_{noi} = NOI_{t-1}/NIRH_{t-1}$、$P_{nip} = NIP_{t-1}/NIRH_{t-1}$、$P_{tni} = TNI_{t-1}/NIRH_{t-1}$。则式(7.4)可进一步表述成式(7.5)：

$$G_{nirh} = P_{wi} \times G_{wi} + P_{noi} \times G_{noi} + P_{nip} \times G_{nip} + P_{tni} \times G_{tni} \tag{7.5}$$

由式(7.5)可知,农村居民家庭人均纯收入增长率取决于各项收入自身比重和增长率。因此,工资性收入、经营净收入、财产净收入和转移净收入对农村居民家庭人均纯收入的贡献 C_{wi}、C_{noi}、C_{nip} 和 C_{tni} 可表述如下：

$$C_{wi} = P_{wi} \times G_{wi}; C_{noi} = P_{noi} \times G_{noi};$$
$$C_{nip} = P_{nip} \times G_{nip}; C_{tni} = P_{tni} \times G_{tni} \tag{7.6}$$

(3)农村剩余劳动力转移对纯收入影响机理。农村剩余劳动力转移主要是在就业上由农业部门转移至非农部门,由于两部门边际产出和劳

---

① 数据来源:《中国统计年鉴》(2018)。

动生产效率差异,在非农部门就业劳动力产出增多,进而收入增多。因此,农村剩余劳动力转移主要是通过增加工资性收入(WI)来改善自身收入。

7.1.2　农村剩余劳动力转移与农村居民收入影响

将转移劳动力与农村居民纯收入进行拟合分析,探析农村剩余劳动力转移对农村居民收入的影响。剔除物价影响,以平减后的农村居民人均纯收入(NIRH)为因变量,为充分考察劳动力转移对纯收入的影响,本书以转移前各省转移劳动力数量(ZYQ)和转移后各省劳动力转移量(ZYH)为自变量,耕地(GD)是农业生产最主要的投入,因此将耕地作为控制变量进行拟合测算。劳动力转移前、转移后回归模型见式(7.7)、式(7.8):

$$CSR_{it} = c + \alpha ZYQ_{it} + \varepsilon$$
$$NIRH_{it} = c + \alpha ZYQ_{it} + \beta GD_{it} + \varepsilon \tag{7.7}$$
$$CSR_{it} = c + \theta ZYH_{it} + \varepsilon$$
$$NIRH_{it} = c + \theta ZYH_{it} + \vartheta GD_{it} + \varepsilon \tag{7.8}$$

式(7.7)和式(7.8)拟合结果见表7.1。

表 7.1　　　　　　　劳动力转移对农村居民人均纯收入影响

自变量	NIRH(因变量)			
	转移前(模型)		转移后(模型)	
ZYQ/ZYH	0.888 3*** (0.047 5)	0.907 8*** (0.047 5)	0.595 8*** (0.034 8)	0.637 2*** (0.035 0)
GD	—	1.063 4*** (0.269 6)	—	1.574 3*** (0.277 4)

注:*、**、***分别表示在10%、5%、1%水平下显著。

豪斯曼(Hausman)检验结果表明应考虑固定效应(Hausman结果见附录五中附图1),因而表7.1中均展示固定效应回归结果。拟合结果表明,农村剩余劳动力转移是促进农民增收的一种有力途径。转移前的拟合结果优于转以后的拟合结果,这表明本地区农村剩余劳动力向外转出量越多,越有利于促进纯收入增长。加入控制变量后的拟合结果优于不加控制变量的拟合结果,说明加入控制变量后的结果更具说服力。此外,无论是转移前还是转移后劳动力数量作为自变量,无论是加入还是未加入控制变量,拟合结果均具有一致性:均表明农村劳动力转移对农民收入增长的正向促进作用。

7.1.3 农村剩余劳动力转移收入效应分析

以上拟合结果表明,农村剩余劳动力转移对收入水平提升具有正向影响,且劳动力外出务工主要影响的是工资性收入。1992年后我国开启市场化改革,因此鉴于数据可得性及统计口径一致性,本节基于1993—2015年农村居民家庭人均纯收入及其相关数据进行测算,探析劳动力转移对收入的影响,数据来源于历年《中国统计年鉴》,测算结果见表7.2。

表7.2　　　　1993—2015年农村居民家庭人均纯收入及其构成　　单位:元,%

年份	纯收入	工资性收入 金额	工资性收入 比重	经营净收入 金额	经营净收入 比重	财产净收入 金额	财产净收入 比重	转移净收入 金额	转移净收入 比重
1993	921.60	194.51	21.11	678.48	73.62	41.61	4.51	7.02	0.76
1994	1 221.00	262.98	21.54	881.85	72.22	47.59	3.90	28.56	2.34
1995	1 577.70	353.70	22.42	1 125.79	71.36	40.98	2.60	57.27	3.63
1996	1 926.10	450.84	23.41	1 362.45	70.74	70.19	3.64	42.59	2.21
1997	2 090.10	514.55	24.62	1 472.72	70.46	79.25	3.79	23.61	1.13
1998	2 162.00	573.58	26.53	1 466.00	67.81	92.03	4.26	30.37	1.40
1999	2 210.30	630.26	28.51	1 448.36	65.53	100.17	4.53	31.55	1.43
2000	2 253.40	702.30	31.17	1 427.27	63.34	45.04	2.00	78.81	3.50
2001	2 366.40	771.90	32.62	1 459.63	61.68	46.97	1.98	87.90	3.71
2002	2 475.60	840.22	33.94	1 486.54	60.05	50.68	2.05	98.19	3.97
2003	2 622.20	918.38	35.02	1 541.28	58.78	65.75	2.51	96.83	3.69
2004	2 936.40	998.46	34.00	1 745.79	59.45	76.61	2.61	115.54	3.93
2005	3 254.90	1 174.53	36.08	1 844.53	56.67	88.45	2.72	147.42	4.53
2006	3 587.00	1 374.80	38.33	1 930.96	53.83	100.50	2.80	180.78	5.04
2007	4 140.40	1 596.22	38.55	2 193.67	52.98	128.22	3.10	222.25	5.37
2008	4 760.60	1 853.73	38.94	2 435.56	51.16	148.08	3.11	323.24	6.79
2009	5 153.20	2 061.25	40.00	2 526.78	49.03	167.20	3.24	397.95	7.72
2010	5 919.00	2 431.05	41.07	2 832.80	47.86	202.25	3.42	452.92	7.65

续表

年份	纯收入	工资性收入 金额	工资性收入 比重	经营净收入 金额	经营净收入 比重	财产净收入 金额	财产净收入 比重	转移净收入 金额	转移净收入 比重
2011	6 977.30	2 963.43	42.47	3 221.98	46.18	228.57	3.28	563.32	8.07
2012	7 916.60	3 447.46	43.55	3 533.37	44.63	249.05	3.15	686.70	8.67
2013	9 429.60	3 652.50	38.73	3 934.90	41.73	194.70	2.06	1 647.50	17.47
2014	10 488.90	4 152.20	39.59	4 237.40	40.40	222.10	2.12	1 877.20	17.90
2015	11 421.70	4 600.30	40.28	4 503.60	39.43	251.50	2.20	2 066.30	18.09

注：数据来源于历年《中国统计年鉴》。

由表7.2可知：(1)1993—2015年农村居民家庭人均纯收入及其四项来源(工资性收入、经营净收入、财产净收入和转移净收入)均呈上升趋势。工资性收入由1993年的194.51元增至2015年的4 600.30元，增长22.65倍；经营净收入由678.48元增至4 503.60元，增长5.64倍；财产净收入由41.61元增至251.50元，增长5.04倍。转移净收入增长最为迅猛，由7.02元增至2 066.30元，增长293.34倍。(2)进一步观察各项值，初始年份经营净收入为678.48元，占纯收入的73.62%，为纯收入的最主要来源，工资性收入虽为第二，但值较小，为194.51元。随着发展，工资性收入呈"后来居上"之势，工资性收入和经营净收入两者成为纯收入的主要来源，特别是2015年工资性收入(4 600.30元)超过经营净收入(4 503.60元)成为纯收入增长的第一主要源泉。财产净收入增长5.04倍，增幅与经营净收入相近，但由于财产净收入基值较小(41.61元)，因而对纯收入的贡献较小。(3)较为特殊的是转移净收入随时间变动趋势，1994年转移净收入较上年增长3.07倍，1995年较上年增长1.01倍，在同期四项中增长率遥遥领先。由于转移净收入基期值在四项中最小，相当于工资性收入的3.61%、经营净收入的1.03%、财产净收入的16.87%，故1994年和1995年虽有领先的增长率，但其金额值依然较小。其金额值和增长率均发生较大变动是在2000年和2013年：2000年其值增至78.81元，较上年增长1.50倍；2012—2013年其值由686.70元陡增至1 647.50元，增长1.40倍。使得转移净收入一再发生陡增的原因主要是政策向农村农民的倾斜，如养老政策、政策性生活补贴、报销医疗费以及政策性生产补贴等的实施。因此，转移净收入增长倍数最多。在表7.2结果的基础上，本书以下进一步基于四项收入来源分别占纯收入百分比及其变动趋势,在长时间段内探析劳动力转移对收入的影响及其变动趋势,根据1993—2015年数据做分析,如图7.2所示。

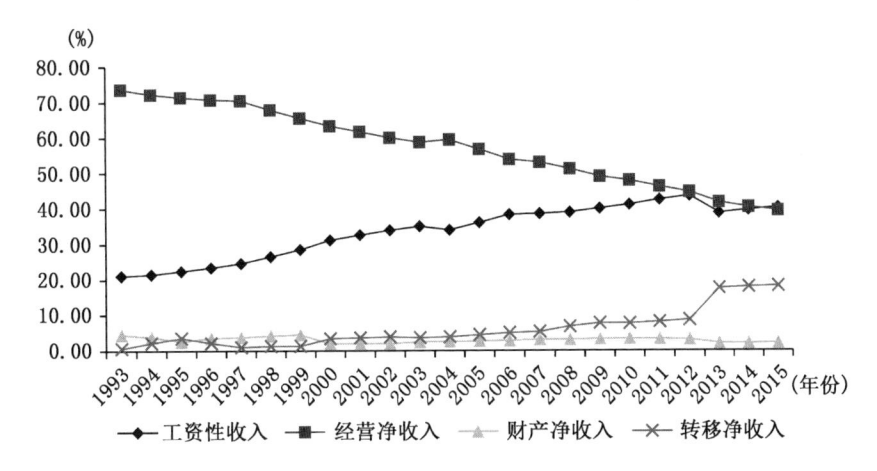

数据来源:历年《中国统计年鉴》。

图7.2 1993—2015年农村居民家庭人均纯收入贡献来源分解及变化

图7.2表明:(1)从占比整体变动趋势上看,1993—2015年,工资性收入占纯收入百分比呈稳定上升趋势,由21.11%上升至40.28%,上升19.17个百分点,增幅最大、增长最快。转移净收入由0.76%增至18.09%,增长17.33个百分点,增幅第二。经营净收入呈下降趋势,降幅最大,由73.62%降至39.43%,下降34.19个百分点。财产净收入占比下降2.31个百分点,降幅较小。(2)从占比水平上看,工资性收入和经营净收入是纯收入的主要构成部分。其中1993—2008年经营净收入占比独占优势,超过50%,2008年后经营净收入占比跌落50%;与此同时,工资性收入和经营净收入占比开始缩小至相近,且工资性收入占比进一步提升,直至超过经营净收入占比成为最大。财产净收入和转移净收入占比较小,且两者差距不大。1993—2012年,财产净收入和转移净收入占比相当,平均分别为3.16%和4.28%。2013—2015年,两者占比依然较小,但两者差距开始拉大,财产净收入占比均值为2.13%,转移净收入占比均值则陡增至17.82%。以上分析了四项收入占纯收入比重及其时间变化趋势,以下本书进一步探析四项收入对纯收入增长贡献情况,见表7.3。

表 7.3　　　　　　　　农村居民纯收入贡献来源分解　　　　　　单位:%

年份	纯收入	工资性收入	经营净收入	财产净收入	转移净收入
1993	—	—	—	—	—
1994	32.487 0	7.581 7	21.648 6	0.560 1	7.177 1
1995	29.213 8	7.733 8	19.738 8	−0.360 8	3.649 0
1996	22.082 8	6.428 5	14.869 9	2.597 5	−0.566 8
1997	8.514 6	3.478 9	5.702 8	0.489 4	−0.503 4
1998	3.440 0	3.043 6	−0.309 4	0.686 4	0.402 2
1999	2.234 0	2.817 8	−0.788 5	0.400 8	0.055 5
2000	1.950 0	3.562 4	−0.922 3	−1.100 0	5.238 9
2001	5.014 6	3.232 7	1.398 5	0.085 1	0.428 4
2002	4.614 6	3.004 0	1.107 0	0.161 7	0.464 3
2003	5.921 8	3.258 0	2.164 4	0.745 6	−0.051 1
2004	11.982 3	2.964 9	7.888 8	0.430 9	0.760 3
2005	10.846 6	6.363 2	3.205 3	0.419 9	1.249 6
2006	10.203 1	6.535 3	2.522 4	0.381 9	1.140 4
2007	15.427 9	6.209 1	7.208 2	0.854 0	1.231 5
2008	14.979 2	6.281 8	5.641 4	0.481 8	3.085 3
2009	8.246 9	4.477 8	1.836 5	0.418 9	1.784 9
2010	14.860 7	7.368 5	5.796 3	0.716 3	1.057 0
2011	17.879 7	9.301 1	6.344 1	0.426 3	1.968 0
2012	13.462 2	7.112 5	4.313 5	0.281 9	1.899 8
2013	19.111 7	2.303 8	4.742 1	−0.450 6	24.445 5
2014	11.233 8	5.415 9	3.105 7	0.298 0	2.495 3
2015	8.893 2	4.346 6	2.477 1	0.291 5	1.822 4
平均值(1)	12.390 9	5.128 3	5.440 5	0.400 8	2.692 5
平均值(2)	12.390 9	5.128 3	3.338 6	0.400 8	1.656 6

注:"—"表示基年,无对应值。

对表 7.3 必要的说明如下:2000 年和 2013 年转移净收入陡增,使得当年增长率表现为异常值,因而贡献也表现为异常值,故 2000 年和 2013 年这两年四个分项贡献值之和高于农村居民家庭人均纯收入当年实际增长率。本书并没有将这两年的值进行磨平或其他处理，原因如下：2000年和2013年转移净收入呈现陡增后并没有下降，而是在上年的基础上进一步增长，因而转移净收入表现为以2000年和2013年为节点的断层式增长，如果将这两年进行处理的话，则后续年份依然是异常年份，故本书选择依据实际值进行汇报。

历年贡献平均值见表7.3平均值(1)，可知经营净收入平均贡献最大，为5.440 5，工资性收入次之，为5.128 3，财产净收入和转移净收入两者较低，分别为0.400 8和2.692 5。由历年的贡献值可知，1994－1996年经营净收入值远高于1997－2015年值，因此可将1994－1996年贡献值视为特殊值。此外，2013年转移净收入值远高于其他年份，也可看作特殊值。将这些特殊值去掉后重算工资性收入、经营净收入、财产净收入和转移净收入历年平均值得平均值(2)，分别为5.128 3、3.338 6、0.400 8和1.656 6。由此可知，工资性收入对纯收入增长的贡献最大。

从历年贡献值上看，1993－1995年，经营净收入对纯收入增长的贡献最大。1995年之后，工资性收入贡献值开始上升，经营净收入贡献值开始下降，财产净收入和转移净收入(2013年除外)贡献值较低且无明显变动趋势。2005年后，工资性收入对纯收入贡献跃居首位，经营净收入次之。为直观比较四项收入贡献值历年变化趋势，本书给出贡献值变化折线趋势图，见图7.3。

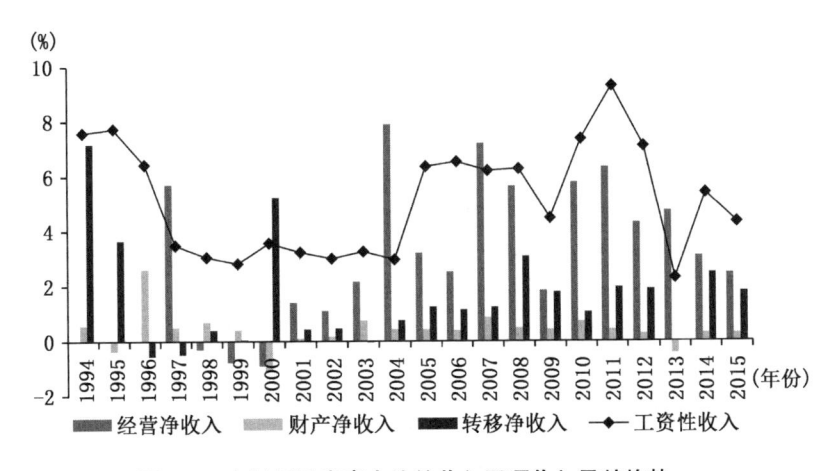

图7.3 农村居民家庭人均纯收入四项收入贡献趋势

由图7.3可知，历年贡献值并不稳定，而是呈现出较强的波动特征。这主要是由于四项贡献相互联系，一项贡献值增长必然引致其他项贡献值变小,而一项贡献值的波动与政策动态又息息相关,因此四项贡献值均表现出不稳定。但各项贡献值水平或位次特征明显,基本表现为工资性收入贡献值水平最高,经营净收入次之,财产净收入和转移净收入较低。需要说明的是,由于各年各项贡献值绝大多数小于10,因而为了能够较为清晰地展示农村居民家庭人均纯收入四项收入贡献趋势,图7.3中剔除了1994－1996年三年经营净收入贡献值21.648 6、19.738 8和14.869 9,以及2013年转移净收入贡献值24.445 5。

综上分析可知,工资性收入随着时间发展成为农村居民家庭人均纯收入的主要影响因素。因此,如何进一步提升工资性收入是提升农村居民收入的一项重要举措,通过农村剩余劳动力转移这一途径所获得的工资性收入无疑是农民收入增长的最大亮点。

7.2 农村剩余劳动力转移对城镇劳动力收入的影响

城镇劳动力收入在不同时期来源不同,城镇劳动力在职时收入依赖于工资,当城镇劳动力离退休后,收入依赖于养老金。由此,农村剩余劳动力转移对城镇居民收入的影响也分两个部分进行探析:一是农村剩余劳动力转移对城镇在职劳动力收入的影响;二是农村剩余劳动力转移对城镇离退休人员收入的影响。本节基于描述性统计分析和实证分析对此进行探析。

7.2.1 对城镇在职劳动力收入的影响

(1)农村剩余劳动力转移对城镇劳动力就业的影响。城镇劳动力拥有收入的最根本前提是就业,即非失业人员。自改革开放后,源源不断地由农村转移至城镇、由农业部门转移至非农部门就业。那么,农村劳动力转移至非农部门就业对原有城镇劳动力就业有无挤出效应?以下通过对比农村剩余劳动力转移增长率和城镇登记失业率变动趋势进行分析,见图7.4。由图7.4可知,农村劳动力转移增长率在1979年、1982年、1984年和1985年存在极值,以清晰展现农村劳动力转移增长率和城镇登记失业率为原则,故将以上四个年份劳动力转移增长率删去不做展示。

由图7.4可知,1978－2015年农村剩余劳动力转移增长率波动幅度在变小且呈下降趋势,城镇登记失业率未呈现出波动态势,且基本稳定在2%－4%之间。从时间段上看,1978－2000年劳动力转移增长率变动趋

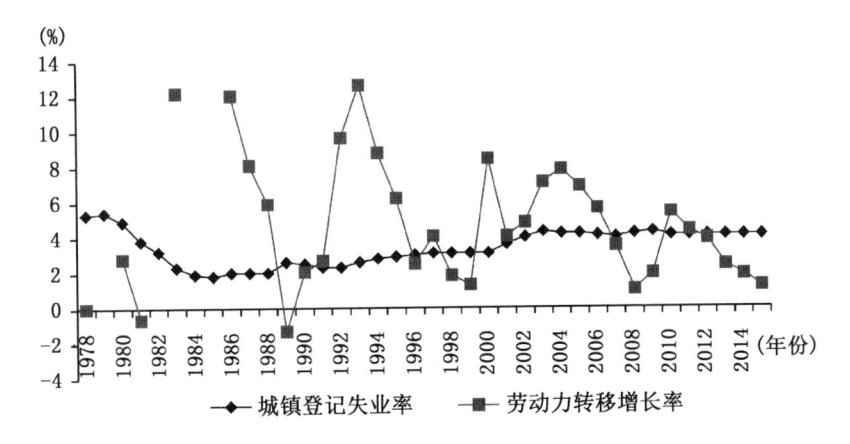

数据来源：《中国统计年鉴》(2016)。

图 7.4　农村剩余劳动力转移增长率和城镇登记失业率变动关系

势较大，只是波动幅度在减小，并无明显的升降趋势；与此同时，城镇登记失业率在 1978—1982 年下降后，1983—2000 年基本呈水平态势，稳定在 2%—3% 之间。2000 年后劳动力转移增长率呈波动下降态势，此时失业率水平略有上升并呈水平态势，稳定在 3%—4% 之间。由此可知，农村剩余劳动力转移与城镇失业率无明显的必然相关关系，即农村剩余劳动力转移并不是影响城镇就业率或失业率的主要因素。其原因可归纳为以下三点：一是农村剩余劳动力主要流向城镇新增岗位。2015 年《农民工监测调查报告》表明，从转移劳动力从业行业和单位上看，转移劳动力在城镇主要从事第二产业和第三产业中低端产业链工种，如居民服务和修理等，说明农村劳动力转移至非农部门后主要从事的行业、单位是为城镇居民生产生活服务的部门。因此，农村劳动力转入城镇、非农部门从某种程度上是在为提升城镇劳动力生产效率和改善城镇居民生活服务。二是农村转移劳动力与城镇就业人员的行业分布存在差异。转移劳动力在城镇主要从事"脏而重"的工种，这些工种就业环境差、待遇水平低，因而对城镇劳动力就业没有挤出效应。三是农村剩余劳动力素质提高缓慢。转移劳动力的一个显著特征就是受教育水平低，这决定了转移劳动力大概率不可能在高技术产业、岗位工作，而这些工作才是城镇原有劳动力所钟爱并热衷的。因此，无论是从工作岗位上看还是从转移劳动力的个体特征上看，转移劳动力在城镇就业对城镇原有劳动力均不造成挤出效应。

(2)农村剩余劳动力转移对城镇劳动力收入的影响。以上分析表明，在农村剩余劳动力转移量呈上升趋势的同时城镇劳动力失业率在下降，两者不仅没有明显的正相关关系，反而呈相反态势，即农村剩余劳动力转移并不是影响城镇劳动力就业的主要因素。那么，在不影响城镇劳动力就业的前提下，农村剩余劳动力转移至非农部门就业对城镇劳动力收入有怎样的影响，本节对此进行探析。

图 7.1 表明，1978—2015 年城镇居民家庭人均可支配收入呈上升态势。本节进一步观测城镇单位从业人员平均工资值变动趋势，见图 7.5。

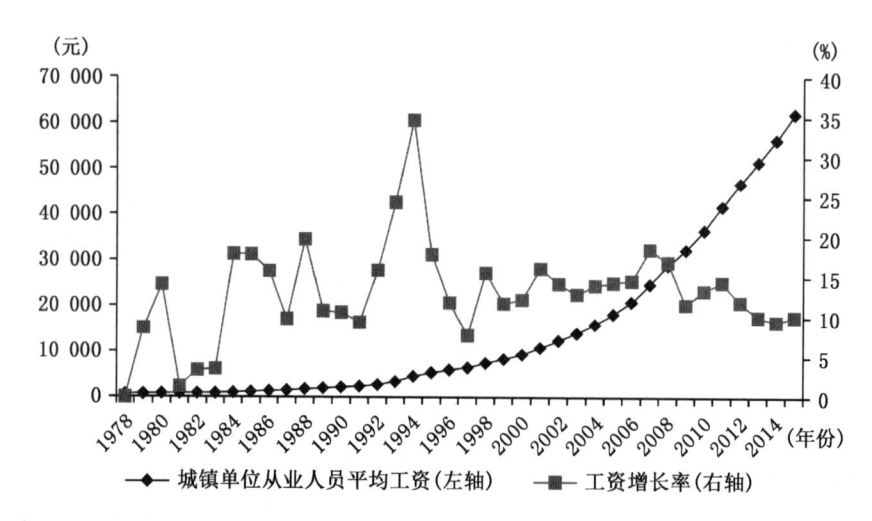

数据来源：历年《中国统计年鉴》。

图 7.5 城镇单位从业人员平均工资及其增长率

由图 7.5 可知，伴随着农村剩余劳动力转移，1978—2015 年城镇单位从业人员平均工资性收入呈上升趋势，并未表现出平均值下降甚至持平的特征，且随着时间发展，城镇劳动力的工资性收入越来越高。由此可知，农村剩余劳动力转移并没有影响城镇劳动力的平均收入。这一结论原因有两个：一是农村剩余劳动力受限于自身人力资本素质，进入非农部门后主要在低端产业链上从事生产活动，如建筑业、零售业、服务业等；二是劳动力转移后从事的工作岗位性质大多在为城镇居民生产生活服务，创造舒适、便捷的生活环境，有利于城镇劳动力提升其生产效率。综上可知，农村剩余劳动力转移并未对城镇劳动力就业产生明显的挤出效应，农村剩余劳动力转移至城镇就业也未对城镇在职劳动力工资性收入造成负面影响。进一步地，农村剩余劳动力转移至城镇就业在一定程度上是为城镇劳动力生产生活服务，使城镇居民生产生活更舒适。

7.2.2 对城镇离退休人员收入的影响

随着我国人口老龄化的加剧,城镇退休职工群体逐渐壮大。城镇退休人员收入有五方面来源:一是养老金。城镇退休职工可以领取国家规定的基本养老金,其金额根据个人缴纳的养老保险费和工作年限等因素来确定。此外,一些城镇退休职工还可以领取企业或机关事业单位提供的企业年金或机关事业单位养老金。养老金是退休职工的主要经济来源,可以保障退休职工的基本生活。二是个人储蓄和投资收益。一些城镇退休职工可能通过个人储蓄或投资获得额外的收入来源,例如存款利息、股票投资、房地产租金等。三是家庭支持。一些城镇退休职工可能依靠子女或其他家庭成员的经济支持来维持生活。四是兼职工作。一些城镇退休职工可能选择继续从事兼职工作或自由职业来增加收入。五是社会福利和补贴。一些城镇退休职工可能通过领取政府提供的社会福利和补贴来增加收入,例如低保、医疗补贴、住房补贴等。综上可知,养老金是大多数城镇退休职工最主要的经济来源。

在农村剩余劳动力转移中,农民工是其重要代表。鉴于数据可得性,本节将农民工作为农村剩余劳动力转移的表征对象,探析农村剩余劳动力转移对城镇离退休人员收入的影响。实现农民工城镇化并享受与城镇居民一样的保险待遇,是发展的趋势。因此,随着农民工市民化的实现,把农民工纳入城市基本养老保险体系势在必行。[①] 由于农民工数量巨大,此举必然会对现有城镇养老保险体系乃至经济运行产生影响。在此情形下要考虑的重要问题包括:城镇原有居民的利益是否受损?农民工是否可以受益?本节通过理论解释和实证分析对此进行探析。[②]

(1)理论数理分析

假设农民工被纳入城镇基本养老保险体系,定居城镇而完全实现市民化,则对于人口结构,本书假设劳动力转移至城镇的时间为 t,在下期 $t+1$ 成为城镇居民,与时间相对应,t 期城镇总劳动力等于城镇原有劳动力

---

① 对于农民工养老保险问题,我国在不断的探索和实践中形成三种观点或模式:一是把农民工纳入城镇基本养老保险体系,实现与城镇职工的制度共享,并建立特殊的缴费和待遇政策;二是把农民工归入新型农村社会养老保险,按户籍归属原则建立养老金账户;三是另起炉灶,建立专门的农民工养老保险制度,进行全国统筹管理。本书是基于第一种模式进行研究。

② 从"五险一金"的制度设计上看,将农民工纳入城镇养老保险对城镇原有居民的影响最大,因而本节主要探析将农民工纳入城镇养老保险后对原有城镇居民的影响。

与本期转入劳动力之和($L_t = L_t^u + L_t^m$)。设 $t+1$ 期城镇劳动力增长率为 n_{t+1},则有 $L_{t+1}^u = (1+n_{t+1})L_t^u$;同期农民工增长率为 m_{t+1},则有 $L_{t+1}^m = (1+m_{t+1})L_t^m$。进一步地,制度赡养比($RS_{t+1}$)是衡量养老保险制度稳定性和财务持续性的基本指标,是指退休人口与劳动力人口的比值,则有:

$$RS_{t+1} = \frac{P_{t+1}^1 + P_{t+1}^2}{W_t} = \frac{\eta_1}{1+\eta_1} \frac{L_{t+1}}{L_t} \frac{\overline{W}_{t+1}}{W_t} + \frac{1+r_{t+1}}{1+\eta_1}\eta_2 \quad (7.9)$$

分析式(7.9)可知,农村劳动力转移至城镇后会影响制度赡养比,将式(7.9)做进一步分解可知,制度赡养比的变动源于城镇劳动力与新转入城镇的农业劳动力增长率两者之差。设 $\Delta_{t+1} = m_{t+1} - n_{t+1}$,可知当 $\Delta_{t+1} > 0$ 时,劳动力转移有利于改善转移劳动力和原有城镇劳动力养老收入;当 $\Delta_{t+1} < 0$ 时,则会对原有城镇劳动力养老收入产生负向影响;$\Delta_{t+1} = 0$ 无差异。就中国目前情况看,在较长的时间内,城镇化仍在推进过程中,存在 $\Delta_{t+1} > 0$ 的第一种情形。因此,把农民工纳入城镇养老保险体系能够有效地改善城镇制度赡养比,有利于维持现有制度的稳定性和财务可持续性,对目前城镇养老保险体系存在的资金缺口有积极意义。然而,从长期来看,随着城镇化目标的实现,农民工迁入进入衰退期,会出现 $\Delta_{t+1} < 0$ 的第二种情形。此时,农民工形成的人口红利消失,城镇制度赡养比将难以持续保持在一个较低的水平,甚至会再次出现回升。

(2)实证分析:制度可持续性和财务平衡性

正如上文理论模型分析,农民工纳入城镇养老保险体系将对养老金制度可持续性和财务平衡性产生影响。对应地,本书做如下两个方面的实证分析:一是分析劳动力转移对以后城镇劳动力养老保险的影响;二是探析敏感性,以检测其稳定性。

①养老保险基金平衡精算模型。不考虑提前退休的可能性,a 岁就业,$a-1$ 岁工资水平为 w_0,平均工资为 $\overline{w}_0$,缴费基数为 Q,工资增长率为 g。b 岁退休,退休时基础养老金和个人账户养老金分别为 P_1 和 P_2,将测算的考察期设定为 k,在 k 年内第 s 年初 t 岁的在职参保者人数为 $l_{t,s}$,第 s 年初 t 岁退休者人数为 $L_{t,s}$。假定第 s 年的基本账户缴费收入为 I_s,第 s 年的养老保险基金支出为 V_s。则第 s 年的养老保险缴费收入 I_s 可表述为:

$$I_s = \eta_1 \sum_{t=a}^{b-1} Q_{S=1}(1+g)^{s-1} l_{t,s} \quad (7.10)$$

则整个目标期间的缴费收入为:

$$I = \sum_{s=1}^{k} I_s (1+r)^{k-s}$$
$$= \eta_1 \sum_{s=1}^{k} (1+r)^{k-s} \Big[\sum_{s=1}^{k} (1+g)^{s-1} \sum_{t=a}^{b-1} Q_{s=1} l_{t,s}\Big] \quad (7.11)$$

进一步可得：
$$V_s = \sum_{t=b}^{w-1} \Big[\frac{\overline{w}_{s=1} + Q_{s=1}}{200}(b-a)(1+g)^{b+s-t-1}(1+\lambda)^{t-b}\Big] L_{t,s} \quad (7.12)$$

由式(7.12)可知整个目标期间的总支出为：
$$V = \sum_{s=1}^{k} V_s (1+r)^{k-s}$$
$$= \sum_{s=1}^{k} (1+r)^{k-s} \sum_{t=b}^{w-1} \Big[\frac{\overline{w}_{s=1} + Q_{s=1}}{200}(b-a)(1+g)^{b+s-t-1}(1+\lambda)^{t-b}\Big] L_{t,s} \quad (7.13)$$

由以上公式可知养老金余额为：
$$M = I - V$$
$$= \sum_{s=1}^{k}(1+r)^{k-s}\Big\{\eta_1\Big[\sum_{s=1}^{k}(1+g)^{s-1}\sum_{t=a}^{b-1}Q_{s=1}l_{t,s}\Big]$$
$$- \sum_{t=b}^{w-1}\Big[\frac{\overline{w}_{s=1}+Q_{s=1}}{200}(b-a)(1+g)^{b+s-t-1}(1+\lambda)^{t-b}\Big]L_{t,s}\Big\} \quad (7.14)$$

$$\Delta M_s = \eta_1 \Big[\sum_{s=1}^{k}(1+g)^{s-1}\sum_{t=a}^{b-1}Q_{s=1}l_{t,s}\Big]$$
$$- \sum_{t=b}^{w-1}\Big[\frac{\overline{w}_{s=1}+Q_{s=1}}{200}(b-a)(1+g)^{b+s-t-1}(1+\lambda)^{t-b}\Big]L_{t,s} \quad (7.15)$$

设定k为20年，以2016年为基年，测算2016—2035年养老保险基金余额，则式(7.10)可简化为：

$$I_s = \eta_1 (1+g)^{s-1} \sum_{j=1}^{3} Q l_{j,s} \quad (7.16)$$

式中，$Q_{j,s}$是第j类在职参保者在基年的缴费基数，$l_{j,s}$是第s年初第j类在职参保者人数，j表示城镇企业职工、个缴人员和农民工这三类制度群体。将考察期内不同年龄的退休人数参考现有保险制度养老数据、年龄结构参考城镇人口年龄统计数据进行设定，并将城镇职工相关系数设置同个缴人员，则以上测算公式可进一步转化为：

$$V_s = \frac{\overline{w_0}}{100} L_s \sum_{t=b}^{\omega-1} [(b-a)(1+g)^{b+s-t-1}(1+\lambda)^{t-b}] H_{t,s} \quad (7.17)$$

其中，L_s 为第 s 年退休数量，$H_{t,s}$ 指基于年龄结构的退休者占比。根据式(7.16)和式(7.17)，简化式(7.15)的养老保险基金余额得：

$$\Delta M_s = \eta_1 (1+g)^{s-1} \sum_{j=1}^{3} Ql_{j,s}$$

$$- \frac{\overline{w_0}}{100} L_s \sum_{t=b}^{\omega-1} [(b-a)(1+g)^{b+s-t-1}(1+\lambda)^{t-b}] H_{t,s} \quad (7.18)$$

进一步地，目标期间养老保险基金余额为：

$$M = \sum_{s=1}^{k} \eta_1 (1+r)^{k-s} \left\{ (1+g)^{s-1} \sum_{j=1}^{3} Ql_{j,s} \right.$$

$$\left. - \frac{\overline{w_0}}{100} L_s \sum_{t=b}^{\omega-1} [(b-a)(1+g)^{b+s-t-1}(1+\lambda)^{t-b}] H_{t,s} \right\} \quad (7.19)$$

②模型参数设置及数据来源，见表7.4。

表 7.4　　　　　　　　　符号含义及解释

符号	含义	赋值	数据测算依据
a	就业年龄	机关23岁、农民工18岁、其他19岁	《中国人口和就业统计年鉴》(2007—2015)、《全国农民工监测调查报告》、《中华人民共和国劳动法》
b	退休年龄	现退：男性60岁、女工人50岁、女干部55岁；延退：65岁	《国务院关于工人退休、退职的暂行办法》(国发〔1978〕104号)；延退措施
ω	预期寿命	105岁	《中国人寿保险业经验生命表(2000—2003)》、邓大松和刘昌平(2005)
η_1	社会统筹账户缴费率	机关、城镇职工与农民工：20%；个缴：20%(其中8%记入个人账户)	按照现行养老金缴纳办法
$\overline{w_0}$	平均工资	在岗职工：63 241元；农民工：40 308元	《中国统计年鉴》(2006—2016)、《全国农民工监测调查报告》(2009—2015)
g	工资增长率	10%	
Q	缴费基数	城镇职工：$Q=\overline{w_0}$；机关：$Q=1.1\overline{w_0}$；个缴：$Q=\overline{w_0}$；农民工：$Q=0.65\overline{w_0}$	国发〔2005〕38号文件、《中国劳动统计年鉴》(2016)
λ	养老金增长率	6%	
r	记账利率	机关：8%；其他：6%	工资增长率水平、银行同期存款利率、财政部和人社部改革
i	折现率	8%	国家发展改革委(2006)的测定

续表

符号	含义	赋值	数据测算依据
$l_{t,s}$	第 s 年初 t 岁在职参保者人数	2016年基年人数和增长率:城镇职工17 556万人/5%;个缴22 347.50万人/4%;农民工16 884万人/0.37%	《中国劳动统计年鉴》(2006—2015)、《中国统计年鉴》(2016)、《全国农民工监测调查报告》(2009—2015)
$L_{t,s}$	第 s 年初 t 岁退休者人数	2016年基年人数8 814.96万人,增长率10%	《中国劳动统计年鉴》(2015)

③实证结果及分析。以2016—2035年为目标期,根据上述模型及赋值,养老保险基金余额测算结果如表7.5所示。

表7.5　　2016—2035年全国养老保险基金收支测算结果　　单位:亿元

年份	基金支出	加入前 缴费收入	加入前 结余	加入前 基金缺口累计额	加入后 缴费收入	加入后 结余	加入后 基金缺口累计额
2016	14 839.94	31 615.15	16 775.20	16 775.20	45 496.04	30 656.10	30 656.10
2017	17 956.33	35 845.30	17 888.97	35 670.68	51 175.36	33 219.03	65 714.49
2018	21 727.16	40 645.26	18 918.10	56 729.02	57 575.78	35 848.61	105 505.97
2019	26 289.87	46 092.28	19 802.41	79 935.17	64 790.34	38 500.47	150 336.80
2020	31 810.74	52 274.15	20 463.41	105 194.68	72 924.29	41 113.55	200 470.55
2021	38 491.00	59 290.64	20 799.65	132 306.01	82 096.66	43 605.66	256 104.45
2022	46 574.10	67 255.18	20 681.07	160 925.45	92 442.14	45 868.04	317 338.75
2023	56 354.67	76 296.66	19 941.99	190 522.96	104 113.14	47 758.47	384 137.55
2024	68 189.15	86 561.63	18 372.49	220 326.83	117 282.16	49 093.01	456 278.82
2025	82 508.87	98 216.71	15 707.85	249 254.29	132 144.46	49 635.59	533 291.14
2026	99 835.73	111 451.33	11 615.60	275 825.14	148 921.13	49 085.40	614 374.01
2027	120 801.23	126 480.88	5 679.65	298 054.29	167 862.53	47 061.30	698 297.75
2028	146 169.49	143 550.32	−2 619.17	313 318.39	189 252.21	43 082.72	783 278.34
2029	176 865.08	162 938.21	−13 926.87	318 190.62	213 411.38	36 546.30	866 821.34
2030	214 006.75	184 961.39	−29 045.36	308 236.70	240 703.96	26 697.21	945 527.83
2031	258 948.17	209 980.24	−48 967.93	277 762.97	271 542.33	12 594.16	1 014 853.66
2032	313 327.28	238 404.69	−74 922.59	219 506.15	306 393.87	−6 933.41	1 068 811.69
2033	379 126.01	270 701.12	−108 424.89	124 251.63	345 788.37	−33 337.65	1 099 602.51
2034	458 742.48	307 400.11	−151 342.37	−19 635.65	390 326.46	−68 416.01	1 097 162.64
2035	555 078.40	349 105.35	−205 973.05	−226 786.84	440 689.21	−114 389.18	1 048 603.22

表7.5表明,将转移劳动力纳入城镇养老保险后,养老金缴费收入会增多、余额会增加,在一定程度上维护了养老制度的可持续性。这说明将

转移劳动力纳入城镇养老保险体系后,不会对原有城镇退休劳动力养老收入产生负向影响,并且对目标期内退休的城镇劳动力养老金收益也具有保障性。从这一视角看,将农村剩余劳动力纳入城镇养老保险制度,在一定程度上为养老制度的改善赢得了较多的时间。具体地,研究发现,从制度可持续性看,在现收现付制度下,农民工纳入城镇基本养老保险体系后,由于劳动力结构优化,制度赡养比下降,有利于实现城镇养老保险制度的长期财务平衡,从而维持制度可持续运行。在本书的测算期内,若农民工不纳入,城镇养老保险的财务累计赤字达 22.678 7 万亿元;而农民工纳入后,养老金将出现盈余,达 104.860 3 万亿元。同时,农民工纳入后,城镇养老金对诸多影响因素的敏感性降低,即城镇养老金体系能更好地抵御诸多因素的冲击,稳定性增强。总的来看,农民工纳入城镇基本养老保险体系,在宏观上有利于城镇养老保险制度的稳定性和可持续性。

就中国现实背景看,一方面,自 20 世纪 90 年代中国实行基本养老保险制度改革以来,我国城镇基本养老保险存在严重的"空账"、历史欠账以及转型的巨大成本;另一方面,计划生育政策的实施使得城镇人口老龄化日益严重。如果基本养老保险制度仍维持原有的参保人口规模,制度赡养比将不断提高,养老支付压力将越来越大。在此背景下,若把农民工纳入城镇养老保险体系,通过扩大参保范围,降低制度赡养比,既有利于解决社会统筹养老金亏空的局面,也为降低缴费率留下余地。[①]

上述分析了农村劳动力转移就业对城镇养老金的影响,以下分析农村劳动力转移对储蓄、家庭支持、兼职工作和社会福利等方面的影响。一是对个人储蓄和投资收益的影响。农村劳动力转移到城市就业推动了城市基础设施建设和房地产市场的发展。城市人口增加,对住房、交通、教育等基础设施的需求也在增加,城市基础设施建设和房地产市场将迎来更多的投资机会,为城镇个人投资者带来更多的回报。随着农民工在城市就业和生活,他们的消费需求也会增加,促进了城市消费市场的发展。这为城镇个人投资者提供了更多的投资机会,例如投资零售行业、餐饮业等,从而获得更高的回报。二是对家庭支持的影响。农村劳动力转移至城镇就业主要从事建筑业和服务业相关工作,这会使得城镇青年人生活更加便利,有利于提升城镇青年人的工作效率和收入水平,因为这在一定

[①] 目前,我国基本养老保险制度的高缴费率已造成企业缴费负荷过重,对企业补充养老保险制度的挤出效应加剧。那么,在保证养老金替代率基本保持不变的基础上,通过改变制度赡养比是缓解企业缴费压力的有效方式之一。

程度上保障了家庭支持的水平。农村劳动力转移到城镇就业也促进了城市文化和社会环境的多样化。城镇的文化氛围更加丰富多彩,社会交流和互动更加频繁。这为城镇青年人提供了更广阔的发展空间,有利于他们拓展人际关系、开拓视野,促进个人成长和发展。三是对兼职工作的影响。随着农村劳动力转移至城镇就业,城镇的劳动力市场供需关系发生变化,可能会对城镇退休职工的收入产生一定的影响。一方面,劳动力转移带动了城镇经济的发展,有助于增加其收入来源。具体表现为农村劳动力转移至城镇就业促进了服务业的繁荣,随着城市化的加速,服务业成为城镇经济的重要组成部分,需要大量的兼职工作人员来满足市场需求。因此,农村劳动力转移至城镇就业为城镇居民提供了更多的兼职工作机会,增加了他们的收入来源。随着城市经济的发展,市场对于各类专业技能的需求也在不断增加,城镇居民可以通过兼职工作来提升自己的专业技能和经验,增加就业机会和竞争力,从而保障兼职工作收入。另一方面,劳动力转移增加了城镇的劳动力资源,可能导致城镇就业市场竞争加剧,城镇退休职工再就业或兼职的机会可能会受到一定程度的影响,从而影响其收入水平。四是对社会福利和补贴的影响。农村劳动力转移至城镇就业增加了城镇的劳动力资源,促进了城市经济的发展。随着城市化进程的加快,城镇居民的生活水平和社会福利待遇也有望提高。一方面,城镇居民可以享受到更完善的社会保障体系,包括医疗保险、养老保险、失业保险等,提高了社会福利水平;另一方面,农村劳动力转移至城镇就业也为城镇居民提供了更多的就业机会和收入来源,有助于提高生活质量和福利水平。然而,农村劳动力转移至城镇就业也可能带来一些社会问题,例如城乡差距扩大、社会不平等。一些农民工可能面临城市生活成本高昂、社会融入困难等问题,需要更多的社会支持和政策保障。因此,政府和社会各界需要关注农村劳动力转移至城镇就业过程中的社会公平和公正问题,建立健全社会保障体系和补贴政策,促进城乡居民之间的平衡发展。

综上可知,农村劳动力转移至城镇就业对城镇退休职工收入具有正向促进作用。其主要原因是,农村劳动力转入城镇就业促进了城镇经济繁荣,进而带动了城镇退休职工的收入水平。但同时也应注意到农村劳动力转移所可能带来的社会性问题,从而使得城乡之间、转移劳动力与城镇职工之间融合发展。

7.3 农村剩余劳动力转移对城乡收入差距的影响

劳动力转移除对农村劳动力和城镇劳动力收入水平具有影响外,对缩小城乡收入差距也有影响。关于农村剩余劳动力转移对城乡收入差距的影响,现有经济学研究并未得出一致结论。通过梳理现有研究,可将结论归纳为以下三点:一是劳动力转移对缩小城乡收入差距具有正向效应。劳动力从农业部门转移到非农部门提升了自身生产率,从一般逻辑出发,结合上文实证结论可知,农村剩余劳动力流动最直观的一个现象是,提升了流动劳动力的工资收入水平。这些工资大多不在就业地进行消费,而是被带回至劳动力流出地,作为乡村家庭收入的一部分被支配。因此,劳动力流动提升了乡村居民家庭进而乡村平均收入水平,故农村劳动力流动在一定程度上缩小了城乡收入差距。二是劳动力转移对收入差距的变动趋势没有影响。因为农村剩余劳动力在就业转移后,会选择改变自身户籍身份,由农转非,所以从统计口径出发,这类群体不再统计为乡村收入,对城乡收入差距没有影响。三是劳动力转移对城乡收入差距的影响需要视具体情况而定,不同情况会产生不同结果。

7.3.1 文献观点梳理

张志新(2018)将山东省 17 个地级市作为研究对象,探析了 2006—2015 年农村劳动力流动对城乡收入差距的影响。结论表明,无论是劳动力转入地还是劳动力转出地,农村劳动力流动均显著缩小了城乡收入差距,相比之下,流出地的城乡收入差距缩小程度更为明显。严浩坤和徐朝晖(2008)基于经济学理论可知,在市场机制的作用下,劳动力就业总是从低边际生产率部门到高边际生产率部门,这有利于劳动力资源优化配置并缩小地区间人均 GDP 差距,因此,较多发展经济学理论将劳动力流动视为地区差距收敛的一种重要机制。但自 20 世纪 90 年代以来,中国出现劳动力流动规模扩大和城乡收入差距扩大并存的现象,现有研究将这一"相悖"现象归结于制度性障碍,如户籍制度。本书也表明,户籍制度是劳动力流动的制度约束,尽管流动方式各异,但处于转型期的中国,劳动力流动在一定程度上扩大了地区经济差距。张义博和刘文忻(2012)纳入人口流动因素和财政因素综合分析了城乡收入差距成因,研究结果表明,城市化进程和农村劳动力流入城镇工作对城乡收入差距影响不显著,政府对经济参与度和国有单位就业比重增加对收入差距形成具有促进作用。许召元和李善同(2009)在新经济地理学的框架下通过数值模拟发现,劳动力流动的拥挤成本、资本的外部性以及城乡居民的技能差别都会影响收入差距。

7.3.2 特征分析

根据上述现有研究分析,本书基于城镇居民收入、农村居民收入、劳动力转移量和城乡收入差距做特征分析,以期初步感知劳动力转移规模与城乡收入差距变动趋势。首先对比城镇与农村人均收入水平,见图7.6。

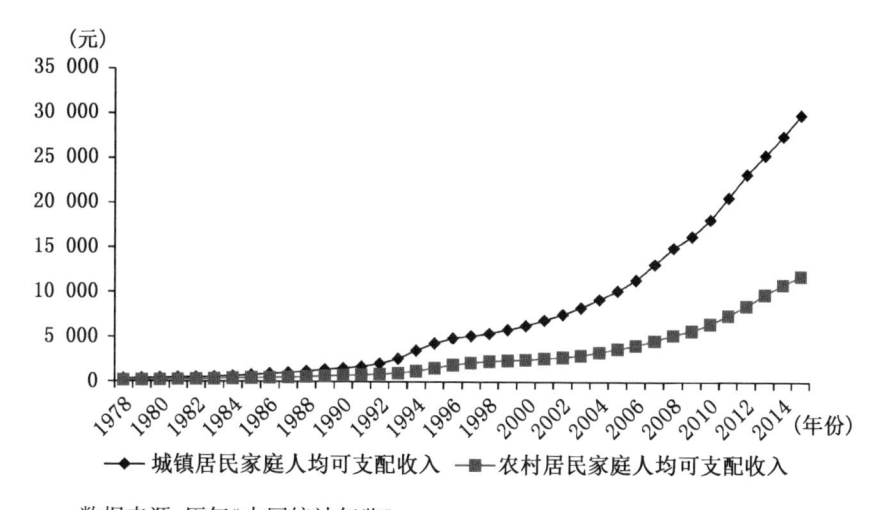

数据来源:历年《中国统计年鉴》。

图7.6 城镇与农村居民家庭人均可支配收入

由图7.6可知,1978—2015年,城镇与农村居民家庭人均可支配收入水平均呈上升趋势。具体地:(1)从增长幅度看,1978年城镇居民家庭人均可支配收入为345.09元,2015年为29 900.26元,增长29 555.17元;同期农村居民家庭人均可支配收入由139.30元增至11 876.80元,增长11 737.50元。由此可知,1978—2015年城镇与农村居民家庭人均可支配收入均在增长,且翻倍速度基本持平,但由于初始期农村居民家庭人均可支配收入水平低于城镇,故农村居民家庭人均可支配收入水平增幅低于城镇。(2)从增长趋势上看,可将1978—2015年依据增速划分为三个时期,分别为1978—1992年低速增长期、1993—2002年加速增长期、2003—2015年高速增长期。1978—1992年城镇居民家庭人均可支配收入由345.09元增至2 035.39元,增长1 690.30元;1993—2002年由2 582.74元增至7 546.11元,增长4 963.37元;2003—2015年由8 293.13元增至29 900.26元,增长21 607.13元。三期增长值对比,分别增长1.94倍、3.35倍。同期农村居民家庭人均可支配收入分别增长704.85元、1 083.43元、8 903.32元,依次增长1.56倍、3.94倍。(3)从增长差距上看,城镇与农村居民家庭人均可支配收入差值在不断增大。城镇居民家庭人均可支配收入平均增速12.98%,农村居民家庭人均可支配收入平均增速12.90%,城镇增速略高于农村。1978—1992年、1993—2002年、2003—2015年两者差值平均分别为475.83元、3 202.79元、11 057.28元,依次增长5.73倍、2.45倍。由此可知,两者差值随时间在持续扩大。

基于前述城镇与农村居民人均收入时间变化趋势,将城镇与农村居民家庭人均可支配收入做差,记为城乡收入差距,见图7.7。由图7.7可知,农民工总量和城乡收入差距均呈波动上升态势。进一步地,通过测算农民工人均城乡收入差距,分析农民工总量变动与城乡收入差距变动的关联趋势。由此可知,农民工人均城乡收入差距随时间不断增长,由1978年的0.094 2元/万人增至2015年的0.649 6元/万人,增长5.90倍。即农民工总量在随时间增长的同时,城乡收入差距也在进一步扩大。

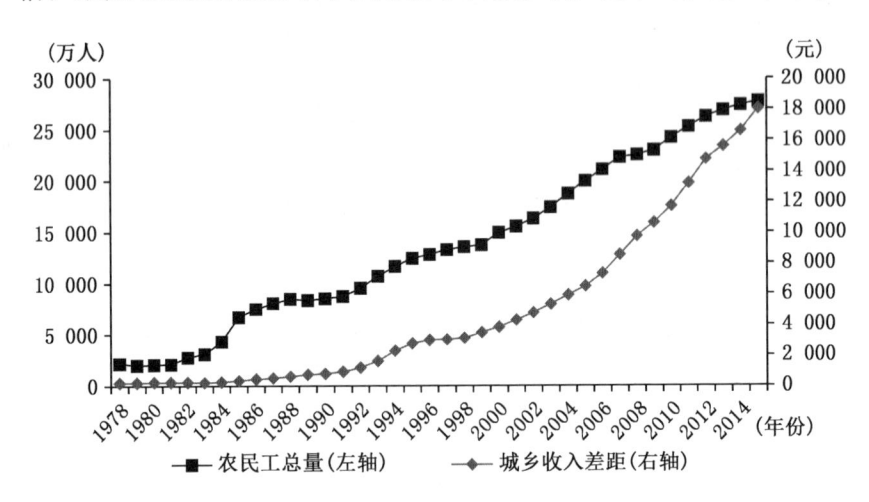

数据来源:城乡收入差距数据来自历年《中国统计年鉴》,农民工数据同上。

图7.7 劳动力转移量与城乡收入差距

进一步地,在农民工规模与城乡收入差距均上升的背景下,两者时间趋势并不相同。农民工总量时间趋势表现为:在改革开放之初增长缓慢,市场化改革后规模量开始快速增长,至 2010 年后增速开始放缓。城乡收入差距时间趋势表现为:在改革开放初期呈缓慢增长趋势,市场化改革后开始快速增长,与农民工总量变化不同的是,2010 年后城乡收入差距增速并没有明显减缓,而是继续呈上升态势。

进一步将 31 省区划分为东部、中部、西部和东北四个地区,分别查看各地城乡收入差距水平及其时间变化趋势。四个地区中,东部地区包含北京、天津、河北、上海、江苏、浙江、福建、山东和广东 9 省区;中部地区包含山西、安徽、江西、河南、湖北、湖南和海南 7 省区;西部地区包含内蒙古、广西、重庆、四川、贵州、云南、西藏、陕西、甘肃、青海、宁夏和新疆 12 省区;东北地区包含辽宁、吉林和黑龙江 3 省区。具体见图 7.8。

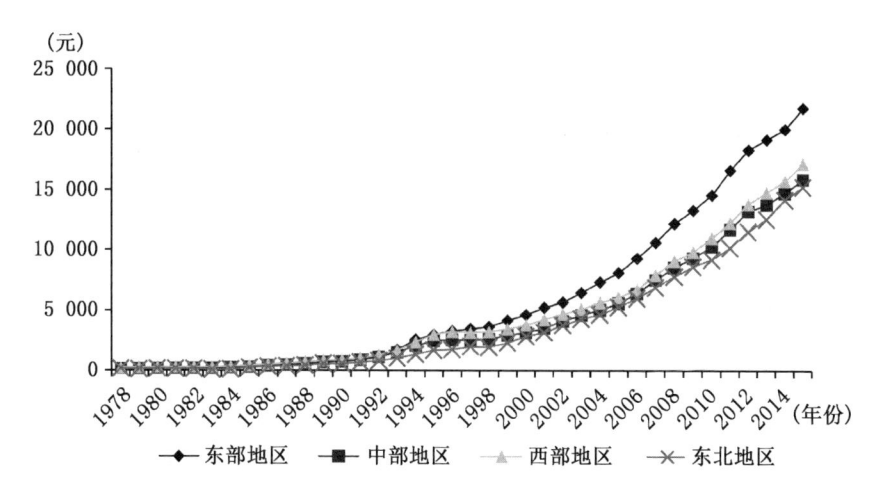

数据来源:历年《中国统计年鉴》。

图 7.8 四个地区城乡收入差距

由图 7.8 可知,四个地区城乡收入差距变动趋势与全国整体城乡收入差距变动趋势一致,均呈现出上升趋势。从四个地区城乡收入差距水平看,东部地区城乡收入差距最大,中部、西部、东北地区城乡收入差距低于东部地区且三地差距水平差异不大。具体地,1978—2015 年东部地区平均差距 5 834.13 元;西部地区次之,平均差距 4 643.68 元;中部地区第三,为 4 234.37 元;东北地区差距最小,为 3 781.36 元。从四地城乡收入差距趋势上看,1978—1992 年四地城乡收入差距水平较一致;1992 年后四地差异开始扩大,且在 1993—2002 年四地差异保持平稳的变动趋势;2003 年后城乡收入差距进一步上升,至 2015 年四地差距水平呈现出明显的离散趋势。

在获知四地城乡收入差距水平及其时间趋势后,进一步探析四地劳动力转移前后所含劳动力数量变动趋势,并在此基础上结合四地城乡收入差距水平,得出各地劳动力转移量与城乡收入差距的特征关系,见图7.9。

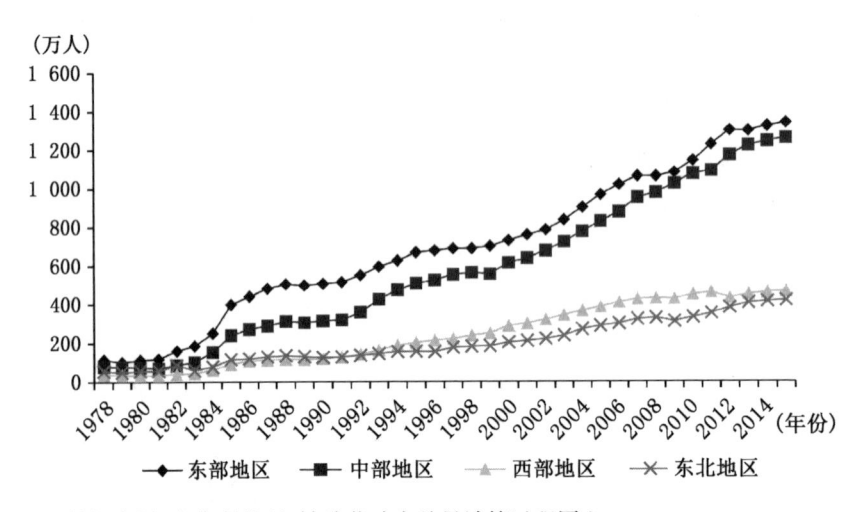

数据来源:由作者整理,转移劳动力总量计算过程同上。

图 7.9　四个地区转移前乡村流动劳动力数量

由图 7.9 可知,1978—2015 年各地区劳动力转移量均呈上升趋势,其中东部和中部地区上升趋势较大,西部和东北地区上升趋势相对较小。劳动力转移前,东部和中部地区劳动力转移量最多,1978—2015 年均值分别为 694.51 万人、573.23 万人;西部和东北地区劳动力转移量相对较少,均值分别为 239.90 万人、200.11 万人。劳动力转移后各地区乡村劳动力转移量由第 3 章特征分析可归纳为:东部地区容纳乡村流动劳动力数量最多,中部地区次之,西部和东北地区第三。

对比图 7.8 和图 7.9 可知,各地城乡收入差距和转移前劳动力数量表现为成正比趋势:东部地区城乡收入差距和转移前乡村流动劳动力数量在四地中均占据首位,中部和西部地区次之,东北地区最低。即最多的劳动力转出量和最大的城乡收入差距、最少的劳动力转出量和最小的城乡收入差距均集中在同一地区,那么,劳动力转移与城乡收入差距,进一步地,城乡收入差距与劳动力转移前后呈何种关系,本书将通过实证分析进行检验。

7.3.3 实证分析

结合第 2 章文献分析与第 3 章特征分析,在做实证分析时,除主要因变量和解释变量外,再加入 6 个控制变量,以便更准确地探析劳动力转移与城乡收入差距的关联关系。各指标衡量方式、测算过程及单位如下:因变量是城乡收入差距(gap)(元),为城镇居民家庭人均可支配收入与农村居民家庭人均可支配收入差值。核心解释变量是各省区劳动力转移前后所含转移劳动力数量(before、after)(万人),转移前和转移后 31 省区所含农民工数量数据由上文整理所得。控制变量包含 6 个,分别为:资本投资(k)(亿元),以 1978 年为基期,使用盘存方法计算得出 1978－2015 年盘存投资数量;非农产业比(non)(%),第二、三产业当年增加值比国内生产总值乘以 100%;城镇化率(city)(%),城镇人口比总人口乘以 100%;耕地面积(land)(千公顷),年末实有耕地面积与果园、茶园面积之和;受教育年限(edu)(年),(小学×6 年＋初中×9 年＋高中×12 年＋大专及以上×16 年)/6 岁以上总人口;对外开放度(open)(%),进出口贸易总额比国内生产总值乘以 100%。

首先,不加入任何控制变量,将转移前劳动力数量与因变量进行拟合并做豪斯曼检验,判定模型是应使用固定效应还是随机效应,结果见表 7.6。由此可知,无论是固定效应还是随机效应,转移前农民工数量对城乡收入差距具有正向影响效应,估计系数分别为 1.570 8 和 0.851 3,均强烈显著,表明转移前各省劳动力转移量对城乡收入差距具有扩大作用。豪斯曼检验结果表明,固定效应估计要优于随机效应,因此,以下拟合均基于固定效应完成。

表 7.6 拟合模型选择

自变量	gap(因变量)	
	固定效应	随机效应
before	1.570 8***	0.851 3***
	(0.025 7)	(0.029 8)
_cons	－0.700 9***	3.099 8***
	(0.137 5)	(0.166 7)
Hausman	Prob>chi2=0.000 0	

注:*、**、***分别表示在 10%、5%、1%水平下显著。

其次,加入控制变量做拟合。由于此时存在多个解释变量,因此需检验共线性问题,结果见表 7.7。可知各变量 VIF 值均低于 10,均值为 5.12,不存在共线性问题,可将指标进行拟合分析。

表 7.7   共线性分析

变量	VIF	1/VIF
k	9.98	0.100 204
city	6.39	0.156 802
edu	6.19	0.161 554
before	4.67	0.214 312
non	3.68	0.271 760
land	2.51	0.398 586
open	2.42	0.412 453
Mean VIF	5.12	

基于上述特征统计,在整体指标拟合基础上,一是将指标划分成 1978—1992 年、1993—2002 年、2003—2015 年三个时间段,分别做拟合,探析各时间段劳动力转移对城乡收入差距影响的变动趋势;二是将 31 省区划分为东部、中部、西部、东北四个地区,探析各地区劳动力转移情况对城乡收入差距的影响。各地区所含省区同上。转移前各时间段拟合结果见表 7.8。

表 7.8   劳动力转移前各时间段拟合结果

自变量	1978—2015 年	1978—1992 年	1993—2002 年	2003—2015 年
before	0.1821*** (0.0324)	−0.0323 (0.0453)	0.2278** (0.0897)	0.0991*** (0.0214)
non	0.727 6*** (0.178 5)	2.530 5*** (0.261 5)	−0.940 0*** (0.314 4)	−0.050 3 (0.108 9)
city	−0.000 6 (0.088 3)	0.531 5** (0.147 4)	−0.252 2** (0.096 9)	0.227 0* (0.112 5)
land	−0.582 3*** (0.089 2)	0.672 3 (0.572 9)	−0.164 1 (0.099 0)	−0.237 9*** (0.052 4)
k	0.455 2*** (0.039 1)	0.388 0*** (0.067 3)	0.892 0*** (0.067 5)	0.528 3*** (0.026 1)
edu	6.491 5*** (0.491 8)	9.544 6*** (1.424 6)	0.756 9 (0.562 3)	0.601 0** (0.275 8)

续表

自变量	1978—2015 年	1978—1992 年	1993—2002 年	2003—2015 年
open	0.165 7*** (0.023 8)	−0.114 9*** (0.036 3)	0.132 8*** (0.032 9)	−0.074 3*** (0.019 7)
_cons	−9.078 4*** (1.381 8)	−32.624 5*** (5.435 0)	5.242 6*** (1.703 5)	4.408 4*** (0.884 4)

注:*、**、***分别表示在10%、5%、1%水平下显著。

由表7.8可知,1978—2015年,转移前各省转移劳动力数量对城乡收入差距具有正向贡献,系数为0.182 1,低于表7.6中的1.570 8,表明加入控制变量后,转移劳动力对城乡收入差距的影响系数更符合实际。对比三个时间段拟合结果,可知省际劳动力转移前,转移劳动力对城乡收入差距具有缩小作用;随着发展到1993—2002年时,转移劳动力拉大了城乡收入差距,作用力为0.227 8;至2003—2015年,拉大城乡收入差距的作用力减小,降至0.099 1。三个时间段作用力呈现出倒U形。

从各地区看,转移前各地劳动力转移量与城乡收入差距存在不同的作用力,见表7.9。具体来说:转移前劳动力转移量对东部地区城乡收入差距具有缩小作用,系数为−0.070 4;在中部、西部和东北地区具有扩大作用,其中对东北地区城乡收入差距扩大作用最大,系数为0.279 4,对中部和西部地区作用力水平相当,分别是0.207 8和0.193 1。控制变量在四个地区拟合结果从整体上看,大多较显著。即加入控制变量使得劳动力转移对城乡收入差距的作用更符合实际。

表7.9　　　　　　　劳动力转移前四个地区拟合结果

自变量	东部地区	中部地区	西部地区	东北地区
before	−0.070 4 (0.075 9)	0.207 8*** (0.065 0)	0.193 1*** (0.036 7)	0.279 4* (0.145 7)
non	3.070 9*** (0.583 9)	2.109 2*** (0.324 5)	0.977 3*** (0.213 1)	2.175 4*** (0.425 1)
city	−0.576 5** (0.224 8)	0.694 1*** (0.206 5)	0.415 0*** (0.102 2)	−0.841 6 (0.628 6)
land	−2.114 8*** (0.236 5)	−0.436 8* (0.244 9)	0.190 1* (0.099 0)	−1.145 8*** (0.395 4)
k	0.665 6*** (0.101 1)	0.259 3*** (0.069 8)	0.435 1*** (0.042 6)	0.306 2** (0.153 1)

续表

自变量	东部地区	中部地区	西部地区	东北地区
edu	5.767 1*** (1.045 6)	3.379 5*** (0.968 8)	1.583 0** (0.619 2)	15.201 3*** (2.014 1)
open	0.091 6** (0.043 7)	0.172 7*** (0.053 8)	0.265 8*** (0.030 5)	−0.548 0 (0.060 2)
_cons	−5.205 4 (3.187 1)	−10.648 9*** (2.541 3)	−6.595 1*** (1.574 0)	−25.140 3*** (6.011 1)

注：*、**、*** 分别表示在10%、5%、1%水平下显著。

对比转移前拟合结果，本书进一步将转移后各省劳动力转移量和城乡收入差距做拟合，结果见表7.10和表7.11。由此可知，转移后各省所含转移劳动力数量对城乡收入差距具有拉大作用，但作用力较小，为0.033 1。从三个时间段看，表7.10与表7.8结论趋势相似，亦呈倒U形，影响系数分别为−0.665 0、2.849 2、1.255 0。即在劳动力转移初期，劳动力转移对缩小城乡收入差距具有一定的作用；但随着时间发展，劳动力转移对城乡收入差距影响变为正向效应，具有促进作用；到2003—2015年，这种促进作用具有弱化的趋势。

表7.10　　　　　　　　　　劳动力转移后各时间段拟合结果

自变量	1978—2015年	1978—1992年	1993—2002年	2003—2015年
after	0.033 1 (0.319 4)	−0.665 0* (0.035 8)	2.849 2*** (0.185 7)	1.255 0*** (0.098 9)
non	0.994 5*** (0.175 3)	2.547 0*** (0.259 5)	−0.573 7** (0.217 9)	−0.160 1* (0.093 6)
city	0.028 5 (0.091 3)	0.506 4*** (0.145 3)	−0.215 0** (0.071 8)	0.113 9 (0.096 8)
land	−0.592 9*** (0.094 2)	0.618 7 (0.571 8)	−0.303 8*** (0.072 7)	−0.152 5*** (0.045 5)
k	0.503 2*** (0.039 4)	0.423 8*** (0.069 2)	0.073 8 (0.073 6)	0.288 8*** (0.029 5)
edu	6.292 2*** (0.497 1)	9.362 4*** (0.036 1)	−0.845 7** (0.423 9)	0.477 8** (0.234 2)
open	0.204 7*** (0.023 5)	−0.116 7*** (0.036 1)	0.097 5*** (0.024 0)	−0.102 7*** (0.017 1)

续表

自变量	1978—2015年	1978—1992年	1993—2002年	2003—2015年
_cons	−9.458 9*** (1.436 4)	−31.839 7*** (5.404 4)	−0.834 8 (1.305 0)	0.064 4 (0.836 4)

注：*、**、***分别表示在10%、5%、1%水平下显著。

从四个地区看，劳动力转移后各省所含劳动力转移量对城乡收入差距作用在东部和中部地区呈正向拉大效应，分别为0.477 0、0.044 3，对东部地区的正向效应最明显；对西部和东北地区城乡收入差距具有缩小作用，且两地缩小作用力相当，分别为−0.141 1和−0.183 3。

表7.11　　　　　　　劳动力转移后四个地区拟合结果

自变量	东部地区	中部地区	西部地区	东北地区
after	0.477 0*** (0.072 7)	0.044 3 (0.083 2)	−0.141 1*** (0.043 3)	−0.183 3*** (0.067 0)
non	2.139 2*** (0.541 3)	2.391 0*** (0.318 9)	1.253 2*** (0.209 5)	2.230 3*** (0.409 9)
city	−0.390 2* (0.203 9)	0.655 8*** (0.216 0)	0.694 7*** (0.102 2)	−1.070 0* (0.605 1)
land	−1.698 1*** (0.231 6)	−0.630 4** (0.244 7)	0.043 9 (0.099 0)	−1.416 6*** (0.396 0)
k	0.353 6*** (0.094 3)	0.295 2*** (0.071 1)	0.509 8*** (0.043 5)	0.482 1*** (0.155 1)
edu	6.879 0*** (0.974 8)	3.847 6*** (0.976 2)	1.096 3* (0.628 2)	16.036 9*** (1.806 2)
open	−0.065 3 (0.044 9)	0.233 2*** (0.055 1)	0.327 4*** (0.029 7)	−0.059 3 (0.058 1)
_cons	−7.835 5* (3.026 5)	−10.550 9*** (2.634 3)	−5.576 9*** (1.619 2)	−22.815 0*** (6.029 8)

注：*、**、***分别表示在10%、5%、1%水平下显著。

对比劳动力转移前和转移后各时间段拟合结果，从整体来看，劳动力转移对城乡收入差距具有正向拉大作用；分时间段看，劳动力转移对城乡收入差距作用由缩小转为扩大。对比劳动力转移前后对城乡收入差距的影响效应力度，劳动力转移前对城乡收入差距正向影响效应大于劳动力转移后影响效应。由此可知，劳动力转移对城乡收入差距扩大具有正向效应，但劳动力转移就业使这种差距拉大效应得以缩小。

对比劳动力转移前和转移后四个地区拟合结果,可知劳动力转移前后对各地城乡收入差距影响基本呈相反态势。具体来看:转移前劳动力转移量对东部地区城乡收入差距具有负向影响,对中部、西部和东北地区具有正向影响;转移后对东部和中部地区具有正向影响,对西部和东北地区具有负向影响。结合劳动力省际流动特征,劳动力转移可弱化劳动力转出地的城乡收入差距。

综上分析可知,农村劳动力转移指的是农村人口到城市或其他地区就业工作,从而实现收入增加和生活水平提高的过程。这种转移不仅对个人家庭有着重要的影响,也对整个农村社会和经济有着深远的影响。首先,农村劳动力转移可以增加家庭收入。在城市或其他地区工作的农村劳动力通常能够获得比在农村更高的工资收入,从而带回更多的钱财支持家庭生活。这不仅可以改善家庭的经济状况,也可以提升家庭的消费水平,提高生活质量。同时,对于城镇居民家庭,农村劳动力转至城镇就业能够使得城镇在职职工生活更加便利、工作更加高效,也保障了退休职工的收入水平。其次,农村劳动力转移可以促进农村经济发展。转移后带回的工资收入可以用于农村投资兴业,促进农村经济的发展,刺激农村市场的活跃,增加就业机会,提高农民的收入水平。最后,农村劳动力转移可以促进城乡经济一体化。通过农村劳动力转移,城市与农村之间的经济联系更加紧密,城乡资源得到有效整合和利用,促进城乡经济的协调发展,推动城市化和农业现代化进程。

综上所述,农村劳动力转移的收入效应是多方面的,可以带来家庭收入增加、生活水平提高、农村经济发展、城乡经济一体化等多重积极影响。因此,鼓励和引导农村劳动力转移,对于促进农村经济发展和城乡一体化具有重要意义。

7.4 本章小结

格兰杰检验结果表明,农村剩余劳动力转移是农村居民收入增加的格兰杰因。进一步地,无论是农村剩余劳动力转移前(后)还是在此基础上加入控制变量,与收入的拟合结果均表明,农村剩余劳动力转出对提升收入水平具有正向促进作用。农村剩余劳动力转移提升收入水平的机理为:两部门边际产出存在差异,非农部门高于农业部门,农村剩余劳动力由农业部门转移至非农部门就业使得自身生产效率提升,产出增多,工资性收入增加。劳动力转移通过提升自身工资性收入水平进而改善收入总体水平。由此可知,农村剩余劳动力转移至非农部门就业对农村居民收入水平提升具有正向促进作用,是实现农村居民收入水平提升的有效途径。伴随着农村剩余劳动力转移,1978—2015年城镇登记失业率呈下降趋势,城镇单位从业人员平均工资呈上升趋势。劳动力转移与失业率无明显正相关关系,即农村剩余劳动力转移至非农部门就业并未对原有城镇劳动力就业产生挤出效应。农村剩余劳动力个体特征决定了其在转移至非农部门后从事的工种,且从事的工种并不是城镇居民主要工种。进一步地,转移劳动力所从事的建筑业、服务业及零售业,均是在为城镇居民生产生活服务,在一定程度上使得城镇居民生活更加舒适、便利。从此视角看,农村剩余劳动力转移至非农部门有利于城镇劳动力提升自身劳动生产效率,故城镇居民平均工资并没有因农村剩余劳动力转入城镇就业而降低。劳动力转移与城乡收入差距均呈上升趋势,城乡收入差距上升幅度大于劳动力转移量上升幅度,表现出"随农村剩余劳动力转出,城乡收入差距在扩大"的现象。但实证结论表明,劳动力转移在一定程度上弱化了城乡收入差距扩大的趋势。

第8章 主要结论、政策建议与研究展望

本书通过对农村剩余劳动力转移相关文献的归纳整理,在劳动力转移时空特征基础上,从"内在机制与理论模型推导"和"经济效应实证分析"两部分探析农村剩余劳动力转移经济效应。首先,在"内在机制"部分阐述农村剩余劳动力转移与经济增长相关关系,并在此基础上探析劳动力转移拉动经济增长路径;其次,在"理论模型推导"部分通过图示和数理推导劳动力转移经济效应;最后,从宏观、中观和微观视角,基于实证与规范分析法测算了农村剩余劳动力转移经济效应对社会总产出贡献、对农业部门产出影响和对城乡居民收入影响。

8.1 主要结论

经归纳整理,本书将研究结论归纳为以下四点:

(1)中国农村剩余劳动力转移量依时间呈上升趋势,劳动力省际转移具有"复杂网络"特征。①从地理位置上看,转入转出主要集聚在"胡焕庸线"以东地区,线西为稀疏区。劳动力转入地主要集聚在珠三角、长三角和环渤海经济圈的北京。农村劳动力省际转移表现出"近水楼台先得月"的就近转移特征,即珠三角吸纳的劳动力主要来自沿长江和长江以南省区,长三角吸纳的劳动力主要来自沿长江、黄河及两者之间省区。该结果虽然与早期的"孔雀东南飞"现象相一致,但可更精确地表述为"一江春水向东流",且"门前流水尚能西"。②从经济发展水平上看,农村剩余劳动力省际转移具有"门当户对"的梯度性渐次、就近转移特征,即经济欠发达省份的劳动力转入经济中等发达省份,经济中等发达省份的劳动力转入经济发达省份,而经济欠发达省份的劳动力跳跃"阶梯"或"桥梁"直接转入经济发达省份的比例并不大。具体路径:第一是剩余劳动力"净转入块",主要由北京、天津、上海和广东等发达省区组成;第二是"桥梁块",表现为自身吸纳其他模块劳动力流入,但又向第一模块输出劳动力,主要由

山东、河北、江苏、浙江和山西等经济较活跃省区组成;第三是"双向转出块",表现为向第一和第二模块输出劳动力,模块内部成员之间相互转入、转出劳动力,但较少吸收其他模块劳动力转入,由黑龙江、吉林、甘肃、广西等东北和西部经济较活跃省区组成;第四是"净转出块",由中部省区和西部省区中的四川省组成,表现为主要向其他模块输出劳动力,较少吸收其他模块劳动力转入。③形成以上农村剩余劳动力转移时空特征的影响因素是十分复杂的,其中经济因素影响最为显著。经济规模对劳动力转移影响力呈倒 U 形,产业结构、对外开放度和受教育程度与劳动力转移正相关,特别是对外开放度和产业结构,对劳动力省际转移量和转移方向具有"指示灯"式的引导性。人口规模和耕地面积与转移量显著负相关,是劳动力转出的重要推力。总结来看,农村劳动力省际转移是源地"推力"和汇地"拉力"综合作用的结果,其中汇地"拉力"对劳动力转移起主要作用。

(2)从宏观视角来看,劳动力是促进中国经济增长的重要生产要素。①劳动力对社会总产出的贡献率总计达 31.46%,表明充分利用中国在劳动力禀赋上的比较优势,依旧是中国经济发展的重要战略。劳动力对农业部门和非农部门的产出贡献率分别为 31.47% 和 30.73%,表明农业对劳动力的依赖性更强。在规模经营没有实现的情况下,基于家庭经营的小农经济依旧是中国农业的基本模式,其对劳动力的依赖性较强。②转移劳动力对非农部门产出贡献率和社会总产出贡献率分别为 11.64% 和 10.21%,劳动力转移使自身生产率是原来的 4.4887 倍,对经济增长的贡献率为 7.93%。其中,贡献率主要来源于线东地区(11.74%);转入地农民工对经济增长贡献率最大(16.11%),平衡地次之,转出地最低。该结论表明,自改革开放以来,中国农村剩余劳动力转移对中国经济增长做出了重要贡献。一方面,市场化的推进促进了城乡劳动力资源的优化配置,农民工在非农产业生产效率的提高促进了中国经济增长;另一方面,转移劳动力主要从事"脏而重"的工种,且与市民存在"同工不同酬"现象(程名望等,2016),中国经济增长渗透了他们的汗水。③劳动力转移对中国经济增长贡献的机理,实质上是劳动力资源在产业之间和城乡之间的优化配置。一方面,由于产业效率差异带来产出差额从而对经济增长做出贡献,即增长效应;另一方面,由于聚集效应和"干中学"等学习效应导致劳动力素质和技能提升,带来劳动者生产效率提升从而对经济增长做出贡献,即效率效应。转移劳动力选择到非农部门就业的根本原因是非农部门生产率高于农业部门,只要两部门的生产率差异存在,农民工选择在非农部门就业的动力就存在。目前,中国非农部门生产率依旧大于农业部门,故非农部门对农民工的"吸力"仍然存在。2015年全国总就业人口为 77 451 万人,第一产业就业人员为 21 919 万人,占比 28.30%。相比发达国家,以美国为例,2015 年农业就业人员占比 1.78%;相比亚洲其他高水平发展国家,以韩国为例,2015 年农业从业人员占比 5.23%。比较可见,我国第一产业就业占比依旧较高,劳动力存在继续转移的空间。

(3)从中观视角来看,伴随着农村剩余劳动力转出增加,农业产出及农业劳动力生产率均呈上升趋势,表明劳动力转移并未对农业产出或农业生产效率产生负向影响。①从短期看,农业生产效率与剩余劳动力转出互为因果,生产效率提升与劳动力转出同时呈上升趋势;从长期看,剩余劳动力转出是农业生产效率提升之因。在短期,农村劳动力转出使人均产出增加,且随着机械化作业的实施,农业生产效率得到提升,进一步地,农业生产效率的提升又促进了农村劳动力转出,故两者在短期表现为双向格兰杰因果关系。在长期,农村剩余劳动力向城镇、非农产业转移有助于城镇劳动力提升其生产效率,制造业发展、农业机械生产等均会提升农业部门的生产效率。因此从长期看,农村剩余劳动力转出是农业生产效率提升的格兰杰因。②从全国视角看,1978—2015 年农业劳动力与农业产出的耦合关系为集约型,农业劳动力数量随时间发展而递减,农业产出在增长,表明农业劳动力对农业产出具有正向促进作用,农业劳动力数量减少并未对农业产出造成负面影响。与农业劳动力减少相对应的是农村剩余劳动力转移量增多,农业劳动力转移量对农业产出的作用为"正",说明农村剩余劳动力转移并不影响农业生产效率提升,且未对农业生产造成不良影响。进一步地,分时间段看,随时间发展,耦合关系表现出由"增长型"向"集约型"转化的特征;从地区上看,线东地区的生产效率优于线西地区。③从 31 省区上看,越是发达的省区,其农业生产所需农业劳动力投入量越小,属于集约型发展模式,农村剩余劳动力转出潜力越大;越是经济欠发达的省区,其农业产出对农业劳动力投入的依赖性越大,属于粗放型生产模式,农村剩余劳动力转出潜力较小。与此对应,促进农村剩余劳动力转移在不同地区应采取不同的针对性政策:东部省区应进一步保持其优势;东北和中部较发达省区应提升农业生产的技术水平,进一步解放农业劳动力;西部欠发达省区则应在提升整体经济水平的基础上,提升农业劳动力生产效率,强化农业生产技术对劳动力投入的替代性,促使农村剩余劳动力转出,从而优化农业劳动力资源配置。

(4)从微观视角来看,中国农村剩余劳动力转移无论是对农村居民还是对城镇居民收入水平均具有正向影响。①农村剩余劳动力转移至非农部门就业是改善农村居民收入水平的有效途径。农村剩余劳动力转移至非农部门就业会使得自身生产效率提升、边际产出增多,进而工资水平上升。工资性收入是农村居民收入的最主要构成部分,工资水平提升,农村居民收入水平便会相应改善。②1978—2015年城镇失业率呈下降趋势,城镇从业人员平均工资呈上升趋势。这说明农村剩余劳动力转移至城镇就业并未对原有城镇劳动力就业产生挤出效应,进一步地,农村剩余劳动力转移至城镇就业并未拉低城镇劳动力平均工资水平。与此相反,农村剩余劳动力由于自身人力资本水平低等因素限制,劳动力转移至城镇后主要在建筑业和服务业中低端产业链上工作,而这些工作都是在为城镇居民生产生活服务,在一定程度上使得城镇居民生活更加舒适。③从城镇已退休劳动力收入视角看,在人口老龄化背景下,农村剩余劳动力转移至城镇并加入养老保险,为社会养老保证金提供了更坚实的保障,也为城镇居民养老保险收益提供了保障,即劳动力转入城镇就业并未对城镇已退休人员收入产生负向影响。

8.2 政策建议

当前中国农村剩余劳动力在产业方面主要向第二和第三产业转移,在地区方面主要是省内转移,省外转移主要向经济发达城市转移,外出转移的农民工受教育程度以初高中为主,在职业方面主要从事劳动密集型工作,以建筑业、制造业和服务业为主。我国当前农村剩余劳动力转移过程中的问题,不仅关系到农民生活水平能否改善、农村经济能否摆脱发展困境,还关系到国民经济能否持续、稳定、健康发展。因此,为了实现中国农村剩余劳动力的有效、有序转移,有必要采取以下措施:

(1)尊重大国经济和区域发展不平衡的基本中国事实,消除省际和区域之间、城乡之间的流动壁垒,建立全国统一劳动力市场,进一步促进劳动力资源在省际和城乡之间的优化配置。对此较为重要的是建立统一的城乡社会保障制度。对于乡村居民,一是要合法确保转出劳动力在外出就业过程中的生产安全性、生活保障性、收入水平稳定性,确保劳动力在就业过程中遭遇风险时有能力抵抗,弱化劳动力个人损失;二是对于乡村的老龄人口,要建立合法的养老保险制度,切实做好乡村居民"老有所养,老有所依",改善乡村现阶段的"养儿防老"现象,从而进一步解放乡村青壮年劳动力,促进劳动力向城镇就业转移;三是在完善乡村养老保险制度的同时提升乡村医疗保险水平,改善乡村看病难、看病贵的现象,从而强化乡村劳动力的生产能力。从城镇视角看,城乡统一的保障制度使得城乡劳动力在身份上具有统一性,避免了城乡间的歧视性和差别性待遇,从而为农村劳动力转入城镇就业提供了良好途径和良好环境。

(2)解决流动儿童受教育问题,确实保障农民工子女受教育权利。在劳动力转移过程中产生的一个社会问题即"留守儿童"问题。单靠转移劳动力自身来解决这一问题具有困难性,现存的主要解决途径包括:一是通过减少外出务工来陪伴子女;二是隔代照料。但无论这两种方式的哪一种,都不是最优的解决办法。因此,为改善现存的"留守儿童"现象,应在劳动力转入地解决农民工子女受教育问题:一是使得劳动力能够更加全身心地投入当前工作中;二是保障了农民工子女的童年生活和受教育权利。

(3)继续推进城镇化,通过扩大农民工转移途径对经济增长做出贡献。需要注重提升转移劳动力自身素质,可通过两种途径来实现:一是提升转移劳动力受教育水平,增强转移劳动力的科学文化知识,使得转移劳动力学习了解更多的生产生活技能;二是强化对转移劳动力的技能培训,这一点相比于提升受教育水平更具针对性。政府应拓宽培训技能渠道,使更多的转移劳动力能学习到新的就业技能。在进行技能培训的同时,也要对转移劳动力进行法制知识培训,使转移劳动力在社会生产生活中更具法治观念,更懂得维护自我合法权益。以上措施会强化劳动力自身生产效率,提升收入水平,使其在城镇就业的稳定性增强,弱化劳动力在向城镇转移过程中的障碍因素,进一步实现转移劳动力市民化。相应地,市民化促进城镇化,城镇化的扩展又会进一步增强对农村劳动力转入的吸力。

(4)完善劳动力市场,健全信息网络建设。农村剩余劳动力转移就业的实现并没有正式的组织方式,最常见的劳动力转出方式是通过所谓的"亲朋好友网络"相互介绍工作结伴外出务工。一方面,这种方式的外出务工具有较强的盲目性,由此政府要有效建立劳动力外出务工信息对接渠道,使得城镇招工信息能够被农村劳动力悉知,从而劳动力外出务工更具针对性、高效性；另一方面，针对性、高效性地进城务工使得劳动力市场更加有秩序，从而劳动力转出就业的通畅性增加、转移劳动力的生产效率提升。

(5)协调好城镇化与乡村振兴的关系。一是继续推进城镇化建设，发挥汇地拉力对劳动力转移的关键作用，让愿意转移的劳动力转移出去；二是在乡村振兴战略背景下，乡村实现产业兴旺，对劳动力的需求增加。对于不愿意转移或者回流的劳动力，增强其素质，以缓解中国农村劳动力禀赋和素质与需求不匹配的深层次问题。在转移路径上，尊重目前中国农村劳动力"梯度"转移的规律和特征，发挥经济发达的"净转入块"的聚集作用，提升"桥梁块"的中介作用，完善"转出块"劳动力转出的路径。

8.3 研究展望

基于大国经济和区域经济发展不平衡事实，沿着本书的研究思路，尚有一些问题需要做进一步探讨，可归纳为以下两方面：

(1)农村剩余劳动力转移是多种因素综合作用的结果，是社会生产发展的必然历史阶段。因此，较全面地解释农村剩余劳动力转移涉及社会学、人口学等多领域、多学科。但由于资料、数据以及自身科研水平的限制，本书仅是从经济学视角出发，遵循理性经济人假设，探析劳动力转移经济效应。

(2)限于自身科研水平，本书研究难免出现研究力度不够、研究层次不深、研究手段不完善等问题，需要进一步认真思考、分析总结。如何深层次、多视角探析中国农村剩余劳动力转移及其各方面影响，无疑是一个必须持续研究的课题。

附　录

附录一：其他关于农业劳动力转移量测算方法

韩明希(1996)提出度量农业劳动力转移规模的方法,其计算公式为:第 t 年的农业劳动力转移规模=(第 t 年的农村劳动力总量-第 t 年的农业劳动力总量)-(第 $t-1$ 年的农村劳动力总量-第 $t-1$ 年的农业劳动力总量)+第 t 年城镇新增就业中来自农村的部分。在韩明希的公式中,农业劳动力是指第一产业社会劳动者,乡村劳动力是指具有农村户口的劳动者。农业劳动力的主体是乡村劳动力,也包括从事农业的全民所有制职工等非农户口劳动者;乡村劳动力中则除属于农业劳动力之外,还包含已转移到非农产业而户口仍在农村的劳动者。农村劳动力是指农业劳动力和乡村劳动力的并集。分析这个公式可知,韩明希的方法是把农业劳动力转移分成两部分,第一部分是农业劳动力转移到农村的非农业,第二部分是转移到城镇的非农业。这两部分在其定义的公式中分别对应为前两项之差和后一项。但韩明希并未给出计算结果,原因可能是缺乏数据,如农村劳动力和城镇新增就业中来自农村的部分这两个指标数据就无法获取。

陆学艺(2004)以及后来李勋来和李国平(2005)延续了韩明希的定义思路,他们提出的计算公式为:城镇从业人数减去城镇职工人数得到的在城镇就业的"农民工"人数与乡村从业人员数减去农业就业人数得到的农村中非农劳动力数量之和等于农村转移劳动力总量。这与前一公式本质上是一样的。这个公式看起来很精确,但由于城镇就业的"农民工"数据无法得到,需要估算,这使利用这一公式获得计算结果带上浓重的主观色彩。

研究农业劳动力转移的许多文献引用的劳动力转移数据来自武治国(2005)的硕士论文《转轨中的中国工业化、城市化与农业劳动力转移关系研究》,例如程名望(2006)、严浩坤(2008)在他们的文章中直接引用了武治国的数据。但这一数据的可信度值得怀疑。大部分引用武治国数据的文献中提到,武治国的数据计算方式是直接用户籍改变数据计算转移人口。但原作者在其整篇硕士论文中都未见这一说法。事实上,在该硕士论文中未对农业劳动力转移量的计算方式作任何说明;唯一可以理解其农业劳动力转移量计算方式的地方,是其在这一数据后面注明来源为《中国统计年鉴》(1984—2003)、《中国劳动统计年鉴》(2003)。但这两种年鉴中都不提供农业劳动力转移数据。

蒲艳萍和吴永球(2005)定义的计算公式为:农业劳动力转移人口量＝农村经济活动人口－第一产业从业人数。假定城乡人口年龄结构相同,其中,农村经济活动人口＝全国总经济活动人口×农村总人口与全国总人口之比。从这一公式可以看出,这种计算方式只是考虑了农业劳动力转移到农村的非农部门,而忽略了农业劳动力转移到城镇。他们使用的数据来源于《中国统计年鉴》和《中国劳动统计年鉴》。

国内学者使用的最简单的计算公式是,直接用第 $t-1$ 期农业部门劳动力减去第 t 期农业部门劳动力。这种计算方式容易理解,相邻两年的农业部门劳动力总数之差就是转移出的农业劳动力数量。但事实上,这种计算方式忽略了在这一年中农业劳动力的自然增长率。

附录二:1978－2017 年我国劳动力转移相关政策表(见附表 1)

附表 1　　　　1978－2017 年我国劳动力转移相关政策表

序号	实施时间	部门	文件名	主要内容
1	1980 年 8 月	中共中央、国务院	关于进一步做好城镇劳动就业工作的意见	清退来自农村的城市计划外用工;控制农业人口盲目地流入大中城市;发展城乡联办企业以吸收农村剩余劳动力。
2	1981 年 10 月	中共中央、国务院	关于广开门路、搞活经济、解决城镇就业问题的若干决定	严格控制农村劳动力流入城镇;发展多种经营解决农村剩余劳动力。
3	1981 年 12 月	中共中央、国务院	关于严格控制农村劳动力进城务工和农业人口转为非农业人口的通知	严格控制企业和事业单位雇用农村户口的劳动力。
4	1982 年	中共中央	中央 1 号文件	农村走农、林、牧、副、渔业综合经营的道路,才能使农村剩余劳动力离土不离乡,建立多部门的经济结构。
5	1984 年 1 月	中共中央	关于 1984 年农村工作的通知	允许农民自筹经费、自理口粮进入城镇务工、经商。
6	1984 年 3 月	农业部	关于开创社队企业新局面的报告	依靠当地乡镇企业转移农村剩余劳动力。
7	1984 年 10 月	国务院	关于农民进入城镇落户问题的通知	应该为在城镇有固定住房、经商能力或长期稳定工作的农民办理城市户口落户手续,转为非农业户口。
8	1985 年 1 月	国务院	关于进一步活跃农村经济的十项政策	鼓励技术转移和人才流动。
9	1986 年 7 月	国务院	关于国营企业招聘工人的暂行规定	有能力的城市和农村户口的公民都有权利被国营企业雇用。
10	1988 年 7 月	劳动和社会保障部	关于加强贫困地区劳动力资源开发工作的通知	重点开发贫困地区劳动力资源,大力组织劳务输出。
11	1989 年 3 月	国务院	关于严格控制民工外出的紧急通知	严格控制农民工盲目地流动。
12	1990 年 2 月	国务院	关于劝阻民工盲目去广东的通知	控制大规模的农村劳动力向广东地区流动。
13	1990 年 4 月	国务院	关于做好劳动就业的通知	引导农村剩余劳动力"离土不离乡",搞好农村建设,发展乡镇企业,因地制宜地做好农村剩余劳动力的转移。

续表

序号	实施时间	部门	文件名	主要内容
14	1991年1月	国务院	关于建立并实施中国农村劳动力开发就业试点项目的通知	开展多种促进农村就业、农村劳动力开发的测试。
15	1991年10月	民政部	关于进一步做好劝阻劝返外流灾民工作的通知	要求当地政府控制灾民外流，劝阻返外流灾民。
16	1993年11月	中共中央	关于建立社会主义市场经济体制若干问题的决定	鼓励和引导农村剩余劳动力向非农部门转移。
17	1993年11月	劳动和社会保障部	关于印发《再就业工程》和《农村劳动力跨地区流动有序化——"城乡协调就业计划"第一期工程》的通知	建立就业管理的基础制度，为农村流动人口提供权益保障和管理服务。
18	1993年12月	劳动和社会保障部	关于建立社会主义市场经济体制时期劳动体制改革的总体设想	确立农村就业的服务网络；调节城乡劳动力流动。
19	1994年8月	劳动和社会保障部	关于促进劳动力市场发展、完善就业服务体系建设的实施计划	短时间内建立和完善就业服务体系。
20	1994年11月	中共中央	关于农村劳动力跨省流动就业的暂行规定	提高农村跨省流动劳动力的服务组织建设。
21	1995年9月	国务院	关于加强流动人口管理工作的意见	实施统一的流动人口就业证与暂住证制度；促进农村剩余劳动力在当地就近就业。
22	1997年5月	国务院	关于小城镇户籍管理制度改革试点方案	促进农村剩余劳动力有序地就近转移。
23	1997年11月	国务院	关于进一步做好组织民工有序流动工作的意见	加强劳动力市场的监督和管理；维持劳动力市场的良好秩序。
24	1997年	国务院	关于小城镇户籍管理制度改革的意见	逐渐地放宽小城镇户籍管理的条件限制。
25	1998年6月	国务院	关于切实做好国有企业下岗职工基本生活保障和再就业工作的通知	不断地鼓励和引导农村人口向当地就近的地区转移。
26	1998年10月	中共中央	关于农村和农业工作若干重大问题的决定	为满足城市和先进地区发展的需要，引导合理有序的劳动力流动。
27	2000年1月	劳动和社会保障部	关于做好农村富余劳动力流动就业工作的意见	发展和促进区域间劳动力的相互协作。
28	2000年6月	国务院	关于促进小城镇健康发展的若干意见	为发展小城镇地区的经济，大力促进劳动力的流动。

续表

序号	实施时间	部门	文件名	主要内容
29	2000年7月	劳动和社会保障部	关于进一步开展农村劳动力开发就业试点工作的通知	改革城乡分割的体制;取消对农村劳动力进城务工的不合理限制。
30	2001年3月	国务院	关于促进小城镇户籍管理制度改革的意见	引导农村劳动力向小城镇地区有序地转移。
31	2001年3月	中共中央	"十五"计划纲要	取消农村劳动力向城市转移的不合理限制,引导农村劳动力在城乡之间有序地流动。
32	2001年6月	国务院	关于推进小城镇管理制度改革的意见	可以为在小城镇有固定住处、稳定工作或收入来源的农村人口办理城镇永久居住权。
33	2003年1月	国务院	关于改善劳动力流动人口的服务和管理的通知	提高对农村流动人口的服务和管理。
34	2003年3月	劳动和社会保障部	关于农民工适用劳动法律有关问题的复函	与用人单位建立劳动关系的劳动力流动者,均适用《劳动法》、《企业职工工伤保险试行办法》。
35	2003年9月	中共中央	关于进一步加强农村教育工作的决定	当地政府应该保证农民工子女的九年义务教育;加强农民工的培训工作。
36	2004年2月	建设部	关于进一步解决拖欠农民工工资问题的紧急通知	尽快付清政府投资工程拖欠的工程款,支付农民工工资。
37	2004年6月	劳动和社会保障部	关于农民工参加工伤保险有关问题的通知	高度重视农民工工伤保险问题,保护农民工的合理权益。
38	2004年12月	劳动和社会保障部	关于开展春风行动完善农民工就业服务的通知	为农民工提供完善的就业服务。
39	2005年2月	劳动和社会保障部	关于废止《农村劳动力跨省流动就业管理暂行规定》及有关配套文件的通知	改善农民进城务工的就业环境,废除和取消限制农村劳动力进城工作的规定。
40	2005年5月	劳动和社会保障部	关于加强和建设农民工劳动合同管理的通知	建立长期有效的解决拖欠农民工工资问题的机制。
41	2005年9月	劳动和社会保障部	关于进一步解决拖欠农民工工资问题的通知	认真调查拖欠农民工工资的情况,解决拖欠农民工工资的问题。
42	2006年1月	国务院	关于解决农民工问题的若干意见	逐渐地建立城乡一体的劳动力市场;建立公平竞争的就业体制。
43	2006年4月	劳动和社会保障部	关于实施农民工培训示范基地建设工程的通知	提高农民工的整体素质;增强对技术工人的培训。

续表

序号	实施时间	部门	文件名	主要内容
44	2006年5月	劳动和社会保障部	关于开展农民工参加医疗保险专项行动的通知	鼓励农民工积极地参加医疗保险,特别是针对矿业、建筑业和其他高风险部门就业的农民工。
45	2006年10月	劳动和社会保障部	关于下达农民工培训示范基地建设工程备选项目和第二期试点项目的通知	要求当地政府加强对农民工的就业培训工作。
46	2008年10月	中共中央	关于推进农村改革发展若干重大问题的决定	加快确立统一的城乡人力资源市场;促进户口管理制度的改革;放宽中小城市落户的条件。
47	2009年12月	中共中央	中央经济工作会议文件	放宽向中小城镇地区的劳动力流动是2010年国家工作的目标之一。
48	2010年12月	中共中央	中央经济工作会议文件	发展"现代农业",即不再以耕地面积、劳动力数量的增加为增产主要原因,而是在农业劳动力不断减少的情况下,依靠现代技术等要素的投入来发展农业。
49	2012年2月	人力资源和社会保障部	关于开展2012年农民工劳动合同签订春暖行动的通知	以建筑业、采矿业、制造业、住宿和餐饮业、居民服务业为重点,督促企业特别是小微型企业加快提高农民工劳动合同签订率和履约质量,切实维护农民工劳动报酬等各项权益。
50	2013年1月	中共中央、国务院	关于加快发展现代农业、进一步增强农村发展活力的若干意见	围绕现代农业建设,充分发挥农村基本经营制度的优越性,着力构建集约化、专业化、组织化、社会化相结合的新型农业经营体系,进一步解放和发展农村社会生产力。
51	2014年1月	中共中央、国务院	关于全面深化农村改革加快推进农业现代化的若干意见	在现代农业发展上取得新成就,在社会主义新农村建设上取得新进展,为保持经济社会持续健康发展提供有力支撑。
52	2015年2月	中共中央、国务院	关于加大改革创新力度加快农业现代化建设的若干意见	继续全面深化农村改革,全面推进农村法治建设,在优化农业结构上开辟新途径,在转变农业发展方式上寻求新突破,在促进农民增收上获得新成效,在建设新农村上迈出新步伐,为经济社会持续健康发展提供有力支撑。

续表

序号	实施时间	部门	文件名	主要内容
53	2016年1月	中共中央、国务院	关于落实发展新理念加快农业现代化实现全面小康目标的若干意见	推进农村产业融合,促进农民收入持续较快增长;推动城乡协调发展,提高新农村建设水平;深入推进农村改革,增强农村发展内生动力;加强和改善党对"三农"工作的指导。
54	2017年10月	中国共产党第十九次全国代表大会	中国共产党第十九次全国代表大会报告	农业、农村、农民问题是关系国计民生的根本性问题,必须始终把解决好"三农"问题作为全党工作重中之重。

附录三：劳动力异质性测算说明

衡量劳动力异质性的方法有三种：成本法、收入法、教育年限法(Barro & Lee,1996)。现有文献一般较多采用教育年限法，如樊纲和王小鲁等(2011)、伍山林(2016)等。从人均受教育程度看，农民工和农业部门劳动力来源地相同，受教育程度差别不大，但农民工和农业部门劳动力从业生产率存在差异，采用人均受教育年限法衡量劳动力异质性存在不足之处。劳动力收入与劳动生产率成正比，从收入角度可较好地衡量受教育程度相似但生产率存在差异的劳动力，综上所述，本书使用收入法衡量劳动力异质性。使用乡村居民人均纯收入、城镇居民人均可支配收入衡量，剔除物价影响，本书使用居民消费价格指数对两部门收入进行平减。

附录四：四类收入含义

工资性收入(wage income,WI)，是指就业人员通过各种途径得到的全部劳动报酬和各种福利，包括受雇于单位或个人、从事各种自由职业、兼职和零星劳动得到的全部劳动报酬和福利。

经营净收入(net operating income,NOI)，是指住户或住户成员从事生产经营活动所获得的净收入，是全部经营收入中扣除经营费用、生产性固定资产折旧和生产税之后得到的净收入。计算公式为：

经营净收入＝经营收入－经营费用－生产性固定资产折旧－生产税

财产净收入(net income from property,NIP)，是指住户或住户成员将其所拥有的金融资产、住房等非金融资产和自然资源交由其他机构单位、住户或个人支配而获得的回报并扣除相关的费用之后得到的净收入。财产净收入包括利息净收入、红利收入、储蓄性保险净收益、转让承包土地经营权租金净收入、出租房屋净收入、出租其他资产净收入和自有住房折算净租金等。财产净收入不包括转让资产所有权的溢价所得。

转移净收入(transfer of net income,TNI)，计算公式为：

转移净收入＝转移性收入－转移性支出

其中，转移性收入是指国家、单位、社会团体对住户的各种经常性转移支付和住户之间的经常性收入转移，包括养老金或退休金、社会救济和补助、政策性生产补贴、政策性生活补贴、经常性捐赠和赔偿、报销医疗费、住户之间的赡养收入，以及本住户非常住成员寄回带回的收入等。转移性收入不包括住户之间的实物馈赠。转移性支出是指调查户对国家、单位、住户或个人的经常性或义务性转移支付，包括缴纳的税款、各项社会保障支出、赡养支出、经常性捐赠和赔偿支出，以及其他经常性转移支出等。

附录五：计量结果

```
. hausman fe1 re1,constant sigmamore

            ---- Coefficients ----
              (b)          (B)           (b-B)         sqrt(diag(V_b-V_B))
              fe1          re1           Difference    S.E.

    zyq     .8882846     .7669385       .1213461      .0196683
   _cons    228.4063     280.7736      -52.36731            .

                   b = consistent under Ho and Ha; obtained from xtreg
       B = inconsistent under Ha, efficient under Ho; obtained from xtreg

   Test:  Ho:  difference in coefficients not systematic

              chi2(2) = (b-B)'[(V_b-V_B)^(-1)](b-B)
                      =   38.06
           Prob>chi2 =    0.0000
           (V_b-V_B is not positive definite)
```

附图 1　Hausman 检验结果

附表 2　　　　　　　　　　平稳性检验

部门	检验方法	指标	D-F 值	P 值	结果
农业	ADF(0 阶)	AK	−8.078 4	0.01	平稳
	ADF(0 阶)	AL	−9.487 7	0.01	平稳
非农	ADF(0 阶)	NK	−10.249	0.01	平稳
	ADF(0 阶)	NL	−10.854	0.01	平稳

附表 3　　　　　　　　　　共线性检验

部门	检验方法	指标	VIF 值	结果
农业	VIF	AK	2.710 726	无共线
	VIF	AL	2.710 726	无共线
非农	VIF	NK	9.114 333	无共线
	VIF	NL	9.114 334	无共线

附表 4　　　　　　　表 3.4 中 moran's I 值显著性

省区	转出 MR 值	转出 MR 显著性	转入 MR 值	转入 MR 显著性
北京	−0.001 4	2.763 4e−02	0.332 4	2.243 9e−04
天津	0.078 7	2.016 3e−07	0.367 5	1.355 9e−04
河北	0.167 3	2.712 1e−05	−0.057 4	9.116 7e−01
山西	−0.005 1	6.400 3e−02	0.011 0	7.697 5e−03
陕西	−0.071 9	7.736 7e−01	−0.031 5	3.849 1e−01
辽宁	−0.006 1	6.128 5e−02	0.051 6	5.996 5e−03
吉林	0.096 0	5.214 5e−05	0.033 8	3.541 0e−04
黑龙江	0.028 0	6.248 1e−02	0.019 3	1.328 1e−03
上海	0.001 1	1.688 5e−02	0.333 4	2.026 7e−05
江苏	0.142 3	4.100 6e−06	0.115 9	1.354 0e−02
浙江	0.007 4	2.084 6e−02	0.158 2	1.805 5e−02
安徽	0.508 6	2.306 9e−07	−0.022 0	2.493 3e−01
福建	0.031 6	2.308 7e−03	0.049 5	3.525 6e−02
江西	0.356 3	4.989 7e−05	−0.025 4	3.151 7e−01
山东	−0.002 0	9.979 3e−02	−0.000 7	3.840 2e−02
河南	−0.061 2	6.586 9e−01	−0.028 9	3.909 5e−01
湖北	−0.086 7	7.467 2e−01	−0.011 9	1.114 5e−01
湖南	0.099 3	7.537 2e−02	−0.027 2	3.552 9e−01
广东	−0.055 1	9.130 7e−01	0.217 4	2.349 2e−03
广西	0.156 6	1.886 6e−02	−0.000 8	3.542 9e−02
海南	0.180 2	1.507 2e−11	0.059 6	3.373 2e−04
重庆	−0.024 7	4.508 2e−01	0.027 4	2.475 2e−02
四川	−0.077 3	7.390 6e−01	−0.037 1	5.884 4e−01
贵州	−0.036 3	5.132 9e−01	0.004 5	3.316 1e−02
云南	−0.038 4	5.609 7e−01	0.015 0	1.918 9e−02
西藏	0.007 6	3.561 1e−02	0.187 0	9.548 7e−03
内蒙古	−0.047 2	8.899 8e−01	−0.028 0	4.630 8e−01
甘肃	0.085 9	3.185 1e−03	−0.036 9	5.805 1e−01

续表

省区	转出 MR 值	转出 MR 显著性	转入 MR 值	转入 MR 显著性
青海	−0.002 8	4.339 1e−02	0.020 1	3.742 9e−02
宁夏	0.005 2	2.835 7e−02	0.065 8	4.047 3e−04
新疆	−0.025 0	3.055 3e−01	0.049 0	1.197 3e−01

附表 5　　31 省区人均 GDP 值　　单位:元

两区	三地	省区	1978—2015 年	1978—1987 年	1988—1997 年	1998—2007 年	2008—2015 年
线东	转入	北京	29 952.236 8	2 019.000 0	8 655.900 0	35 587.600 0	84 445.000 0
线东	转入	天津	27 392.263 2	1 720.800 0	6 623.700 0	27 155.500 0	85 738.250 0
线东	转出	河北	10 925.000 0	564.900 0	2 984.900 0	11 213.200 0	33 440.000 0
线东	平衡	山西	9 636.447 4	642.000 0	2 511.100 0	9 512.400 0	29 941.250 0
线西	平衡	内蒙古	15 926.736 8	580.500 0	2 642.000 0	11 919.700 0	56 724.250 0
线东	平衡	辽宁	16 362.578 9	1 109.300 0	4 873.000 0	15 275.200 0	51 150.375 0
线东	平衡	吉林	11 998.868 4	680.900 0	3 071.900 0	10 616.500 0	39 033.000 0
线东	平衡	黑龙江	10 946.578 9	870.900 0	3 703.300 0	11 405.000 0	32 022.250 0
线东	转入	上海	32 114.842 1	3 171.600 0	11 843.400 0	39 795.200 0	84 032.750 0
线东	转入	江苏	19 769.342 1	797.800 0	4 678.000 0	18 351.200 0	64 120.875 0
线东	转入	浙江	19 609.289 5	759.100 0	5 077.900 0	20 747.300 0	59 913.750 0
线东	转出	安徽	8 023.197 1	480.100 0	2 154.100 0	6 992.217 6	26 077.164 3
线东	转入	福建	15 534.263 2	541.700 0	4 099.500 0	15 095.000 0	49 117.500 0
线东	转出	江西	8 168.657 9	463.200 0	1 995.600 0	7 305.500 0	26 595.750 0
线东	平衡	山东	15 330.789 5	642.100 0	3 704.400 0	14 813.400 0	48 871.375 0
线东	转出	河南	9 087.500 0	439.500 0	2 166.200 0	8 447.800 0	29 348.750 0
线东	转出	湖北	10 703.923 2	602.330 0	2 597.885 0	9 091.212 0	35 479.351 3
线东	转出	湖南	9 378.973 7	495.400 0	2 262.200 0	8 220.300 0	30 827.750 0
线东	转入	广东	17 522.815 8	757.900 0	5 231.400 0	18 931.400 0	52 082.500 0
线东	转出	广西	7 830.447 4	378.500 0	2 105.900 0	6 870.100 0	25 501.500 0
线东	平衡	海南	9 692.710 5	553.200 0	3 315.800 0	9 217.400 0	29 682.375 0
线东	转出	重庆	10 873.184 2	485.000 0	2 507.000 0	9 544.700 0	35 976.750 0
线东	转出	四川	8 194.868 4	438.400 0	2 053.400 0	7 221.000 0	26 784.625 0
线东	转出	贵州	5 455.394 7	322.400 0	1 305.800 0	4 152.000 0	18 687.875 0
线东	平衡	云南	6 697.842 1	381.900 0	2 160.200 0	6 438.000 0	20 589.125 0
线西	平衡	西藏	7 103.447 4	601.700 0	1 786.500 0	6 983.600 0	22 026.625 0
线东	转出	陕西	10 106.947 4	471.200 0	2 099.200 0	7 988.000 0	34 810.000 0

续表

两区	三地	省区	1978—2015年	1978—1987年	1988—1997年	1998—2007年	2008—2015年
线西	转出	甘肃	6 396.210 5	488.800 0	1 758.100 0	5 963.300 0	20 119.250 0
线西	平衡	青海	9 270.789 5	629.300 0	2 448.200 0	7 902.400 0	30 311.375 0
线西	平衡	宁夏	9 852.657 9	575.300 0	2 362.100 0	8 209.200 0	32 866.875 0
线西	转入	新疆	10 193.078 9	606.100 0	3 172.000 0	10 266.300 0	30 861.625 0

附表 6　劳动力转移使得产出效率发生变动进而引致的经济增长效应

省区	1978—2015年	1978—1987年	1988—1997年	1998—2007年	2008—2015年
北京	0.004 40	0.003 487	0.006 330	0.008 411	0.004 596
天津	0.004 24	0.003 166	0.005 859	0.007 872	0.004 622
河北	0.002 24	0.001 263	0.003 194	0.003 973	0.002 317
山西	0.002 31	0.001 454	0.003 087	0.004 213	0.002 043
内蒙古	0.002 10	0.001 243	0.002 288	0.002 787	0.002 047
辽宁	0.002 73	0.001 956	0.003 634	0.004 581	0.002 468
吉林	0.002 46	0.001 496	0.003 217	0.004 284	0.002 225
黑龙江	0.002 39	0.001 700	0.003 363	0.004 334	0.002 085
上海	0.005 49	0.004 725	0.007 068	0.008 680	0.004 587
江苏	0.004 72	0.002 175	0.005 409	0.007 309	0.004 188
浙江	0.004 71	0.002 133	0.005 501	0.007 463	0.004 104
安徽	0.002 06	0.001 172	0.003 002	0.003 703	0.002 169
福建	0.004 46	0.001 900	0.005 275	0.007 101	0.003 888
江西	0.002 07	0.001 154	0.002 965	0.003 723	0.002 180
山东	0.002 67	0.001 454	0.003 363	0.004 552	0.002 422
河南	0.002 13	0.001 143	0.003 005	0.003 796	0.002 235
湖北	0.002 23	0.001 318	0.003 105	0.003 837	0.002 358
湖南	0.002 14	0.001 203	0.003 027	0.003 782	0.002 265
广东	0.004 58	0.002 132	0.005 537	0.007 347	0.003 947
广西	0.002 05	0.001 063	0.002 991	0.003 695	0.002 158
海南	0.002 31	0.001 359	0.003 273	0.004 194	0.002 038
重庆	0.002 24	0.001 178	0.003 084	0.003 866	0.002 368

续表

省区	1978—2015 年	1978—1987 年	1988—1997 年	1998—2007 年	2008—2015 年
四川	0.002 07	0.001 127	0.002 979	0.003 718	0.002 184
贵州	0.001 90	0.001 003	0.002 805	0.003 522	0.002 021
云南	0.002 13	0.001 175	0.003 006	0.004 017	0.001 856
西藏	0.001 55	0.001 266	0.002 136	0.002 472	0.001 352
陕西	0.002 19	0.001 163	0.002 989	0.003 767	0.002 344
甘肃	0.001 36	0.001 037	0.001 820	0.002 058	0.001 517
青海	0.001 69	0.001 296	0.001 982	0.002 531	0.001 518
宁夏	0.001 72	0.001 238	0.001 962	0.002 550	0.001 569
新疆	0.003 52	0.001 824	0.003 970	0.005 213	0.002 989

附表7　　　　　各省区转移劳动力对社会总产出贡献率

省区	1978—2015 年	1978—1987 年	1988—1997 年	1998—2007 年	2008—2015 年
北京	0.006 876	0.002 794	0.006 504	0.007 315	0.006 424
天津	0.006 716	0.002 633	0.006 033	0.006 776	0.006 450
河北	0.003 023	0.001 221	0.003 147	0.003 915	0.003 110
山西	0.003 133	0.001 349	0.003 082	0.004 093	0.002 762
内蒙古	0.002 418	0.001 135	0.002 302	0.003 013	0.002 286
辽宁	0.003 553	0.001 600	0.003 629	0.004 461	0.003 187
吉林	0.003 281	0.001 370	0.003 212	0.004 163	0.002 944
黑龙江	0.003 215	0.001 472	0.003 358	0.004 214	0.002 803
上海	0.007 011	0.003 413	0.007 242	0.007 584	0.006 416
江苏	0.006 239	0.002 138	0.005 582	0.006 213	0.006 017
浙江	0.006 229	0.002 117	0.005 675	0.006 366	0.005 932
安徽	0.002 842	0.001 175	0.002 954	0.003 645	0.002 963
福建	0.005 975	0.002 000	0.005 448	0.006 005	0.005 716
江西	0.002 851	0.001 166	0.002 917	0.003 665	0.002 973
山东	0.003 489	0.001 349	0.003 359	0.004 431	0.003 141
河南	0.002 908	0.001 154	0.002 957	0.003 738	0.003 028
湖北	0.003 009	0.001 241	0.003 057	0.003 780	0.003 151

续表

省区	1978—2015 年	1978—1987 年	1988—1997 年	1998—2007 年	2008—2015 年
湖南	0.002 926	0.001 184	0.002 979	0.003 724	0.003 058
广东	0.006 099	0.002 116	0.005 711	0.006 250	0.005 775
广西	0.002 830	0.001 121	0.002 943	0.003 638	0.002 951
海南	0.003 136	0.001 301	0.003 269	0.004 074	0.002 757
重庆	0.003 020	0.001 178	0.003 036	0.003 809	0.003 161
四川	0.002 852	0.001 153	0.002 931	0.003 660	0.002 977
贵州	0.002 681	0.001 091	0.002 758	0.003 464	0.002 815
云南	0.002 949	0.001 209	0.003 001	0.003 896	0.002 574
西藏	0.001 867	0.001 146	0.002 104	0.002 698	0.001 591
陕西	0.002 972	0.001 171	0.002 941	0.003 709	0.003 138
甘肃	0.001 632	0.000 999	0.002 052	0.002 346	0.001 831
青海	0.002 002	0.001 161	0.002 257	0.002 756	0.001 757
宁夏	0.002 039	0.001 132	0.002 237	0.002 776	0.001 808
新疆	0.004 533	0.001 853	0.004 423	0.004 463	0.004 338

现有文献农村剩余劳动力数量测算,截止年份对比情况见附表8。

附表8　农村剩余劳动力数量测算——截止年份对比

截止年份	作者	使用方法	农村剩余劳动力数量(亿)	剩余率(%)
1982	管荣开(1986)	简单计算法	1.216 494	38
1993	罗斯基和米德(1997)	农业技术需求法	1亿左右	—
1994	王诚(1996)	总量分解法	1.384 5	31
1994	刘建进(1997)	生产资源配置优化法	1.121 0	24.91
1994	王红玲(1998)	改进的生产资源配置优化法	1.173 0	20.32
1995	胡鞍钢(1997)	劳动—耕地比例法	1.751 8	48.7
1995	何景熙(2000)	国际标准结构法	1.13	16.4
1996	谢培秀(2004)	农业技术需求法	0.630 1—1.716 1	11.41—28.55
1996	侯鸿翔等(2000)	总量分解法	1.156 7	—

续表

截止年份	作者	使用方法	农村剩余劳动力数量(亿)	剩余率(%)
1997	陈扬乐(2001)	劳均播种面积推算法	1.7864	—
1999	侯风云(2004)	两部门比较法	3.0749	66.57
	国家统计局农调总队社区处(2002)	生产函数法	1.7	—
2000	赵慧卿(2005)	劳均播种面积推算法	1.6544	—
	谢培秀(2004)	农业技术需求法	0.5683—1.4388	9.19—23.14
	王凤云(2002)	农业技术需求法	1.2	24.1
	韩纪江(2003)	两部门比较法	2.2324	44.76
	国家统计局农调队(2002)	两部门比较法	1.7032	46.57
	齐晓丽等(2003)	改进的生产资源配置优化法	1.73—3.16	—
	中国社科院农村发展研究中心(2002)	社会平均劳动力生产率估算法	2.0975	—
2002	齐国友等(2005)	两部门比较法	1.65	53.2
2003	王检贵和丁守海(2005)	国际标准结构法	0.551853	14
	王检贵和丁守海(2005)	改进的生产资源配置优化法	0.3460	7.1
	王检贵和丁守海(2005)	工日折算法	0.45866	14.4
2004	王国霞(2007)	劳动—耕地比例法、劳动生产率比率法	1.8—2.1	58—68
	蔡昉(2007)	总量分解法	不到1.2亿	23.5
2005	周健(2009)	固定时期测算法	1.006031—1.571525	
	蔡昉和王美艳(2007)	农业技术需求法	0.2481—1.0698	5.1—22.1
	贺文华和谢恒(2009)	两部门比较法	2.9	—
	郭金兴(2007)	随机前沿模型	0.94025—1.01822	31.37—33.97

续表

截止年份	作者	使用方法	农村剩余劳动力数量(亿)	剩余率(%)
2006	钟钰和蓝海涛(2009)	国际标准结构法	0.551 853	—
	马晓河和马建蕾(2007)	工日折算法	1.142 316	—
	钟钰和蓝海涛(2009)	工日折算法	1.314 998	—
	高双(2010)	社会平均劳动力生产率估算法	2.362 2	72.5
2007	贺文华和谢恒(2009)	两部门比较法	3.3	—
2008	涂圣伟和何安华(2011)	固定时期测算法	1.015 839	—

注:(1)为了便于比较,对于剩余劳动力时间序列的估算结果,在表中仅给出截止年份的数值;(2)"农村剩余劳动力"、"农业剩余劳动力"以及"农业隐性失业"等在相关文献中均有使用,并没有指出几者是不同的概念,本书在统计时,以农业剩余劳动力为准,部分研究者的估算结果实质上是农村剩余劳动力数量。

附录六：农村劳动力转移与农业产出关系进一步梳理

第一，我国农业经济发展现状。正文阐释了1978—2015年粮食产出情况，在附录中，我们进一步阐释2003—2015年的农业生产及产出情况。我国农林牧渔业总产值从2003年的29 691.8亿元增长至2015年的107 056.36亿元，以2003年为基期，剔除价格因素，2005年农林牧渔业总产值达到52 637.07亿元，与2003年相比增加了77.28%。其中，以农业为主，农业总产值2015年达到57 635.8亿元，占总产值的53.8%，其次是畜牧业占比27.8%，再次是渔业占比10.2%，最后是林业占比4.1%，见附表9。

附表9　　　　　　　我国农业产出基本情况　　　　　　单位：亿元

年份	农林牧渔业总产值	农业总产值	林业总产值	牧业总产值	渔业总产值
2003	29 691.80	14 870.11	123.93	9 538.81	3 137.61
2004	36 238.99	18 138.36	1 327.12	12 173.80	3 605.60
2005	39 450.89	19 613.37	1 425.54	13 310.78	4 016.12
2006	40 810.83	21 522.28	1 610.81	12 083.86	3 970.52
2007	48 892.96	24 658.10	1 861.64	16 124.90	4 457.52
2008	58 002.15	28 044.15	2 152.90	20 583.56	5 203.38
2009	60 361.01	30 777.50	2 193.00	19 468.36	5 626.44
2010	69 319.76	36 941.11	2 595.47	20 825.73	6 422.37
2011	81 303.92	41 988.64	3 120.68	25 770.69	7 567.95
2012	89 453.05	46 940.46	3 447.08	27 189.39	8 706.01
2013	96 995.27	51 497.37	3 902.43	28 435.49	9 634.58
2014	102 226.09	54 771.55	4 256.00	28 956.30	10 334.26
2015	107 056.36	57 635.80	4 436.39	29 780.38	10 880.62

进一步地，阐释2003—2015年我国农业生产条件的渐变趋势，见附表10。

附表10　　　　　　　　我国农业生产条件变化情况

年份	农作物总播种面积（千公顷）	农业机械总动力（万千瓦）	农用化肥施用折纯量（万吨）
2003	152 414.96	60 386.54	4 411.60
2004	153 552.55	64 027.91	4 636.60
2005	155 487.73	68 397.85	4 766.22
2006	152 149.00	72 522.12	4 927.69
2007	153 463.93	76 589.56	5 107.83
2008	156 265.70	82 190.41	5 239.02
2009	158 613.55	87 496.10	5 404.40
2010	160 674.81	92 780.48	5 561.68
2011	162 283.22	97 734.66	5 704.24
2012	163 415.67	102 558.96	5 838.85
2013	164 626.93	103 906.75	5 911.86
2014	165 446.25	108 056.58	5 995.94
2015	166 373.81	111 728.07	6 022.60

由附表9和附表10可以发现,我国农作物总播种面积投入量整体上比较平缓,因为在土地制度没有发生大的变革之前,土地投入量几乎不可能大量增加(农业部农村经济研究中心课题组),农业机械投入量与化肥投入量表现为逐年递增态势。其中,机械投入增速大于化肥投入增速。与2003年相比,2015年农用化肥施用折纯量增加了36.51%,农业机械投入量增加了85%,说明我国对农业物资的投入力度持续加大,现代化生产条件正在逐渐完善。

第二,农村劳动力转移对农业经济增长影响的现有文献观点。由于观察角度的不同,国内关于该问题的研究并没有达成一致的结论。概括起来,主要有以下观点:

(1)农村劳动力转移对农业经济增长有负面影响。长期以来,资本与劳动力被认为是决定农业经济增长的主要要素,舒尔茨在人力资本积累与经济增长关系理论中明确指出,农业经济增长的假设模型中必须考虑劳动力因素以及农业资本的积累。随着城镇化的不断推进,很多学者开始担心农村劳动力资源的大规模流失会给农业产出带来消极影响:因为转移出去的劳动力多数为年轻人,个人素质较高,而留下来的人力资本状况普遍较差。青年劳动力的外出导致农业生产缺乏劳动力,农业科学技术推广艰难,农村耕地利用率下降,出现土地撂荒现象,这些都会削弱农业生产效率,促使农业产品产量下降(贾伟和辛贤,2010),并威胁到粮食安全(彭巨冰,2008)。此外,随着外出劳动力务工收入逐渐增多,兼业农民从事农业生产的意愿减弱,并逐渐退出农业生产活动,与之相伴随的是人力资本、物质资本等资源的大量转移,这不仅导致农村劳动力的整体素质进一步降低,还给农村物质资本积累带来负面影响,威胁到迁出地农业经济的发展。而随着转移规模的继续加大,农村劳动力的平均人力资本水平还将进一步降低(刘秀梅,2005)。盖庆恩(2014)把劳动力按性别分组,分别探讨农村男性劳动力和女性劳动力的转移对我国农户农业生产活动的影响,并发现男性劳动力和壮年女性(35—45岁)劳动力的非农转移会导致农户退出农业生产的概率提高。漆世兰等(2009)认为,农村劳动力大规模转移引起了农村多数耕地的利用率低下、农业新技术推广艰难、农业从业劳动力严重缺乏及难以实现可持续发展等问题。

另一方面,留守农村的主要是老人、妇女、儿童,引发了留守老人养老问题、留守儿童教育问题、农业生产老龄化和女性化问题、耕地撂荒问题。由于农村保障措施不健全,这些问题又会引发新的社会矛盾,进一步制约农业经济发展。

(2)农村劳动力转移对农业经济增长有积极效应。与以上观点相反,绝大多数学者坚信,农村劳动力的适时转移能够有效促进农业经济增长。

首先,农村劳动力转移的主要作用就是促进劳动力资源的重新配置,按照刘易斯模型,农村中因为存在大量的剩余劳动力,导致劳动生产率、收入水平比较低,而非农部门的劳动生产率、收入水平则相对较高。在转移过程中,两部门劳动生产率差距逐渐缩小,总劳动生产率水平逐渐提升,进而促进整体经济增长,即劳动力资源的再配置效应(李勋来,2005)。劳动力资源的再配置效应使得两部门状况都变好,对于农业部门,一方面,农村劳动力转移在一定程度上减少了参与农业价值分配的人数(张广婷,2010),提高了农业劳动者的生产率水平,促进了农业劳动者增收;另一方面,转移出去的劳动者参与到非农部门的生产活动中,不仅提高了自己的收入水平,还学到了技术、增长了见识。

其次,农村劳动力转移能够促进农民增收已是一个不争的事实,农村劳动力在城市就业的工资率明显高于其在农村就业的工资率(李实,1997)。转移劳动者收入的增多,既为农业发展带来了资金,促进耕地资源趋于合理配置(武国定,2006),又促进了当地消费水平的提高,繁荣了农村市场。

再次,从两部门互补发展的角度分析,非农部门经济的增长得益于农业部门为其不断提供的廉价劳动力,非农部门得到发展后又反过来支持农业发展,向其注入资金,用于改善农业生产技术,加速推进农业部门现代化,从而产生了一个两部门经济同时增长的良性循环过程(蔡银寅,2009)。

最后,从产业结构调整的角度分析,农村劳动力的适时转移一方面促进了农业结构的战略性调整,使区位优势和市场比较优势能够得到良好的发挥(南养菊,2010);另一方面使得农业产业化经营步伐迅速加快,并不断驱使关联产业群快速成长。

以上是学者基于不同观察视角来研究农村劳动力转移对农业经济增长的促进作用,还有学者通过实证方法测算出农村劳动力转移对农业经济增长的贡献。郑贵廷和朱贵云(2009)基于柯布—道格拉斯函数,测得1986—2005年间,我国农村劳动力的非农转移大大促进了农业经济的增长。张杰飞(2016)从全国和地区两个层面进行分析比较,结果显示我国第一产业劳动力过多,如果这部分农村劳动力可以有效转移,则能够促进我国农业产出水平提升。

(3)农村劳动力转移与农业经济增长无关。基于地区、家庭差异,农业部农村经济研究中心课题组(1996)选择了农村劳动力到城市务工较多的四川和安徽两省份的样本作为重点考察对象,发现农村劳动力进城务工并不一定造成农业产出水平的提升或者降低。对于缺乏资金的地区,增加资金投入给农业带来的边际产出大于增加劳动力投入,即农村劳动力转移带来的资金对农业产出的积极效应大于劳动力流失对农业产出的负面影响;但是在不缺乏资金的地区,资金带来的积极效应就不明显,而劳动力投入就显得比较重要,即农村劳动力转移引发劳动力紧缺进而给农业生产带来的负面影响大于资金带来的积极效应。因此,两者是否相关不确定。

从以上研究可以看出,持消极影响观点的学者一方面是担心农村劳动力的数量与质量难以满足农业生产所需,另一方面认为农村劳动力流失促使农村日益突出的老龄化问题更加严重,难以快速推进农业现代化。即考虑到农村劳动力转移给农业经济增长带来负面效应的直接因素是人力资本的大量流失。对此,首先,许多学者的担心不无道理,但我们也要看到,农村劳动力大规模外出对农村劳动力整体素质的提升是有积极作用的,主要表现在两方面:一是高素质劳动力的外出就业会给当地人培养下一代学习深造和提高自身素质带来动力;二是高素质劳动力的外出就业也有可能会为本地农业生产规模持续扩大、专业化程度提高带来机会,从而带领一些种植专业人才的成长,提升农民的整体素质水平。其次,要考虑到农村劳动力生产效率提高的问题,农业机械和化肥的使用、农业劳动者经营管理能力的提升、知识的积累与改进都起到了不可替代的作用。

而持积极影响观点的学者是从劳动力资源再配置、农民增收、工农两部门优势互补、农业产业结构调整等角度强调劳动力转移增加了农民收入,进而为农业发展注入了资金,与此同时加快了土地流转速度,促进了农业规模化经营。进一步分析可以发现,持积极影响观点的学者主要是考虑到农村劳动力转移促进农业经济增长的间接因素,如资金注入、非农部门反哺农业部门、土地规模经营等。所以,如果两者之间的间接作用大于直接作用,那么整体来说,农村劳动力转移是促进农业经济增长的;反之,则为抑制。认为两者无关的学者主要考虑到因地区、家庭不同而形成的资金和劳动力的相对重要程度存在差异。

国外学者观点如下:关于迁移对农业生产的影响,国外学者主要从移民带来收入的角度进行研究,工资差异和预期收入导致了劳动力转移(Lewis,W. A. ,1954;Todaro,M. P. ,1969),外出务工的农民与自己所在的农村家庭存在着资金上的联系(Stark, O. & Bloom, D. E. ,1985),他们给农业生产带来了资金。Taylor(1996)研究发现,迁移到美国的墨西哥农村劳动力给家庭带来的汇款可以减弱资金对农业生产的限制。Lucas(1987)研究了南非矿山的农村劳动力迁移情况,发现虽然在短期内劳动力迁移使迁出地的农业产量降低,但是从长远看却可以促进农业生产力的提高。Rozelle(1999)研究发现,我国东北地区农村劳动力的流出抑制了玉米产出的增长,而汇款增加的资金支持带来了积极影响,正、反两方面的综合结果是,进城务工农户的玉米产量比没有外出务工农户的要高。也有学者认为会带来负面影响,农村家庭成员外出务工越多,越不愿意将新的生产技术应用于农业生产,从而阻碍了农业生产技术的进步(Dorfman,1996)。

但也有学者认为,劳动力转移给迁出地农业生产带来的影响不确定,即在农业市场机制运行良好的情况下,劳动力转移对农业产出的影响比较微弱。在土地、劳动力或信贷市场不完全的情况下,则不能确定(De

Brauw & Harigaya,2007)。

综上所述,国内外学者对于劳动力转移对农业产出影响问题的研究并没有得到统一定论。农村劳动力转移对农业经济增长的影响既有促进的作用,也有抑制的作用,但不管是积极的还是消极的,都需要结合具体情况而论,如当地经济情况、自然环境、农作物种植结构等。如果农村劳动力转移通过注入资金、规模经营等间接因素给农业产出带来的积极效应大于农村劳动力流失等直接因素给农业产出带来的消极效应,那么农村劳动力转移是能够促进农业经济增长的;反之,则是负面影响。所以,这些都要求我们因地制宜,采取适用于当地具体情况的农业经济发展模式。

结论:关于劳动力转移的研究,国外比较领先,但许多经典的理论模型不能直接用于研究我国问题,我国国情的复杂性决定了研究我国问题要结合我国实际情况。我国关于劳动力转移的研究大多集中在对农村劳动力转移的动因与障碍的探讨,在对刘易斯拐点的争论及其对经济增长的影响方面,其中关于农村劳动力转移对农业经济增长的影响因为考察角度不同而有着相反的观点,本书也就针对这一点,首先在借鉴 Chenery(1996)关于劳动力资源配置效应测度的基础上,对我国目前农村劳动力转移效应进行测度,其次从资本对劳动力替代的视角研究分析农村劳动力转移对农业经济增长的影响机理。

附录七:劳动力相关概念界定及其相关解释

(1)农村劳动力。农村劳动力是指户籍所在地为农村的16—59岁之间的男性和16—54岁之间的女性个人。包括在农村从事农林牧渔业生产和经营活动的劳动力,在农村从事第二、三产业的劳动力,以及虽外出务工但户口仍然在农村的人员,但不包括年满16岁的在校学生、服兵役人员,以及因身体原因或其他原因没有从事劳动能力的人员。

(2)农业劳动力。农业劳动力是与非农产业劳动力相对应的概念,指符合劳动年龄并有能力从事农作物种植业、林业、畜牧业、渔业的劳动者。农业劳动具有如下特点:一是在时间上具有强烈的季节性,农业生产必须遵循农作物自然生长的规律,在不同的时间段需要的农业劳动数量和劳动强度不同;二是在空间上具有分散性、地域性,农业生产是在自然条件的约束下进行的,不同地点的自然条件有较大的不同,要适应当地自然条件,农业劳动不得不在广大空间上分散进行;三是技能上的复杂性,农业生产是一个周期性较长的过程,即使同一农产品在不同时期都需要不同的生产技能。这三个特点使得农业生产对农业劳动力的需求也存在着季节、空间地域的差异。正是这些原因使得农业生产对劳动力在不同时间和空间上都有不同需求,也进一步影响到农村劳动力的供给。

(3)农村劳动力转移。农村劳动力转移指的是农村劳动力发生地域空间上的转移(从农村转移到城镇)或者并未发生地域转移,而是从农业转移到乡村其他非农产业工作,并对工作时间有一个明确的要求,如必须6个月以上。此外,认定因婚姻关系、异地求学、志愿参军发生地域转移或者户口迁移的情况不是农村劳动力转移。考虑到我国现实情况,我们在研究农村劳动力转移时还要区分两个概念:一个是永久性转移,另一个是临时性转移。它们的本质区别就是农村劳动力的户籍状况有没有发生改变,发生户籍变动的就是永久性转移,没有发生户籍变动的则是临时性转移。我国进城务工农民很少部分在城镇化的过程中发生身份的转变,从农民变成市民,主要表现为临时性转移。

从农村劳动力转移的定义可以知道,农村劳动力转移有两种类型:一是地域空间上的转移,主要表现为农村劳动力从一个地区向另一个地区转移;二是产业上的转移,主要表现为农村劳动力从农林牧渔业向其他非农产业转移。我国农村劳动力转移涵盖了这两种类型,但是主要表现为产业间的转移。

首先,农村劳动力地域空间上转移主要是农村劳动力从农村向城镇转移,而农村是农业聚集地,城镇是第二、三产业聚集地。其次,农村劳动力选择转移本是对农村农业生产生活现状不满,转移是为了寻求更好的发展,农业对农村劳动力吸引力不足,因此很少存在跨区域而不发生产业转移的现象。所以本书探讨的农村劳动力转移指的就是农村劳动力的非农转移。农村劳动力转移在农业现代化和城镇化进程中都扮演着非常关键的角色,是解决我国"三农"问题的关键所在。农村劳动力向城市非农产业转移既能提高农村居民收入,是我国农村居民脱贫和改善生活的重要手段,又能推动城市非农产业快速发展,为工业和服务业反哺农业创造条件。因此,如何促进农村劳动力向非农产业转移一度成为我国在城镇化和农业现代化进程中的重大课题。我们要研究怎样促进农村劳动力转移,首先要对这个群体界定和数量测算有深刻的理解。

我国农村劳动力转移的现状及特点:从1978年到2016年,我国经济社会飞速发展,农村劳动力发生了大规模转移,第一产业产值从1 018.50亿元上升到60 139.20亿元,农村劳动力转移数量从2 320万人增加到14 679万人。农业就业人数从28 318万人下降到21 496万人,农业就业比重由1978年的70.5%下降到2016年的27.7%,就业结构变动率为42.8%。

1978年以来,随着改革开放、城镇化以及工业化的深入,我国限制农村劳动力转移的政策终于被逐渐打破。农业部门的劳动力大幅度向非农部门转移,农村劳动力向非农产业转移呈现出加速的趋势,非农部门占用的劳动力逐步增多,农业部门的劳动力逐步下降。历年《中国统计年鉴》的统计数据表明,1978—2016年,我国农业就业比重由70.5%下降到27.7%,第二产业就业比重由17.3%上升到28.8%,尤其是第三产业就业比重增长迅速,从最初的12.2%上升到43.5%。总的来看,我国可以划分为两个阶段:从改革开放到亚洲金融危机(1978—1997年)为第一个阶段,这一阶段我国经济发展迅速,我国从农业大国迅速成长为制造大国,农村劳动力向非农产业转移非常迅速;1998—2016年为第二个阶段,这一阶段我国农村劳动力转移的基本趋势十分明显,农业就业比重稳定持续下降,非农就业比重稳定持续上升。

1978—1997年间,改革开放的深入和家庭联产承包责任制的实行充分调动了我国劳动力的积极性,解放了长期被抑制的生产力,经济高速发展,社会发生了翻天覆地的变化。国内生产总值从 3 678.7 亿元上升到 79 715.0 亿元,农业生产总值在国内生产总值中所占份额由原先的 27.6%下降到 17.9%;第二产业稳步发展,所占份额变化不大;第三产业表现出色,所占份额由 24.6%上升到 35.0%。同时我国农村实际就业人数在 1997 年达到顶峰,为 49 039 万人,并且农村劳动力转移数量在 1997 年之前都是稳步上升的。农村劳动力向非农产业转移进程良好,为城市非农产业的崛起提供了低廉的劳动力,增强了非农产业的国际竞争力,就业结构变动与产出结构变动趋于一致,城镇化水平也在不断提升。

1998—2016 年间,受到 1997 年亚洲金融危机的影响,我国第二、三产业在短期内发展乏力,对农村劳动力的拉力不足,农村劳动力转移数量出现下滑,农业就业人口数在 2002 年之前有一个小幅上涨的过程。不过在国家宏观经济政策的及时调整下,第二、三产业重拾经济高速发展的活力,农村劳动力转移数量稳步上升,农业就业比重逐年下降,第三产业就业比重稳步攀升。2011 年我国就业结构出现了具有重要意义的变化,第三产业就业所占份额 35.7%首次超过第一产业就业所占份额 34.8%,并且增长速度十分喜人。这是我国从发展中国家向发达国家实现跨越的重要保障。2011 年我国 GDP 也结束了两位数的增速时代,步入中高速增长时期。2014 年我国农村劳动力转移也在不断适应经济新常态,农村劳动力转移数量开始出现一个下降趋势,不过同期农业就业比重仍在不断下降并首次低于第二产业就业比重。在经济新常态的背景下,我国产业结构不断优化,主要驱动力也由以前的要素和投资驱动变为创新驱动,城市非农产业对农村劳动力的接纳能力和吸引力有下降趋势。反观农业农村,政府把振兴乡村、农业兴旺作为国家战略部署,惠农支农政策频出,鼓励外出农民工返乡创业,农村和农业对农村劳动力转移形成的反向拉力不断增大,所以农村劳动力转移数量可能会继续呈现出下降趋势。

我国农村劳动力转移存在选择性转移的特点。由于农村劳动力中最容易实现转移的是农村居民中的精英人群,如较高学历者、青壮年、男性等,农村居民的人口结构发生深刻的变化,这导致"三留守"人群(老人、妇女、儿童)变成了从事农业生产的主力军。农业劳动力数量和质量下降所造成的一个必然后果就是农业劳动力成本高企。较高学历者自己的预期收入比其他农村居民劳动力的预期收入更高,接受新知识、新技能的能力更强,这使得较高学历者不仅比其他居民更有外出务工的动力,也更能适应外部环境的变化从而谋求更好的发展。青壮年劳动力拥有更好的身体素质，能承受更高强度的工作压力，工作效率也更高，因此就业选择更多，更容易实现转移。男性农村劳动力首先要承担家庭责任，转移的动力更大，其次，男性相对于女性更有理想抱负，更愿意承担风险去寻找新的就业机会。

农村劳动力转移受政策影响。随着中国经济的快速发展和城乡结构的变化，农村劳动力转移已成为一个备受关注的话题。政府的政策在很大程度上影响着农村劳动力的转移流动。在过去的几十年里，中国政府出台了一系列的政策措施，以促进农村劳动力的转移和城乡结构的调整。首先，政府通过发展农村经济和农村产业，提高了农村劳动力的就业机会。政府加大对农村经济的支持力度，促进了农村产业的发展，提高了农村劳动力的就业机会。这使得一部分农村劳动力选择留在农村就业，减少了农村劳动力的转移。其次，政府通过实施城乡一体化政策，加大对农村劳动力转移的支持力度。政府通过提高城市的就业机会、加大对农民工的保障和培训力度等措施，鼓励农村劳动力向城市转移。这些政策的实施使得越来越多的农村劳动力选择外出打工，增加了城市的劳动力资源。最后，政府通过建立健全社会保障制度，提高了农村劳动力转移的保障水平。政府加大对农民工的保障力度，提高了他们的社会保障水平，减少了农村劳动力转移的风险。这些政策的实施使得农村劳动力转移更加顺利和稳定。总的来说，政府通过发展农村经济、实施城乡一体化政策和建立健全社会保障制度等措施，促进了农村劳动力的转移和城乡结构的调整。在未来的发展中，政府还需要进一步完善政策措施，促进农村劳动力转移的顺利进行，实现城乡结构的协调发展。

农村劳动力转移受经济形势影响。农村劳动力转移是指农村劳动力从农村地区转移到城市地区或其他地方从事非农产业或服务业的就业活动。这种转移不仅影响农村家庭的生计，也对整个社会经济产生深远的影响。经济形势是影响农村劳动力转移的重要因素之一。随着我国经济结构的不断调整和转型，农村劳动力在转移过程中受到了多种经济形势的影响。首先，农村劳动力转移受到城市化进程的影响。随着城市化的加快，城市对劳动力的需求不断增加，吸引了大量农村劳动力向城市转移。其次，农村劳动力转移受到产业结构的影响。随着第三产业的不断发展壮大，服务业和信息技术产业对劳动力的需求也在逐渐增加，吸引了一部分农村劳动力向非农产业转移。最后，农村劳动力转移受到经济增长速度的影响。经济增长速度快的地区通常吸引了更多的农村劳动力转移,而经济增长速度慢的地区则可能导致农村劳动力转移受阻。

在农村劳动力转移受经济形势影响的同时,也面临着一些问题和挑战。首先,农村劳动力转移可能导致农村地区劳动力短缺,影响农业生产和农民生活。其次,农村劳动力转移可能导致城市就业市场竞争激烈,一些农民工可能会面临就业困难和低工资待遇。最后,农村劳动力转移可能导致农村留守儿童问题,影响农村家庭的稳定和发展。

因此,为了更好地应对农村劳动力转移受经济形势的影响,政府和社会应该采取有效措施。首先,应加强农村劳动力培训,提高其就业能力和竞争力。其次,应加强城乡经济发展一体化,促进农村地区经济结构调整和产业升级。最后,应建立健全社会保障体系,保障农村劳动力的权益和福利。只有这样,才能更好地推动农村劳动力转移,促进经济社会的可持续发展。

总的来说,我国农村劳动力转移数量容易受到经济形势变化的影响,1978—1997年农村劳动力转移数量增长非常迅速,增速高达10%。1997年至今,农村劳动力转移数量呈现高位横盘波动的态势,但是农业就业比重仍在持续降低,并在2014年成为就业比重最低产业,这说明我国农村劳动力转移的程度在不断加深。同时由于存在选择性转移的现象,实现非农转移的劳动力相对于农业劳动力呈现年轻化、男性化、高综合素质等特点。

参考文献

[1]Anselin, L. (1995). Local indicators of spatial association—LISA. *Geographical Analysis*, 27(2), 93—115.

[2]Baldwin, R. E. (1999). The core-periphery model with forward-looking expectations. *Regional Science & Urban Economics*, 31(1), 21—49.

[3]Baldwin, R. , Forslid, R. , Martin, P. , Ottaviano, G. , Nicoud, F. R. , & Robert-Nicoud, F. (2003). *Economic Geography and Public Policy*. Princeton, NJ: Princeton University Press.

[4]Baltagi, B. H. , Song, S. H. , Jung, B. C. , & Koh, W. (2007). Testing for serial correlation, spatial autocorrelation and random effects using panel data. *Journal of Econometrics*, 140(1), 5—51.

[5]Baltagi, B. H. , Song, S. H. , & Koh, W. (2003). Testing panel data regression models with spatial error correlation. *Journal of Econometrics*, 117(1), 123—150.

[6]Banerjee, B. (1991). The determinants of migrating with a pre-arranged job and of the initial duration of urban unemployment: an analysis based on indian data on rural-to-urban migrants. *Journal of Development Economics*, 36(2), 337—351.

[7]Barro, R. J. , & Lee, J. W. (1996). International measures of schooling years and schooling quality. *American Economic Review*, 32(3), 363—394.

[8]Bayer, C. , Gomes, J. , Vieira, F. , Zanatta, J. A. , Piccolo, M. , & Dieckow, J. (2012). Methane emission from soil under long-term no-till cropping systems. *Soil & Tillage Research*, 124(4), 1—7.

[9]Bhandari, P. (2004). Relative deprivation and migration in an agricultural setting of nepal. *Population & Environment*, 25(5), 475—

499.

[10] Bhattacharyya, A., & Parker, E. (1999). Labor productivity and migration in Chinese agriculture a stochastic frontier approach. *China Economic Review*, 10(2), 59—74.

[11] Bogue, D. J. (1959). *Internal Migration*. Chicago: University of Chicago Press.

[12] Bose, G. (1996). Agrarian efficiency wages in a dual economy. *Journal of Development Economics*, 49(2), 371—386.

[13] Braunerhjelm, P., Ding, D., & Thulin, P. (2016). Labour as a knowledge carrier: how increased mobility influences entrepreneurship. *The Journal of Technology Transfer*, 41(6), 1308—1326.

[14] Brun, J. F., Combes, J. L., & Renard, M. F. (2002). Are there spillover effects between coastal and non-coastal regions in China?. *China Economic Review*, 13(2—3), 161—169.

[15] Cai, D. H. (2006). A two-sector economic growth model with optimal labor and capital allocation. *Applied Mathematics and Computation*, 183(2), 1359—1377.

[16] Carrington, W. J., & Vishwanath, D. T. (1996). Migration with endogenous moving costs. *American Economic Review*, 86(4), 909—930.

[17] Chow, G. C. (1993). Capital formation and economic growth in China. *Quarterly Journal of Economics*, 108(3), 809—842.

[18] Croissant, Y., & Millo, G. (2008). Panel data econometrics in R: the plm package. *Journal of Statistical Software*, 27(2), 1—43.

[19] Daveri, F., & Faini, R. (1999). Where do migrants go?. *Oxford Economic Papers*, 51(4), 595—622.

[20] Decressin, J., & Fatas, A. (1995). Regional labor market dynamics in Europe. *European Economic Review*, 39(9), 1627—1655.

[21] Desmet, K., & Rossihansberg, E. (2009). Spatial growth and industry age. *Journal of Economic Theory*, 144(6), 2477—2502.

[22] Diamond, P. (1982). Aggregate demand management in search equilibrium. *Journal of Political Economy*, 90(5), 881—894.

[23] Dixit, A. K., & Stiglitz, J. E. (1977). Monopolistic competition and optimum product diversity. *American Economic Review*, 67(3), 297—308.

[24] Elhorst, J. P. (2003). Specification and estimation of spatial panel data models. *International Regional Science Review*, 26(3), 244—268.

[25] Evenett, S. J., & Keller, W. (1998). On theories explaining the success of the gravity equation. NBER Working Papers.

[26] Fan, C. C. (2008). *China on the Move—Migration, the State, and the Household*. London and New York: Routledge.

[27] Freeman, L. C. (1979). Centrality in social networks: conceptual clarification. *Social Network*, 1(3), 215—239.

[28] Fujita, M., Krugman, P., & Venables, A. J. (2001). *The Spatial Economy: Cities, Regions, and International Trade*. Cambridge: MIT Press.

[29] George, M. A., & Athin, Z. (2001). Economic growth, international labour mobility, and unanticipated non-monetary shocks. *Journal of Policy Modeling*, 23, 1—16.

[30] Glaeser, E. L., Gyourko, J., Morales, E., & Nathanson, C. G. (2014). Housing dynamics: an urban approach. *Journal of Urban Economics*, 81(1), 45—56.

[31] Granger, C. (1969). Investigating causal relations by econometric models and cross-spectral methods. *Econometrica*, 37(3), 424—438.

[32] Groenewold, N., Guoping, L., & Chen, A. (2010). Regional output spillovers in China: estimates from a VAR model. *Papers in Regional Science*, 86(1), 101—122.

[33] Groenewold, N., Lee, G., & Chen, A. (2008). Inter-regional spillovers in China: the importance of common shocks and the definition of the regions. *Economics Discussion*, 19(1), 32—52.

[34] Hansen, R. C., & Simmons, O. G. (1969). Differential experience paths of rural migrants to the city. *American Behavioral Scientist*, 13(1), 14—35.

[35] Hare, D. (1999). 'Push' versus 'pull' factors in migration outflows and returns: determinants of migration status and spell duration among China's rural population. *Journal of Development Studies*, 35(3), 45—72.

[36]Harris,C. D. (1954). The market as a factor in the location of industry in the U. S. *Annals of the Association of American Geographers*,44(4),315—348.

[37]Harris,J. R. ,& Todaro,M. P. (1970). Migration,unemployment & development:a two-sector analysis. *American Economic Review*,60(1),126—142.

[38]Harrod,R. F. ,& Denison,E. F. (1969). Why growth rates differ:postwar experience in nine western countries. *Economica*,36(143),323.

[39]Herrendorf,B. ,Rogerson,R. ,& Valentinyi,A. (2013). Two perspectives on preferences and structural transformation. *American Economic Review*,103(7),2752—2789.

[40] Hilber, C. , & Lyytikäinen, T. (2017). Transfer taxes and household mobility:distortion on the housing or labor market?. *Journal of Urban Economics*,101,57—73.

[41]Johnson,D. G. (1999). Agricultural adjustment in China:the Taiwan experience and its implications. Office of Agricultural Economics Research,The University of Chicago.

[42]Jorgenson,D. W. (1961). The development of a dual economy. *The Economic Journal*,71(282),309—334.

[43]Jorgenson,D. W. (1991). The development of a dual economy. *Economic Journal*,11,213—222.

[44]Jorgenson,D. ,& Griliches,Z. (1967). The explanation of productivity change. *Review of Economic Studies*,34,249—283.

[45]Kapoor,M. ,Kelejian,H. H. ,& Prucha,I. R. (2007). Panel data models with spatially correlated error components. *Journal of Econometrics*,140(1),97—130.

[46]Krackhardt,D. (1988). Predicting with networks:nonparametric multiple regression analysis of dyadic data. *Social Networks*,10(4),359—381.

[47]Krausse,G. (1979). Economic adjustment of migrants in the city:the jakarta experience. *International Migration Review*,13(1),46—70.

[48]Krugman, P. (1991). *Geography and Trade*. Cambridge: MIT press.

[49]Lee, E. S. (1996). A theory of migration. *Demography*, 3(1), 47—57.

[50]Lees, F. A., & Theis, A. J. (1996). *China Superpower: Requisites for High Growth*. New York, Houndsmill: Macmillan, St. Martin's Press.

[51]LeSage, J. P., & Llano, C. (2013). A spatial interaction model with spatially structured origin and destination effects. *Journal of Geographical Systems*, 15(3), 265—289.

[52]Lewis, A. (1954). Economic development with unlimited supplies of labour. *The Manchester School of Economic and Social Studies*, 22(2), 139—191.

[53]Lim, S., & Morshed, A. M. (2017). Fiscal policy in a small open economy with cross-border labor mobility. *Journal of Macroeconomics*, 52, 147—174.

[54]Lin, J. Y. (1992). Rural reforms and agricultural growth in China. *American Economic Review*, 82, 34—51.

[55]Lin, J. Y., Wang, G. W., & Zhao, Y. H. (2004). Regional inequality and labor transfers in China. *Economic Development and Cultural Change*, 52(3), 587—603.

[56]Majumdar, S., Mani, A., & Mukand, S. W. (2004). Politics, information and the urban bias. *Journal of Development Economics*, 75(1), 137—165.

[57]Mion, G. (2004). Spatial externalities and empirical analysis: the case of Italy. *Journal of Urban Economics*, 56, 97—118.

[58]Niebuhr, A. (2006). Market access and regional disparities. *The Annals of Regional Science*, 40(2), 313—334.

[59]Niebuhr, A. (2006). Spatial effects of European integration: do border regions benefit above average?. *The Review of Regional Studies*, 36(3), 254—278.

[60]Obstfeld, M., & Peri, G. (1998). Asymmetric shocks. *Economic Policy*, 26(26), 207—259.

[61]Ottaviano, G. I. P., & Puga, D. (1998). Agglomeration in the global economy: a survey of the 'new economic geography'. *The World Economy*, 21(6), 707—731.

[62]Piore, M. J. (1970). The dual labor market: theory and applications. In R. Barringer and S. H. Beer (eds). *The State and the Poor*. Cambridge, Mass: Winthrop.

[63]Puga, D. (1999). The rise and fall of regional inequalities. *European Economic Review*, 43, 303—334.

[64]Quinn, M. A. (2006). Relative deprivation, wage differentials and Mexican migration. *Review of Development Economics*, 10(1), 135—153.

[65]Ranis, G., & Fei, J. C. (1961). A theory of economic development. *American Economic Review*, 51(4), 533—565.

[66]Robert-Nicoud, F. (2005). The structure of simple 'new economic geography' models (or, on identical twins). *Journal of Economic Geography*, 5(2), 201—234.

[67]Schultz, T. W. (1961). Investment in human capital. *American Economic Review*, 51(1), 1—17.

[68]Solow, R. M. (1957). Technical change and the aggregate production function. *Review of Economics and Statistics*, 39(3), 312—320.

[69]Spilimbergo, A. (1999). Labor market integration, unemployment, and transfers. *Review of International Economics*, 7(4), 641—650.

[70]Stark, O. (1991). Migration in LDCs: risk, remittances, and the family. *Finance and Development*, 28(4), 39—41.

[71]Stark, O., & Taylor, J. E. (1991). Migration incentives, migration types: the role of relative deprivation. *The Economic Journal*, 101(408), 1163—1178.

[72]Tobler, W. R. (1979). Lattice tuning. *Geographical Analysis*, 11(1), 36—44.

[73]Todaro, M. P. (1969). A model of labour migration and urban unemployment in less development countries. *American Economic Review*, 59(1), 138—148.

[74] Tohmo, T. , & Viinikainen, J. (2017). Does intersectoral labour mobility pay for academics?. *Scientometrics*, 113(1), 83−103.

[75] Tsani, S. , Paroussos, L. , Fragiadakis, C. , Charalambidis, I. , & Capros, P. (2013). Female labour force participation and economic growth in the south mediterranean countries. *Economics Letters*, 120 (2), 323−328.

[76] Valentini, E. , Arlotti, M. , Compagnucci, F. , Gentili, A. , Muratore, F. , & Gallegati, M. (2017). Technical change, sectoral dislocation and barriers to labor mobility: factors behind the great recession. *Journal of Economic Dynamics and Control*, 81(8), 187−215.

[77] Wasserman, S. , & Faust, K. (1994). *Social Network Analysis: Methods and Applications (Structural Analysis in the Social Sciences)*. Cambridge: Cambridge University Press.

[78] White, H. C. , Boorman, S. A. , & Breiger, R. L. (1976). Social structure from multiple networks: Part I. blockmodels of roles and positions. *American Journal of Sociology*, 81(4), 730−780.

[79] Ying, L. G. (2003). Understanding China's recent growth experience: a spatial econometric perspective. *Annals of Regional Science*, 37(4), 613−628.

[80] Ying, L. G. (2000). Measuring the spillover effects: some Chinese evidence. *Papers in Regional Science*, 79(1), 75−89.

[81] Zenou, Y. , & Brueckner, J. K. (1999). Harris-Todaro models with a land market. *Regional Science and Urban Economics*, 29(3), 317−339.

[82] Zhang, Q. , & Felmingham, B. (2002). The role of FDI, exports and spillover effects in the regional development of China. *Journal of Development Studies*, 38(4), 157−178.

[83] Zhao, Y. H. (1999). Labor migration and earnings differences: the case of rural China. *Economic Development & Cultural Change*, 47(4), 767−782.

[84] 白建华, 刘天平, 宋连久. 西藏农村劳动力转移意愿及影响因素分析[J]. 西藏研究, 2018(01): 48−55.

[85] 白云涛, 甘小文. 江西劳动力转移的动态模型分析[J]. 企业经

济,2005(07):132-133.

[86]蔡昉.中国人口与劳动问题报告——城乡就业问题与对策[M].北京:社会科学文献出版社,2002.

[87]蔡昉,都阳.转型中的中国城市发展——城市级层结构、融资能力与迁移政策[J].经济研究,2003(06):64-71,95.

[88]蔡昉,都阳,王美艳.户籍制度与劳动力市场保护[J].经济研究,2001(12):41-49,91.

[89]蔡昉,王德文.中国经济增长可持续性与劳动贡献[J].经济研究,1999(10):62-68.

[90]蔡昉,王美艳.农村劳动力剩余及其相关事实的重新考察——一个反设事实法的应用[J].中国农村经济,2007(10):4-12.

[91]蔡阳.我国省际人口迁移与区域经济发展关系研究[D].天津财经大学,2014.

[92]曹揆昕,邓寿安.对安徽省农村剩余劳动力现状与转移趋势的定量分析[J].预测,1992(06):27-29.

[93]陈海燕.山东省农业富余劳动力流动性就业的界定与计量[J].理论学刊,2011(03):81-84.

[94]陈吉元.中国农业劳动力转移[M].北京:人民出版社,1993.

[95]陈如.农村劳动力转移:新型工业化的必然趋势[J].南京社会科学,2003(S2):384-390.

[96]陈朔,冯素杰.经济增长速度与农村劳动力转移[J].南开经济研究,2005(05):47-49,66.

[97]陈涛涛,陈娇.行业增长因素与我国FDI行业内溢出效应[J].经济研究,2006(06):39-47.

[98]陈先运.农村剩余劳动力测算方法研究[J].统计研究,2004(02):50-52.

[99]陈扬乐.中国农业剩余劳动力规模及滞留经济代价研究[J].人口与经济,2001(02):52-58.

[100]陈永伟,胡伟民.价格扭曲、要素错配和效率损失:理论和应用[J].经济学(季刊),2011,10(04):1401-1422.

[101]程名望.中国农村劳动力转移:机理、动因与障碍[D].上海交通大学,2007.

[102]程名望,盖庆恩,Jin Yanhong,史清华.人力资本积累与农户收

入增长[J].经济研究,2016,51(01):168-181,192.

[103]程名望,贾晓佳,仇焕广.中国经济增长(1978-2015):灵感还是汗水?[J].经济研究,2019,54(07):30-46.

[104]程名望,贾晓佳,俞宁.农村劳动力转移对中国经济增长的贡献(1978~2015年):模型与实证[J].管理世界,2018,34(10):161-172.

[105]程名望,刘金典.中国劳动力省际转移特征及其影响因素——基于博弈论视角[J].人口与经济,2019,233(02):28-43.

[106]程名望,史清华,徐剑侠.中国农村劳动力转移动因与障碍的一种解释[J].经济研究,2006(04):68-78.

[107]程名望,史清华,刘晓峰.中国农村劳动力转移:从推到拉的嬗变[J].浙江大学学报(人文社会科学版),2005(06):105-112.

[108]程名望,史清华,赵永柯.我国农民工进城务工区域差异的实证分析[J].经济地理,2007(01):126-130.

[109]程名望,张家平,李礼连.互联网发展、劳动力转移和劳动生产率提升[J].世界经济文汇,2020(05):1-17.

[110]崔越.农村剩余劳动力在城乡间双向流动之必要性[J].山西高等学校社会科学学报,2009,21(06):24-27.

[111]戴青兰.基于扩充化推拉理论的农村劳动力转移影响因素分析[J].中国劳动关系学院学报,2017,31(01):77-85.

[112]邓一鸣.论二元经济结构时期农业增长与就业结构转换——兼论农业劳动力转移机制[J].中国农村经济,1989(07):15-25.

[113]杜辉.农村人口转移是否改变中国农业产出?[J].江西社会科学,2017,37(09):84-92.

[114]杜书云.农村劳动力转移就业成本—收益问题研究[M].北京:经济科学出版社,2007.

[115]丁兆庆.我国农村剩余劳动力双梯度转移范式建构[J].理论学刊,2007(03):45-47.

[116]丁霄泉.农村剩余劳动力转移对我国经济增长的贡献[J].中国农村观察,2001(02):18-24,80.

[117]杜鹰.现阶段中国农村劳动力流动的群体特征与宏观背景分析[J].中国农村经济,1997(06):4-11.

[118]都阳.风险分散与非农劳动供给——来自贫困地区农村的经验证据[J].数量经济技术经济研究,2001(01):46-50.

[119]段成荣.省际人口迁移迁入地选择的影响因素分析[J].人口研究,2001(01):56-61.

[120]段成荣,杨舸.我国流动人口的流入地分布变动趋势研究[J].人口研究,2009,33(06):1-12.

[121]顿珠罗布,孙自保,何燕.西藏林芝市农村剩余劳动力转移问题研究[J].青海农林科技,2017(02):35-39.

[122]樊纲,王小鲁,马光荣.中国市场化进程对经济增长的贡献[J].经济研究,2011,46(09):4-16.

[123]樊茂勇,侯鸿翔.二元经济条件下农村隐性失业分析[J].经济评论,2000(05):47-50.

[124]樊天霞.产业集群经济与农村剩余劳动力的转移[J].湖北社会科学,2004(03):117-119.

[125]范红忠,连玉君.家庭内部和家庭外部的农村剩余劳动力及民工荒:基于湖北汉川的农户调查[J].世界经济,2010,33(11):99-116.

[126]范力军.农村劳动力转移意愿影响因素分析[J].合作经济与科技,2017(05):135-136.

[127]范晓非,王千,高铁梅.预期城乡收入差距及其对我国农村劳动力转移的影响[J].数量经济技术经济研究,2013,30(07):20-35.

[128]傅元海,唐未兵,王展祥.FDI溢出机制、技术进步路径与经济增长绩效[J].经济研究,2010,45(06):92-104.

[129]傅泽田.农村劳动力剩余与农业机械化[J].北京农业工程大学学报,1988,8(04):1-7.

[130]盖庆恩,朱喜,程名望,史清华.要素市场扭曲、垄断势力与全要素生产率[J].经济研究,2015,50(05):61-75.

[131]高国力.区域经济发展与劳动力迁移[J].南开经济研究,1995(02):27-32.

[132]高佳,宋戈.农村劳动力转移规模对农地流转的影响[J].经济地理,2020,40(08):172-178.

[133]高双.我国农村剩余劳动力数量估计及转移空间分析[J].经济论坛,2010(05):9-12.

[134]高迎斌.农业剩余劳动力转移与农村可持续发展[J].新疆农垦经济,2000(06):27-29.

[135]高志刚,李梦杰.基于结构模型的农村富余劳动力转移影响因

素分析——以新疆乌苏市西湖镇为例[J].新疆财经,2017(04):39-46.

[136]龚玉泉,袁志刚.中国经济增长与就业增长的非一致性及其形成机理[J].经济学动态,2002(10):35-39.

[137]关海玲,金彦平.农村劳动力转移与农民增收实证研究[J].未来与发展,2009(05):89-92,96.

[138]管荣开.我国农业劳动力需要与剩余的研究[J].农业技术经济,1986(08):8-12.

[139]国家统计局农调总队社区处.关于农村剩余劳动力的定量分析[J].国家行政学院学报,2002(02):34-38.

[140]郭金兴.1996-2005年中国农业剩余劳动力的估算——基于随机前沿模型的分析[J].南开经济研究,2007(04):72-81.

[141]郭涛,宋德勇.农村劳动力转移的二元经济内生增长模型[J].南方经济,2006(08):77-84.

[142]郭熙保.农业剩余劳动问题探讨[J].经济学家,1995(03):63-69.

[143]郭熙保,黄灿.刘易斯模型、劳动力异质性与我国农村劳动力选择性转移[J].河南社会科学,2010,18(02):64-68,218.

[144]韩纪江.一种测算农村剩余劳动力的简便方法[J].统计研究,2002(01):62-63.

[145]韩纪江.中国农村劳动力的剩余分析[J].中国农村经济,2003(05):18-22.

[146]郝大明.1978-2014年中国劳动配置效应的分离与实证[J].经济研究,2015,50(07):16-29.

[147]郝大明.农业劳动力转移对中国经济增长的贡献率:1953~2015[J].中国农村经济,2016(09):44-57.

[148]何洁.外国直接投资对中国工业部门外溢效应的进一步精确量化[J].世界经济,2000(12):29-36.

[149]何景熙.不充分就业:中国农村劳动力剩余的核心与实质——农村剩余劳动力定义与计量新探[J].调研世界,2000(09):9-11,5.

[150]何微微,胡小平.非经济预期因素对农村劳动力转移的影响——托达罗模型的修正与实证检验[J].农业技术经济,2017(04):4-15.

[151]贺文华,谢恒.中国西部农村剩余劳动力转移模式比较研究

[J].台湾农业探索,2009(02):25—28.

[152]侯风云.中国农村劳动力剩余规模估计及外流规模影响因素的实证分析[J].中国农村经济,2004(03):13—21.

[153]侯鸿翔,王媛,樊茂勇.中国农村隐性失业问题研究[J].中国农村观察,2000(05):30—35,81.

[154]侯力.当前我国农村劳动力转移面临的问题及对策[J].人口学刊,2004(06):30—34.

[155]胡爱华.拓展农业内部就业空间:转移农村剩余劳动力的重要途径[J].农村经济,2004(07):86—88.

[156]胡鞍钢.中国就业状况分析[J].管理世界,1997(03):37—55.

[157]胡迪,杨向阳,王舒娟.劳动力转移影响粮食生产技术效率的区域差异及门槛效应研究[J].农村经济,2019(02):47—53.

[158]胡永泰.中国全要素生产率:来自农业部门劳动力再配置的首要作用[J].经济研究,1998(03):33—41.

[159]黄立军,张德强.农村剩余劳动力良性转移的制度基础[J].农村经济,2005(01):120—122.

[160]黄顺祥.我国农业剩余劳动力大量存在的原因及对策浅析[J].经济问题,1994(03):26—28.

[161]贾伟.农村劳动力转移对经济增长与地区差距的影响分析[J].中国人口科学,2012(03):55—65,112.

[162]赖小琼.二元经济结构条件下农村剩余劳动力的形成及转移[J].财政研究,2004(01):20—22.

[163]李继云.云南农村剩余劳动力数量估算与变化趋势分析[J].红河学院学报,2009,7(05):63—67.

[164]李敬,陈澍,万广华,付陈梅.中国区域经济增长的空间关联及其解释——基于网络分析方法[J].经济研究,2014,49(11):4—16.

[165]李俊锋,王代敬,宋小军.经济增长与就业增长的关系研究——两者相关性的重新判定[J].中国软科学,2005(01):64—70.

[166]李芒庆.大力推动农村剩余劳动力的转移[J].理论探索,2005(03):91—94.

[167]李敏.论我国农村剩余劳动力的转移[J].理论探索,2004(02):42—43.

[168]李培林.农民工:中国进城农民工的经济社会分析[M].北京:

社会科学文献出版社,2003.

[169]李实.中国经济转轨中劳动力流动模型[J].经济研究,1997(01):23—30,80.

[170]李实.中国农村劳动力流动与收入增长和分配[J].中国社会科学,1999(02):16—33.

[171]李树茁.中国80年代的区域经济发展和人口迁移研究[J].人口与经济,1994(03):3—8,16.

[172]李晓春,马轶群.我国户籍制度下的劳动力转移[J].管理世界,2004(11):47—52,155.

[173]李艳霞.试析我国农业剩余劳动力存在的制度原因及对策[J].中国海洋大学学报(社会科学版),2006(01):37—39.

[174]李志强.中部地区农村剩余劳动力的测算及变化趋势分析[J].农业经济,2008(04):43—45.

[175]栗挺,孙秀玲,冯开文.基于可行能力理论的我国粮食安全保障制度设计——劳动力转移、要素替代逻辑与可行能力提升[J].经济问题,2020(09):100—108.

[176]梁彩兴,刘冬蕾,赵卫红.河北省农村劳动力就地转移影响因素研究——基于Logistic模型的分析[J].中国劳动,2016(08):23—27.

[177]廖楚晖.我国农村劳动力转移与农民收入增长关系的实证研究[J].当代财经,2004(12):10—14.

[178]廖文梅,乔金笛,高雪萍等.劳动力转移对农户脱贫路径的影响研究:基于收入中介效应模型分析[J].中国农业大学学报,2019,24(04):202—210.

[179]林光平,龙志和,吴梅.我国地区经济收敛的空间计量实证分析:1978—2002年[J].经济学(季刊),2005(S1):67—82.

[180]林毅夫.制度、技术与中国农业发展[M].上海:上海人民出版社,1992.

[181]刘春生,彭留英,谭雯轩.山东省农村剩余劳动力转移的影响因素及对策研究[J].安徽农业科学,2018,46(08):218—222.

[182]刘怀廉.农村剩余劳动力转移新论[M].北京:中国经济出版社,2004.

[183]刘继兵.农业剩余劳动力转移、农民收入与农村经济增长——基于湖北省农业剩余劳动力变动的实证分析[J].湖北社会科学,2005

(10):44—47.

[184]刘建进.一个农户劳动力模型及有关农业剩余劳动力的实证研究[J].中国农村经济,1997(06):15—22.

[185]刘军.整体网分析——UCINET 软件实用指南[M].2 版.上海:上海人民出版社,2014.

[186]刘万霞.职业教育对农民工就业的影响——基于对全国农民工调查的实证分析[J].管理世界,2013(05):64—75.

[187]刘晓平,李敏.我国农村剩余劳动力的成因及就业途径分析[J].青海大学学报(自然科学版),2001(05):75—76,84.

[188]刘秀梅,田维明.我国农村劳动力转移对经济增长的贡献分析[J].管理世界,2005(01):91—95.

[189]刘巳洋,路江涌,陶志刚.外商直接投资对内资制造业企业的溢出效应:基于地理距离的研究[J].经济学(季刊),2009,8(01):115—128.

[190]刘源.河南省农村劳动力转移问题研究[D].北京林业大学,2008.

[191]陆学艺.农民工问题要从根本上治理[J].特区理论与实践,2003(07):31—36,1.

[192]陆学艺.中国"三农"问题的由来和发展[J].当代中国史研究,2004(03):4—15,125.

[193]罗芳,鲍宏礼.农业机械化与农村剩余劳动力转移的关联度分析[J].湖北农业科学,2010,49(05):1263—1266.

[194]常进雄,朱帆,董非.劳动力转移就业对经济增长、投资率及劳动收入份额的影响[J].世界经济,2019,42(07):24—45.

[195]罗琦,罗明忠,唐超.非农转移与农内转移:农村劳动力转移的行为选择与机理[J].经济体制改革,2019(03):185—193.

[196]罗亚萍,姜红星.西部实现农村剩余劳动力低成本转移的模式选择——在中小城市周围发展小城镇[J].宁夏社会科学,2005(02):45—47.

[197]马金利.新疆农村劳动力转移就业影响因素分析[J].北方经贸,2019(06):35—37.

[198]马晓河,马建蕾.中国农村劳动力到底剩余多少?[J].中国农村经济,2007(12):4—9,34.

[199]马历,龙花楼,张英男,屠爽爽,戈大专.中国县域农业劳动力变

化与农业经济发展的时空耦合及其对乡村振兴的启示[J].地理学报,2018,73(12):2364-2377.

[200]马轶群,孔婷婷.农业技术进步、劳动力转移与农民收入差距[J].华南农业大学学报(社会科学版),2019,18(06):35-44.

[201]糜韩杰.对农村剩余劳动力统计方法——直接计算法的修正[J].人口研究,2008(06):76-83.

[202]穆建新.后危机时代劳务输出大省如何解决农村剩余劳动力问题——劳务输出地与输入地关系格局的视角[J].农村经济,2010(11):117-121.

[203]年艳.基于CGE模型的城镇化对农村经济增长的影响分析[J].西南师范大学学报(自然科学版),2019,44(11):91-95.

[204]聂德林,陶骏昌.农村剩余劳动力产生的原因和出路[J].经济理论与经济管理,1989(04):66-69.

[205]宁光杰.经济增长与农业剩余劳动力转移[J].经济问题探索,1995(04):28-29,27.

[206]潘文卿.中国农业剩余劳动力转移现状及转移效益分析[J].农业技术经济,2001(03):33-38.

[207]潘文卿.中国区域经济差异与收敛[J].中国社会科学,2010(01):72-84,222-223.

[208]潘文卿.中国的区域关联与经济增长的空间溢出效应[J].经济研究,2012,47(01):54-65.

[209]彭现美,张晓红,董毅.农村转移劳动力社会融合状况及影响因素研究——基于体面劳动的视角[J].重庆理工大学学报(社会科学版),2018,32(06):89-99.

[210]蒲艳萍,吴永球.经济增长、产业结构与劳动力转移[J].数量经济技术经济研究,2005(09):20-30.

[211]齐国友,周爱萍,曾赛星.2004～2020年中国农村农业剩余劳动力预测及对策[J].东北农业大学学报,2005(05):135-140.

[212]齐明珠.中国农村劳动力转移对经济增长贡献的量化研究[J].中国人口·资源与环境,2014,24(04):127-135.

[213]齐晓丽,高素英,金浩.关于农业剩余劳动力的数量研究[J].河北工业大学学报,2003(01):77-81.

[214]秦元芳,吴昊.试论农村剩余劳动力有序转移的制度改革与创

新[J].经济问题探索,2008(09):57—59.

[215]秦华,夏宏祥.对我国农村劳动力转移影响因素的实证分析[J].经济理论与经济管理,2009(12):47—52.

[216]邱晖.黑龙江省农村剩余劳动力的数量测算与趋势研究[J].商业经济,2011(09):10—12.

[217]单豪杰.中国资本存量K的再估算:1952～2006年[J].数量经济技术经济研究,2008,25(10):17—31.

[218]沈映春,杨甜茜,周映玥等.环京津贫困带农业劳动力转移对家庭福利水平的影响效应分析[J].产业经济评论,2020(04):118—129.

[219]史清华,林坚,顾海英.农民进镇意愿、动因及期望的调查与分析[J].中州学刊,2005(01):45—50.

[220]史清华,卓建伟,郑龙真.农民外出就业及遭遇的实证分析[J].中国农村经济,2004(10):56—63.

[221]宋林飞.中国农村劳动力的转移与对策[J].社会学研究,1996(02):105—117.

[222]孙爱军,刘生龙.人口结构变迁的经济增长效应分析[J].人口与经济,2014(01):37—46.

[223]孙小宇,郑逸芳,黄晓俐,许佳贤.农村劳动力转移空间特征及其影响因素——基于外出从业经历与农地流转行为视角[J].湖南农业大学学报(社会科学版),2018,19(06):62—67.

[224]孙秀清.山东省百强县农村劳动力转移现状及对策[J].当代经济,2017(14):30—31.

[225]孙鑫.试析我国农村剩余劳动力的形成原因及解决途径[J].兰州大学学报,1984(01):105—110.

[226]孙延鹏.交通基础设施建设、劳动力流动与城乡收入差距[J].南京审计大学学报,2020,17(03):103—111.

[227]索瑞霞,王福林,孙栩.农村剩余劳动力估算的工日法的分析与改进研究[J].数学的实践与认识,2011,41(03):108—112.

[228]唐顺合,崔梦莹.广西农村异质性劳动力转移影响因素及对策研究[J].农业与技术,2016,36(14):171—172.

[229]涂圣伟,何安华.中国农村剩余劳动力存量及变动趋势预测[J].经济与管理研究,2011(03):111—117.

[230]王诚.中国就业转型:从隐蔽失业、就业不足到效率型就业[J].

经济研究,1996(05):38—46.

[231]王得忠.对农村剩余劳动力有效转移的探析[J].经济问题,2007(08):73—75.

[232]王德,朱玮,叶晖.1985～2000年我国人口迁移对区域经济差异的均衡作用研究[J].人口与经济,2003(06):1—9.

[233]王国霞.我国农村剩余劳动力转移问题研究——我国农村剩余劳动力的数量估算与转移规模预测[J].山西大学学报(哲学社会科学版),2007(04):19—24.

[234]王桂新.中国人口迁移与区域经济发展关系之分析[J].人口研究,1996(06):9—16.

[235]王红玲.关于农业剩余劳动力数量的估计方法与实证分析[J].经济研究,1998(04):53—56,70.

[236]王检贵,丁守海.中国究竟还有多少农业剩余劳动力[J].中国社会科学,2005(05):27—35,204—205.

[237]王琳.陕西农村剩余劳动力状况及转移模式分析[J].统计与信息论坛,2002(05):92—96.

[238]王盼,阎建忠,杨柳,王晶滢.轮作休耕对劳动力转移的影响——以河北、甘肃、云南三省为例[J].自然资源学报,2019,34(11):2348—2362.

[239]王胜今,佟新华.吉林省农村剩余劳动力的测算及转移对策探讨[J].人口学刊,2005(06):3—7.

[240]王伟莉,李玉江,王均岱.农村剩余劳动力问题形成原因及转移方式探讨[J].山东师范大学学报(自然科学版),2004(02):62—65.

[241]王万山.开放经济背景下的中国农村剩余劳动力转移[J].山西财经大学学报,2007(01):32—37.

[242]王亚楠,向晶,钟甫宁.劳动力回流、老龄化与"刘易斯转折点"[J].农业经济问题,2020(12):4—16.

[243]危丽,杨先斌.农村劳动力转移的博弈分析——对托达罗模型在我国的适用性研究[J].经济问题,2005(09):34—37.

[244]伍瑛.论我国农村剩余劳动力产生的原因及其归宿[J].农业经济,2000(02):34—35.

[245]伍山林.农业劳动力流动对中国经济增长的贡献[J].经济研究,2016,51(02):97—110.

[246]夏杰长.我国劳动就业结构与产业结构的偏差[J].中国工业经济,2000(01):36−40.

[247]肖群鹰,刘慧君.基于QAP算法的省际劳动力迁移动因理论再检验[J].中国人口科学,2007(04):26−33,95.

[248]谢培秀.关于中国农村剩余劳动力数量的估计[J].中国人口·资源与环境,2004(01):52−55.

[249]谢培秀.农村劳动力的产业转移对农业发展的影响[J].江淮论坛,2009(05):32−39.

[250]许恒周,牛坤在,王大哲.农地确权的收入效应[J].中国人口·资源与环境,2020,30(10):165−173.

[251]许可.我国农村剩余劳动力转移的独特性及其路径选择[J].山东社会科学,2005(12):75−78.

[252]许召元,李善同.区域间劳动力迁移对地区差距的影响[J].经济学(季刊),2009,8(01):53−76.

[253]徐鼎亚.农村剩余劳动力向小城镇转移的经济思考[J].前沿,2009(03):122−126.

[254]徐宏伟,唐铁山.湖北省农村剩余劳动力转移影响因素的实证分析[J].湖北社会科学,2015(08):61−67.

[255]徐建国,张勋.农业生产率进步、劳动力转移与工农业联动发展[J].管理世界,2016(07):76−87,97.

[256]徐瑛,陈秀山,刘凤良.中国技术进步贡献率的度量与分解[J].经济研究,2006(08):93−103,128.

[257]徐育才.农村劳动力转移:从"推拉模型"到"三力模型"的设想[J].学术研究,2006(05):22−26.

[258]严浩坤,徐朝晖.农村劳动力流动与地区经济差距[J].农业经济问题,2008(06):52−58,111.

[259]严善平.中国省际人口流动的机制研究[J].中国人口科学,2007(01):71−77,96.

[260]杨胜利,高向东.我国劳动力资源配置水平综合评价与分析——兼论区域差异与经济发展[J].人口学刊,2015,37(05):73−84.

[261]叶艺勇.江门市城乡居民收入差距影响因素分析[J].农村经济与科技,2016,27(10):61−64.

[262]尹继东,王秀芝.农村劳动力转移对城乡收入差距的影响:基于

江西的实证[J].南昌大学学报(人文社会科学版),2008(02):38-45.

[263]余勃,贾金荣.农村剩余劳动力转移的制度性阻滞因素研究[J].改革与战略,2010,26(02):86-89.

[264]余丹林,吕冰洋.质疑区域生产率测算:空间视角下的分析[J].中国软科学,2009(11):160-170.

[265]余元春,肖亚成.我国农村剩余劳动力梯度转移模式和途径[J].农村经济,2005(04):117-119.

[266]袁铖.农村剩余劳动力的转移与中国农村新型工业化[J].农业经济问题,2003(04):34-38,79-80.

[267]袁志刚,解栋栋.中国劳动力错配对TFP的影响分析[J].经济研究,2011,46(07):4-17.

[268]岳龙华.中国劳动力产业转移与经济增长[J].贵州财经学院学报,2011(05):53-58.

[269]张呈琮.人口迁移流动与农村人力资源开发[J].人口研究,2005(01):74-79.

[270]张冬平,史国栋,陈俊国.农业机械化对农业劳动力剩余的影响[J].农业机械学报,1996(04):2-7.

[271]张广婷,江静,陈勇.中国劳动力转移与经济增长的实证研究[J].中国工业经济,2010(10):15-23.

[272]张军.资本形成、工业化与经济增长:中国的转轨特征[J].经济研究,2002(06):3-13,93.

[273]张军,吴桂英,张吉鹏.中国省际物质资本存量估算:1952-2000[J].经济研究,2004(10):35-44.

[274]张宽馀.四川省农村剩余劳动力转移影响因素实证研究[J].农村经济与科技,2017,28(01):197-198.

[275]张丽艳.论农村剩余劳动力向城市转移中的制度创新[J].辽宁大学学报(哲学社会科学版),2004(03):78-80.

[276]张鹏,王婷.农村劳动力转移对农民收入的影响研究——对重庆市开县的实证分析[J].重庆大学学报(社会科学版),2010,16(05):13-17.

[277]张平.中国农村居民区域间收入不平等与非农就业[J].经济研究,1998(08):59-66.

[278]张庆.农村劳动力转移扩大地区经济差距实证分析[J].黑龙江

社会科学,2008(04):92-94.

[279]张涛,刘宽斌.农业劳动力转移对中国经济增长的贡献研究——基于网络搜索大数据的视角[J].劳动经济研究,2019,7(01):120-138.

[280]张晓旭,冯宗宪.中国人均GDP的空间相关与地区收敛:1978-2003[J].经济学(季刊),2008(02):399-414.

[281]张旭,肖周录.农村劳动力"三层递进转移"模式的创新与分析[J].河南社会科学,2020,28(07):61-70.

[282]张雅丽,冯颖.陕西省汉中市农业剩余劳动力的估算与思考[J].西北人口,2007(01):31-34,39.

[283]张艺.农业劳动力转移与中国经济增长关系研究[D].同济大学,2010.

[284]张义博,刘文忻.人口流动、财政支出结构与城乡收入差距[J].中国农村经济,2012(01):16-30.

[285]章铮.民工供给量的统计分析——兼论"民工荒"[J].中国农村经济,2005(01):17-25.

[286]张志新,杨琬琨,何双良.农村劳动力流动对城乡收入差距的影响——基于山东省17地市的面板数据分析[J].华东经济管理,2018,32(05):27-31.

[287]朱长存,王俊祥,马敬芝.农村劳动力转移、人力资本溢出与城乡收入差距[J].宁夏社会科学,2009(03):65-70.

[288]朱农.论收入差距对中国乡城迁移决策的影响[J].人口与经济,2002(05):10-17.

[289]朱农.中国劳动力流动与"三农"问题[M].武汉:武汉大学出版社,2005.

[290]朱农,曾昭俊.对外开放对中国地区差异及省际迁移流的影响[J].市场与人口分析,2004(05):5-12.

[291]赵俭,陆杰华.农村剩余劳动力进一步转移的路径选择分析[J].经济问题,2006(08):56-57.

[292]赵韩强.小城镇发展与农村剩余劳动力转移[J].人口学刊,2001(05):34-37,62.

[293]赵慧卿.中国农业剩余劳动力数量估算[J].统计教育,2005(12):47-49.

[294]赵耀辉.中国农村劳动力流动及教育在其中的作用——以四川省为基础的研究[J].经济研究,1997(02):37-42,73.

[295]钟钰,蓝海涛.中国农村劳动力的变动及剩余状况分析[J].中国人口科学,2009(06):41-48,111.

[296]周泽炯.试论我国农村剩余劳动力转移与小城镇发展[J].农业经济问题,2004(11):56-59.

[297]周国富,李静.农业劳动力的配置效应及其变化轨迹[J].华东经济管理,2013,27(04):63-67.

[298]周健.中国农村剩余劳动力的界定与估算方法研究[J].社会科学战线,2009(08):113-119.

[299]邹永红,黄开元.四川省农村剩余劳动力的数量分析[J].农业经济,2009(03):51-52.

后　记

本书基于作者博士论文整理而成，在尽量保持博士论文原貌前提下，作者在结构框架、理论模型和实证分析上均重新做出改进，但仍觉存有不足之处。本书"后记"采用博士论文中的"致谢"，因为当时的"致谢"仍是作者今天想要表达的"致谢"：

求学三载，期满而归；一日为师，终身为父；暂别母校，永怀师恩！
——致母校、恩师

时光荏苒，昔丙申未月，辞别关外，求学至沪。于今日，同济求学三载有余，时沪虽至初冬，然仍有叶与花相伴，遇鄙文正稿，虽文拙礼浅，然兢业之心思辨慎取之，寄学业已成。回望三载时光，诸多感慨，藏于心间。难忘初入同济之时，常怀惴惴之心，观同学，出名校、懂文理、知中外。叹己愚，泛泛辈，盲于理，笨于学，不可同日而语于同砚，博士何所作？茫茫乎，不知去路。

幸得恩师程名望先生，循循善诱，谆谆教诲，此乃吾喜托龙门、三生有幸。先生望之若庄严，亲之甚和蔼，学富五车，著满中外，心无旁骛，专于学术，桃李不言，下自成蹊。先生有严，严于求真知、得真理，先生有和，和子弟、善周人。先生学高为吾师，诲尔谆谆，实为楷模。求学三余载，先生不因吾笨而恼，不为吾愚而怒，苦心孤诣，启蒙发覆，渔鱼双授，如夜空斗星般，引亮吾象牙塔之路。每求教于先生，犹梦初醒般醍醐灌顶，敬仰之心，溢于言表。吾既非芝兰玉树之才，又无孟氏芳邻之雅，实则庸钝之辈，若无师之规劝训诫，乃常年苦学，终不免庸碌。然记有日，正值吾文修稿，先生于信，寄与修文，观信泪溢，心久难平，感先生兢业之辛劳，叹吾惰慢之草草，策之，改之！师母马氏，其言如空铃，其笑化冰山，求学时给予诸多关心。有先生及师母如此，一生永铭！

书山浩浩学海森森，师恩浩荡没齿不忘，同窗情谊地久天长。观"名门望族"一众师兄弟姐妹皆胸怀锦绣、志存高远、心洁行廉、博闻强志之士。待吾亲甚姐妹，相与分忧。感谢王宙翔、杨未然、张珩、张帅师兄及师嫂给予诸多求职之经。感谢陈萱玮、储震、李礼连、刘金典、华汉阳、苏恩民、张家平等师弟，陈春艳、丁佳艳、李代悦、韦昕宇、杨雪、杨燕、张佳人、张苑松、赵宇婷等师妹于吾坎坷之时给予诸多鼓励。有"名门望族"如此，幸甚至哉！

学之所在，经济与管理学院，任课之师林善浪教授、黎德福副教授等，平易近人，诲人不倦。另有学院老师郭磊、唐海燕、兀云波等，勤于文案，笑以待人。院中同砚切磋学艺、互帮互助、亲甚家人。感谢班委孙伟同学，为我入党，由班长转书记。感谢同学蔡文迪、程建青、代同亮、郭倩、胡厚宝、江江、梁丽、彭旭、漆琴、宋时达、唐开翼、滕秀秀、汪小莹、仲珺怡等于困顿中给予诸多帮助，促吾前行。有学院如此，吾甚幸之！

海内存知己，天涯若比邻。感谢挚友靳国明、马伟兰、石国宁、张波、张婷婷、展纪娟、张燕、魏恒妹、徐俐俐等于困惑中与我同舟。有知己如此，斯世视之以同怀！

感君一诺然，无猜两厢愿。与唐晓宇先生识于微时，莫逆于心，守于经年。吾意不惬时，得汝宽慰，关怀左右，爱护有恩。不求花前君月下，但盼携手赴华发。堂中翁婆多慈目，不辞苦，无微不至，待吾如亲出。翁婆亦为师，故而常教，收益甚多，特上寸笺，以申谢忱。

"慈母手中线，游子身上衣。临行密密缝，意恐迟迟归。"至若椿萱恩情，万爱千恩，孰能道尽？幸得弟弟贾雄强、弟妹胡彩娜、妹妹贾晓莎多顾于家，使吾安心学之。时至于今，子唯惜临行密密缝，唯念意恐迟迟归，盼椿萱康泰，立糊口之业，答衔环，报三春。

恩师情，同窗谊，此番拜离，情谊深长，一语难表，唯寄此情于心，再启征程，拜文以闻。书山有路勤为径，学海无涯苦作舟。余生，吾将感怀科学，执于汗水，秉承理想，怀揣善良，求索茫茫科研路。

贾晓佳
于同济·嘉定图书馆9楼
己亥年亥月甲寅日